ManagementStrategien

Herausgegeben von Claus-Peter-Leonhardt

Für Delphinus Delphis
Geduld

Einleitung

Wir haben drei verschiedene „Meere" intellektueller Konzepte abgefischt, um DelphinStrategien schreiben zu können.

Eines ist die Ansicht, daß die Biologie eng mit den Ergebnissen der menschlichen Lebensweisen verwoben ist. Das heißt, wenn wir die Entwicklung menschlicher Werte und menschlichen Verhaltens untersuchen, widmen wir uns einer *psychobiosozialen* Arbeit. Hier liegt für uns die Grundlage unserer Erkenntnis bei dem verstorbenen Dr. Clare W. Graves, der einen großen Teil seiner Karriere am Union College verbrachte. Als gelehrter Provokateur war Clare Graves ein Mensch, den die Australier als „a tall poppy" bezeichnen. Das heißt, er war ein Mensch, der seine Kollegen auf dem Gebiet des „Entwicklungs-Strukturalismus" in der Psychologie weit überragte. Sein Schicksal ist, daß er auch heute noch nur wenigen bekannt ist, da ihn eine katastrophale, sich verschlimmernde Krankheit niederstreckte, als er sich dem Gipfel seiner kreativen Kraft näherte. Ich verdanke es Don Beck und Christopher Cowan vom National Values Center, daß sie mich persönlich und intellektuell Graves vorgestellt und seine Materialien, Modelle und Beobachtungen auf eine wirklich selbstlose Weise mit mir geteilt haben. Ich danke auch Vince Flowers und Charles Hughes vom Center for Values Studies, dem verstorbenen Arnold Mitchell vom Values and Lifestyles (VALS)-Programm bei SRI International und mehr als 65 anderen „Entwicklungs-Strukturalisten" aus der akademischen Psychologie, deren Arbeit wir angezapft haben, um die in Kapitel 4 besprochenen Werte zu erarbeiten.

Eine andere wichtige Gestalt, deren Ideen dieses Werk durchdringen, ist der verstorbene Buckminster Fuller, „Bucky", für die Millionen auf der ganzen Welt, die immer eine Verwandtschaft mit diesem auf brillante Weise seltsamen kleinen Weisen mit dem „Science Fiction"-Verstand verspürten. (Nur im deutschen Sprachraum ist er, wie ein anderer wichtiger Denker, Marshall McLuhan, zwar ungemein wirksam, aber nur wenigen bekannt geworden; CPL.) Ich kannte und kenne ihn nur durch seine Schriften, seine Kunst und sein Netz von Bewunderern, das auch David G. Neenan und Marshall Thurber umfaßt, die mein eigenes Verständnis von Fullers Konzepten gefördert haben.

Schließlich sind da noch die einsichtsvollen Geister, die zu meinem Verständnis offener Systeme beigetragen haben, insbesodere es Gehirns, und zwar das des Menschen und des Delphins: Diese Menschen sind Michael Hutchison, der Autor von *Megabrain*; Frank Robson, der „Delphin-Mann" aus Taradale, Neuseeland, der die im Laufe seines Lebens gesammelten Notizen und Fotografien durchsucht hat, um mir eine Ausbildung den Fähigkeiten des Delphins zu geben, die für Fortgeschrittene gedacht war; der immer phantasievolle Doug Michels, der die futuristische Raumstation „Bluestar" geplant hat, in der Menschen und Delphine leben können; und Kenneth L. Adams, dem ich noch einmal für seine unheimliche Fähigkeit danken möchte, zu wichtigen Zeiten wichtige Einsichten zu liefern.

Ich weiß, daß meine Familie mich liebt, andernfalls würde sie die Störungen niemals tolerieren, die diese Art von Projekten in unserem Zusammenleben verursacht. Meiner Lebensgefährtin Sherry Ann Lynch und meinen Töchtern Kimberly Lynn und Mendy Suzanne kann ich nur noch einmal mitteilen, wie glücklich ich mich schätze, daß ich euch in meinem persönlichen Ozean entdeckt habe.

Mein intellektueller Partner in diesem Unternehmen, Paul L. Kordis, tauchte wie ein Sonnenaufgang an meinem persönlichen Horizont auf, und ich werde den Rest meiner Laufbahn damit verbringen, die Implikationen und Konsequenzen dessen auszuarbeiten, was ich von ihm gelernt habe. Ich danke dir, Paul, für deinen Mut, deine Vorstellungskraft, deine Intelligenz und vor allem für deinen geduldigen Charakter.

Die Selbstlosigkeit, Kameradschaft und dienliche Unterstützung einer ganzen Reihe von Menschen waren zu unterschiedlichen Zeiten von entscheidender Bedeutung: Die meiner Eltern Mabel und Mardell Lynch; meines langjährigen Mentors John Ludtka; Stan und Barbara Levenson, Gary John, Dave Terrell, Fred Janisch, Paul Gilbertson, Lee Sneath, Pam Deutsch, John A. Jackson, Larry und Linda Hahn, Foy Richey und Lorrie Hart.

Ich danke meinem Agenten John Brockman und meinem Lektor Adrian Zackheim, die sofort verstanden haben, worum es bei diesem Projekt geht, und die geholfen haben, es mit bemerkenswerter Schnelligkeit und einem erstaunlichen Minimum an Hektik durchzuführen.

Und die Delphine beider Arten, an Land und im Meer lebend, sollen wissen, daß ich auf dem aufbauen werde, was wir hier gemeinsam begonnen haben. Ihr hört von mir.

Dudley Lynch
Fort Collins

Das Paradoxon der Danksagung liegt darin, daß es nahezu unmöglich ist, jedermann einzuschließen und sich angemessen kurz zu fassen. Daher danke ich meinen Eltern, meiner Familie und meinen Freunden dafür, daß sie einen Schriftsteller in ihrer Mitte ertragen haben, und ich danke ihnen für ihre ständigen Inspirationen. Und ich danke Pauline Elson, Rich Vliet, Gary Young und Wayne Viney, die mir zu kritischen Zeiten in meinem Leben die Unterstützung gewährt haben, als ich sie am wenigsten verdiente. Diese Menschen sollten geklont und im ganzen Universum verbreitet werden.

Paul L. Kordis
Fort Collins

Einleitung zur deutschen Ausgabe

Die Reihe ManagementStrategien wird Ansätze aufgreifen, die auf den Grenzlinien zwischen Wirtschaftstheorie, Kulturtheorie und den modernen Naturwissenschaften liegen. Im klassischen Kanon hätte man eine solche Buchreihe vielleicht „inter disciplines" genannt. Die Disziplinen aber bewegen sich mit aufregender Geschwindigkeit aufeinander zu. Es sind, je kleiner oder größer die Dimensionen werden, ähnliche Gesetzmäßigkeiten, die Strukturen bilden. Die Grenzen unserer bisherigen Modelle seit Aristoteles zeigten Anfang des Jahrhunderts die Quantenphysik und die Relativitätstheorie. Diese neuen Einsichten veränderten für immer unser Weltbild von der Natur.

Gleichzeitig änderte sich unser Weltbild über uns. Wir lernen schmerzlich und verletzt, daß sich der Mensch im Fluß befindet und kein abgeschlossenes Wesen ist: Gottes Ebenbild enthront sich auf dem Weg der Erkenntnis und gewinnt eine neue Ebene der Einsicht. Die Begegnungen mit anderen Kulturen lehrte uns, daß auch das, was uns unveränderbar erschien. weil es sich innerhalb einer Generation nur kaum wahrnehmbar wandelte, sich laufend weiterentwickelte. Die Psychoanalyse zeigte uns die fremden Kontinente in uns, die Ethnologie nahm uns mit in die Fremdheit und zeigte uns die schillernde Vielfalt der fremden Lebensweise, in der wir uns immer wieder in der Lage sind, uns selbst zu erkennen. — Fremd sind wir überall, selbst in unserem Spiegelbild. Erst aber die allgemeine Evolutionstheorie und die Komplexitätswissenschaften geben uns das Handwerkzeug, um die chaotischen und krisenhaften Entwicklungen zu verstehen — und mit ihnen umzugehen.

Die zweitausendjährige Debatte über den Ort der Seele, die Rolle des Geistes und das Wesen des Körpers verstellt den Zugang zur Erkenntnis darüber, wie wir uns zum Menschen entwickelten. Die Natur- und Geisteswissenschaften seit Anfang des 20. Jahrhunderts weisen Schritt für Schritt nach, daß der Mensch als ein Wesen zu verstehen ist, das großartig vereint, was auch in anderen Wesen wirkt. Wir lernen langsam, daß diese Wesenheit Teil eines großen Geschehen ist, das wir, weil wir noch so wenig verstehen, als Universum beschreiben. Am Ausgang des 20. Jahrhunderts schauen wir hin, und erkennen uns als einzigartige Individuen. Wir sind dieses aber nur solange, wir — unauflöslich eingebunden in der Welt — handelnd uns entwickeln. Die Komplexitätswissenschaften zeigen die Strukturen und zugleich erkennen wir, daß an der Wiege des Abendlandes schon dieses Wissen war: Das Orakel von Delphi war überschrieben mit gnothi seauton — Erkenne Dich selbst. Um zu erkennen, kehren wir zu uns zurück und verstehen, daß alles in uns zu finden ist.

Es war ein langer Weg bis zu diesem Stand. Er reicht aber weiter zurück als unsere geschriebene Geschichte. An unserem Körper können wir eine langsame aber unaufhaltsame Veränderung beobachten. Als Beispiele seien hier die Zunahme des Größenwachstums und die Vorverlagerung der Geschlechtsreife oder das zunehmende Alter in den Industriegesellschaften genannt. Es sind keine Erfolge der Medizin, wie Ivan Illich uns mit seinen Gedanken über die iatrogenen (durch ärztliche Einwirkung entstandene) Faktoren im Krankheitsgeschehen nachwies. Es wird interessant sein dem Gedanken nachzugehen, wieweit unser Geist selber reifend neue materielle Welten erzeugt.

Diesen Zusammenhang zu verstehen ist schwerer noch als die körperlichen Prozesse zu erkennen. Die Seele ist ein Objekt, daß selbst in der Psychologie noch unbestimmt ist. Es findet aber eine aufregende globale und interdisziplinäre Diskussion statt, in der über die Schnittstelle Körper/Geist geforscht wird. Es entstehen neue Perspektiven über das, was uns zum modernen Menschen machte. Die Forschungen sind interdisziplinär und umfassen das Spektrum der Wissenschaften von der Quanten- über die Biophysik bis zu Pädagogik und Betriebswirtschaftslehre. Die Buchreihe wird hieran anknüpfen und diese Entwicklungsstränge für die Managementtheorie fruchtbar machen.

Das Buch von Dudley Lynch und Paul Kordis ist als Eröffnung dieser Reihe gut geeignet. Beide sind noch ungeübte „Reiter auf dem Zaun der Erkenntnis". Und dieser Zaun steht immer im Niemandsland unseres Erkenntnisvermögens: Mit alten Worten werden hier neue Zusammenhänge gezeigt. Der Text lebt von seinen Einsichten, die hart nebeneinander stehen. Die Verbindungen, die hier für die Organisations- und Managementtheorie gezogen werden, greifen tief in unser aller Leben ein. Es ist ein Buch, das viele Leser finden wird, und das ich hauptsächlich Entscheidungsträgern in Wirtschaft und Politik anempfehle. In ihnen liegt der Kern der Problemlösungen für viele drängende Fragen. Lösen aber, das lehren uns die Delphine, müssen wir sie selber.

Das Buch folgt in seiner Gestaltung konsequent den aufgezeigten Gedanken:

Die Bild-/Textanordnung ist konsequent nach den Einsichten der modernen Gehirnforschung entwickelt. Satzspiegel, Bild/Textanordnung, Einführung, Hauptteil gliedern sich so, daß jedem Lesetyp ein Erkenntniszugang geboten wird. Verknüpft ist diese Gliederung mit einem Satzspiegel, den für diese Reihe entwickelt haben. Die handliche Gestalt verbindet sich mit dem Charakter eines HANDLUNGSBUCHES. Man kann ohne Schwierigkeit selbst an den Texten weiterarbeiten. Die Typographie ist auf konsequente

13

Der Fehlerteufel in der 1.Auflage hatte auch Humor:

Menschen haben gesunde Institutionen
statt
Menschen haben gesunde Intuitionen.

Unsere DelphinLeser hatten allesamt Humor, wie wir aus den begeisterten Briefen und Anrufen erfuhren: „Das Buch hat Spirit", war eine der Beruhigungen für unseren Ärger über diesen Fehler im Ablauf.

Allen, die mitgeholfen haben, diskutierten, Anregungen gaben, sei hier gedankt. Besonders erwähnen möchte ich das DelphinNetzWerk, das sich um die Arbeit des Verlages gebildet hat.
Diese Ausgabe haben folgende Menschen besonders unterstützt:
Lutz Berger
Tatjana Eisele-Wilcke
Isis Herzog-Fellmer
Helmut Fuchs
Winfried Graichen
Frank Gentner
Jaques Groenen
Andrea Hanf
Peter Kanitz
Micky Reman
Jürgen Schmidt
Johannes von Stosch
RS

und besonderen Dank für die liebevolle Unterstützung und die Vielzahl Anregungen
Christine Specht-Leonhardt

Lesefreundlichkeit angelegt: Die Buchstabenabstände, Zeilendurchschüsse wie die Anordnung der Randspalten zum Text gliedern sich so, daß die Wahlmöglichkeit des Lesers bestehen bleibt. Es ist ein Gegenentwurf zum Design in den Printmedien, das das Seitenlayout nur noch ästhetisch oder aber vom ökonomischen Denken, möglichst wenig Platz zu verbrauchen, und nicht mehr vom Erkenntnisinteresse und den Handlungsdimensionen herleitet.

Die Freiheitsgrade unserer Handlungsmöglichkeit zu erweitern erscheint uns angesichts unserer potentiellen Entwicklungsfähigkeit von größter Wichtigkeit. Denn eine Gefahr lauert auf uns: Die lebensbedrohenden von uns erzeugten Veränderungen in unserer Umwelt erfordern immer komplexere Steuerungsinstrumente, die unser Leben immer stärker von außen leiten.

Unsere Sinne müssen dafür wach bleiben, und wir selbst müssen uns handlungsfähig machen, damit wir erhalten, was wir sind: einzigartig in einer vielgestaltigen Einheit.

Herbst 1992: Wie sagt man, wenn ein Fehler geschehen ist? Ich entschuldige mich bei allen Lesern der 1. Auflage dieses großartigen Buches. Der Fehler war: Es wurde eine Ausgabe gedruckt, die die letzten Korrekturen nicht enthielt. Diese 2. Auflage ist nun völlig überarbeitet: Die Seminarerfahrungen und eine Vielzahl Anregungen sind eingefügt. Das Buch ist ein Erfolg. Wir haben in wenigen Monaten die gesamte Auflage verkauft und konnten auf den Bestsellerlisten der Wirtschafts- und auch der New-Age-Literatur die ersten Plätze buchen. Hierfür sei unseren Lesern gedankt, die — so ist es aus den Briefen zu spüren — das klare Konzept des PAIDIA Verlages in dieser kurzen Zeit kennen- und schätzen gelernt haben.

Fulda im Oktober 1992
Claus-Peter Leonhardt

Inhaltsverzeichnis

Einführung

An der Grenze blüht das Leben.
James Gleick, Chaos

Seit mindestens 40.000 Jahren, und es dauert wahrscheinlich schon viel länger an, haben die Menschen, ihre Familien und ihre kommerziellen und sozialen Organisationen bezei-chnenderweise zwei Strategien angewandt, um mit der Welt zurechtzukommen.

Die *Strategie des Karpfens.*

Und die *Strategie des Hais.*

In diesem Buch geht es um eine machtvolle neue Strategie: Sie wurde vor kurzem von einem Gehirn zur vollen Blüte gebracht, das versteht, daß die Welt sich geändert hat und wir uns daher ändern müssen. *Was anders werden muß sind die Qualität und die Quantität unseres Bewußtseins von der Komplexität und unsere Fertigkeiten und unser Wohlbefinden, wenn wir mit ihr arbeiten.*

Dadurch, daß die Strategien der Informationsverarbeitung des Karpfens und des Hais die menschliche Geschichte beherrschten, legten sie der menschlichen Wahrnehmung strikte Grenzen auf. Und sie schränkten die Freiheitsgrade ein, in denen Reaktionen auf eine sich verändernde Welt zugelassen sind.

Die Zukunft ist auch nicht mehr das, was sie einmal war.
Arthur C. Clark, The Adventure of Tomorrow

Ideen haben Konsequenzen.
Richard Weaver

Ich glaube nicht, daß wir diese glücklichen Tage noch einmal erleben werden.
Judith Larsen, Silicon Valley Fever

17

Menschen, die nur die Strategie des Karpfens anwenden, leiden daran, daß sie, wie in *Hypnose* geblendet, unfähig sind, die entscheidenden Aspekte der Welt in ihrer Ganzheit als real anzuerkennen und zu akzeptieren.

Und Menschen, die sich an die Strategie des Hais gewöhnt haben, sind süchtig. Ihre *Sucht* und ihre *Zwänge* verdammen sie dazu, ewig „der Elefant im Porzellanladen" zu sein oder, was schlimmer ist, sich in dieser Weise in unseren Gesellschaften, Organisationen und Familien zu verhalten.

Ursprünglich von Lust angetrieben, ändert sich über längere Zeiträume hinweg die Motivation von Haien hin zur Schmerzvermeidung. So wie wir nun einmal in einer Umwelt mit immer enger werdenden Toleranzbereichen leben und unseren Geschäften nachgehen, irritiert uns zunehmend ihr Überschuß an Adrenalin und ihre Intoleranz gegenüber gutem Einvernehmen und Flexibilität. Man könnte sogar sagen, wir empfinden dieses Verhalten als zunehmend gefährlich.

Die Strategien des Karpfens und des Hais sind „eingebaut".

Du kannst nicht einen einzigen Atemzug tun, ohne daß Gott es will.
Ein sechzigjähriger Landbesitzer und Bauer aus Gurha/Indien

Sowohl die Strategien des Karpfens als auch die des Hais bleiben in uns erhalten, weil sie, um es auf den Punkt zu bringen, in uns „fest verdrahtet" sind. Genauer gesagt sind sie in unseren „alten", isolierten, nicht-verbalen Gehirnstrukturen verankert. Wir können ihre Einflüsse so wenig völlig ausschließen und gleichzeitig beispielsweise eine Wirtschaftsprüfungsgesellschaft leiten, einen Kosmetikladen führen, Computer herstellen, eine Armee kommandieren oder eine Mannschaft von Athleten betreuen, wie wir unseren Kopf wegwerfen und uns noch Lebewesen nennen könnten, die in der Lage sind, bei der Bank ihr Konto zu überziehen. Man erkennt diese Strategien sofort. Es sei denn, man entschlösse sich, sie nicht zu erkennen. Dieses ist dann wie in Catch-22 eine Art Teufelskreis.

Denn entscheidet man sich, etwas Wertvolles nicht anzuerkennen, bedeutet dies in sich schon den Einsatz einer der beiden Strategien: nämlich derjenigen des Karpfens.

Das „alte" Gehirn bietet uns die sprichwörtlichen, vom Verhalten gesteuerten Lösungen als Reaktion auf äußere Ereignisse an: Die „drei Fs" *fight, flight,* oder *freeze* — Ge*F*echt/Kampf, *F*lucht oder Er*F*rieren/Erstarrung. Ein Karpfen (damit meinen wir einen Menschen, der die Strategie des Karpfens einsetzt) wendet im allgemeinen nur zwei dieser Möglichkeiten an: Flucht oder Erstarrung. Es ist offensichtlich, daß eine Menge Karpfen gefressen werden. Wenn man sich allerdings anstrengt, im Territorium von Karpfen unter zahlreichen Karpfen-Freunden zu bleiben und zum größten Teil Karpfen-Arbeit zu tun, kann man sich möglicherweise für eine bestimmte Zeit ein relativ sicheres Leben verschaffen. Wenn sie die Wahl haben, spielen Karpfen gewöhnlich mit. Sie vermeiden es allerdings, überhaupt eine Wahl zu treffen, sofern es nur möglich ist. George Bernhard Shaw hat die charakteristische Dynamik der Strategie des Karpfens erkannt. „Freiheit (die Freiheit, eine Wahl zu treffen) bedeutet Verantwortung.", schrieb er. „Darum fürchten sie die meisten Männer (und Frauen*)."

Der Stolz unserer Nation liegt auf unseren Friedhöfen.
Afrikanische Hymne.

Je me debrouille. (Ich schlängle mich so durch).
Verbreitete Redewendung in Zaire.

---

*Shaw weigerte sich, in seiner Verwendung der englischen Sprache die Verantwortung aus der Tatsache zu übernehmen, daß etwas mehr als die Hälfte der Menschheit Frauen sind. Sozusagen karpfenhaft benutzte er den literarische Begriff „Mann" (men) als Gattungsbegriff „Mensch". Das ist die einfache Lösung. Wir fühlen uns offen gesagt nicht wohl bei der Notwendigkeit, diese Angelegenheit in einer Fußnote zu behandeln, und wir sind sehr unzufrieden mit der Tatsache, daß das literarische Englisch (und Deutsch) noch keine Lösung für dieses er/sie-Rätsel gefunden hat. In dem Buch DELPHINSTRATEGIEN werden wir das Pronomen benutzen, das uns gerade gefällt. In unseren Handelsverträgen der Brain Technologies Corporation drücken wir uns wie folgt aus: „Jeder Verweis auf das männliche Geschlecht gilt in gleicher Weise für das weibliche Geschlecht, und umgekehrt."

Jeder gute Geschäftsmann hat etwas von einem Barrakuda in sich ...
US-Handelsvorstand laut Wall-Street-Journal

Mancher Investor oder "heiße" Manager wurde ein Opfer der "Sieh' wie ein Gewinner aus"-Masche. Sie werden in eine Unternehmung gelockt, die den Anschein des Erfolges erweckt. Glänzende neue Ferraris. Palastähnliche Büros. Maßgeschneiderte Seidenanzüge. Straußenleder-Stiefel mit dazu passender Aktentasche. Ein Diamantring am kleinen Finger. Extravagante Unterhaltung, Essen und Trinken. "Geschäftliche Treffen" in exotischer Umgebung. Die oberflächliche Logik ist: "Denen muß es verdammt gutgehen, wenn sie es sich leisten können, das Geld so unter die Leute zu bringen," und "Schließlich ist nichts so erfolgreich wie der Erfolg".
G. Ray Funkhouser und Robert R. Rothberg, The pursuit of Growth

Es gibt Zeiten, in denen es in der Organisation Sinn macht, ein Karpfen zu sein. Wir werden später ausführlich darauf eingehen. Und es gibt Zeiten, in denen es sinnvoll ist, ein Hai zu sein. Das werden wir ebenfalls mit aufrichtiger Begeisterung diskutieren. Gewöhnlich wird die Strategie des Hais als eine Strategie betrachtet, die darauf abzielt, um jeden Preis einen persönlichen Gewinn herbeizuführen. Wenn man in der Nähe von Haien schwimmen muß, sind die Regeln ziemlich klar:

◆ Man muß herausfinden, wie Haie aussehen und wer sie sind: „Die mit den scharfen Zähnen".
◆ Man sollte nicht zappeln und viel Lärm machen.
◆ Man sollte sich nicht bei den Ködern „den Karpfen" aufhalten.
◆ Man sollte keine Angst haben, einen Hai zu vertreiben, wenn einer näherkommt und schnüffelt: „Manchmal bedarf es nur eines kräftigen Nasenstübers".
◆ Wenn man aber gebissen wird, sollte man nicht bluten.
◆ Man sollte sich nicht dadurch ermüden, daß man gegen den Strom schwimmt.
◆ Und das wichtigste: Man sollte ein paar Delphine finden, mit denen man schwimmen kann.[1]

„Echte" Delphine sind mit die interessantesten unter den Kreaturen der Tiefe. Wir können vermuten, daß sie sehr intelligent sind, auf ihre Weise vielleicht sogar intelligenter als wir, der *Homo sapiens sapiens*. Mit Sicherheit sind ihre Gehirne bei einem Gewicht von etwa 1500 Gramm groß genug, und damit wiegen sie etwas mehr als das durchschnittliche menschliche Gehirn. Die Assoziationskortex des Delphins — das ist der Teil des Gehirns, der auf abstraktes und konzeptbildendes Denken spezialisiert ist — ist

20

dabei größer als der des Menschen. Und es ist ein Gehirn, das seit mindestens dreißig Millionen Jahren so groß wie oder größer als das unseres ist, wie die leidenschaftlichen Enthusiasten gern unterstreichen, die sich der Stärkung der Verbindungen zwischen unserer und ihrer großhirnigen Spezies verschrieben haben.

Das Verhalten von Delphinen in der Nähe von Haien ist legendär, und wahrscheinlich mit Recht. Mit ihrer Intelligenz und ihren Tricks können sie für Haie tödlich sein. Können sie sie zu Tode beißen? Oh nein. Delphine umkreisen und rammen sie immer und immer wieder. Sie benutzen ihre Knollennasen als amphibische Keulen und drücken den „Brustkorb" des Hais methodisch ein, bis die mörderische Kreatur hilflos auf den Grund sinkt. Wir haben den Delphin als Symbol unserer Gedanken über Bewältigung und Entscheidungsfindung in sich schnell ändernden Zeiten gewählt, und zwar eher wegen der natürlichen Fähigkeiten des Säugetiers, konstruktiv und kreativ zu denken, als wegen seiner Fertigkeiten beim Kampf gegen Haie. Können Delphine denken? Ohne Frage können sie das. Wenn sie nicht bekommen, was sie wollen, ändern sie ihre Verhaltensweisen im Streben nach ihren Zielen schnell und präzise auf eine manchmal geniale Weise.

Wenn Delphine das können, warum können wir es nicht?

Wir glauben, wir können es.

Die DelphinStrategie macht es erforderlich, daß wir darüber nachdenken, wie wir denken. Das erhöht die menschlichen Fertigkeiten und verändert die verfügbaren Fähigkeiten um eine Größenordnung. Mit einer Drehung des geistigen und emotionalen Kaleidoskops verändert die menschliche Spielart des Delphins die Natur, die Regeln, vielleicht sogar die Spielfläche und die Spieler selbst. Delphine genießen, nutzen, erforschen und erfahren die Fähigkeiten des

Wir leben in einer Zeit, die die sich verengenden Trends von Spezialisierung für logisch, natürlich und wünschenswert hält. Folglich erwartet die Gesellschaft, daß jede ernsthaft verantwortungsvolle Kommunikation knapp und kurz zu sein hat. Die sich entwickelnde Wissenschaft hat jetzt entdeckt, daß alle bekannten Fälle biologischer Ausrottung auf Überspezialisierung beruhten. Die Konzentration auf ausgewählte Gene opferten der allgemeinen Anpassungsfähigkeit. Deshalb ist der Auftrag der Spezialisten auf prägnanteste Kürze zweifelhaft. In der Zwischenzeit wurde die Menschheit des umfassenden Verständnisses beraubt. Die Spezialisierung hat Gefühle der Isolation, der Sinnlosigkeit und der Verwirrung bei den Individuen erzeugt. Sie hat auch dazu geführt, daß der Einzelne die Verantwortung für das Denken und soziales Handeln anderen überläßt. Die Spezialisierung züchtet Vorurteile, die sich schließlich als internationaler und ideologischer Mißklang niederschlagen, und dies führt wiederum zum Krieg.

integrierten, (intern) höchst sozialen, im vollen Umfang mitarbeitenden menschlichen Gehirns. Und damit durchschauen sie im voraus mit allen ihren Möglichkeiten sich selbst und andere Gehirne. Das Ergebnis ist oft eine ganze Flut von Ideen. Es bedeutet ein erwachendes Potential. Es heißt ein plötzlich erkennbarer Weg aus dem Teich der Haie, der so überraschend ist, daß für den Geist wie das geistige Gegenstück zu einem Schlag auf den Solarplexus wirkt. Die mentale Struktur erhält einen Anstoß.

Man hätte annehmen können, daß der Anbruch des nuklearen Zeitalters die Notwendigkeit eines grundlegend neuen Denkprozesses für die Gestaltung des menschlichen Lebens signalisierte. Aber der Einschnitt dieses Ereignisses war noch nicht drastisch genug. Statt dessen war so ein *globales* Ereignis, wie es das Ölembargo darstellte, notwendig, um unserem Verstand die Tatsache unauslöschlich einzuprägen, daß wir „einen Rubikon" überschritten hatten; er ist so bedeutsam, daß die Strategien des Karpfens und des Hais fürs Führen und Manövrieren in der Frontlinie von Veränderungen hinfällig sind. So kann man sagen, daß die Welt, die diese Art des Denkens so notwendig und anziehend gemacht hat, erst zu Beginn der 70er Jahre entstanden ist.

Wir schreiben das Buch mit der Hoffnung, daß die DelphinStrategien ihnen helfen können, den zentralen Fallen sowohl der Strategie des Karpfens wie auch der Strategie des Hais regelmäßig und mit einem Minimum an Aufwand zu entgehen: Nämlich *der zum Wahnsinn treibenden Fähigkeit der Zeitgenossen, die den Zeitgeist mitbestimmen, „ihr Verhalten regelmäßig als erfolgreich zu interpretieren, auch wenn es letztendlich und unvermeidlich zum Versagen führt."*[2]

Die Leichtigkeit, mit der Gruppen von Menschen und ihre Organisationen die „Delphinisierung" erreichen können, wird un-

> Unsere Hoffnung ist:
> Daß wir lernen können,
> damit aufzuhören,
> unsere Fehler als Erfolge
> zu interpretieren.

Der vernünftige Mensch paßt sich der Welt an; der unvernünftige besteht darauf, zu versuchen, die Welt an sich anzupassen. Deshalb hängt aller Fortschritt von unvernünftigen Menschen ab.
George Berndhard Shaw

terschiedlich sein. Es ist offensichtlich, daß einige mit „natürlichen Grenzen der Seele" werden kämpfen müssen, damit diese Veränderung eintritt. Zum Beispiel werden sich die Benutzer unserer traditionellen, autoritären Glaubenssysteme — und dazu gehören die meisten Firmen und Bürokratien — bis zum Letzten von dem Gedanken herausgefordert fühlen, einer neuen Dimension persönlichen Überflusses zur Macht zu verhelfen.

Die Vertreter des „New Age"-Denkens, um ein weiteres Beispiel zu nennen, müssen sich, trotz all ihrer aufregenden Möglichkeiten, noch einer Wahrheit über sich selbst stellen: Daß sie nämlich dichter als jemals vor einem Quantensprung des menschlichen Vermögens stehen. Sie haben ihn aber immer noch nicht genutzt und anerkannt und sind daher noch immer persönlich benachteiligt und geschwächt. Und *jedermann*, der in den 90er Jahren bis in das nächste Jahrhundert danach strebt, ein Sieger zu sein, muß das beherrschende Thema ernst nehmen, das den DELPHINSTRATEGIEN zugrunde liegt, dem Buch und der Macht: Um in dieser Welt, die das 21. Jahrhundert ankündigt, erfolgreich zu sein, muß man *einen neuartigen Geist*, ein MIND entwickeln. (Mind schreiben wir deshalb, weil es mehr als Geist umfaßt, Geist mehr als MIND umschließt;CPL).

Indem wir diesen neuen Geist nach dem ältesten Symbol der Welt für klügeres Denken *Delphinus Delphis* benennen, leihen wir uns nicht so sehr das tatsächliche Verhalten des gescheitesten Meeresbewohners aus. Wir lassen uns vielmehr von seiner Zähigkeit, seinem Charme, seiner unmittelbaren Erkenntnisfähigkeit und seiner Intelligenz inspirieren. Dennoch müssen wir zugeben, daß es zwischen dem Delphin des Meeres und der neuen, denkenden Unterart, dem *Homo sapiens delphinus*, sehr reizvolle Ähnlichkeiten gibt, die wir nachfolgend beschreiben.

Das Leben bewegt sich mühsam und in Spiralen aufwärts zu immer höheren Ebenen und zahlt für jeden Schritt. ... Es erreicht Ebenen höherer Differentialisierung und Zentralisierung und zahlt dafür mit dem Verlust der Ausgleichsmöglichkeit nach Störungen. Es erfindet ein hochentwickeltes Nervensystem und damit Schmerz. Zu den urzeitlichen Teilen des Nervensystems fügt es ein Gehirn, das mittels einer Welt von Symbolen Voraussicht und die Kontrolle der Zukunft ermöglicht.
Ludwig von Bertalanffy, Problems of Life

Ein menschliches Wesen sollte in der Lage sein, eine Windel zu wechseln, eine Invasion zu planen, ein Schwein zu schlachten, ein Schiff zu steuern, ein Gebäude zu planen, ein Sonett zu schreiben, Konten abzuschließen, eine Mauer zu bauen, einen gebrochenen Knochen zu richten, die Sterbenden zu trösten, Befehle anzunehmen, Befehle zu geben, zusammenzuarbeiten, allein tätig zu werden, Gleichungen zu lösen, ein neues Problem zu analysieren, Mist zu gabeln, einen Computer zu programmieren, ein schmackhaftes Mahl zu bereiten, wirkungsvoll zu kämpfen und tapfer zu sterben. Die Spezialisierung taugt für Insekten.
Robert H. Heinlein, The Notebook of Lazarus Long

- Sowohl der Delphin des Meeres als auch der des Landes gedeihen in einer rauhen Umwelt.
- Beide sind immer wachsam, beobachten Strömungen, suchen nach Hinweisen, beobachten Entwicklungen.
- Sie schwimmen beide in jedem Ozean gut, treiben in jeder Strömung, tauchen in jedem Teich.
- Sie arbeiten gut zusammen, aber sie handeln auch alleine auf kompetente Weise.
- Wenn etwas nicht funktioniert, verfolgen sie unerbittlich etwas anderes, was dann funktioniert.
- Und sie können, falls notwendig, für einen Hai tödlich sein, wie wir bereits angemerkt haben.

Unser Standpunkt ist, daß die „Strategie des Delphins" für uns Menschen seit mehr als einem halben Jahrhundert das erste wirklich neue System ist, um zu gewinnen. Während dieser 50 Jahre haben Herangehensweisen an den Erfolg nur wenig mehr als Variationen eines Grundthemas geboten: des positiven Denkens. Weil es aber viele andere Arten des Denkens gibt und man in einer sich ändernden und herausfordernden Welt auf andere Weise denken muß, wollen wir diese ehrwürdige aber alternde Idee durch eine neue ersetzen: das *machtvolle Denken*.

In einer gewissen Weise werden damit die Bedürfnisse von *jedermann* angesprochen und erfüllt.

Und es wird damit jedermann geholfen, im vollen Umfange seiner oder ihrer Kompetenz Erfolg zu haben.

Und damit wird die Welt zu einem besseren Ort.

Das Leben läuft zu schnell ab, um darüber nachzudenken. Wenn man die Leute nur davon überzeugen könnte, aber sie bestehen darauf, massenhaft Informationen anzuhäufen.
Kurt Vonnegut jr..

Es wird eine neue Art von Spieler erfordern: einen Spieler mit einer neuen Art von Verstand. Die Individuen und die Organisationen, die bereit sind, diese Art von Geist zu entwickeln, sind diejenigen, die nach ihrer Entscheidung an einem neuartigen Spiel teilnehmen. Und es sind die Menschen und Organisationen, die es uns allen gestatten, den Gewinn für alle nutzbar zu gestalten, das heißt die Murmeln mit nach Hause zu nehmen, wenn sich die Welt rasch verändert.

1
Suche nach eleganten Lösungen: Delphine sind, was Delphine tun

Die Strategie des Delphins ist eine knallharte Suche nach dem, *was funktioniert*. Sie ist eine Suche nach dem, was Sinn macht. Sie sucht nach dem Mittel, mit dem eine Arbeit getan, ein Ziel erreicht und unsere Zukunft mit einer glaubhaften Versicherung dafür gestaltet wird, daß der Planet, die menschliche Rasse und so viele Spezies, wie wir mitnehmen können, überleben und wenn möglich gedeihen werden.

Die Strategie des Delphins führt dahin, die heiligen Kühe anderer Menschen zu schlachten.

Delphine geben nicht leicht nach oder auf, es sei denn, sie erkennen die Differenz. Dann können sie kapitulieren.

Delphine tendieren zu keiner Ideologie, wenn es aber wichtig ist, können sie in hohem Maße politisch handeln.

Delphine sind aus Prinzip unnachgiebig, es sei denn, das Prinzip erweist sich als nicht mehr sinnvoll.

Delphine lieben es zu gewinnen. Aber sie haben nicht das Bedürfnis, daß ein anderer verliert, es sei denn, er besteht darauf.

Delphine sagen die Wahrheit und vermeiden Zeit, Energie und Ressourcen auf nutzlose, unproduktive Dramatik zu verschwenden.

Ich versuche seit einiger Zeit, einen Lebensstil zu entwickeln, der meine Anwesenheit nicht erfordert.
Gary Trudeau

Loyalität zu einer versteinerten Meinung hat noch nie eine Kette zerbrochen oder eine menschliche Seele befreit.
Mark Twain

Delphine verfügen über eine Vision, wie die Firma, die Organisation, die Welt ihrer Ansicht nach aussehen sollte, aber sie verhalten sich deswegen nicht wie Kamikaze-Flieger.

Delphine handeln fast immer nach „dem großen Ganzen", aber sie sind auch dazu fähig, sich auf das kleinste Detail zu konzentrieren. Delphine schlagen schnell zurück, wenn die Situation es verlangt, aber sie verzeihen sofort, denn sie wissen, daß Neid und Zorn in einem fließenden, kreativen Universum eine unhaltbare Barriere sind.

Delphine sind ausgezeichnete Manager und Führer, und in einer Welt, in der sie ihre überlegenen Fähigkeiten für strategisches und taktisches Denken einsetzen, ist es ihr Schicksal, Karpfen und Haie zunehmend in Unruhe und ins Hintertreffen zu versetzen, wenn sie herausgefordert werden.

Auch wenn Sie entschlossen sind, ein Karpfen oder Hai zu bleiben, finden Sie es möglicherweise interessant, Ihr Wissen über Delphine und deren Denkweise zu erweitern. Andernfalls ist es möglich, daß große Bereichen der Welt des Managements wie auch der Welt im allgemeinen in Zukunft für Sie nicht mehr viel Sinn ergeben.

Wenn Haie einem Delphin begegnen, nehmen sie oft irrtümlich an, sie hätten es mit einem Karpfen zu tun. Andererseits verwechseln Karpfen Delphine oft mit Haien. Darüber hinaus *glauben* viele Menschen in Organisationen, sie wüßten, was Delphine *sind*, sie wissen aber viele subtile und lebenswichtige Unterschiede nicht zu würdigen und finden andere völlig unwirklich. Es gibt noch mehr Menschen, die überhaupt nicht wissen, daß es Kreaturen wie die Delphine in Organisationen gibt. Daher haben sie es nie in Erwägung gezogen, einer zu werden, was *er oder sie* auch sein mag und wie groß der Nutzen auch ist.

Der durchschnittliche Mensch, der nicht weiß, was er mit seinem Leben anfangen soll, will ein zweites, das ewig dauern soll.
Anatole France

Man weiß, daß Delphine in der Nähe sind, wenn man Fortschritte macht, die es seit langem nicht mehr hätte geben dürfen.

28

Offensichtlich gibt es einige Verwirrung, die aufgeklärt werden muß.

Wir möchten zuerst etwas darüber sagen, was Delphine nicht sind.

Sie sind keine platinierten „Superfische", die hochmütig im Laden, im Büro, im Vorstandszimmer, oder in der Computerzentrale herumschwimmen und auf den richtigen Moment warten, um überlegene Weisheit, verblüffende Ideale oder ehrfurchtgebietende Lösungen zu vermitteln. Sie können nur dann sicher sein, daß Sie Delphine unter sich haben, wenn Fortschritte zu einem Zeitpunkt gemacht werden, zu dem nach allen vernünftigen Spielregeln der Fortschritt längst aufgehört haben sollte.

Delphine sind keine Wesen, die nach Vorschriften leben, auch dann nicht, wenn diese in *einem Buch mit dem Titel* DELPHINSTRATEGIEN niedergelegt sind. Tatsächlich sehen sie die meiste Zeit aus wie Haie oder Karpfen, handeln wie sie, und es kann ihnen durchaus recht sein, wie solche behandelt zu werden.

Es ist sogar möglich, daß sie sich häufig weigern, ihr Delphin-Wissen und ihre Fähigkeiten zu benutzen, wie ein Karpfen aus strategischen oder taktischen Gründen einen Rückzieher machen oder mit der Heftigkeit eines Hais auf empfindliche Stellen losgehen. Delphine sind keine Gurus — denken Sie nicht zu kurz! Und sie haben wirklich keine große Neigung zu Randerscheinungen, „sensiblen", linken Grenzgebieten des Mystizismus, des Okkulten oder des Unwissenschaftlichen, obwohl sie typischerweise für alles offen sind, was funktioniert.

Delphine können in ihren Organisationen „große Tiere" sein, es ist aber ebenso wahrscheinlich, daß sie „emsige Bienen" sind, besonders in High-Tech- oder anderen Organisationen, die das Zeitalter der Information auszeichnen.

Unterschätze niemals die Macht der menschlichen Dummheit.

Dummheit ist das einzige universelle Kapitalverbrechen. Das Urteil ist der Tod, es gibt keine Berufung, und die Exekution wird automatisch und ohne Mitleid durchgeführt.
Robert A. Heinlein, The Notebooks of Lazarus Long

Delphine haben nichts gegen das Gewinnen. Wenn wenig auf dem Spiel steht oder wenn sie etwas Wichtiges lernen können, haben sie auch nichts gegen das Verlieren. Sie sträuben sich nicht gegen das Nachgeben, sie zögern nicht, Kompromisse zu schließen, und sie haben nichts gegen die Schärfe eines Konflikts oder gegen eine rauhe Gangart. Das alles akzeptieren sie, solange es *wirklich* einen Sinn ergibt. Eben wenn es einen *eleganten* Sinn ergibt!

Wenn wir uns auf das konzentrieren, was auf elegante Weise sinnvoll ist, so scheint es, daß wir eine Sache definieren, die für die Delphinheit in der Organisation von zentraler Bedeutung ist. Wo wir Gedanken, Gefühle, Handlungen und Intuitionen vorfinden, die Menschen und Ressourcen *elegant* zusammenbringen, finden wir Umstände und Situationen, die für Delphine anziehend sind. Um den Wert und die Macht der Entwicklung unserer Fertigkeiten als Delphine zu verstehen wollen wir, im Stil der Delphine, das betrachten, was unsere Möglichkeiten sind, in einer sich schnell verändernden Welt „auf elegante Weise sinnvoll zu handeln."

Was meinen wir mit dem Begriff „elegant"?* Wenn wir in unserem *Webster's Third New International Dictionary* nachsehen, finden wir die Bedeutung, die wir suchen, unter der Definition 1(d):

„Gekennzeichnet durch (wissenschaftliche) Präzision, Sauberkeit und Einfachheit."

Und wenn wir im *Deutschen Wörterbuch* von *Wahrig* (im englischen wie im deutschen elegant; CPL) nachschauen, finden wir die folgenden Beschreibungen: „feiner, stilsicherer, modischer Geschmack; verblüffende Gewandtheit."

Elegante Lösungen erscheinen in der heutigen Unternehmenswelt nicht mit der notwendigen Häufigkeit, weil das Denken des Karpfens und des Hais unveränderlich, unflexibel und unsensibel ist.

Elegante Lösungen entgehen uns in zu vielen Fällen in Verhandlungen, weil in Wirklichkeit, aufgrund der in unseren Unternehmenskulturen tief verwurzelten Ansichten über den angeblichen Wert des Gewinnens und Verlierens, die Bedürfnisse keiner der Parteien zur vollen Zufriedenheit erfüllt werden. Und das populäre Konzept vom „Gewinnen/Gewinnen" (WIN/WIN), das sich aus der humanistischen Psychologie entwickelt hat, ist ebenfalls allzu oft eine Schimäre: Es ist ein Unternehmen im Stile eines Austauschs, das mehr darauf bedacht ist, gute Gefühle als überragend gute Ergebnisse zu erzeugen. Wir sagen es nochmals: Tief in uns gibt es die Tendenz, uns selbst zu beweihräuchern, auch wenn wir langfristig und aufs Ganze gesehen versagt haben.

Als Höhlenmenschen, die daran glauben, daß es der Wille der Götter ist, würden wir mit den Schultern zucken, wenn die Beute entkommen ist. Als Ackerbauern auf den Savannen der Welt hatten wir, auch wenn uns unsere angeborene Starrköpfigkeit für elegante Lösungen blind machte, immer noch unser Land und die nächste Saison, um mit den Konsequenzen unseres Handelns fertig zu werden. Sogar im industriellen Zeitalter wurden Flexibilität oder Eleganz nicht sonderlich benötigt oder geschätzt. Das gilt sowohl für Frederick Taylor, das Genie des neunzehnten Jahrhunderts, der mehr als irgendeiner sonst an der Schaffung des Musters für Organisationen jener Zeit beteiligt war, als auch für seine geistigen Nachkommen im Management.

Heute und hier spielt es aber eine Rolle.

Da sie das erkennen, argumentieren einige Meinungsmacher und Management-Theoretiker für schnellere und schneller Reaktionszeiten. Einige wenden sich dem Modell der sogenannten O.O.D.A.-Schleife zu: Es ist der Zyklus von Beobachtung (Observation), Orientierung, Entscheidung (Decision) und dann

> Schnelle Reaktionen können vorteilhaft sein, sie sind aber keineswegs die ganze Antwort.

> (Der) große Führer ist derjenige, für den seine Männer ihr Leben FREUDIG opfern. Das ist der wahre Prüfstein der Führung.
> Konteradmiral Chester Ward

31

Ich habe in meiner (Organisation) Truppe nicht einen Menschen finden können, der für mich sterben würde, ganz zu schweigen vom FREUDIGEN Sterben für mich. Das beweist eindeutig, daß ich kein Führer bin, der Admiral Wards Definition entspricht. Übrigens: Als Admiral Wards Artikel erschien, habe ich ihn angerufen und ihn gefragt, wie viele Leute in seiner Dienststelle sich freiwillig gemeldet hätten, freudig für ihn zu sterben. Daraufhin hat er aufgelegt.
Admiral H. G. Rickover

Handlung (Action), die von der Luftwaffe beschrieben wurde, nachdem sie die Gründe untersucht hatte, aus denen einige Piloten in Luftkämpfen im Kriege besser abschnitten als andere. Sicher gibt es Zeiten, in denen schnelle Reaktionen vorteilhaft oder von kritischer Bedeutung sind. In Zeiten wie diesen können Delphine auf das haiartige Denken zurückgreifen. Aber O.O.D.A. ist nicht die Antwort, wenn die Herausforderung im Schmieden neuer Allianzen, der Machtausübung auf eine radikal neue Weise oder der radikalen Loslösung aus einengenden Perspektiven besteht.

Wir glauben, daß die erfolgreichsten Organisationen der späten 80er und 90er Jahre diejenigen sein werden, die in der Lage sind, die fundamentalsten Herausforderungen und Probleme mit Eleganz zu lösen. Mit *delphin*artiger Eleganz.

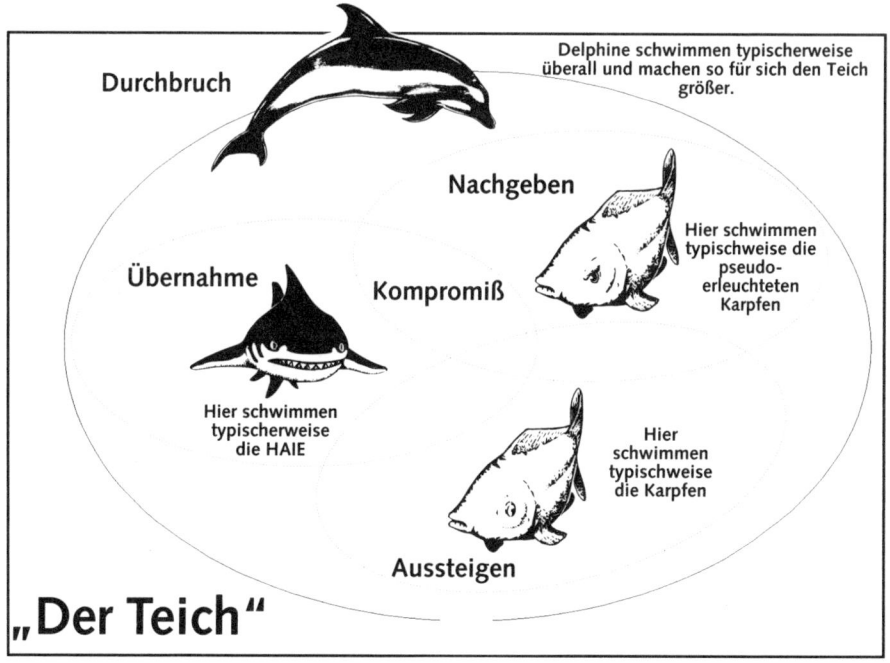

Abb 1.1 Wo Karpfen, Haie

Da wir das glauben, wollen wir jetzt in den Teich springen. Dabei erkennen wir an, daß es eine Zeite gibt, wie ein Karpfen zu handeln, eine Zeit, wie ein Hai zu handeln, und eine Zeit, zu der man wie ein Delphin denken muß. Die Macht liegt im Wissen, welcher Zeitpunkt gekommen ist, und im entsprechenden Handeln.

Was ist der „Teich"? Ganz einfach. Der Teich ist das *Mögliche*. Im ganzen, großen Universum? Nein, es ist das, was in *Ihrem* persönlichen Universum möglich ist, und in unserem, und im Universum unserer Organisationen.

Aus diesem Grunde können unsere persönlichen und betrieblichen Universen, in Abhängigkeit von dem, was wir jeweils glauben, sehr unterschiedlich sein.

Karpfen und Haie glauben, daß wir *in einer Welt des Mangels leben*, daß es von allem nur einen begrenzten Vorrat gibt. Und was wir haben und wieviel wir davon haben können, hängt nach ihrer Ansicht in sehr starkem Maße davon ab, ob wir uns in einer strukturierten, vorhersagbaren Weise verhalten, da immer die Gefahr besteht, daß uns etwas ausgeht.

Im wesentlichen wiederholen Karpfen, zum größten Teil unbewußt und gewöhnlich ihr Leben lang, diese Art von „Glaubenslehre":

„**Ich bin ein Karpfen, und ich glaube an den Mangel. Aufgrund dieses Glaubens erwarte ich nicht, daß ich jemals alles leisten kann oder haben werde. Wenn *ich also dem Lernen und der Verantwortung nicht entkommen kann, indem ich mich davon fernhalte, dann opfere ich mich gewöhnlich.*"**

Ein Karpfen entsteht typischerweise früh im Leben eines Menschen durch ein oder mehrere traumatische Ereignisse, die so stark

Ich kann mir überhaupt nicht helfen, denn er [der Dämon] benutzt meine Glieder und Organe, meinen Hals, meine Zunge und meine Lungen ...
Das Malleus Maleficarum

Wenn es so wäre, könnte es sein, und wenn es so wäre, dann wäre es; da es aber nicht so ist, ist es nicht so. Das ist Logik.
Lewis Carroll, Through The Looking Glass

sind, daß er, tief in seiner Psyche, die folgende lähmende Entscheidung fällt: *Ich kann nicht gewinnen, weder heute noch später, niemals.* Da er das glaubt, konzentriert er sich darauf, nicht zu verlieren. Die Begründung und ihre Konsequenzen werden zyklisch, sich gegenseitig verstärkend, und sie haben normalerweise den Charakter einer sich selbst erfüllenden Prophezeiung. Stewart Emery drückt es in *Actualizations: You Don't Have to Rehearse to Be Yourself (Aktualisierung: Du mußt Dich nicht einüben, Du Selbst zu sein)* wie folgt aus:

> Falls wir die Augen öffnen, können wir sehen, daß der größte Teil des Planeten das Spiel auf folgender Grundlage spielt: „Ich kann nicht gewinnen, aber wie vermeide ich es zu verlieren?" Wenn wir diese Entscheidung einmal getroffen haben, können wir vom Leben im besten Falle nichts bekommen. Wenn wir einmal den Punkt erreicht haben, an dem wir uns sagen: „Ich kann nicht gewinnen, aber wie vermeide ich es zu verlieren", dann sind wir glücklich, wenn es nicht weh tut. Es wird höchstens nicht schlecht. Wir erwarten nicht mehr, daß es gut wird, wir hoffen nur, daß es nicht zu schlecht wird.[1]

Da er daran glaubt, bedroht einen Karpfen nicht mehr als die Möglichkeit des Überflusses. Und nichts macht ihn wütender. Der Glaube des Karpfens an Grenzen ist fast hypnotisch. In der „Selbsthaß"-Triade (des Verfolgers, Retters und Opfers), die von Psychologen oft als das (zuerst von Dr. Stephen Karpman beschriebene) Drama-Dreieck bezeichnet wird, bewohnt unser Karpfen ständig die Ecke des Opfers.

Er lebt ständig eingeklemmt zwischen den einfachen Ansichten der Verlierer und dem Elend der unbelohnten Fürsorge. Ein permanenter Wohnsitz in der Ecke der Opfer verleiht dem Karpfen das Recht auf alle die Rollen, und die Qualen, die in einer Ära, die zunehmend für die Übel der Sucht sensibilisiert wird, modisch als die Rollen des „Mitabhängigen" beschrieben werden. Mit-abhängig wovon? Sie vermeiden jede Gelegenheit, persönliche Verantwortung für ihre Handlungen zu übernehmen und etwas auf positive Weise für andere zu tun. Sie vermeiden, indem sie für immer einem anderen Menschen hörig sind, einem „Verfolger" (das heißt einem Hai) oder anderen Opfern, „die sich nicht selbst helfen können."

Die Hypnose, die den Karpfen davon abschneidet, die Möglichkeit von Veränderung, von Überfluß anzuerkennen, ist außergewöhnlich, wenn man sie beobachtet und analysiert, wie es Anne Wilson Schaef und Diane Fassel getan haben. In *The Addictive Organisation (Die Sucht-Organisation)* schreiben sie:

Mitabhängige (das sind unsere Karpfen) ... verbringen den größten Teil ihrer Zeit damit, die Bedürfnisse anderer zu verstehen und subtile Hinweise darauf aufzufangen, was andere von ihnen wollen. Gleichzeitig sind sie scharfsinnige Beobachter. Sie wissen intuitiv, welche Reaktionen in den meisten Situationen erforderlich sind, und sie liefern sie. Ihr Eindrucks-Management verschleiert eine weitreichende Unehrlichkeit, die von anderen Menschen als Nettigkeit, Rechtschaffenheit und eine unbegrenzte Kapazität für Verständnis und Zuhören erlebt wird.

Mitabhängige drücken sich selten direkt aus und sagen, was sie wollen. Sie sind Experten der Ungenauigkeit, der Manipulation, der Gerüchte und des Klatsches ... Kulturell sieht der Mitabhängige aus wie ein liebender, gebender Mensch. Bei unserer Arbeit mit Mitabhängigen finden wir unter ihrem gesetzten Äußeren jedoch häufig Wut, Depression und extreme Kontrolle und Manipulation.[2]

> Karpfen haben ihren festen Wohnsitz in der Ecke der Opfer im Drama-Dreieck.

Eine Frau, die von den Gangs mit Repressalien bedroht wurde, weil sie die Polizei gerufen hatte, wurde gefragt, warum sie nicht zu ihren Eltern gezogen sei, die weiter draußen in der West Side wohnten. „Das bringt die Schwierigkeiten nur auch noch zu ihnen. Man muß in seinem eigenen Leben das annehmen, was kommt."
Adam Walinsky

Wenn es ein größerer Unfall ist, der in den Medien stark beachtet wird, kann es sein, daß kurzfristig eine gewisse Tendenz zur Vermeidung entsteht, die aber verschwindet, weil, wie ich glaube, die Menschen ein kurzes Gedächtnis haben.
Analytiker für Luftfahrt-Aktien

Wenn man immer den Retter spielt, führt das zu Roger Dangerfields Krankheit: keinem Respekt.

Es mag sein, daß Fluggäste wütender als je zuvor über miserablen Service sind, es scheint aber, als wären ihre Aktionen nur ein geringer Anreiz für die Fluglinien, ihr Verhalten zu ändern. Die Reisenden fliegen nach einer schlechten Erfahrung häufig wieder mit der gleichen Fluglinie. Und nur in sehr extremen Fällen haben Fluglinien infolge von schlechtem Service tatsächlich Umsatz eingebüßt.
The Wall Street Journal

In ihrer tranceartigen Vermeidung der Möglichkeit des Überflusses glauben Karpfen tatsächlich oft, sie wohnten an einem anderen Ort des Drama-Dreiecks. Es ist für Karpfen leicht zu glauben, sie seien „zum Retten geboren". In der Ecke der Retter hängen die Karpfen ein Schild auf, auf dem letztlich steht: „Wir reparieren Gefühle, tun was andere denken und erleiden für Sie *Ihre* Konsequenzen." Ein derartiger Inklusiv-Service für die Opfer des Lebens kann gute Gefühle hervorrufen, das Gefühl, gebraucht zu werden und „Gutes zu tun", aber nur für eine Weile. Das geht so lange, bis wir bemerken, daß wir trotz unserer scheinbar guten Werke und Absichten Rodney Dangerfields Krankheit haben: keinen Respekt. Unsere Nutznießer befolgen unseren Rat nicht und zeigen keine Dankbarkeit.

An diesem Punkt fühlt sich der Karpfen, geborener Retter, dadurch betrogen, daß niemand bereit ist, sich um ihn zu kümmern. und besonders betrogen fühlt er sich durch diejenigen, um die er sich kümmert. Das wiederum bietet dem Menschen, den er angeblich „gerettet" hat, die Gelegenheit, zum Verfolger zu werden. Er kann sich darüber entrüstet zeigen, daß man ihn überhaupt für unfähig gehalten hat. Und plötzlich findet sich der Karpfen auf bekanntem Gebiet wieder: in der Ecke der Opfer, die sein wirkliches Zuhause ist.

Um die Chance zum Genuß des Überflusses und der Möglichkeiten wirklicher Veränderung im Zaume zu halten, wird der Karpfen ein Meister darin, sich selbst Lösungen zu verschreiben, die die Absicht haben, Durchbrüche zu vereiteln. Hier ist Stewart Emery wiederum ein scharfsinniger Beobachter. Er hat die sechs wichtigsten Lösungen erkannt, die Karpfen sich selbst verschreiben, damit sie die Übernahme persönlicher Verantwortung für das Erreichen von Überfluß und Veränderung vermeiden können:

- ◆ Spiele nicht.
- ◆ Hindere andere daran zu gewinnen.
- ◆ Mache nichts zu Ende.
- ◆ Zerstöre das Spiel.
- ◆ Spiele den guten Kumpel.
- ◆ Werde zum Problem.[3]

In Abbildung 1.1 ist der Teich für Karpfen unten rechts eingekreist. Es entsteht ein schmaler, länglicher Bereich, der an einem Ende durch das von uns als Aussteigen bezeichnete Denken und am anderen Ende durch das von uns als Nachgeben bezeichnete Denken begrenzt ist.

Gewöhnlich trägt die Strategie des Aussteigens, wenn sie durchgehend eingesetzt wird, nichts zu einer möglichen Überlebenschance bei. Möglicherweise umgeht früher oder später jede andere in Abbildung 1.1 benannte Strategie die des Aussteigens. Warum ist das so? Wir werden bald sehen, daß jede der anderen Strategien zumindest ein Ergebnis hervorbringt oder irgendeine Art von Bindung, Band oder Beziehung mit anderen schafft. Menschen, die immer ihr Spielzeug nehmen und allein nach Hause gehen, sind Eremiten, wie alt sie auch sein mögen oder welches Spiel sie auch spielen. Die Assoziationskette könnte lauten: *Eremitisch — Hermetisch*. Versiegelt. Abgeschnitten. Isoliert. In den meisten Fällen lebt der Karpfen, der durchgängig Aussteigen spielt, mit Mangelerscheinungen der einen oder anderen Art. In diesem Falle ist der Glaube tatsächlich der Vorbote der Realität: der Karpfen-Realität, mit dem Mangel des Karpfens.

Auf lange Frist gesehen ist Nachgeben zu spielen nicht viel besser. Es kann in Wirklichkeit schlimmer sein. Spielen Sie ständig Nachgeben, und Sie riskieren Ihren Untergang. Warum dies? Es sind

Um die Wahrheit zu sagen, stört es mich kein bißchen. Ich kümmere mich wirklich nicht darum. Ich bin fünfundfünfzig, mein Leben war gut, und ich denke, ich werde auf die eine oder andere Weise gehen müssen.
Einwohner von Georgia über die Gefährdung durch Radon-Gas

Aussteigen macht Sie unfähig, einen positiven Beitrag zu leisten — zu vervielfachen.

Wenn Menschen die Freiheit haben, das zu tun, was ihnen gefällt, dann ahmen sie gewöhnlich einander nach.
Eric Hoffer

zwei Gründe, die den Sachverhalt mit Macht auf der Richter-Skala der Dilemma-Auflösung anzeigen:

Erstens: Die Spieler, denen man am wahrscheinlichsten nachgibt, sind gewöhnlich Haie, und wenn man nichts anderes tut, als nachzugeben oder zu kapitulieren, hat man irgendwann nichts mehr übrig. (Der Hai übrigens auch nicht. Er ist schließlich dazu gezwungen, seine eigenen Artgenossen zu verzehren, nachdem er alle Karpfen gefressen hat.) Die andere Möglichkeit ist das Spiel mit Delphinen. Und Delphine finden schnell heraus, daß der Karpfen nicht den Mut hat, sich mit Herausforderungen zu befassen, und daß er wenig oder nichts zu eleganten Lösungen beitragen kann, also werden sie andere Schwimmpartner bevorzugen. Wenn man frustriert darüber ist, ignoriert, erniedrigt oder außen vor gelassen zu werden, *dann* versucht man vielleicht, passiv zurückzuschlagen, und Formen verdeckter Manipulation oder Sabotage zu probieren. Und dabei läuft man Gefahr, daß der Delphin auf das Hai-Verhalten zurückgreift. Plötzlich wird der eine Faktor, den man für „gegeben" gehalten hat — die Sicherheit und Unverletzlichkeit der Bindung an andere Spieler angegriffen. Karpfen der Sie sind, hasten Sie jetzt in die Aussteigen-Ecke, und Sie entfernen sich damit völlig aus der Gleichung, die wir unterschiedlich als „die Organisation", „das Team", „die Familie", „die Gruppe" oder „die Beziehung" bezeichnen. Auf jeden Fall können Sie nicht länger etwas auf positive Weise beitragen oder annehmen. Die große Gefahr des Aussteigen-Spiels liegt darin, daß man alle Fehler selbst machen muß. Es erlaubt Ihnen nicht mehr, aus den Erfahrungen anderer Menschen schöpfend, diese zu multiplizieren.

Haie reagieren ganz anders. Sie sagen sich immer und immer wieder, und dieses zum größten Teil unbewußt:

„Ich bin ein Hai, und ich glaube an den Mangel. Aufgrund dieses Glaubens beabsichtige ich, um jeden Preis so viel wie möglich zu bekommen. *Zuerst versuche ich, sie zu schlagen, und wenn das nicht gelingt versuche ich, mich ihnen anzuschließen.*"

Haie glauben, daß es einen Verlierer geben muß, und sie sind entschlossen, daß das jeder sein kann, nur sie nicht. Statt also im Drama-Dreieck in die Ecke der Verlierer zu wandern, beanspruchen Haie die Ecke der Verfolger. Dort verfallen sie der Sucht des „Mangel-Spiels", und dort schaffen sie Sucht-Systeme und Sucht-Organisationen als ihr Erbe für diejenigen, die sie einstellen, an die sie verkaufen, von denen sie kaufen und mit denen sie sonst zu tun haben. Sie wissen, daß Sie sich in der Gefahrenzone des Haie-Reviers befinden, wenn Sie ständig mit folgendem konfrontiert werden:

◆ Der „Schwindel". Wenn man nicht in unmittelbarer Gefahr ist und versteht, was geschieht, kann es faszinierend sein zu beobachten, wie weit ein fähiger Hai zu gehen bereit ist, um dem Scheinwerfer der Verantwortung zu entkommen. Wer auch immer letztlich das Opfer ist, die inneliegende Intention ist immer die gleiche: das Risiko zu vermeiden — und damit die Wahrscheinlichkeit von Schmerzen — daß man nicht der Gewinner ist. Und dabei spielt es keine Rolle, worum es geht oder wie geringfügig das Ergebnis ist.

◆ Der Nebel. Verwirrung ist eine natürliche Deckung für Haie. Und die Person oder Gruppe, welche die Verwirrung verursacht, ist selten ein Gegenstand näherer Untersuchung, weil jeder damit beschäftigt ist herauszufinden, was los ist. Das Wasser aufzuwühlen, ist eine ebenso konventionelle Hai-Taktik, wie lautlos in den Schatten zu gleiten.

Wenn du den Knast nicht aushältst, begehe kein Verbrechen.
Gangster-Sprichwort

Schnell und kraftvoll in die Offensive zu gehen, das blitzende Schwert der Vergeltung, ist der brillanteste Punkt der Defensive.
Karl von Clausewitz

Alle Kriegsführung basiert auf Täuschung ...
Wenn du nahe bist, lasse es so aussehen, als seist du weit weg, wenn du weit weg bist, als seist du nah.
Sun Tzu

◆ **Die Leugnung.** Was nicht anerkannt wird, dem kann man nicht begegnen, es kann nicht eingegrenzt, geändert oder gespürt werden. Und Haie haben die Schlüpfrigkeit von Aalen, wenn es darum geht, die Echtheit von Ereignissen zu meiden. Daher liegt vielleicht die größte Gefahr für den Hai darin, daß er seine eigenen Fabrikationen glaubt, um unerwünschte und unerfreuliche Wahrheiten abzuwehren.

◆ **Der „Schuß".** Haie sind in ihrem Narzißmus wie Wechselstrom. In ihrer verzerrten Weltsicht sind sie nur bereit, das anzuerkennen, was für oder gegen sie strömt. Sie sind konstitutionell unfähig, sehr lange Zeit zu leben, ohne sich die Droge „Selbst" erneut zu spritzen. Da dieses „Selbst" keine Verbindung zur Menschheit oder einem größeren Zweck hat, nährt es sich nur das Gefühl, daß der Mangel real ist.

◆ **Die Annahme.** Man besuche einen beliebigen Ausstellungsraum für eine bedeutende Industriekonferenz und man ist von „der Annahme" umgeben. Stand um Stand ist mit Haien bemannt, die darauf bestehen, daß ihr Produkt oder ihre Methode die einzige mögliche *richtige* Antwort ist. Die Annahme basiert auf dem Bedürfnis des Hais zu glauben, daß, falls alles andere und alle anderen versagen, sein Produkt und seine Methode nicht versagen werden. Es ist eine schreckliche Last: Der Hai muß zu 100 % Recht haben, und es bedarf eiserner Wachsamkeit, die unvermeidlichen Fehler zu vertuschen.

◆ **Die Krise und die Umklammerung.** Von etwas umklammert zu sein, bedeutet, daß man kontrolliert wird. Haie haben das verzweifelte Verlangen, Sie unter Kontrolle zu halten, und schaffen daher ständig Krisen, die Sie zwingen, ihr Spiel zu spielen. Die Kontrolle zu haben, bedeutet, daß man ständig auf der Hut sein muß. Da Haie so viel Zeit an den Rändern ihrer

Gefühle und an der Oberfläche der Ereignisse verbringen, während sie versuchen, die Kontrolle zu behalten, verlieren sie schließlich die Fühlung mit ihren inneren Prozessen: ihren Intuitionen, ihren Emotionen, ihrem tieferen Lebenszweck. Viele Dinge im Leben *können* kontrolliert werden, doch ist es eines der Parodoxa des Lebens, daß man in der Lage sein muß loszulassen, um das fertigzubringen. Haie ziehen sogar die Illusion der Kontrolle vor, statt etwas zu tun, wodurch das Leben besser werden könnte.

Da das so ist, sollten wir nicht überrascht sein, daß die beiden wichtigsten Strategien in dem elliptischen Feld, das in Abbildung 1.1 als „Hai-Territorium" bezeichnet wurde, die Übernahme und der Kompromiß sind.

Diese beiden Strategien werden von leitenden Angestellten, Managern, Eigentümern, Aufsichtspersonal, Lehrenden an Wirtschaftsschulen, Anwälten, Buchhaltern, Bankiers, Investoren und den anderen unzähligen Spielern um die Macht in der Welt der Unternehmen allen anderen bei weitem vorgezogen.

1976 ließ der Theaterautor Tom Stoppard den Helden in seinem Stück *Travesty (Travestie)* sagen: „Krieg ist Kapitalismus ohne Handschuhe." Jede Generation des modernen Managements bis heute hat sich so verhalten, daß sie hinreichend Modelle für Stoppers Ansicht über den Kapitalismus auf den lebendigen Marktplätzen gezeichnet habt. Auf der Chefetage haben wenige Spieler jemals darunter gelitten, daß sie eines der Werke der großen A in Sichtweite hatten: Als Beispiele seien hier die von Sun Tzu, Niccolo Machiavelli, Karl von Clausewitz, Ferdinand Foch genannt. Alle Welt konnte sehen, daß die Übernahme-Strategie die Aufmerksamkeit bedeutender Unternehmen in den 70er und 80er Jahren so sprichwörtlich

Man muß anerkennen, daß man gierig ist. Ich will mehr, als mein Nachbar hat. Ich will ein besseres Auto, bessere Kleidung, ich will, daß meine Kinder auf eine bessere Schule gehen. Ich will bessere Lebensmittel. Das sind die Grundlagen. Darüber hinaus will ich den Respekt der Gemeinschaft, in der ich lebe — ich will, daß sie wissen, daß ich es zu etwas gebracht habe. Ich will kontrollieren. Ich will Entscheidungen fällen. Und dann will ich das Größte. Ich will die Macht.
Zitiert von Jim Wall in Bosses

Bei der Strategie der Übernahme gehen mit der Zeit die passenden Opfer aus.

Er war ein emotionaler Spieler, der Verluste schwerer ertrug als die meisten. Marv war einige Male mit Freddy, Pete und mir ausgegangen. Wenn wir gewannen, hatte er jedesmal Spaß. Wenn wir verloren, dann machte er jedem, den wir trafen, das Leben schwer. Wenn er einen Fehler machte und wir verloren, war es noch schlimmer. Er trank dann wirklich viel Bourbon, und an einem gewissen Punkt am Abend wußte man einfach, daß er etwas zerbrechen würde. Glas, eine Flasche, ein Fenster — irgend etwas mußte in Stücke gehen.
Ken Stabler und Berry Stainback, Snake

Machiavelli war ein Weichling. —
Die Hauptstütze der Ausbildung hier ist Vertrauen. Darum zeigen wir ihnen, wie man sich von einem Panzer überfahren läßt. Das stärkt ihr Vertrauen.
Kommandierender Offizier der US-Sondereinheiten

dominierte, daß „Übernahme-Geier" fast so viele Schlagzeilen hatten wie der Präsident der USA. In *The Corporate Warriors (Die Firmen-Krieger)* hat der Wirtschaftsschriftsteller Douglas K. Ramsey neun Prinzipien der militärischen Strategie aufgeführt, von denen er der Ansicht war, daß sie auf Konflikte zwischen Unternehmen ebenso anwendbar seien, wie die Grundsätze, welche die „Geier" personifizierten:

1. Manöver: Die Notwendigkeit der Flexibilität, Möglichkeiten für den Einsatz von Truppen offen zu halten, die Fertigung auszuweiten, Preise zu senken und so weiter.

2. Ziel: Das Ziel des Kampfes festlegen: Welches immer in der Vorherrschaft liegt, und dann festlegen, wo die Firma am Ende stehen sollte.

3. Offensive: Den Feind oder die Konkurrenz angreifen.

4. Überraschung des Feindes oder Gegenspielers: Clausewitz nannte sie „die Grundlage aller militärischen Unternehmungen."

5. Ökonomie der Gewalt: Nur eben so viel Ressourcen und Personal mobilisieren, wie zum Erreichen des Zieles notwendig sind.

6. Massierung: In den Worten von Sun Tzu lautet dies: „Konzentriere deine Stärke".

7. Einheitlichkeit des Kommandos: Klare Befehlsstrukturen, die vom befehlshabenden Offizier — oder Firmenchef — ausgehen.

8. Einfachheit: Offiziere haben dafür das Akronym KISS: Keep It Simple, Stupid (Halt' es einfach, Dummkopf).

9. Sicherheit: Geheimhaltung und Loyalität innerhalb der militärischen Einheit oder dem Unternehmensbereich aufrechterhalten.[4]

Gegen Ende der 80er Jahre führten einige der größten „Geier" der Öffentlichkeit die Nachteile der Übernahme-Strategie so krass vor, wie sie in den Jahren zuvor lautstark und sichtbar das Modell ihrer Lebensfähigkeit und Wirksamkeit demonstriert hatten.

Statt den Top-Managern von Industriegiganten wie Gulf, Unocal, Phillips Petroleum, Diamond Shamrock und Amerada Hess wie früher schlaflose Nächte zu bereiten, waren einige der wichtigsten „Geier" in ihrem Bemühen, andere als ihre eigenen Unternehmen zu kontrollieren, auf nur noch gelegentliche Streiche beschränkt worden. Oh, sie waren immer noch da, kamen gelegentlich noch in die Schlagzeilen, und da der Vorrat an Karpfen und Haien in der amerikanischen Geschäftswelt keineswegs erschöpft war, erwiesen sie sich für verwundbare Firmen noch immer als beunruhigend. Ohne Zweifel würden sie noch weitere Triumphe feiern. Aber einige der Übernahme- „Geier", die im vorigen Jahrzehnt so unangreifbar schienen, als sie routinemäßig Millionen machten, selbst wenn sie verloren, entdeckten, was in Douglas Ramseys Liste das 10. Prinzip hätte sein können: *Es ist nicht leicht, das zu töten, was nicht da ist, was nicht still sitzen bleibt oder was dich zuerst umbringt.* Ihnen gingen die leichten Ziele aus. Die verbliebenen Ziele waren dem „Geier" und seinesgleichen zunehmend auf der Spur, und sie waren immer einfallsreicher bei der Rekrutierung mächtiger Verbündeter unter den „weißen Rittern" geworden, den Käufern von „Schund"- Obligationen (ertragreich und risikoreich), Kreditgebern, bundesstaatlichen Gesetzgebern, Kontrolleuren und der Presse.

Ein Hai, wie die Übernahme-„Geier" in den Schlagzeilen oft bezeichnet werden, kann potentiell eine hohe Rendite im Sinne von Macht, Einfluß und Kontrolle erzielen, wenn er die Übernahme-Strategie einsetzt. Es gelingt ihm aber nur eine Zeitlang. In Wirklich-

Übrigens ist die Gier in Ordnung. Ich glaube, daß Gier gesund ist. Man kann gierig sein und sich trotzdem gut fühlen.
Ivan F. Boesky

Denn nichts kann denen unfair scheinen, die gewinnen.
Shakespeare, Henry IV, Teil I, Akt V, Szene 1

43

Von dem Amateurspieler, der in Tränen ausbricht, wenn seine Mannschaft verliert, bis zum College-Studenten im Universitätsstadion, der singt: „Wir sind die Nummer Eins!"; von Lyndon Johnson, dessen Urteilsvermögen bei seinem oft zitierten Wunsch, nicht der erste Präsident zu sein, der einen Krieg verliert, sicher verzerrt war, bis zu dem Drittkläßler, der seinen Klassenkameraden für eine herausragende Leistung in einer Rechenarbeit verachtet, zeigen wir eine manifeste und erstaunliche kulturelle Besessenheit vom Siegen.
Der Psychologe Elliot Aronson

keit ist die Lebenserwartung eines Hais nicht sehr viel höher als die eines Karpfens: ein Faktor, der in der Welt der Unternehmen weitestgehend ignoriert wird. Mit der Zeit beginnt der Bestand an leichten Opfern — Karpfen und anderen Haien — zu schwinden. Und da mit der Zeit die Liste seiner Feinde länger wird, die Gegenspieler klüger und listiger werden und der Vorrat an leichten Opfern schrumpft, fällt diese Strategie in sich selbst zusammen. Damit verringern sich die Überlebenschancen bis zur möglichen Ausrottung, da sie von den beiden verbleibenden Strategien umgangen wird, nämlich dem Kompromiß und dem Durchbruch. Der Grund, aus dem dieses Phänomen keine breitere Bestätigung und Anerkenntnis findet ist, daß der Vorrat an menschlichen Haien unendlich groß zu sein scheint. Es gibt immer Haie, die das Wasser rot färben, aber die Überlebenschancen eines einzelnen Hais sind alarmierend gering. Denjenigen, die es schaffen, gelingt dies oft nur aufgrund ihrer Schlauheit, weil sie sich der Kompromiß-Strategie zuwenden. Wenn sie die Anderen schon nicht schlagen können, versuchen sie, sich ihnen anzuschließen.

In *Dealmaking: All the Negotiating Skills and Secrets You Need (Geschäfte machen: Alle Verhandlungstricks und Geheimnisse, die Sie brauchen)* schreibt der Anlage-Bankier Robert Lawrence Kuhn:

Kompromisse zu schließen, ist die Kunst, mit Hilfe derer man beide Seiten dazu bringt, einer Einigung zuzustimmen, die keine Seite mag. Ein Sprichwort drückt es so aus: Solange jedermann unglücklich ist, ist das Geschäft fair.[5]

Ein faires Geschäft. Das ist eine mögliche Art, nämlich die des Hais, in der man die Strategie betrachten kann, die wir Kompromiß nennen.

Alfie Kohn bietet in *No Contest: The Case Against Competition (Dt.: Mit vereinten Kräften)* eine andere Ansicht des Kompromisses:

Es gibt eine Unmenge von Ratschlägen dafür, wie man erfolgreich wird — wie man sich kleidet, wie man verhandelt und was an anderen Aspekten des Lebensstils wichtig ist —, und fast alle gehen von der Voraussetzung aus, daß man sich an die vorgefundenen Bedingungen anpassen soll. Anpassung ist ein kritischer Bestandteil des Selbsthilfemodells: Man muß in den Institutionen und nach den Regeln Erfolg haben, die bereits existieren. Erfolg zu haben heißt, sich anzupassen. Und wenn man sich anpaßt, festigt man die Strukturen, in die man eingepaßt wird.[6]

Erfolg (genug) haben. Sich anpassen. Die Strukturen festigen, in die man eingepaßt wird. *Adaptieren.* Dies sind weitere Beschreibungen für den Kompromiß.

Im Sinne des Ergebnisses charakterisiert ein Wort nahezu alles, was im Kompromiß geschieht: mittelmäßig.

Für alle Spieler gibt es einen *mäßigen* Gewinn der einen oder anderen Art.

Alle Spieler erhalten einen *mäßigen* persönlichen Zugang zu Macht, Einfluß und Kontrolle.

Alle Spieler haben eine *mäßige* Anzahl an Wahlmög-lichkeiten, obwohl diese mit der Zeit weniger werden.

Während ein „Kompromiß" geschmiedet wird, entsteht nur *mittelmäßig* zeit- und kräfteraubendes Drama.

Weil die Spieler nur einen Teil dessen, was sie wollen, verlieren, wird die Selbstachtung in einem *mäßigen* Umfange erhalten.

Im Kompromiß liegt gewöhnlich ein *mäßiger* Überlebenswert, zumindest auf kurze Sicht gesehen.

Warum also, da doch an einer Vielzahl von Fronten ein Fortschritt entsteht, sollten wir so vorsichtig sein und die Kompromiß-Strategie mit einer Warnung versehen? Schließlich ähnelt sie

Diese Trophäe ist die Wahrheit, die einzige Wahrheit. Ich habe ihm gesagt, er solle gemein werden, einige Leute bestrafen, ihnen Angst einjagen: Man müsse hassen, um zu gewinnen. Ich habe ihm nicht gesagt, er solle jemandem die Rippen brechen … Ich habe ihm gesagt, es gibt keinen zweiten Platz.
Der Trainer, in Jason Miller, That Championship Season

Drei herausragende Haltungen sind hartnäckige Aspekte der Torheit: Die wachsende Unzufriedenheit der Wähler zu vergessen, das Primat der Selbstverherrlichung [und die] Illusion eines unverletzlichen Status.
Barbara Tuchman, The March of Folly (Dt.: Die Torheit der Regierenden)

45

auf gewisse Weise dem, was heutzutage ein Gewinn/Gewinn-Ergebnis genannt wird. In diesem Falle gestaltet sich das Ergebnis so, daß jeder etwas erhält, vielleicht sogar genug, um sich größeren und großartigeren Dingen zuwenden zu können.

In einer Zeit, die sich schnell ändert, taugt der Kompromiß nichts, weil er im wesentlichen eine defensive Strategie ist. Sie spielt keine Stärken aus. Sie versucht, die von Schwächen herrührende Verwundbarkeit zu minimieren. Der Kompromiß ist kein echter „Gewinn", weil er sich ebenfalls darauf konzentriert, „nicht zu verlieren", indem man wenigstens *etwas* bekommt. Der Kompromiß schwächt, denn wenn er abgeschlossen ist und die Auszahlungen verteilt sind, fühlt sich niemand wirklich erfüllt. Nach außen werden Gefühle durch Seufzer und Schulterzucken ausgedrückt, und beim Leichenschmaus sind die Getränke der Wahl nicht spritzige Champagner, sondern stärkende Schnäpse.

In seinem Buch *Dealmaker (Geschäftemacher)* sind Robert Kuhns Anweisungen für das Schmieden von Kompromissen alles negative, haiartige Anweisungen:

◆ Sei nicht der erste, der in einem wichtigen Punkt nachgibt.

◆ Schlage zuerst nur unbedeutende Kompromisse vor.

◆ Schließe keinen Kompromiß in zeitlicher Nähe zu einem Termin.

◆ Gib auf die richtige Art und Weise nach.

◆ Hole Zugeständnisse heraus.

◆ Sorge dafür, daß der Aktiensplitt ungleich ist.

Wenn der Kompromiß durchgängig eingesetzt wird, kann er zu den besten Zeiten Ihre Lebensqualität verringern, und er kann das nackte Überleben Ihres Unternehmens, Ihre Selbstachtung und Ihre Zukunft gefährden. Warum? Jedesmal, wenn Sie einen Kompromiß eingehen, wird tatsächlich halbiert, was Sie zu gewinnen hofften.

Eine auf Konkurrenz beruhende Kultur überdauert, indem sie Menschen erniedrigt.
Jules Henry

Wenn ich das Wort „Kultur" höre, greife ich zu meinem Revolver.
Hermann Göring

Darum bezeichnen wir den Kompromiß nicht als Gewinn/Gewinn, sondern nur als einen halben Gewinn/Gewinn. Ein Gewinn/Gewinn geteilt durch zwei. Tatsächlich ist es möglich, sich so weit anzupassen, daß man ausgelöscht wird. Jeder Frosch, der je in einem Topf ohne Deckel gekocht wurde, ist ein Beweis dafür. Das Tier hat genügend Instinkte, um die Muskelkraft aufzubringen, mit der es sofort aus einem Topf mit kochendem Wasser schnellen kann. Wenn der Frosch aber in die Suppe gegeben wird, solange sie noch kalt oder nur lauwarm ist, und wenn dann die Hitze nur allmählich gesteigert wird, dann ist es aus mit dem Frosch. Genau so kann es Haien und jedem anderen ergehen, der zu lange mit dem Kompromiß spielt: Seine Zeit läuft ab.

Und wenn es die Kompromiß spielenden Haie mit Delphinen zu tun bekommen, haben Haie keine große Chance. Delphine sind Delphine, weil sie es gewöhnt sind, die Strategien Gewinn/Gewinn mal 2, Gewinn/Gewinn^3, Gewinn/Gewinn^4 und gelegentlich sogar solche mit einem Potential noch höherer geometrischer Ergebnisse einzusetzen.

Betrachten wir den Teil des Teiches, in dem nur Delphine schwimmen. Soweit wie möglich wollen wir dabei die Natur erkennen, die einen Delphin im Kern von einem Karpfen oder einem Hai unterscheidet.

Erinnern Sie sich daran, daß Karpfen und Haie an den Mangel glauben. Weil sie an den Mangel glauben, glauben sie, ihr Überleben sei ein Ergebnis ihrer Verhaltensweisen und ihrer Handlungen. Und sie handeln gewöhnlich in einer charakteristischen Art und Weise: Karpfen spielen Aussteigen und Nachgeben, Haie spielen Übernahme und Kompromiß. In schwächeren Zeiten, in kleineren Teichen, könnte man oft als Gläubiger an den Mangel durchkommen, aber

Anpassung ist etwas, das ein Frosch tut, wenn die Hitze langsam erhöht wird.

47

in fortschrittlichen Wirtschaftssystemen verschwindet diese Option schnell. Sie ist nicht vorhanden, wenn wir einer wachsenden Komplexität gegenüberstehen, und immer weniger einfache Antworten haben. Sie ist nicht vorhanden, wenn es in einer globalen Wirtschaft zunehmende Wechselwirkungen gibt. Sie ist bei der Informationsflut und der Notwendigkeit, die Lernkurve zu beschleunigen, nicht vorhanden. In einer solchen Welt befinden sich Karpfen und Haie in ständig wachsenden Gefahren, weil sie in ihren Verhaltensweisen *gefangen* sind, indem sie irrtümlich glauben, daß sie ihre Verhaltensweisen *sind*. Wenn sie mit der Notwendigkeit konfrontiert werden, sich zu ändern, dann „graben" sie sich charakteristischerweise tiefer in diese Verhaltensweisen ein. Sie versuchen, das gleiche *besser* zu tun. Nicht so Delphine. Sie glauben, daß sie unabhängig von ihren Verhaltensweisen einen Selbstwert haben. Delphine besitzen die folgende psychologische Präambel:

Ich bin ein Delphin, und ich glaube an den potentiellen Mangel und den potentiellen Überfluß. Da ich glaube, daß wir beides haben können — daß es unsere Wahl ist — und daß wir lernen können, das zu multiplizieren was wir haben, und unsere Ressourcen elegant einzusetzen, *mache ich Flexibilität und die Fähigkeit, aus weniger mehr zu machen zu den Eckpfeilern der Methode, mit der ich meine Welt erschaffe.*

In diesem Glauben betrachten Delphine „den Teich" nicht auf eine konventionelle Weise. Mit den Augen eines Delphins gesehen, erscheint der Teich, wie in Abbildung 1.2 dargestellt.

Wir haben früher davon gesprochen, daß es in sich rasch ändernden Zeiten notwendig ist, regelmäßig, konsequent und strategisch *darüber nachzudenken, wie wir denken.* Delphine tun das.

Die Welt tritt zur Seite, um jeden vorbeizulassen, der weiß, wohin er geht.
David Starr Jordan

49

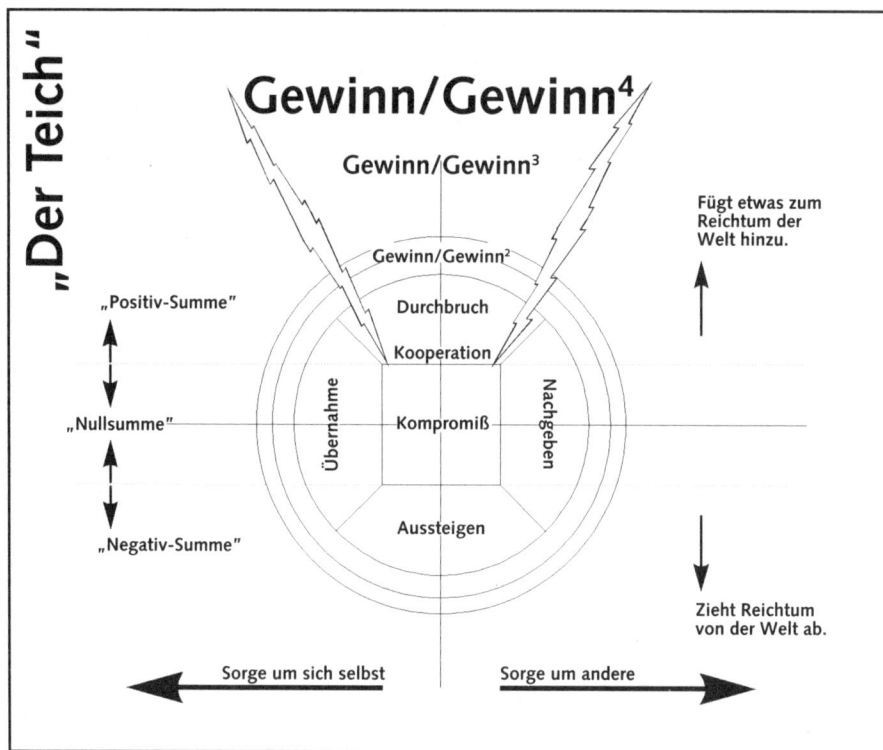

Abb. 1.2 Werte-Gewinn, Werte-Tausch, Werte-Verlust

Statt sich von *Verhaltensweisen* bestimmen zu lassen, wer sie sind, *sind* Delphine — in jedem beliebigen Augenblick und in jeder Beliebigen Situation — das, was ein von ihnen gewähltes Verhalten ihnen gestattet. Das heißt erstens, aus weniger mehr zu machen, und zweitens, auf elegante (das heißt präzise, saubere, einfache) Ergebnisse hinzuarbeiten.

Also liegt der Unterschied zwischen der Strategie des Delphins und den meisten gegenwärtig gängigen oder nach einem praktischen Versuch strebenden „Überlebens"-Strategien in folgendem: Die Strategie des Delphins ist eine *haltbare* und *umfassende* Vorgehens-

50

weise, wie darauf angelegt ist, aus dem Spielen finiter Spiele aus einer infiniten Perspektive Nutzen zu ziehen. Das bedeutet: Der Unterschied zwischen der Strategie des Delphins und den Strategien des Hais sowie des Karpfens ist der Unterschied dessen, was jeder mit dem Element der Überraschung anfängt.

Es mag sein, daß Sie diesen plötzlichen Anklang einer Idee verwirrend finden, sogar entmutigend losgelöst. Was sind finite Spiele? Und was kann man in einer Welt harter Realitäten damit gewinnen, daß man etwas so Fremdartiges wie „eine infinite Perspektive" diskutiert? Zugegeben, es klingt, als seien wir unerwartet weit von dem Ort abgewichen, an der, in Unternehmen und Organisationen, die realen Probleme drücken.

Aber es dauert nur einen Augenblick, das Rätsel aufzulösen, und wo sich diese Ideen mit dem Delphin-Dasein schneiden, werden wir mehr als die realen Problemen finden: Dort werden wir neue Wege und Antworten auf die Würgebänder und Engpässe finden, die gegenwärtig unsere persönliche Zukunft und die unserer Institutionen behindern.

Karpfen und Haie versuchen nur, finite Spiele zu spielen. Der Philosoph James Carse hat es in *Finite and Infinite Games (Dt.: Endliche und unendliche Spiele)* so elegant ausgedrückt: In finiten Spielen versuchen wir, jede mögliche Eventualität zu kontrollieren, die Zukunft *und* die Vergangenheit total zu kontrollieren, um die Gegenwart zu betäuben. Wir wollen das Spiel, die Spieler, das Ergebnis und das Publikum kontrollieren. Karpfen tun das, indem sie wiederholt nachgeben oder fliehen. Haie tun es, indem sie unablässig den Vorteil im Kompromiß ergreifen oder auf ihn drängen. Gegenwärtig sind unsere Gehirne aus zum größten Teil unbekannten Gründen allzu oft irrigerweise auf diese Methode programmiert.

Karpfen und Haie spielen nur finite Spiele.

Ein Schlüssel zum Selbst-Management ist die Fähigkeit zur Selbstbeobachtung. Es ist wichtig zu erkennen, daß Selbstbeobachtung nicht mit übermäßiger Kritik, Urteilssucht oder Paralyse durch Analyse gleichzusetzen ist. Sie ist eher eine ständige Beobachtung der eigenen Leistung aus einer Perspektive, die im wesentlichen abgehoben ist, damit eine genaue Bewertung möglich ist.
Charles A. Garfield, Peak Performers, The New Heroes Of American Business

In einem infiniten Spiel, und es gibt nur eines, greift die Zukunft zurück, fordert die Gegenwart heraus und verändert die Vergangenheit.

Wenn es zugelassen wird, bietet das Spiel im infiniten Spiel der Gegenwart die Perspektive eines neuen Anfangs und eines neuen Endes. In jeder Begegnung, in jeder Situation *denkt* der Delphin daher *darüber nach, wie er und andere denken.* Dabei ist ihm bewußt, daß nichts mehr darüber aussagt, welche Art von Spiel wir spielen, als die Art wie wir spielen.

Denkt ein Mitspieler, dies sei die einzige Art, auf die das Spiel gespielt werden kann?

Besteht jemand darauf, daß nur bestimmte Spieler teilnehmen können?

Behauptet jemand, es müsse Gewinner *und* Verlierer geben?

Sagt jemand, die Zeit laufe ab?

Besteht jemand heftig darauf, daß die Regeln die Regeln sind — und nicht geändert werden können?

Ist das Spiel zu ernst geworden, so ernst, daß die Spieler versuchen, ihren Halt an der Macht zu zementieren statt die Dinge so zu arrangieren, daß jeder Beteiligte weiterhin in Stärke mitspielen kann?

Ist das Spiel so weit degeneriert, daß nur noch Zeit verbraucht wird und keine Möglichkeiten mehr erzeugt werden?

Versucht jemand, zukünftige Züge zu verbergen und andere unvorbereitet und unachtsam bleiben zu lassen?

Hat, wie Menschen genannt werden (ihre Titel, Preise, Ausbildung) und, was sie besitzen (ihr Eigentum, ihr Gehalt, ihre Statussymbole), für sie mehr Bedeutung erlangt als ihr Name?

Carse drückt es so aus: „Finite Spieler spielen in Grenzen, infinite Spieler spielen mit Grenzen ... Die Regeln eines finiten Spiels

> Infinite Spieler spielen
> mit Grenzen; finite
> Spieler spielen in
> Grenzen.

dürfen sich nicht ändern, die Regeln eines infiniten Spieles müssen sich ändern."[7] Und innerhalb eines infiniten Spiels werden viele, viele finite Spiele gespielt.

Als Delphine nähern wir uns dem Teich immer in Stärke und nie aus Schwäche, obwohl Delphine die paradoxe Stärke, die in der Verwundbarkeit liegt, verstehen und nach Bedarf einsetzen. Später können wir *beschließen* verwundbar zu werden. Aber *niemals*, wenn es unserer Macht und unserem Einfluß unterliegt, bevor wir die Zeit gehabt haben, darüber nachzudenken wie andere denken. Wenn wir beim Spiel mit bedrohlichen, mörderischen Haien überleben wollen, müssen wir *immer* unsere Fähigkeiten erhalten, um, falls es notwendig ist, aus dem Teich entkommen zu können. Das gilt auch, wenn es erforderlich ist, um uns selbst zu schützen oder andere mit den Vorteilen zu beeindrucken, die darin liegen, uns ernst zu nehmen und mit Integrität zu spielen, auch wenn wir jemandem einen kräftigen Nasenstüber verpassen.

Der Delphin kümmert sich zunächst um den Ausschnitt der Realität, der durch die Teile der Abbildung 1.2.1 repräsentiert wird.

Übernahme, Kompromiß und Nachgeben sind alles „Nullsummen"-Spiele, in denen kein Wohlstand geschaffen wird. Statt dessen wird Wohlstand verlagert. Sie können — oder wir können — Wohlstand gewinnen, aber nur auf Kosten anderer.

Delphine wissen, daß alle Nullsummen-Strategien mit der Zeit dazu tendieren, zu „Negativ-Summen" oder Verlust/Verlust-Strategien zu degenerieren, Strategien, in denen es nicht einmal zeitweise Gewinner gibt. Übernahme-Spielern gehen die Opfer aus und auch die Freunde. Mit jedem Kompromiß haben die Spieler am Ende weniger und weniger. Aussteigen-Spieler berauben ihre Kollegen der Chance, das zu multiplizieren, was sie an den Tisch bringen

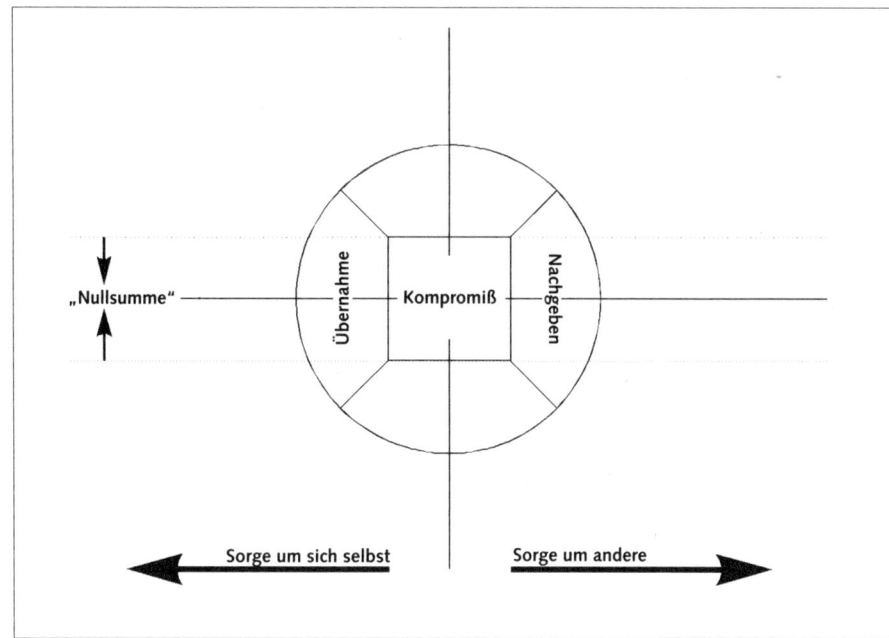

Abb. 1.2.1 Die Stärke des Delphins: Werte-Tausch in Übernahme und Nachgeben

könnten. Und Aussteigen-Spieler neigen auch dazu, das Spiel zu sabotieren, in dem verzweifelten Versuch ein klein wenig Selbstachtung zu retten.

Da sie das wissen, warum spielen Delphine überhaupt „Nullsummen"-Spiele? Sie tun das aus folgenden Gründen:

Delphine sind keine Zauberer. Da sie keine Zauberstäbe besitzen, erkennen Delphine, daß sie die Welt so nehmen müssen, wie sie ist. James Carse schrieb: „Eine Welt muß ihr eigener spontaner Ursprung sein."[8] Mitten in einem finiten Karpfen- oder Hai-Spiel kann es eine Chance geben, die Regeln oder Grenzen zu verändern, aber als Delphin weiß man das nicht. Er kann oft mitspielen, ohne daß sein Überleben in Gefahr ist, solange die Ergebnisse akzeptabel und harmlos sind oder die Dinge in Bewegung halten.

54

„Nullsummen"-Spiele können nützlich sein, obwohl sie Zeit und Ressourcen verbrauchen. Delphine setzen bei folgenden Gelegenheiten bewußt „Gewinn/Verlust"-Strategien ein:

Übernahme:

◆ Wenn die Zeit stark beschränkt und ein bestimmtes Ergebnis entscheidend ist.

◆ Wenn die Beziehung nur geringe Bedeutung hat und ein bestimmtes Ergebnis von kritischer Bedeutung ist.

◆ Wenn eine angemessene Vergeltung notwendig ist.

Kompromiß:

◆ Wenn die Zeit knapp ist.

◆ Wenn die Sache in ihrer Bedeutung trivial bis bescheiden ist.

◆ Wenn andere nicht bereit sind, voll zu kooperieren.

◆ Wenn die Beziehung noch immer von höchster Bedeutung ist.

◆ Wenn Positionen gegensätzlich sind, aber ein Fortschritt erzielt werden muß.

Nachgeben:

◆ Wenn die Sache trivial und die Beziehung entscheidend ist.

◆ Wenn es eine gute Möglichkeit ist, anderen zu helfen und aus der Erfahrung zu lernen.

◆ Wenn es klug ist, „um Zeit zu spielen", und man nicht entkommen kann.

◆ In einer Notlage, wenn Erfüllung entscheidend ist.

◆ Wenn man erkennt, daß man Unrecht hat.

Gelegentlich können „Nullsummen"-Strategien sehr machtvoll sein. Wenn in einer Situation oder Beziehung eine Heilung notwendig ist, kann es sinnvoll sein, eine Nachgeben-Strategie einzusetzen, in

[Menschen, die gut mit Streß umgehen] glauben, daß Schmerz und Belastung gesteigert werden müssen, bevor der Schmerz verschwindet. Ihr Herangehen an den Streß und das Leben ist ähnlich wie Nietzsches Aussage: „Was mich nicht umbringt, macht mich härter."
Salvatore Maddi

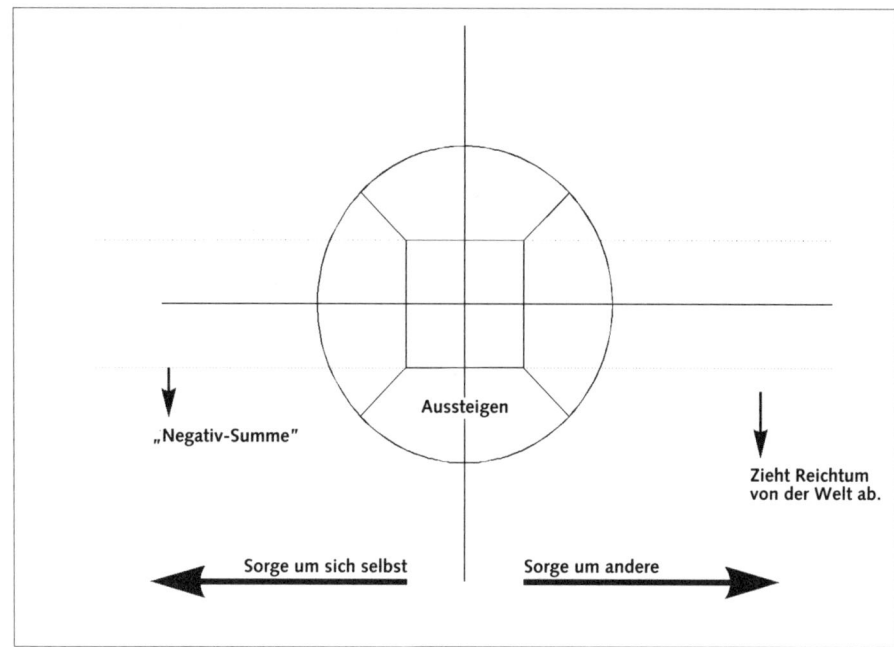

Abb. 1.2.2 Null-Spieler: Aussteigen und Werteverlust

welcher der Benutzer Grenzen wissentlich akzeptiert und die Konsequenzen trägt. Andererseits kann in einem Notfall, ob nun medizinischer oder jeder anderen Art, die Übernahme die einzige Strategie sein, die einen Sinn ergibt. Zum Beispiel wird kein Sanitäter oder Arzt in einer Angelegenheit, in der es um Leben oder Tod geht, Behinderungen durch Dritte tolerieren. Beziehungen können später ausgebügelt werden, im Augenblick ist das Endergebnis wichtig, daß der Zustand des Patienten stabilisiert wird, usw. Wenn allerdings ein Weg hin zu wichtigeren Dingen frei gemacht werden muß, dann kann der Kompromiß genau das richtige Rezept sein. Delphine können beschließen, einen gewissen Verlust hinzunehmen, damit die Parteien sich dann mit Problemen und Möglichkeiten befassen können die „Durchbruch"-Ergebnisse möglich machen.

Wenn ein Delphin keinen Vorteil darin sehen kann, in einem „Nullsummen"-Spiel zu bleiben, gibt es eine weitere Option: Aussteigen.

Aussteigen kann eine Lebensstrategie sein, — eine sehr schädliche. Wie man oben sehen kann, ist Aussteigen eine „Negativ-Summen"-Strategie. Sie ist die einzige der Optionen des Delphins, die dem Universum oder dem Individuum Wohlstand entzieht. Ein Mensch, der Aussteigen bis zum Exzeß oder ausschließlich einsetzt, ist jemand, der es vermeidet, sich mit anderen zu befassen. Er setzt dem Eindringen anderer in seine Privatsphäre starke Widerstände entgegen und reagiert gegen Situationen, die ihn dazu zwingen, unerwünschte Entscheidungen zu treffen. Das Ergebnis ist vorhersehbar: Niedrige Belohnung, schlechte Beziehungen, niedrige Energie und wenig Dramatik. Und das ist es, wonach ein starker Verlierer oft sucht.

Delphine spielen allerdings aus anderen Gründen Aussteigen. Sie setzen das Aussteigen ein:

- ◆ wenn das Ergebnis keine große Rolle spielt;
- ◆ wenn dringendere Bedürfnisse vorhanden sind;
- ◆ wenn Distanz zu gewinnen und Gefühle abzukühlen sind, damit grundlegendere Probleme angesprochen werden können;
- ◆ wenn sie Informationen sammeln müssen;
- ◆ wenn sie Zeit brauchen, ihre Kräfte zu sammeln;
- ◆ wenn klar ist, daß eine Situation kein anderes Ergebnis haben kann als eine schmerzliche Lernerfahrung.

Diese sind die taktischen Gründe. Delphine setzen das Aussteigen auch strategisch ein. Teilweise sind Delphine Delphine, weil sie sich

Das Leben ist eher wie Fahrrad fahren denn wie der Bau einer Festung. Ein Radfahrer muß Wachsamkeit, Flexibilität, Intelligenz und Fertigkeiten besitzen. Die Festungsmentalität ist in dieser Welt, dumm und es ist wahrscheinlicher, daß wir durch unsere psychologische und spirituelle Rüstung fertig gemacht werden.
Charles Milligan

Nach der Erleuchtung — die Reinigung.
Zen-Spruch

Heraushalten verhindert, daß ein Delphin in eine Lage der Verschwendung gerät.

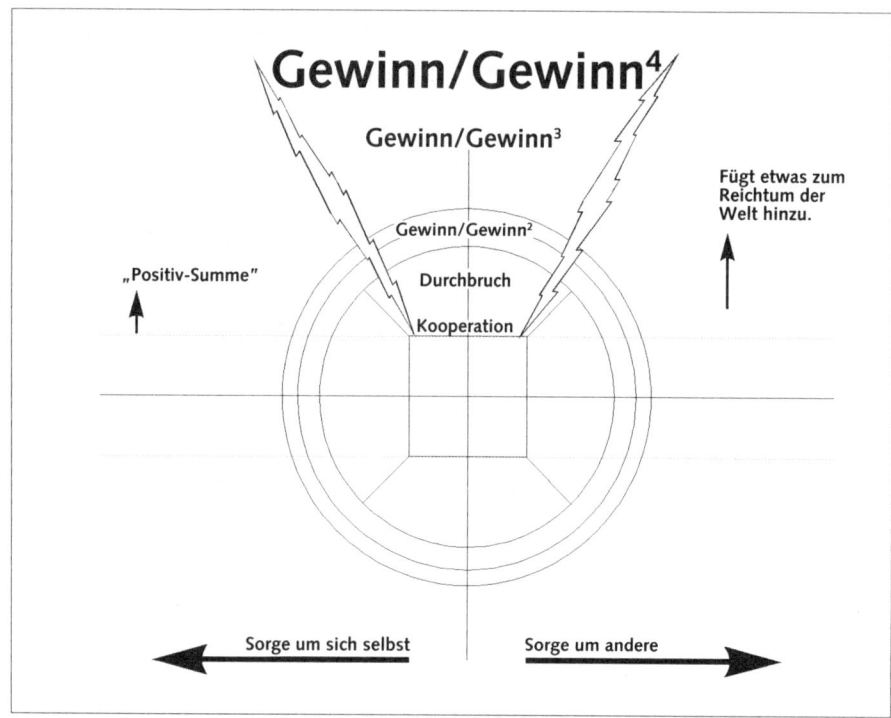

Abb. 1.2.3 Der Delphin-Ausschnitt der Realität: Wertegewinn und Durchbruch

so viel Mühe geben, in dem Sinne *auf Kurs* zu sein, in dem ein Pilot *auf Kurs* ist. Wenn Delphine im voraus spüren, daß eine Situation, Gelegenheit oder Beziehung nichts für sie ist, weil sie ihren besten Absichten, Zielen und Zwecken widerspricht, steht ihnen eine Variation des Aussteigens zur Verfügung, mit der sie viel Kraft sparen können. Tatsächlich ist das Heraushalten eine der produktivsten Optionen des Delphins. Indem sie Situationen meiden, die wenig oder nichts versprechen, können Delphine wertvolle Zeit, Energie und Ressourcen sparen. Daher ist das Heraushalten ein wichtiger Beitrag dazu, mit weniger mehr zu erreichen, obwohl das nur für einen Delphin gilt. Es ist für „das Universum als solches" keine Gelegenheit, einen Nettogewinn zu erzielen, da es keine

58

Gelegenheit zur Multiplikation mit anderen ist. Um einen Nettogewinn für die größere Gemeinschaft zu erzielen, wenden sich Delphine dem Teil des Teiches zu, der in der Abbildung 1.2.3 dargestellt ist. Das heißt, sie wenden sich ihrem speziellen Hafen und ihrer Domäne zu.

Dem Durchbruch!

Der Wirtschaftswissenschaftler Garrett Harden hat uns auf die „Tragödie des Gemeindelandes" aufmerksam gemacht. Vom Standpunkt jedes Viehzüchters betrachtet, ist es sinnvoll, die Herde zu vergrößern, die auf den öffentlichen Weiden grast. Aber was einem Bauern sinnvoll erscheint, erscheint auch allen anderen sinnvoll, und mit der Zeit ist das „Gemeindeland" überweidet, die Gräser sterben ab, und jedermann verliert. Sollte sich eine warnende Stimme erheben, die vorschlägt, die Herden zu verkleinern, so ist zu erwarten, daß Haie darauf laut antworten: „Sicher, alle, — außer der meinigen — die von allen anderen!". Woraufhin er die Herde vergrößert, solange noch Gras vorhanden ist. Wir können auch die Antwort der Karpfen vorhersagen: „Das ist Schicksal." Wenn kein Delphin eine Rolle spielt, gibt es eine große Chance dafür, daß in dem ganzen Drama von Beschuldigungen, Beschimpfungen und Besitzansprüchen niemand auf das Offensichtliche kommt: Daß das sinnvollste Ergebnis für die Gruppe auch das sinnvollste Ergebnis für jeden einzelnen ist.

In seinem Buch *No Contest: The Case Against Competition (Dt.: Mit vereinten Kräften)* zitiert Alfie Kohn mehrere andere Beispiele für Situationen, in denen Kooperation produktiver ist:

◆ Der Wirtschaftswissenschaftler Fred Hirsch hat darauf hingewiesen, daß in einer Menge jeder einzelne besser sehen kann,

> Das sinnvollste Ergebnis für die Gruppe ist immer auch das sinnvollste Ergebnis für jeden einzelnen.

wenn er auf den Zehenspitzen steht, besonders wenn andere das tun. Aber es wäre für jeden besser, wenn niemand auf den Zehenspitzen stünde.

- ◆ Jeder einzelne glaubt, es sei in seinem Interesse, zum Ausgang zu rennen, wenn ein Brand ausbricht, aber eine kooperative Flucht schützt die Interessen aller und rettet Leben.
- ◆ Jeder Eishockey-Spieler zögert, einen Helm zu tragen, wenn andere das nicht tun, denn er schränkt sein Gesichtsfeld ein. Aber die Entscheidung einer Gruppe, sie zu tragen, ist für jeden nützlich, indem das Risiko ernster Verletzungen für alle vermindert wird.[9]

Es hat sich als äußerst schwierig erwiesen, diese Art von Botschaft an die Spieler in der Geschäftswelt zu vermitteln, besonders in den Vereinigten Staaten, wo die individualistische Weltanschauung so tief verwurzelt ist. Den Individualismus auszuschalten, ist kaum ein Delphin-Gedanke, denn auf eine sehr profunde Weise ist niemand individualistischer als ein Delphin. Das heißt, niemand besteht mehr auf einer breiten Palette von persönlicher Wahlmöglichkeiten und verteidigt seine individuelle Integrität und Selbstachtung stärker. Wenn es aber etwas gibt, zu dem ein Delphin eine starke Beziehung hat, dann ist es folgendes: Nichts ist von zentraler Bedeutung für das Meistern sich schnell verändernder Zeiten als Zusammenarbeit. Die Kooperation ist der Weg, den man einschlagen muß, wenn die Zeiten sich ändern, und sie ist weit besser, als Konkurrenz oder die unabhängige Suche nach privaten Vorteilen.

Ein Gefühl dafür, daß dem so sei, hat eine Reihe von Theorien über den Aufbau von Teams und Teamgeist, das Verhandeln und das Organisieren hervorgebracht, die locker um den Gedanken grup-

Delphine können Gewinn/Gewinner als Dilettanten in der Kunst gemeinsamen Handelns beiseite fegen.

piert sind, „Gewinn/Gewinn"-Ergebnisse zu produzieren. Dies ist ein Gedanke, von dem man erwarten kann, daß Delphine ihm theoretisch applaudieren. Schließlich ist es ein Anfang. Vielleicht kann mindestens eine Einigung erzielt werden. Wenn aber etwas Wesentliches geschehen muß, wenn es danach aussieht, als gebe man nur vor, nett zu sein, wenn das Überleben eine echte Frage ist oder wenn ein wirklich kreatives Ergebnis unabdingbar ist, dann kann ein Delphin Gewinn/Gewinner rasch als Dilettanten in der Kunst gemeinsamen Handelns beiseite fegen. Das Spiel Gewinn/Gewinn, das heißt Kooperation, ist nur ein Einstieg, der Anfang des Spieles mit dem Namen Durchbruch. Sehen Sie es in dem Ausschnitt aus Abbildung 1.2 nach, in 1.2.3 wiedergegeben ist, so sehen wir den Teil „des Teiches", in dem Haie und Karpfen zwar nicht so sehr fürchten zu schwimmen, in dem sie aber keinen Platz *haben*, keinen Durchzug entfalten können, keine Möglichkeit zu beschleunigen haben. Es fehlen die Möglichkeiten, die sie über ihre Grenzen hinausführen könnte. Das gilt zumindest so lange, bis Delphine auf die Bühne treten.

Statt sie allzu lange zu feiern, muß man verstehen, was viele Gewinn/Gewinn-Spieler tatsächlich sind. Sie sind nämlich eine Spezies von Denkern, die in dem Zwielicht gefangen ist, das der Delphinheit vorausgeht, einem Zwielicht, welches große Aussichten mit großem Schmerz vereint. Wir nennen sie pseudo-erleuchtete Karpfen. Und da viele von ihnen enge persönliche Freunde sind, feiern wir ihre Begabungen und Talente zur gleichen Zeit, in der wir die Lähmung erkennen, die sich über ihre Selbst-Entwicklung ausgebreitet hat.

Im Folgenden lesen Sie das unbewußte Glaubensbekenntnis des pseudo-erleuchteten Karpfens — unseres PEK.*

Ich bin ein PEK, und ich glaube an ein Universum des absoluten Überflusses. Daher glaube ich nicht an das wirklich Böse und an wirkliche Verlierer. Es ist nur eine Frage der Zeit, bis jedermann gewinnt. Weil mein wichtigstes Bedürfnis die Heilung ist, *fühle ich mich bei Vergeltung oder Flucht nicht wohl, also kann ich Liebe einfach nicht mit Macht zeigen.* Dadurch werde ich ohnmächtig, und meine Ohnmacht macht mich wütend. Weil es mir aber wichtig ist, ein Image der Spiritualität zu bewahren, *drücke ich meine Wut verdeckt aus.* Ich glaube, daß es unsere einzige Aufgabe im Leben ist, loslassen zu lernen, *zu fließen, uns selbst Kanal für eine höhere Macht sein zu lassen.* Und damit rechtfertige ich meine Existenz.

Natürlich ... findet eine globale Transformation statt, aber sie ist geistig, nicht spirituell ... [Wenn man] „global" mit „spirituell" [verwechselt], glaubt man, die Truppe Gottes sei unterwegs.
Ken Wilber, zitiert in Nexus

Auf der Habenseite, und es geht hier um enorm wichtige Aktiva, sind die Fähigkeiten und Sensibilitäten des PEK zu buchen, die die Kunst umfassen, die Gefühle zu heilen. Die Weltsicht des PEK befindet sich eindeutig auf einer höheren Ebene als die des Hais. Er verarbeitet Informationen auf einer höheren Ebene der Komplexität und beginnt, eine Reihe von Wahlmöglichkeiten zu nutzen, die der Hai-Mentalität nicht zur Verfügung stehen. Es braucht Zeit, sich psychologisch einer besseren Gesundheit zu nähern, und Karpfen — teilweise aus Rebellion gegen die süchtig machende Agitation des

---

*Unsere Wahl dieses Begriffes ist kontrovers. Wir haben ihn nach reiflicher Überlegung gewählt, und das entscheidende Hindernis hervorzuheben, das Menschen mit einer solchen Weltsicht ihrer Selbst-Entwicklung in den Weg legen. Der Glaube, man sei erleuchtet, ist mit zwei Problemen befrachtet. Die Weltanschauung des „PEK" schafft eine neue karpfenhafte Hypnose, durch die man für das Herbeiführen zusätzlicher Wahlmöglichkeiten geblendet wird. Und in einer schrecklichen, neuen Schwächung löst die PEK-Falle auch die *Hai*-Krankheit aus — die Sucht. Der PEK ist nicht nach der Krise, sondern nach dem Heilungsprozeß süchtig.

Hais und teilweise aus einer neuen Wertschätzung der Dynamik des Werdens — nehmen sich die Zeit, anderen bei ihrem Heilungsprozeß zu helfen. Wir haben also einen *sicheren* PEK-Ort, an dem Wunden heilen können, an dem die Entdeckung des Selbst verfolgt werden kann und an dem die scharfen Kanten des Konflikts abgestumpft, wenn auch nicht ganz vermieden werden können. Ob ihr besonderes Interesse nun darin liegt, mißhandelten Frauen Schutz und Heilung zu geben oder den Opfern des Wirtschafts-Dschungels, den Ghetto-Kindern, dem Aussteiger, oder Opfern des Sex- und Drogenmiß-brauchs zu helfen, PEKs gehen in der Planung und Verteidigung ihrer Zufluchtsorte in ebenso ritueller Form vor wie die Indianer bei der Errichtung ihrer Lagerstätten an jedem Rastplatz auf ihren Wanderungen. Wenn die psychische Heilung für schlimm miß-brauchte Menschen ein entscheidendes Bedürfnis ist, können PEKs und ihre Zufluchtsorte einen profunden Unterschied ausmachen.

Die Achillesferse des PEK findet sich allerdings ebenfalls im Konzept des Zufluchtsortes. Die hypnotische Bindung des schlich-ten Karpfens an ein Gefühl absoluten Mangels ist verschwunden. An seiner Stelle wird der PEK von einem Gefühl absoluten Überflus-ses hypnotisch angezogen. Diese PEK-„Zufluchtsorte" werden von der Annahme oder besser dem falschen Glauben bestimmt, es gebe keine Beschränkungen, denen man sich stellen oder die man fürch-ten müsse, es gebe keine Grenzen, die bei der Verfolgung des menschlichen Potentials durchgesetzt werden müssen, und *für den Heilungsprozeß sei kein Ende zu erwarten.* Nicht bereit und in vielen Fällen vielleicht nicht fähig, die Wirklichkeit menschlicher Beschränkungen anzuerkennen, die manchmal unnachgiebige und nicht vergebende Natur „des Zustands des Universums", und in der bedeutendsten Weise mit dem Bedürfnis, gesund zu werden, verste-hen PEKs nicht, daß ihr fehlerhafter Glaube an ein allwissendes,

Der PEK-Glaube an ein gütiges Universum führt dazu, daß man sich vor persönlicher Verantwortung drückt.

allgütiges Universum, das *immer* für seine Geschöpfe sorgt, letztendlich geradewegs zu der alten Verweigerung des Karpfens zurückführt: sich vor persönlicher Verantwortung drücken. Und wenn Menschen keine persönliche Verantwortung tragen wollen, ob sie nun daran glauben, daß sie nicht gewinnen könne, oder weil sie glauben, ein gütiges Universum werde für sie sorgen, dann ist das Ergebnis das gleiche: Es treten schließlich Enttäuschung, Schmerz, Verlust ein, und im gleichen Zuge werden Verleugnung oder Wut ausgelöst.

In der Praxis schwanken PEKs zwischen zwei Extremen. Das eine ist der Glaube, alles sei möglich. Da sie daran glauben, klammern sie sich oft an den entlegensten Hinweis, die gröbste Verallgemeinerung, die zitiert werden kann, um darauf hinzuweisen, die Realität stimme in der Tat mit der utopischen Welt ihrer Träume und Visionen überein. Die Geschichte vom hundertsten Affen ist nur ein einschlägiges Beispiel. Eine zweifelhafte Untersuchung des Verhaltens einer Gruppe Kartoffeln waschender Affen in Japan wuchs sich fast über Nacht zu der weltweit von PEKs aufgestellten Behauptung aus, wenn man etwas nur mit einer genügenden Anzahl von Individuen tue, so könne das dazu führen, daß sich die neue Praxis augenblicklich zu anderen Benutzern oder Orten ausbreitet. Als der hundertste Affe in dieser Gruppe lernte, seine Kartoffel in der Brandung zu waschen, begannen angeblich alle Affen in der Umgebung der japanischen Insel, ihre Kartoffeln zu waschen. Bei näherer Untersuchung hielt die Forschungsarbeit selbst nicht stand. Der Tatbestand ist einfach falsch. Aber PEKs vieler Nationen und Berufe klammerten sich sofort an die Geschichte vom hundertsten Affen als einem Nachweis dafür, daß man Verhalten einfach dadurch ändern kann, daß man die *Anzahl* der Teilnehmer manipuliert. Auf ähnliche

Weise werden anscheinend isolierte Durchbrüche in der Parapsychologie, wie z.B. Telepathie, Hellsehen oder Psychokinese, von PEKs sofort als Fähigkeiten bezeichnet, deren alle Menschen teilhaftig sind. Hinweise darauf, daß einige Menschen mit ihrem Geist zumindest in der Lage zu sein scheinen, einen Löffel zu verbiegen, werden rasch dahingehend erweitert, daß der Geist fähig ist, einen menschlichen Körper oder gar einen Lastwagen zu heben. Der tranceähnliche Glaube des PEK, daß es keine Beschränkungen gebe, macht sie verletzlich für folgende Annahme: daß alles, was möglich ist, daher auch wahrscheinlich *und* universell ist.

Wenn das Pendel umschlägt, entsteht ein wütender PEK. Er ist wütend darüber, daß die Welt sich nicht augenblicklich ändert, daß es Beschränkungen gibt und daß das Glaubens-system des PEK gegen Haie so machtlos ist.

In einer Welt schneller Veränderungen werden grenzenlose PEKs schließlich dazu getrieben, sich selbst und ihre Zufluchtsorte fast ausschließlich durch das zu definieren, wogegen sie sind, und daher finden sie sich selbst ständig um sich schlagend — und die Opfer ihres Zorns erleben das ebenfalls. Allerdings ist dieser nicht so sehr der Zorn des zum Opfer gemachten Karpfens. Es ist eher die Wut eines Geistes und einer Seele, die die höheren Möglichkeiten der Spezies Mensch spüren kann, sich dabei aber ernsthaften Behinderungen gegenübersitzen. Sein Glaube, daß er „geheilt werden muß", um mächtig zu sein, ist von zentraler Bedeutung für das Sisyphus-Dilemma des PEK, und doch sucht er in seinem tiefsten Inneren, um jeden Preis persönliche Verantwortung zu meiden. Damit wird eine echte, befreiende Heilung vereitelt, und der PEK bleibt ohne die Macht, die Menschheit auf die Verwirklichung seiner allumfassenden utopischen Vision hin zu bewegen.

Indem sie das Wasser aufwirbeln, ziehen PEKs tendenziell die Aufmerksamkeit genau der Kreaturen auf sich, die sie vermeiden wollen: der Haie.

65

Die Position des PEK ist von Paradoxa zerrissen. Obwohl sie sich als beständige und vollendete „Retter" sehen — womit wir wiederum an das Drama-Dreieck anknüpfen —, die entschlossen sind, gegen die *schlimmsten* Ungerechtigkeiten zu kämpfen, richten PEKs ihre Proteste am häufigsten gegen die am *wenigsten bedrohlichen* Ziele. Indem sie zum Beispiel als Protest gegen die Apartheid Slums auf dem Rasen vor dem Weißen Haus bauen. Sie neigen dazu, über Gewohnheiten und Haltungen der Haie in Zorn zu geraten. Aber indem sie das Wasser wild und wirkungslos aufwirbeln, ziehen sie die Aufmerksamkeit und Vergeltung genau der Kreaturen auf sich, die zu verachten sie vorgeben. PEKs verdammen „das System", in Wirklichkeit ist ihre Existenz aber von ihm abhängig: Sie *brauchen* das System, damit sie sich nicht ändern müssen. Und wir finden uns wieder bei einer karpfenhaften Dynamik: dem Bedürfnis, Opfer sein zu müssen. Ohne das Drum und Dran und die Gefühle des Schikaniertwerdens, die sie entweder für sich selbst oder ihre Mitabhängigen empfinden, haben PEKs große Schwierigkeiten, ihre Ablehnung persönlicher Verantwortung zu verteidigen.

In der Organisation können PEKs in einer von zwei Formen auftreten: als der *metaphysische* PEK oder als der *soziale* PEK. Der erstere ist wahrscheinlich ein Angestellter der Firma, der letztere ein Außenseiter, der die Organisation für ihre wirklichen oder eingebildeten Fehler attackiert.

Metaphysische PEKs sind in der „Kohorte" stark vertreten, die das mittlere Management in den 80er Jahren besetzt. Jetzt Ende dreißig und vierzig, sind diese Menschen in jeder Hinsicht die Kinder *des Großen Schauers,* der Sensibilisierung der 60er Jahre. Die größte Wahrheit, die wir über sie sagen können ist, daß eine gefühllose Welt von Haien sie derart verprügelt hat, daß sie sich auf dem schnellen Rückzug von den Grundannahmen der westlichen Welt und der

Das Böse wird von vielen Liberalen für ein religiöses Konzept gehalten — das haut mich um. Es bleibt einem also nur diese Art sozialwissenschaftlicher Sterilisierung. Sie glauben, das Böse könne reformiert werden. Harriet Tyson-Bernstein, zitiert in Newsweek

jüdisch-christlichen Kultur befinden. Auf ihrer Flucht vor einer Welt der Realpolitik ziehen sie es vor, unscharf an das Weibliche, das Vergeistigte, den unbehinderten Fluß des Universellen zu glauben — und sie scheuen jede Anerkenntnis des Bösen. Da er wie die meisten PEKs durch das definiert ist, wogegen er sich stellt, ist der metaphysische PEK folgendes:

◆ **Anti-materiell.** Insgeheim darüber erzürnt, daß wir Menschen materielle Wesen sind, die in einer materiellen Welt leben, sucht der metaphysische PEK oft die Flucht durch Drogen, Seancen, Kanalisierung, Studien des Metaphysischen, „Aussteiger-Sein", Meditation, spirituelle Therapien sowie andere Wege und Aktivitäten, die die „Entmaterialisierung" zu fördern scheinen.

◆ **Anti-männlich.** Ein wohlbekannter metaphysischer PEK — ein Mann — hat geraten: „Der Mann sollte von hohen Ämtern ausgeschlossen werden. Regierung und Testosteron sind eine unheilige und tödliche Kombination."

◆ **Anti-strukturell.** Strukturen implizieren natürlich Grenzen, ein Gedanke, den PEKs nicht akzeptieren.

Die andere Art der PEKs, der soziale PEK, greift die Organisation eher von außen an. Er glaubt, daß die Übel der Welt hauptsächlich aus dem von Haien beherrschten „industriell-technischen Komplex" herrühren. Soziale PEKs suchen sich mit dem Natürlichen, Reinen, Ursprünglichen zu umgeben. Sie verfolgen das „Holistische". Sie betrachten alles mit Argwohn, das nach Vielschichtigkeit aussieht. Daher sind soziale PEKs in ihrem Negativismus folgendes:

◆ **Anti-technologisch.** Die Technologie kann „den Fluß" stören, den sie als universelle Antwort auf die menschlichen Bedingungen ansehen.

Vor Jahren hat es eine Verschwörung mit dem Ziel gegeben, den kleinen Farmer aus dem Geschäft zu drängen. Die Leute, die dahinter standen, dachten, es sei eine wirklich intelligente Idee, die Kleinen loszuwerden und die Großen alles machen zu lassen.
Willie Nelson, Country- und Western-Sänger

- ◆ **Anti-komplex.** Die Komplexität bietet zu viele Verstecke, und PEKs betrachten im allgemeinen die Katakomben des abstrakten Denkens der Menschen als Vermittler eines taktischen Vorteils für Haie.
- ◆ **Antiautoritär.** Wenn man den Standpunkt akzeptiert, daß Autorität eine Voraussetzung für das Organisieren einer Gesellschaft ist, dann ist man gezwungen, die Wirklichkeit des Bösen zu akzeptieren.

Zusammenfassend wird der PEK, ob er nun metaphysisch oder sozial ist, von einer blinden Schwärmerei für eine neue Entdeckung verzehrt: die ewig suchende und vervollkommnende Lebenskraft des Universums. Dieser neue Schatz, diese Quelle der Hoffnung und Heilung, ist so fesselnd und einladend, daß PEKs sie in das vergoldete Kleid der Spiritualität kleiden. Da sie nicht sehen, daß sie ihre neu gefundene Macht selbst hervorgebracht haben, entwickeln PEKs starke Bindungen an ihren neuen „spirituellen" Gesundbrunnen der Potenz und Zufriedenheit, und sie arbeiten daran, sich auf ihn auszurichten und auf ihn einzustimmen. Weil sie sich dabei nicht wohlfühlen, Kraft in sich selbst zu erzeugen, weigern sich PEKs, sich selbst eine Richtung zu geben. Daher ist ihre Ansicht — wie die des Karpfens — letztendlich immer noch die des Opfers. Es ist kennzeichnend, daß alle PEKs folgendes tun:

- ◆ Sie glauben nur an den Überfluß. In ihrer Weltsicht gibt es keinen Platz für den Mangel, das Böse oder das letzte Urteil oder das Versagen.
- ◆ Sie vermeiden persönliche Verantwortung für die Behebung der Übel oder der Böswilligkeit der Gesellschaft. Sie nehmen an, es sei genug, daß sie darauf hinweisen. Danach wird erwartet, daß sich alles auf magisch / mystische Weise von selbst bereinigt.

- Sie glauben, „der Fluß" sei wie eine universelle Antwort, und sie verstehen nicht wie der Delphin, daß es Zeiten gibt, zu denen es unmöglich und nicht ratsam ist, im „Fluß" zu sein.
- Sie verstehen, daß es eine Notwendigkeit nach einem Sinn gibt, aber sie versuchen, auf ihn eingestimmt zu sein, ohne ihn gesucht oder durchdacht zu haben.
- Sie haben einen überwältigenden Glauben an ein positives Ergebnis: „Das Universum" werde die Dinge schon regeln.

Psychologisch und spirituell brauchen PEKs Freundlichkeit, Ruhe, Gemeinschaft und Heilung. Sie brauchen jede nur mögliche Ermutigung, damit sie weitermachen, sich persönliche Macht aneignen und eine Wahlmöglichkeiten suchende, Delphin-orientierte Weltsicht entwickeln, so daß ihre zahlreichen Talente zur Lösung der vielen Probleme der Welt und der Organisation eingesetzt werden können. Es ist aber ungünstig, daß bei den meisten PEKs der Heilungsprozeß nie zu enden scheint, sie nie fertig werden. Die Lösungen, die sie vorschlagen, und die Wege, die sie gehen, sind oft sehr emotionale, sehr energisch wirkende Versuche, die Übel zu beheben, die, wie sie so klar erkennen, zu lange dauern oder einfach keine dauerhafte Wirkung haben. Für die PEK selbst kann ihre Weltsicht eine heimtückische Falle sein, die die Entwicklung zur Delphinheit verhindert. Und wegen seines Gefühls für persönliche Macht und ihres geschickten Gebrauchs erscheint der Delphin dem PEK als das gleiche wie der Hai, vor dem er auf der Flucht ist.[*]

> Dem PEK erscheint der Delphin als das gleiche wie der Hai, vor dem er auf der Flucht ist.

---

[*]Wir werden oft gefragt, ob es so etwas wie das Glaubenssystem des pseudo-erleuchteten *Hais* gibt. Wir halten es für möglich, aber selten. Die süchtig machende Qualität der Hai-Weltsicht macht es schwer für das Hai-orientierte Individuum, heilende Methoden zu übernehmen. Als Karpfen verkleidete Haie sind sehr viel häufiger. Indem sie Interesse an und Fähigkeiten im Heilen vortäuschen, nehmen Haie die Rolle des „Gurus" ebenso routinemäßig an, wie sie „Schafe scheren".

Dieses ist also die Welt, aus der ein großer Teil der heutigen sogenannten Gewinn/Gewinn-Philosophie stammt. Diese „Delphine in Bereitschaft" verstehen intuitiv, daß wertvolle Belohnungen zu erlangen und bessere Beziehungen zu gewinnen sind, wenn Menschen zu Kooperation und Zusammenarbeit gebracht werden können.

Es ist für viele der heutigen Gewinn/Gewinn-Berater und ihre unglücklichen Klienten bedauerlich, daß es unwahrscheinlich ist, daß diese Belohnungen je realisiert werden, weil die Spieler dazu neigen, das als Ergebnis anzunehmen, was für einen Delphin nur ein Vorspiel ist. Wenn man Gewinn/Gewinn spielt, ergibt sich nur die *Möglichkeit* eines Durchbruch-Ergebnisses, aber man führt es nicht herbei, besonders, wenn der Gewinn/Gewinn-Klüngel weiterhin von Haien eingekreist bleibt. Und man kann beruhigt auf folgendes wetten: Wo sich Gewinn/Gewinner versammeln, werden sich sehr bald ein oder mehrere Haie in der Nähe aufhalten, die die Aussichten hungrig betrachten.

Den Gewinn/Gewinn-Formeln fehlen drei entscheidende, delphinartige Elemente, die jetzt eifrig in die Welt der Unternehmen und Organisationen eingeführt werden:

◆   ein wirkliches Verständnis dafür, wie das Gehirn aufgebaut ist, und wie Sinn und Verstand dazu eingesetzt werden, mehr mit weniger zu erreichen und alle Erwartungen zu übertreffen;
◆   Aufgeschlossenheit dafür, wie Ressourcen, besonders menschliche Ressourcen, elegant eingesetzt werden;
◆   die Fähigkeit, Macht auszuüben. Und das schließt die Fähigkeiten ein, mit Würde zu gehen und Vergeltung zu üben, wenn es angemessen ist.

70

Der Politikwissenschaftler Robert Axelrod hat uns besser als jeder andere dabei geholfen zu verstehen, was an der Vergeltung wichtig ist. Zu diesem Zwecke hat er eines der Lieblingswerkzeuge der psychologischen Forschung gewählt, ein Spiel mit dem Namen „Das Gefangenen-Dilemma". Es spielt hier keine Rolle, wie es funktioniert. Es ist etwas kompliziert. Kurz gesagt hat jeder von zwei Spielern die Chance, zu kooperieren oder zu fliehen. Aus dem Blickwinkel jedes einzelnen betrachtet, ist die Flucht die beste Strategie. In der Entwicklung des Spieles wird aber schnell offensichtlich, daß aus der Perspektive des Paares *jeder* Spieler am besten fährt, wenn er kooperiert.

Axelrod fragte sich, wie er Spieler in beliebigen Situationen — er ging von dem speziellen Fall nationaler Regierungen aus- dazu bringen könnte, den Nutzen der Kooperation schnell zu erkennen. Er kam zu dem Schluß, daß es für die Spieler am schwierigsten sein würde zu kooperieren, wenn sie sich nicht mitteilen können, das heißt, wenn sie schweigend spielen und ihre Züge selbst die Kommunikation sein müssen.

Um derartige Umstände zu erforschen, forderte er fähige Spieltheoretiker in der ganzen Welt auf, Computer-Strategien für „das Gefangenen-Dilemma" einzureichen. Jedes Programm mußte gegen alle anderen spielen. In der ersten Runde war „Wie du mir, so ich dir" der siegreiche Teilnehmer, eine Strategie, die mit Kooperation begann, aber danach, wie der Name der Strategie besagt, in der Weise verfuhr, daß der letzte Zug des Gegners erwidert wurde . Das heißt, wenn der Gegner kooperierte, wurde kooperiert, wenn er zurückgeschlagen hatte, wurde zurückgeschlagen.

Nachdem er seine Teilnehmer über den Erfolg von „Wie du mir, so ich dir" informiert hatte, führte Axelrod ein zweites Turnier

Karpfen „sterben" immer zuerst, weil sie zwischen den Spielern keinen Unterschied machen.

71

durch. Obwohl diese Vorschläge hinterlistiger waren, blieb das Ergebnis das gleiche: „Wie du mir, so ich dir" gewann wieder. Axelrod ist der Ansicht, daß die *strategisch begrenzte Vergeltung* der Strategien nach dem Muster „Wie du mir, so ich dir" erfolgreich ist, indem der andere zur Kooperation gebracht und nicht geschlagen wird." Er fügt hinzu:

> Auf Erwiderung beruhende Kooperation kann in einer Welt beginnen, in der meistens nicht kooperiert wird, sie kann in einer vielseitigen Umwelt gedeihen, und sie kann sich verteidigen, wenn sie sich einmal etabliert hat.[10]

Am überraschendsten ist vielleicht Axelrods „5%-Lösung." Wenn man fünf fähige, kooperierende Delphine, die motiviert sind, „Wie du mir, so ich dir" zu spielen, in einen Teich mit fünfundneunzig Haien setzt, ist es, wenn alle anderen Einflüsse gleich sind, mit den Haien vorbei. Es kann eine Weile dauern.

Natürlich „sterben" die Menschen zuerst, die *immer* sauber spielen — die Karpfen. Unglücklicherweise machen Karpfen keinen Unterschied darin, gegen wen sie spielen, und sie haben die erschreckende Tendenz entweder als Köder oder als Hai-Futter zu enden. Aber schließlich und endlich, so Axelrod, müssen sich die Haie entweder bekehren oder zu Kannibalen werden und sich gegenseitig fressen. Und sie tun das auch oft und leben auf diese Weise nicht sehr viel länger.

Kann das *wirklich* wahr sein? Ist es möglich, daß Axelrod Recht hat? Ist es überhaupt vernünftig anzunehmen, daß fünf Delphine über fünfundneunzig Haie triumphieren können?

Axelrods Experiment wurde in der künstlichen Welt simulierter Spiele durchgeführt, und es war etwas einfach in seiner Art. Aber obwohl wir diese Einschränkungen anerkennen, laden wir Sie ein, seine Daten, Prämissen und Prinzipien wiederholt zu prüfen, so wie wir es getan haben[11], und zu versuchen zu ermitteln, ob *Sie* eine Grundlage für die Zurückweisung seiner Schlußfolgerungen finden können.

Wenn man in einer Situation gefangen ist, in der man nicht entkommen kann und die Mitspieler nicht kooperieren oder kommunizieren, hat man nur drei Möglichkeiten:

1. Man kann ein Karpfen sein.
2. Man kann ein Hai sein.
3. Man kann „Wie du mir, so ich dir" spielen.

Und wenn man „Wie du mir, so ich dir" spielt, dann spielt man im von Delphinen bevölkerten Teil des Teiches Durchbruch.

Delphine spielen „Wie du mir, so ich dir" auf folgende Weise:

Sie verstehen, daß es länger dauert, bis „Wie du mir, so ich dir" gewinnt, wenn „der Boss" die Kooperation nicht unterstützt.

Es kann notwendig sein, einen Guerilla-Krieg zu führen, und es kann sogar notwendig sein, den Boss kalt zu stellen. Ein Schlüssel ist es, schnell Verbindungen zu anderen Delphinen herzustellen und die Interaktion unter den kooperativen Spielern zu verstärken.

Sie vergrößern den Einfluß der Zukunft auf die Gegenwart.

Je stärker den Spielern bewußt ist, daß sie sich treffen werden und miteinander auskommen müssen, desto größer ist die Wahrscheinlichkeit, daß sich eine Zusammenarbeit entwickelt. Da sie das wissen, handeln Delphine in der Weise, daß Interaktionen dauerhaf-

Mit der Zeit lernte ich, gewissen Fängern so sehr zu vertrauen, daß ich sie an den schlechten Tagen für mich als Schiedsrichter fungieren ließ. Die schlechten Tage folgten gewöhnlich auf die guten Nächte. ... An solchen Tagen konnte ich nicht viel mehr tun, als zwei Aspirin zu nehmen und so wenige Entscheidungen wie möglich zu treffen. Wenn jemand Fänger war, dem ich vertraute ... sagte ich zu ihm: „Hör' zu, es ist ein schlechter Tag. Übernimm besser für mich. Wenn es ein Schlag ist, halte deinen Handschuh eine Sekunde länger hoch. Wenn es ein Ball ist, wirf ihn einfach zurück. Und bitte, schrei' nicht." Keiner, mit dem ich gearbeitet habe, hat die Situation je ausgenutzt, und kein Schläger hat je herausgefunden, was ich getan habe. Und nur einmal, als Ed Herrman als Schiedsrichter fungierte, hat sich ein Werfer über eine Entscheidung beschwert. Ich habe gelächelt, ich habe gelacht, aber ich habe kein Wort gesagt. Aber ich war in Versuchung, ich war wirklich in Versuchung.
Ron Luciano, The Umpire strikes back

ter werden. Geopolitisch legen sie das Schwergewicht auf die Rituale der Diplomatie: Die Trinksprüche, den Austausch von Geschenken, die Zeremonien und die Paraden. In der Unternehmenswelt erfüllen sie Verträge prompt, handeln schnell, um Auseinandersetzungen beizulegen, ergreifen die Gelegenheit, „menschliche Wärme" anzubieten und beachten die Rituale und Sitten der Geschäftswelt.

Sie vermeiden unnötige Konflikte, indem sie so lange kooperieren wie es die anderen Spieler auch tun.

Diese Politik der „grundsätzlichen Erwiderung" ist von kritischer Bedeutung, da jeder Versuch, die Kooperation der anderen Partei auszunutzen, den Echo-Effekt auslösen kann. Das Echo ist eine potentiell ernste Nebenwirkung des „Wie du mir, so ich dir", in dem zwei Parteien in wechselseitiger Konkurrenz gefangen werden. Delphine schützen sich durch zwei Strategien dagegen, ein Echo auszulösen oder darin gefangen zu werden:

Eine Politik bedingungsloser Zusammenarbeit tendiert dazu, die Ausbeutung durch einen Gegner herbeizuführen. Andererseits führt eine Politik ständigen Zwangs tendenziell einen Kampf herbei. Eine Strategie dagegen, die mit Festigkeit zu Anfang der Auseinandersetzung beginnt, einschließlich der Drohung oder Anwendung von Zwang, die dann auf Vermittlung umschaltet, scheint im allgemeinen ein wirksames Mittel zu sein, sich der Kooperation eines Gegners zu versichern. Anscheinend führen die Demonstration der eigenen Bereitschaft zur Ausübung von Zwang und die schlechten Ergebnisse einer anfänglich konkurrierenden Beziehung gewöhnlich dazu, daß der Gegner eine später gegebene Gelegenheit zur Zusammenarbeit begrüßt und positiv auf sie reagiert.
Martin Patchen, Journal of Conflict Resolution

◆ Wenn sie es für notwendig halten, Vergeltung zu üben, tun sie das mit nur „90 Prozent" der Stärke des Zuges oder der Aktion des anderen Spielers.
◆ Sie finden Möglichkeiten, dem anderen aufzuzeigen, daß sie zwar stark und in der Lage sind, unendlich lange Echo zu spielen, daß sie aber gewillt sind, aus einem Muster gegenseitiger Konkurrenz auszubrechen und eine großzügigere Strategie zu verfolgen.

Sie antworten auf einen „gemeinen" Zug sofort, indem sie angemessen zurückschlagen.

Die Wichtigkeit der augenblicklichen Vergeltung überraschte Axelrod. Er gab zu, daß er in dieses Computer-Turnier in dem Glauben eingestiegen sei, die beste Strategie sei es, wenn man schwer in Zorn zu bringen ist. Die Ergebnisse überzeugten ihn aber davon, daß man Mißverständnisse herausfordert, wenn man mit der Antwort auf die Provokation des anderen Spielers wartet, d.h., wenn man das falsche Signal sendet. Ob das Problem der Nachbar über Ihnen ist, der um Mitternacht Schlagzeug spielt, oder ein Angestellter, der eine Krankmeldung mißbraucht: Schweigen kann als Duldung, Zustimmung oder Feigheit verstanden werden. Delphine üben sofort Vergeltung, um Mißverständnissen oder Unterschätzungen vorzubeugen.

Obwohl sie schnell Vergeltung üben, vergeben Delphine auch schnell.

In dem Augenblick, in dem die andere Partei erkennen läßt, daß sie wieder kooperationsbereit ist, nehmen Delphine sie beim Wort.

Delphine geben sich Mühe, nicht zu klug zu sein.

Wenn man zu klug ist, kann man andere Menschen verwirren. Hat man eine klare, durchgängige Strategie, so teilt man sofort mit, wie die eigenen Reaktionen zu interpretieren sind. Reaktionen, die nicht konsequent und sehr komplex sind, können verhindern, daß die andere Seite ein klares Bild davon gewinnt, wie man denkt. Wenn das der Fall ist, weiß sie möglicherweise nicht, wie sie sich auf Ihr Handlungsmuster einstellen soll.

Sie tun mit den Ergebnissen (payoff) kreative Dinge.

[Wenn] ein Hersteller beginnt unterzugehen, fangen sogar die besten Kunden an, die Bezahlung der Ware zu verweigern, behaupten Qualitätsmängel, Nichterfüllung von Spezifikationen, Lieferverzug oder was auch immer. Der große Vollstrecker der Moral in der Geschäftswelt ist der Glaube, daß man mit diesem Kunden, diesem Lieferanten weiter Geschäfte machen muß, und wenn ein Unternehmen in Schwierigkeiten diesen automatischen Vollstrecker verliert, findet es wahrscheinlich nicht einmal im Gewalt-Faktor einen Ersatz.
Martin Mayer, The Bankers

Wenn eine Seite erkennt, daß gegenseitige Konkurrenz größere Vorteile bringt als Kooperation, kann man nicht erwarten, daß sich eine Zusammenarbeit entwickelt. Statt dessen werden die Haie triumphieren. Also arbeiten Delphine daran, den langfristigen Anreiz für die Kooperation größer zu machen als den kurzfristigen Anreiz für die Flucht. Sie spielen auch aus einer Position der Stärke, so daß sie immer mit Würde „aussteigen" können. Das kann zum Beispiel bedeuten, daß sie mehrere Einkommensquellen entwickeln, damit sie immer die Wahrheit sagen und ungestraft gehen können, wenn eine Organisation versucht, ihr Verhalten durch wirtschaftliche Sanktionen zu steuern.

„Wie du mir, so ich dir" ist die Art und Weise, mit der man beim Spiel mit Haien „den Durchbruch anstrebt". Diese Strategie hat die Entwicklung einer Kooperation zum Ziel. Wenn sie sich einmal etabliert hat, gestaltet die Zusammenarbeit die Bühne für die wahrhaft aufregenden, produktiven Aspekte des Durchbruch-Spieles, Aspekte, die für *alle* Spieler sowohl langfristig als auch kurzfristig einen hohen Überlebenswert haben. Wenn sie mit freundlichen, hilfreichen Kollegen, Freunden, Verwandten oder Organisationen Durchbruch spielen, streben Delphine unter folgenden Bedingungen Gewinn/Gewinn[2], Gewinn/Gewinn[3], Gewinn/Gewinn[4] oder noch höheren gegenseitigen Gewinn an:

♦ Entwickle Vertrauen und Harmonie.
♦ Sage die Wahrheit, damit du die Bedürfnisse von allen explizit klären kannst.
♦ Das gewünschte Ergebnis muß festgelegt, geklärt und definiert werden.
♦ Verpflichte dich darauf und beobachte, wie du es erreichst.

- Bleibe bei Konflikten *in der Gegenwart* verankert. Das hilft anderen zu vermeiden, von Schuld und Bedauern der Vergangenheit und Ängsten vor der Zukunft gefangen zu werden.
- Konzentriere dich auf das, was *jetzt* geschieht. An diesem Punkt zeigen sich Lösungen.
- Bleibe flexibel und reaktionsfähig.
- Gib jede Schuldzuweisung auf und konzentriere dich auf das, was funktioniert.
- Wenn starke negative Emotionen auftauchen, erkenne die Gefühle an und frage: „Was muß jetzt geschehen? Was muß geändert werden? Was kann ich tun, um diese Energie konstruktiv einzusetzen?"
- Wenn ein Widerstand auftaucht, erforsche ihn und nutze in, statt die Kräfte mit ihm zu messen.
- Entwickle den Glauben, daß du die Macht hast, dein Leben direkt zu beeinflussen, und daß man dich letztlich unterstützen wird.
- Hebe dir Urteile für später auf.
- Sei bereit, unlogisch zu handeln.
- Konzentriere dich darauf, über das „Gewinnen" hinauszugehen, im Gegensatz zum bloßen „Nicht-verlieren".
- Erlaube jedem zu gewinnen.
- Sprich über die Handlungen, die bei dir nicht funktionieren.
- Suche alternative Bedeutungen, die produktiver zur Situation und den Bedürfnissen jedes einzelnen passen.
- Frage: „Was wäre, wenn ...?"
- Benutze Metaphern, Analogien und Geschichten, die zu der Situation passen, in der du dich befindest.
- Setze den Humor ein. Wenn diese Situation lustig wäre, worüber würdest du lachen?

- Sei bereit, eine Gewohnheit zu erkennen und sie zu durchbrechen.
- Suche das Unerwartete.
- Nimm dir die Zeit, unbewußte Nachrichten zu aufzunehmen.
- Suche die zweite, dritte oder vierte „richtige" Lösung.
- Akzeptiere den Streß, der notwendig ist, damit du auf eine höhere Ebene der Verarbeitung gelangst.

Obwohl die Durchbruch-Strategie „vorweg" mehr Zeit und Energie benötigt, ist diese Methode bei weitem die wirksamste verfügbare Strategie für die Schaffung und Durchführung neuartiger, innovativer, machtvoller, langfristiger Lösungen und spart langfristig Kräfte.

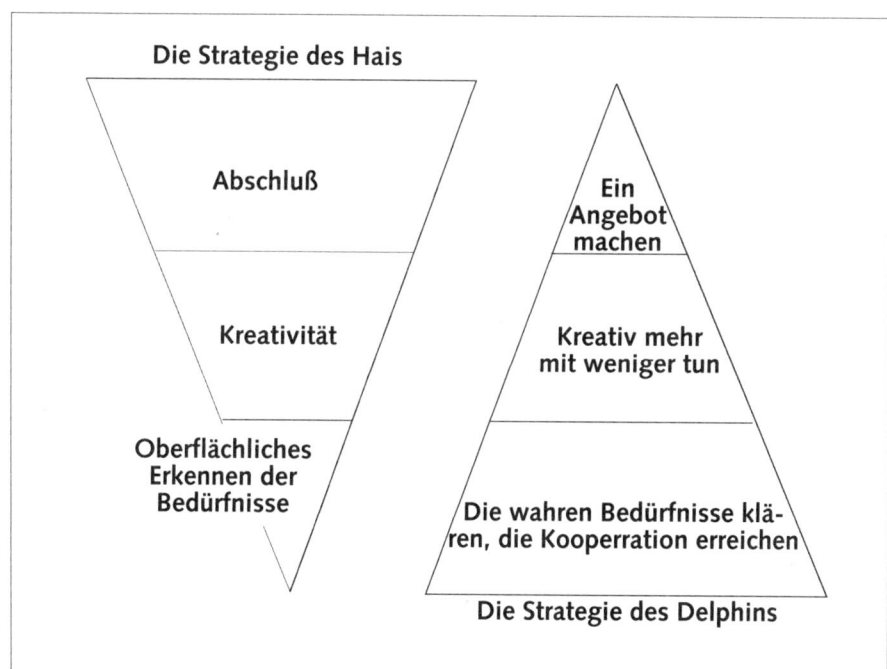

Abb. 1.3 Hai- versus Delphin-Strategie: Vervielfachung durch Synergie

Der Durchbruch bietet auch auf anderen Gebieten eine neue, delphinartige Perspektive. Eine wichtige ist in Abbildung 1.3 dargestellt, einem Diagramm, das unseres Wissens zuerst von dem Berater Marshall Thurber benutzt wurde, um die wesentlichen Unterschiede in der Art und Weise zu zeigen, in der Haie und Delphine an menschliche Interaktionen herangehen. Man kann auf einen Blick sehen, daß Haie dazu neigen, ihre Anstrengungen und ihre Zeit auf jenes verehrte Verkaufsritual konzentrieren: den Abschluß. Sie verwenden sehr wenig Zeit auf einen Bereich, der Delphinen heilig ist, den Vertrauen und Verständnis aufbauenden Ritualen, dem Gedankenaustausch und der wechselseitigen Erforschung der *wirklichen* Bedürfnisse, die zur Kooperation führen. Von diesem Punkt an steigern Delphine den Einsatz, den Eifer und die Erwartungen, und sie erwarten, daß die wechselseitige Zusammenarbeit hält. Letztendlich betrachten Delphine das Ergebnis des Verkaufs als die beste aller möglichen Welten: als einen „Nettogewinn" für alle betroffenen Parteien. Daher sind die beiden wichtigsten Merkmale, die Abbildung 1.3 aufzeigt, die folgenden: Die Strategie des Delphins stellt die Strategie des Hais auf den Kopf und legt bei weitem das größte Gewicht auf den Aufbau einer funktionierenden Beziehung. Und der Einsatz der Kreativität ist bei den beiden Vorgehensweisen sehr unterschiedlich. Beim Hai zielt die Kreativität darauf ab, einen Abschluß zu erreichen, der den potentiellen Kunden in die Zwangslage bringt, so zu reagieren, wie er es will.Die Kreativität des Delphins zielt darauf ab, die Erwartungen und Bedürfnisse von jedermann elegant zu übertreffen, indem er die verfügbaren Ressourcen vervielfacht und den richtigen Zeitpunkt für den Durchbruch abwartet. (Die Fläche jedes Segmentes der beiden Dreiecke soll in etwa die Zeit darstellen, die für die Verfolgung jeder Aufgabe verwendet wird.)

Bis vor kurzem wurde „die Strategie des Delphins" relativ selten benötigt. In der letzten Analyse war der Kompromiß, der Geist des Kompromisses, gewöhnlich in der Lage, die gewünschten Ergebnisse zu erzielen, wenn nicht funktionierte, was man tat.

Dann wurden die Zeiten lebendiger. Der Computer tauchte als Ergänzung des menschlichen Geistes auf. Unsere Fähigkeit, unser Wissen zu vervielfachen wuchs über Nacht ins Unermeßliche. An einer Unzahl verschiedener Fronten — diese reichen von der weltweiten Beschleunigung der Geburtenrate und einer Erhöhung der Lebenserwartung bis zur plötzlichen Erschöpfung von lebenswichtigen Rohstoffen wie Öl, Holz, Trinkwasser, sauberer Luft und der Ozonschicht sowie einer Schrumpfung der Lernkurve — zerfielen die alten Strukturen, und neue Ungewißheiten drohten. Mehr und mehr klingen die fest in uns eingebauten Litaneien, die wir, ohne sie zu hinterfragen, in unserem individuellen und kollektiven Gehirn abspulen. Es ist die Art, in der wir schwingen — wie wir stumm ein Liedchen summen. Oder ein anderes Bild sind die Sirenen, deren Gesänge uns locken und dann wie die Lemminge gedankenlos über die Klippen in die See treiben.

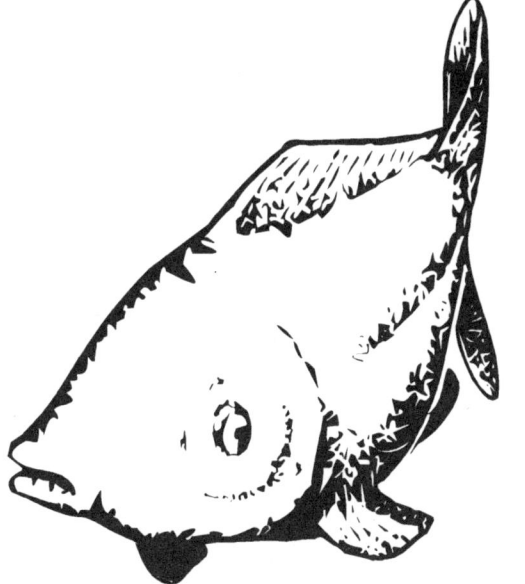

Karpfen singen „Ich kann nicht gewinnen." Und sie wiederholen die Botschaft in allen ihren die Chancen und Möglichkeiten negierenden Variationen sogar bis zur Leugnung der wahren Konsequenzen des Versagens:

- ◆ „Unwissenheit ist ein Segen."
- ◆ „Ich war früher hilflos, und ich werde immer hilflos sein."
- ◆ „Mein Leiden hat einen Sinn."
- ◆ „Verlieren gehört zum Leben."
- ◆ „Alle wichtigen Gewinne enthalten ein Element des Opfers."

◆ „Halte die vierte und die fünfte Wange hin. Gehe die zwanzigste und dreißigste Meile."

Pseudo-erleuchtete Karpfen glauben: „Alle Fische sollten sich lieben und füreinander sorgen. Damit es so wird, muß ich nur glauben, daß es so ist."

Sie fördern diese Philosophie auf unterschiedliche Weise:
◆ „Es spielt keine Rolle, wer gewinnt oder verliert — es kommt darauf an, wie man spielt."
◆ „Es ist nicht das Ziel, das zählt, sondern der Weg."
◆ „Ich muß nur ständig 'gehenlassen', und alles wird gut."

Haie brummen und summen: „Ich muß gewinnen." Und ihre Propaganda umfaßt die folgenden Variationen:
◆ „Da draußen frißt schließlich ein Hai den anderen."
◆ „Ich wollte dir wirklich nicht die Hand abhacken, aber ich hatte keine Wahl, als du nach deinen Chips gegriffen hat."
◆ „Ich wollte dir wirklich die Hand abhacken, und bevor du nach deinen Chips gegriffen hast, hättest du an meine Warnung denken sollen."
◆ „Ich wollte dir wirklich die Hand abhacken, als du nach deinen Chips gegriffen hast, obwohl ich dir versichert hatte, daß das nie meine Absicht war."[12]
◆ „Konkurrenz ist unvermeidlich."
◆ „Konkurrenz motiviert uns, das Beste zu geben."
◆ „Konkurrenz ist die einzige Möglichkeit, Spaß zu haben."
◆ „Konkurrenz bildet den Charakter.

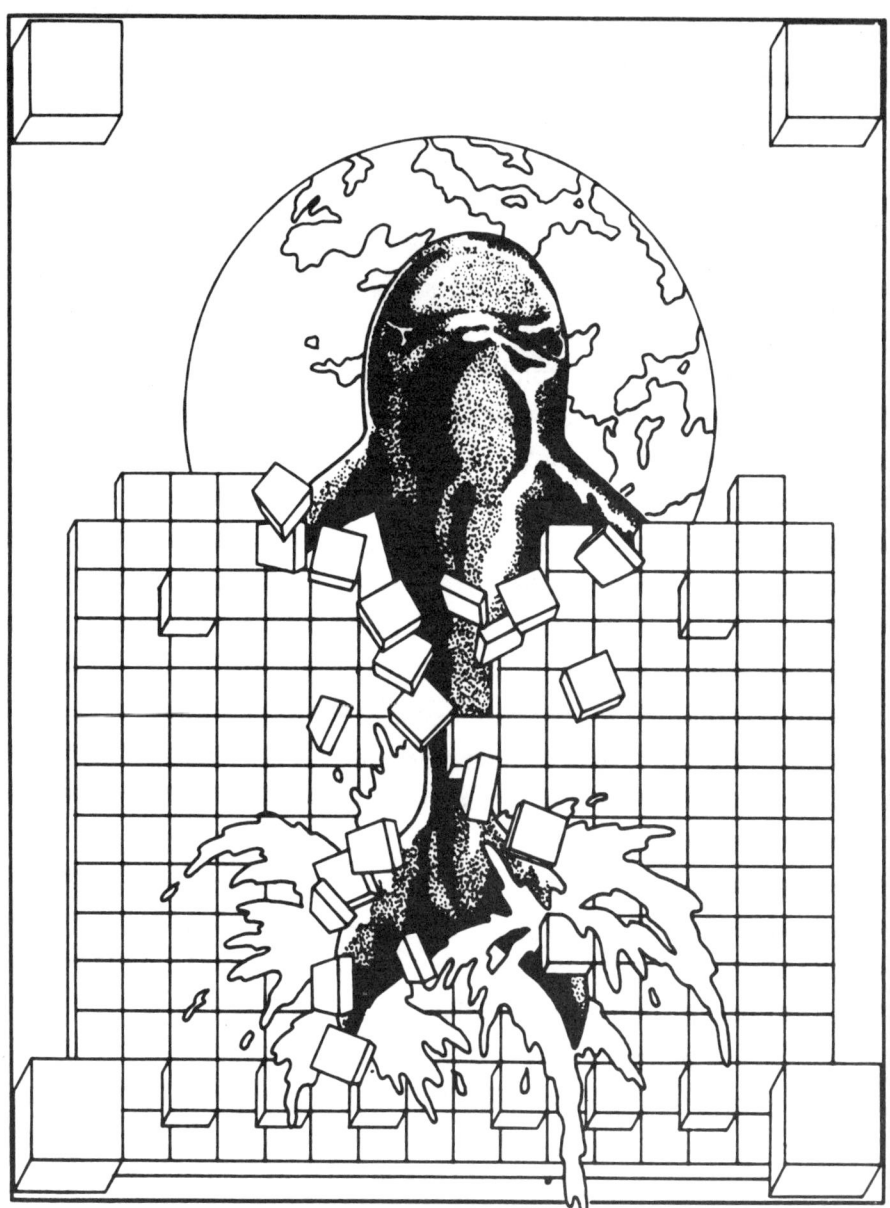

Der Delphin sagt: „Ich möchte, daß wir beide gewinnen und daß wir elegant und überzeugend gewinnen. Es spielt keine Rolle, wie die Chancen stehen, wie groß die Schwierigkeiten sind oder wie lange es dauert."

Falls es nötig ist, läßt der Delphin zu, daß sich die Lemminge ins Meer stürzen. Er ersetzt aber die Sirenengesänge von Konkurrenz, Unglück, Verwirrung und Opfer, die fest im menschlichen Gehirn eingebaut sind, durch die triumphierenden Melodien von Veränderung und Schöpfung. Die wichtigen Strophen im Liedchen des Delphins sind folgende:

- „Wir müssen lernen, die *Kraft der Welle zu vervielfachen*."
- „Wir müssen lernen, *zwingende Visionen zu schaffen und nach ihnen zu handeln*."
- „Wir müssen den Prozeß des *Freigebens und Loslassens* erlernen."
- „Wir müssen lernen, *eingefahrene Geleise zu verlassen*."
- „*Jeder einzelne von uns muß eine starke Selbstachtung entwikkeln*."
- „Wir müssen lernen, *teamorientiert und kooperativ zu arbeiten*."
- „Wir müssen uns darauf konzentrieren, *mehr mit weniger zu tun*."
- „Wir müssen lernen, *für Überraschungen und für die Zukunft offen zu sein*."
- „Wir müssen *verantwortlich sein*."
- „Wir müssen *einen persönlichen Lebenszweck entdecken und danach handeln*."

Das ist die Lyrik, die hinter der Strategie des Delphins steht, das ist die Schwingung der Stärke.

DelphinArbeit

Übung Nr. 1

Nachfolgend finden Sie eine Liste von Ereignissen, die im Leben von Menschen eingetreten sind. Denken Sie über jeden Punkt nach, und machen Sie auf einem Blatt Papier Notizen zu den Änderungen, die Ihrer Ansicht nach durch diese Ereignisse in Ihrem Leben eintreten würden. Notieren Sie auch Ihre Reaktionen:

◆ Geschichte A: Eines Ihrer Kinder, Ihr engster Freund oder jemand, den Sie sehr bewundern, behauptet, er habe eine Vision gehabt, in der er direkt mit Gott gesprochen habe.

◆ Geschichte B: Ihre Organisation oder Firma eliminiert Ihren Job plötzlich, und Sie werden arbeitslos.

◆ Geschichte C: Bei der Ankunft in der Notaufnahme eines Krankenhauses werden Sie für tot erklärt. Es gelingt hartnäckigen Ärzten aber, Sie wiederzubeleben. Jetzt müssen Sie entscheiden, ob Sie anderen Menschen mitteilen, daß Sie eine „außerkörperliche" Erfahrung hatten, in der sich die Seele über die hektischen Versuche zur Rettung Ihres Lebens zu erheben schien, und das Geschehen in allen Details beobachtet hat.

◆ Geschichte D: Sie werden zu Unrecht beschuldigt, ein Geschäft zu einem Zeitpunkt beraubt zu haben, an dem Sie bei einem Freund waren. Durch die Polizei und die Staatsanwaltschaft unter Druck gesetzt, sagt der Freund gegen Sie aus, und Sie werden verurteilt. Nach zwei Jahren tauchen neue Beweise auf, und Sie werden freigelassen.

Der erste Schritt, durch den wir die Fähigkeit zu von uns selbst geleiteten Veränderungen entwickeln, besteht darin, daß wir uns darauf vorbereiten, von der Zukunft überrascht zu werden. Zu diesem Zwecke ist es notwendig, daß wir eine erwartungsvolle, bejahende Haltung gegenüber dem Unerwarteten, dem Unbekannten entwickeln.

Überrascht reicht die Zukunft zurück, verändert und triumphiert über die Vergangenheit. Sie bietet der Vergangenheit einen neuen Start, einen neuen Anfang. Da ein Spieler eines infiniten Spieles sich stets von der Zukunft überraschen läßt, verändert sich die Vergangenheit immer.

Rufen Sie sich Ihre Gedanken zu den oben umrissenen vier Situationen zurück, und fragen Sie sich folgendes: Ist in meinen Antworten ein Muster enthalten? Wenn das der Fall ist, ist dieses Muster positiv oder negativ? Deutet meine gegenwärtige Denkweise darauf hin, daß ich gegenüber Überraschungen eine offene, teilweise offene oder verschlossene Haltung habe?

Übung Nr. 2

Indem Sie über die verschiedenen Methoden nachdenken, mit denen Sie auf die unten umrissenen Situationen reagieren können, steigern Sie Ihre Fähigkeit, die typischerweise von dem Karpfen, dem Hai und dem Delphin benutzten Strategien zu erkennen.

Lesen Sie jede der Situationen sorgfältig, durch und schreiben Sie dann eine Reaktion auf, die beispielhaft für die Strategien Flucht, Nachgeben, Übernahme, Kompromiß und Durchbruch steht. Wenn Sie unsere Beschreibung jeder dieser Strategien brauchen, lesen Sie die entsprechenden Stellen in diesem Kapitel nach.

◆ **Situation A: Eine Person, die Sie sehr mögen, hat gerade ein Gericht für Sie zubereitet, das Sie überhaupt nicht gern essen. Als Sie Ihre Abneigung zeigen, das Gericht zu essen, sagt sie:**

85

„Wenn du mich liebtest, würdest du die Hühnerleber (oder was sonst) mögen!" Wie antworten Sie?

◆ Situation B: Ihr neuer Kunstlehrer hat Ihnen gesagt, Sie bräuchten mehr „Spontaneität" in Ihrer Arbeit. Sie mögen den Lehrer und möchten ihm Freude bereiten. Sie wissen aber, wenn Sie *planen*, spontan zu sein, verliert Ihre Arbeit in Wirklichkeit ihre Spontaneität. Wie antworten Sie?

Übung Nr. 3

Schreiben Sie auf einem Blatt Papier die zehn wichtigsten *langfristigen* Beziehungen auf, die in einem direkten Zusammenhang mit den wichtigsten Zielen/Ergebnissen stehen, die Sie erreichen wollen.

Gehen Sie jetzt zum Anfang der Liste zurück und kennzeichnen Sie die *primäre* Strategie (Flucht, Nachgeben, Übernahme, Kompromiß oder Durchbruch), die Sie in dieser Beziehung einsetzen. Schreiben Sie hinter die Benennung jeder Beziehung einen „/" und tragen Sie diese Strategie für jeden der zehn Punkte ein (zum Beispiel: „Meine Tochter/Übernahme").

Da sie diese Beziehungen als entscheidend und auch langfristig bezeichnet haben und da alle Nullsummen-Strategien (Nachgeben, Übernahme und Kompromiß) mit der Zeit zu Verlust/Verlust degenerieren, sollten Sie folgende Fragen beantworten:

◆ Müssen Sie Veränderungen an den Strategien vornehmen, die Sie in diesen entscheidenden Beziehungen einsetzen?

◆ Sind Sie sich in jeder dieser Beziehungen beide Ihrer wahren Bedürfnisse bewußt? Wenn das nicht der Fall ist, welches wären die wirklichen Bedürfnisse?

◆ Wie können Sie, auf der Basis Ihrer jeweiligen wirklichen Bedürfnisse, noch kreativer zusammenarbeiten, um mehr mit weniger zu erreichen?

2
Die Kraft der Welle vervielfachen: Die besonderen Geheimnisse des Delphins

Seehunde begeistern sich an Wasserbällen und Delphine an Symbolen. Beide tun dieses aus denselben Gründen. Beide verfügen über einen beträchtlichen Auftrieb und Manövrierbarkeit. Sie können sie hin und her werfen und ihre Sprungkraft und Stabilität testen. Man kann sie beiseite schieben, wenn sie ihre Attraktivität und Effektivität verlieren. Und dann kann man darüber nachdenken, welche Folgen es hat, daß sie nicht mehr da sind.

Im ausgehenden zwanzigsten Jahrhundert sind die folgenden Sätze für Delphine sehr wichtige Wasserbälle/Symbole:

Zum einen: das Gleichheitszeichen in Einsteins Formel

$$e = mc^2.$$

Zum anderen: das Wort „Nanosekunde."

Das hat folgende Gründe:

Für den Delphin ist Einsteins Gleichheitszeichen ein Hinweis darauf, daß sich, wenn alles Wesentliche berücksichtigt wird, der Kreis immer wieder schließt. Wenn wir versuchen, Energie zu

Ich schätze, ich muß vor den anderen in's Gelände abhauen, denn Tante Sally will mich adoptiern und manierlich machen, und das kann ich nicht leiden. Da war ich schon mal.
Mark Twain, Adventures of Huckleberry Finn (Dt.: Die Abenteuer des Huckleberry Finn)

„Gibt es noch etwas, worauf Sie meine Aufmerksamkeit lenken möchten?"
„Auf den merkwürdigen Vorfall mit dem Hund in der Nacht."
„Der Hund hat in der Nacht nichts getan."
„Das war der merkwürdige Vorfall", bemerkte Sherlock Holmes.
Arthur Conan Doyle

gewinnen, erhalten wir Materie. Und wenn wir uns ausschließlich versuchen, auf Materie einzulassen, sind wir wieder im Energie-Geschäft. Es ist eine Nullsummen-Schaukelei. Und dies deutet Einsteins Gleichheitszeichen an. Hier gibt es keine Vervielfachung, die der Rede wert ist. Die Vervielfachung liegt vielmehr in der Erweiterung von Wissen und Information. Sie liegt darin, wie viel wir davon haben, wie schnell wir sie verarbeiten und verpacken können und was wir mit ihr tun. Das soll nicht heißen, daß es *keine* Grenzen für Informationen und die Geschwindigkeit ihrer Verarbeitung gibt.

Sherry Turkle schreibt in *The Second Self: Computers and the Human Spirit (Das zweite Selbst: Computer und der menschliche Geist)*:

„Jedermann weiß, daß das Spiel 'irgendwann' enden wird, aber 'irgendwann' ist potentiell unendlich."[1]

Wenn man zu einem Delphin von einem expandierenden Universum spricht, denkt er sofort an Information — und Nanosekunden.

Eine Nanosekunde steht als Symbol für eine neue Sichtweise der Zeit, in der zu erwarten ist, daß Delphine die erwählten Manager und Führer sind. Eine Nanosekunde ist der milliardste Teil einer Sekunde. Wie schnell ist das? Extrem schnell. In der Zeit, die man braucht, um mit den Fingern zu schnippen, sind 500 Nanosekunden vergangen. Der Sozialkritiker Jeremy Rifkin schreibt:
Obwohl es möglich ist, sich eine Nanosekunde theoretisch vorzustellen und die Zeit sogar in dieser Zeitspanne zu manipulieren, *ist es nicht möglich, sie zu erfahren.* Dies kennzeichnet einen radikalen Wendepunkt in der Beziehung des Menschen zur

Zeit. Nie zuvor wurde die Zeit mit einer Geschwindigkeit organisiert, die jenseits des Bewußtseins lag.[2]

Im Sinne des Delphins bedeuten die neuen Zeit-Perspektiven, die durch Computer und andere Formen der Informationsverarbeitung, -speicherung und -wiedergabe eingeführt wurden, im wesentlichen folgendes: *„Da draußen" gibt es mehr Wellen, die man reiten oder die man erschaffen kann, als es jemals zuvor(!).*

Es sind große, hochragende, unglaublich energiereiche Wellen der *Veränderung!* Und obwohl diese Wellen in Tausenden und Abertausenden von Jahren fast mit der Langsamkeit von Gletschern Form annahmen, erhalten sie heute mit ständig wachsender Geschwindigkeit ihre Gestalt. Sie branden gegen uns. Einige Beobachter — Jeremy Rifkin ist einer von ihnen — wollen „die neue Nanosekunden-Kultur" bremsen. Aber Delphine sind abenteuerlustiger, hoffnungsvoller, streben den Durchbruch stärker an, und sie übernehmen die Verantwortung für die Folgen, die sich aus dem Durchbrechen, ihrer Grenzen ergeben.

Delphine verstehen, daß das wichtigste Organisationsprinzip des ausgehenden 20. und beginnenden 21. Jahrhunderts „die Welle" ist. Die Welle der Veränderung. Und sie verstehen, daß die Manager und Führer, die es nicht lernen, die Welle zu reiten, und die es nicht genießen, das Wellenreiten zu lernen, das Risiko eingehen, in einem immer kleiner werdenden Teich festzusitzen, der von frenetischen, verwirrten, entmutigten (und manchmal niederträchtigen) Haien und Karpfen überbevölkert ist. Oder daß sie durch die unvorhersehbaren und gnadenlosen Wirbel eines zerrissenen Ozeans der Veränderung zu Unfähigkeit und Wirkungslosigkeit verdammt werden.

Sie dürfen also erwarten, daß dieses Kapitel eine gründliche nautische Erfahrung wird. Unser Ziel ist folgendes: Ihnen das Verständnis und die Finesse eines Delphins zu vermitteln, mit denen Sie in dem heutigen — und auch noch dem morgigen — großen Crescendo der Wellen der Veränderung navigieren können. Davon nichts zu wissen, wird viele hoffnungsvolle Unternehmungen zum Untergang verurteilen und Träume zunichte machen, die andernfalls hätten erblühen können.

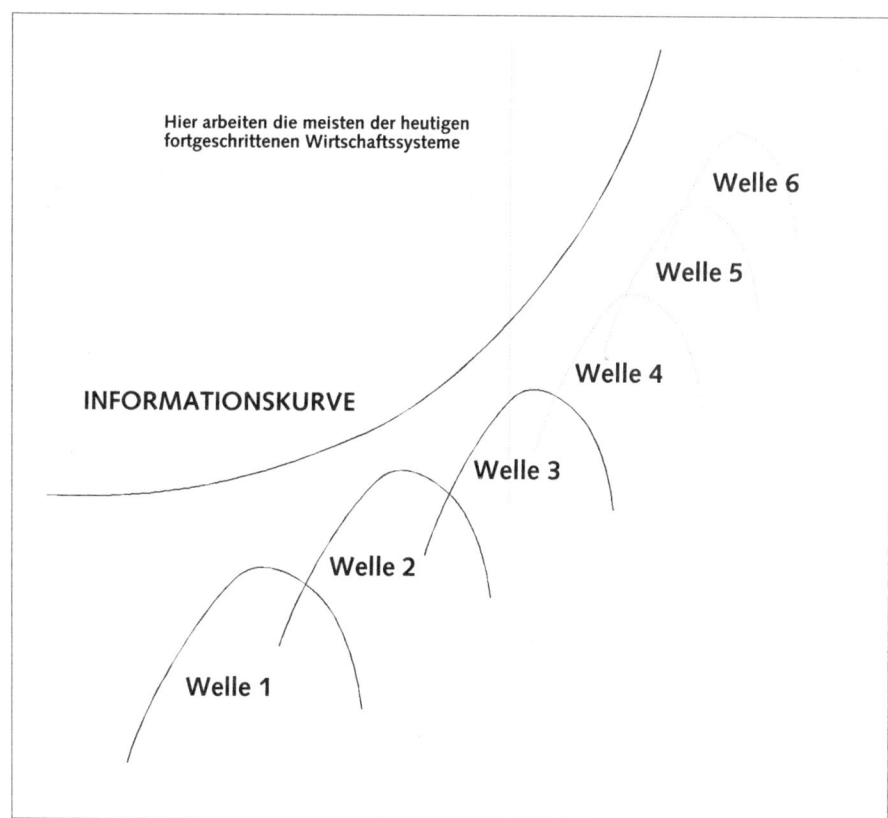

Abb. 2.1 Wellen der Veränderung

Lektion 1: Die Wellen werden schneller.

Die Anziehungskraft des Delphins als Symbol für neue Vorgehensweisen im Management und in der Führung erwuchs aus den Untersuchungen eines als *Neuropreneuring*® bezeichneten Konzeptes, bei der Firma Brain Technologies durchgeführt. Dieses Konzept beinhaltet den Gedanken, daß man die eigene Veränderung in die Hand nimmt, sich vorzeitig ändert, falls erforderlich, daß man neue, persönliche Werkzeuge für die Entwicklung der eigenen Persönlichkeit erfindet.

Delphine qualifizieren sich zu einem großen Teil deshalb als Delphine, weil sie den Zyklus verstehen und geschickt auf ihn reagieren. Wir nennen ihn den Neuropreneuring-Zyklus. In der Abbildung 2.1 werden wir beginnen, uns auf die zentrale Dynamik der großen Wellen der Veränderung, ihre Brutstätten, die Spielplätze und die Prüfstände für die Delphine des Neuropreneuring zu konzentrieren. Wir werden diejenigen untersuchen, die den Neuropreneuring-Zyklus einsetzen. Wenn wir das „Wie" für eine andere Zeit und einen anderen Ort aufheben, so ist das „Was", das für Delphine in dieser Zeichnung entscheidende Bedeutung hat, folgendes: *Im Vergleich zu früheren Zeiten nehmen die Wellen heute mit erstaunlicher Geschwindigkeit Form an und übernehmen das Kommando.*

Der Zukunftsforscher Alvin Toffler hat uns als erster daran erinnert, daß die Welle 1 — es ist der Raum des Bauern — etwa sechstausend Jahre gedauert hat. Zwischen der „Ankunft" dieser Welle und dem Verschwinden der vorherigen Kultur der Jäger und Sammler oder Nomaden haben Dutzende von Generationen gelebt, die kaum eine Veränderung der Lebensweisen, Arbeitsweisen und sozialen Bindungen erlebt haben. Die Veränderung dauerte länger,

> Die Verzögerung war in Welle 1 so lang, daß die Menschen fast ewig Zeit hatten, sich zu ändern.

Ein Professor namens Alex Bavelas spielt oft mit anderen Professoren Golf. Einmal nahm er die vier mit zum Golfplatz, und sie wollten auslosen, wer wessen Partner sein sollte. Er sagte: „Lassen Sie uns das nach dem Spiel tun."
Stewart Brand

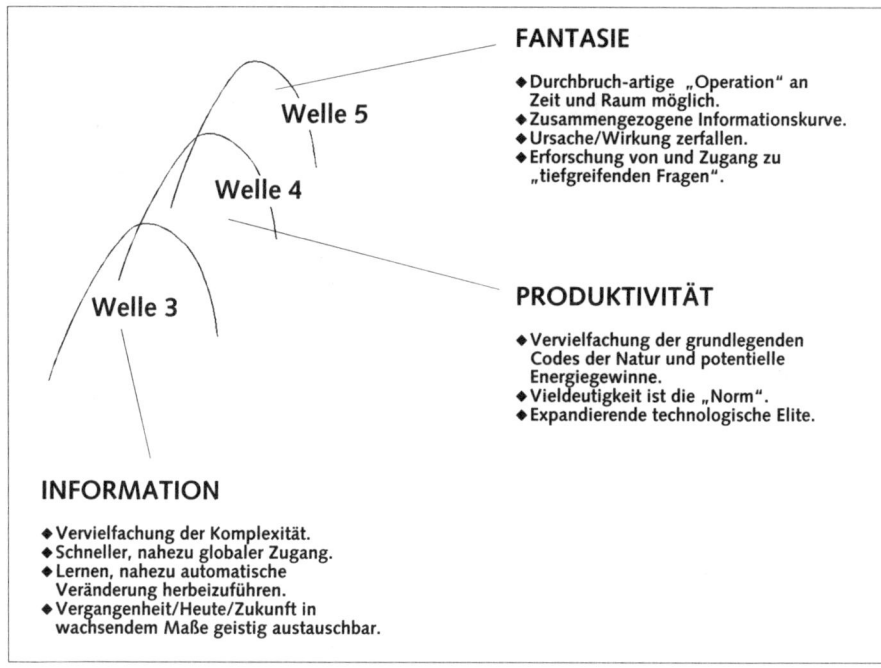

FANTASIE
- Durchbruch-artige „Operation" an Zeit und Raum möglich.
- Zusammengezogene Informationskurve.
- Ursache/Wirkung zerfallen.
- Erforschung von und Zugang zu „tiefgreifenden Fragen".

Welle 5

Welle 4

PRODUKTIVITÄT
- Vervielfachung der grundlegenden Codes der Natur und potentielle Energiegewinne.
- Vieldeutigkeit ist die „Norm".
- Expandierende technologische Elite.

Welle 3

INFORMATION
- Vervielfachung der Komplexität.
- Schneller, nahezu globaler Zugang.
- Lernen, nahezu automatische Veränderung herbeizuführen.
- Vergangenheit/Heute/Zukunft in wachsendem Maße geistig austauschbar.

Abb. 2.2 Die vordersten Wellen an der Küste

Computersimulationen [von Organisationen] haben die Neigung, die Forscher vor Boninis Paradoxon zu stellen: Je realistischer und detaillierter das Modell ist, desto stärker ähnelt das Modell der modellierten Organisation, einschließlich einer Ähnlichkeit in der Richtung des Unverständlichen und Unbeschreiblichen. W. H. Starbuck

als ein Mensch überschauen konnte. Tatsächlich lag zwischen dem Verschwinden des ursprünglichen, amorphen „Samenbeetes" des Zeitalters der Jäger und Sammler und der spürbaren Ankunft der Welle 2 eine derartige *Verzögerung oder Ungleichzeitigkeit*, daß die Menschen fast *ewig* Zeit für Veränderungen hatten. Mit der Welle 2, dem industriellen Zeitalter, stieg die Geschwindigkeit. In dreihundert Jahren hat diese Welle ihren Höhepunkt erreicht und zerfällt in diesem Augenblick in den fortgeschrittenen Wirtschaftssystemen.

Das heutige vielgerühmte Zeitalter der Information, das die Welle 3 darstellt und erst vor ein paar Jahrzehnten durch den Computer eingeleitet wurde, wird schon jetzt durch die Front der Ideen- und Technikentwicklung ersetzt. Obwohl die meisten Spieler in unseren fortgeschrittenen Wirtschaftssystemen erst jetzt beginnen, die organisatorischen Anpassungen und Transformationen als Reaktion auf Welle 3 durchzuführen (siehe Abbildung 2.2), werden ihr nur eine Halbwertszeit von etwa fünfzehn bis zwanzig Jahren prognostiziert.

Welle 4 erscheint in ihren Anfängen bereits auf der Bühne, und ihre Macht ist potentiell so ehrfurchtgebietend, daß wir zahlreiche ihrer Auswirkungen nur ahnen können. Wir nennen diese Welle wegen der enormen Gewinne an Energie, dem Umbau der grundlegenden Materie und der Lebensformen sowie der weiteren Gewinne an Information, die sie verspricht, die Welle der Produktivität. Zum gegenwärtigen Zeitpunkt scheinen ihre wichtigsten technologischen Komponenten die Biotechnologie, Robotik, künstliche Intelligenz und das Aufkommen der Supraleiter sowie andere außerordentliche Energiegewinne zu sein. Können Sie sich Roboter vorstellen, die so *unglaublich* klein sind, daß sie die Wand einer einzigen menschlichen Zelle durchdringen (Bedenken Sie: Eine Million menschliche Zellen passen auf den Kopf einer Nadel) und notwendige Reparaturen an der DNS der Zelle durchführen können? Wie wäre es mit einem Computer, der so winzig ist, daß er zwischen die unglaublich kleinen Lücken oder Synapsen paßt, die Nervenzellen im menschlichen Gehirn voneinander trennen? Oder einen Computer *auf Bakterienbasis*, der so leistungsfähig ist, daß er die Rechenleistung von *eintausend* Crays — Sie ist noch immer die Königin der heutigen Supercomputer in einem Raum von einem *Kubikzentimeter* duplizieren könnte, weniger als einem Zuckerwürfel?[3] Solcher Gestalt sind die Möglichkeiten, die zur Zeit von den Pionieren der Welle 4 ernsthaft verfolgt werden: Von den Gründungsmitgliedern der technologischen Elite.

Nur diejenige Person ist als erzogen zu bezeichnen, die gelernt hat zu lernen... und sich zu wandeln.
Carl R. Rogers, Freedom to Learn (Dt.: Lernen in Freiheit)

Lernen ist eine Herangehensweise an das Wissen und das Leben, die die menschliche Initiative betont. Sie umfaßt den Erwerb und das Üben neuer Methoden, neuer Fertigkeiten, neuer Haltungen und neuer Werte, die für das Leben in einer sich ändernden Welt notwendig sind. Das Lernen ist ein Prozeß, in dem man sich darauf vorbereitet, neue Situationen zu meistern.
Alvin Toffler, Der Zukunftsschock

Ein auf Bakterien aufgebauter Computer mit der Leistung von eintausend Crays?

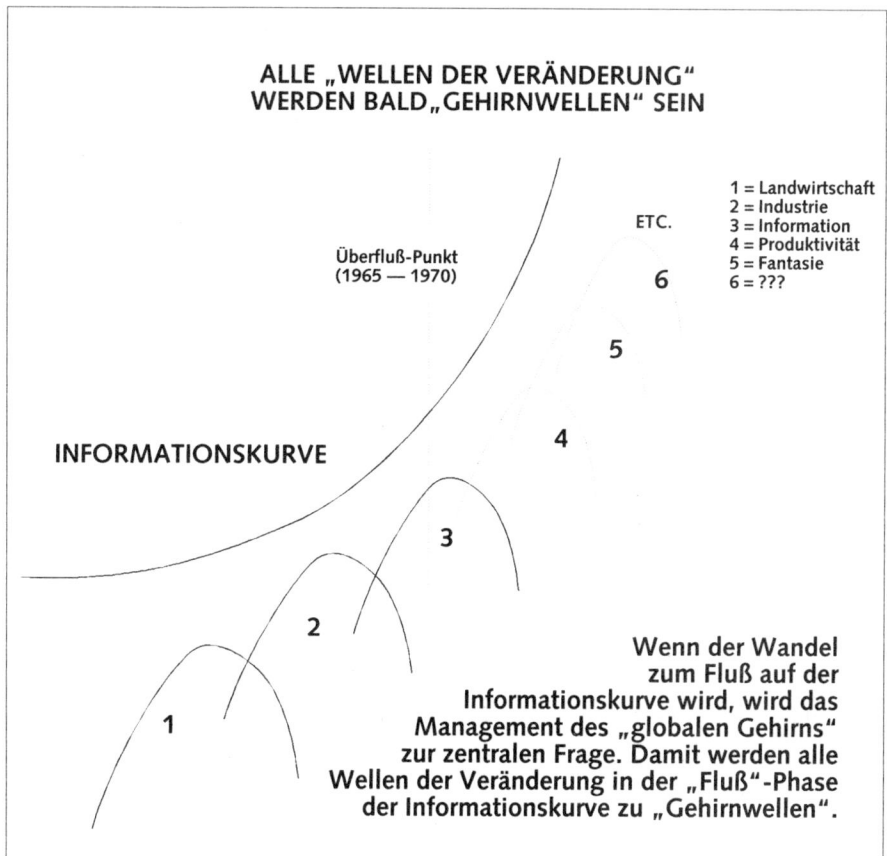

Abb. 2.3 Wenn der Wandel zum Fluß wird ...

Welle 5 nennen wir die Welle der Fantasie, denn es ist vorauszusehen, daß diese neuen Technologien uns so ausrüsten werden, daß sie uns eine Vielzahl neuer Erklärungen und Theorien über

die grundlegenden Fragen des Universums bieten. Wenn nicht eine furchtbare Katastrophe eintritt, ist es fast sicher, daß die Welle 5 nicht mehr lange auf sich warten läßt, und die Wellen 6 und 7 schon hinter ihr stehen, vorausgesetzt, daß genügend Delphine Delphine zeugen.

Wenn sie auch die Natur dieser zukünftigen Wellen nicht kennen und nicht kennen können, verstehen Delphine doch die folgenden Realitäten, und sie bereiten sich darauf vor, entsprechend zu handeln:

Wegen der Beschleunigung der Informationskurve ist zu erwarten, daß in der nächsten Zukunft und für unbestimmte Zeit danach, neue Wellen der Veränderung praktisch „auf den Fersen" der vorherigen Welle folgen. Im Gegensatz zu den Zeitaltern der Anpassung, über die unsere Vorfahren verfügten, stehen uns nicht mehr Äonen zur Verfügung, um auf neue Entwicklungen und Herausforderungen zu reagieren sowie uns auf sie einzustimmen. Die Möglichkeit, mit einem Bein im Alten und einem im Neuen zu stehen, ist nicht mehr gegeben. Bei der rasenden Geschwindigkeit, mit der neue Informationen entstehen, den nahezu exponentiellen Steigerungen bei Informationsspeicherung und -austausch sowie der bloßen Zahl der vorhandenen Wahlmöglichkeiten wird die Wahrscheinlichkeit stabiler, daß heißt „fließender". Die Zeiträume der Normalität werden immer geringer. Wenn, wie in Abbildung 2.3 angedeutet, der Wandel selbst zum Fluß geworden ist, dann ist jede neue Welle, wie immer wir sie auch benennen mögen, zu einer „Gehirnwelle" geworden, die neue Funktionen und Qualitäten des Gehirns erfordert, um die globalen Veränderungen zu meistern, die sie mit sich bringt.

Wenn alle paar Jahre Wellen der Veränderung auf der Bühne erscheinen, können wir uns bald einem Schauspiel nie dagewesener globaler Vielseitigkeit gegenübersehen, in der möglicherweise bis zu vier, fünf, sechs oder mehr „Ideen- und Glaubenssysteme", Weltsichten, die von diesen Wellen der Veränderung geschaffen wurden, gleichzeitig um die Vorherrschaft wetteifern. Jede folgende Verlagerung entlang der Informationskurve hat für die Individuen

Sei spontan!
Ein Paradoxon

95

Erfahrung ist nicht das, was mit einem Menschen geschieht. Sie ist das, was ein Mensch aus dem macht, was mit ihm geschieht.
Aldous Huxley

und Institutionen, die den sich ändernden Zeiten am unmittelbarsten ausgesetzt waren, größeren und immer größeren Streß bedeutet. Die Verlagerung von Welle 1 (Landwirtschaft) zu Welle 2 (dem industriellen Zeitalter) hat in den Vereinigten Staaten einen blutigen Bürgerkrieg ausgelöst. Wie die betreffenden Wellen auch heißen mögen, Familien können in einem sogenannten Generationenkonflikt auseinandergerissen werden. Politische Realitäten werden oft auf den Kopf gestellt, und Wirtschaftssysteme können in nie dagewesener Weise entstehen und vergehen. Diese Verläufe entziehen sich der Voraussage oder auch einer soliden Analyse. Die Vielzahl von Wandlungen zu meistern, die in den globalen oder nationalen Gemeinschaften auftreten werden, wird mit Sicherheit eine Aufgabe nach dem Geschmack der Delphine werden.

Es ist zu erwarten, daß die Folgen des Versuchs, die Landseite einer Welle zu reiten, das heißt, nur auf die Ereignisse in der Umgebung zu reagieren, zunehmend gefährlich wird. Die Wellen der Veränderung erscheinen nicht nur immer häufiger, sie kommen auch in einem verdichteten Zustand an, das heißt, innerhalb der Welle selbst laufen Entwicklungen schnell ab. Das Computersystem, das man vor neun Monaten gekauft hat, kann schon überholt sein. Der „vertrauliche" Tip, den Sie letzte Woche hinsichtlich einer wichtigen Entwicklung in Ihrer Branche bekommen haben, war heute in der Frühe eine Schlagzeile im *Wall Street Journal*. Der Einfall, den Sie gestern für ein neues Produkt oder eine Dienstleistung hatten, wird tatsächlich bereits seit mehreren Monaten in Kalifornien, Schweden oder Deutschland entwickelt. Der Markt, mit dem Sie gerechnet haben, um Ihr Unternehmen in die nächste Wachstumsphase zu bringen, wurde übernommen — oder eliminiert.

Was treibt die Informationskurve an?

Die Fähigkeit von Männern und Frauen, einander mitzuteilen, was sie gelernt oder entdeckt haben, und das Wissen zu vervielfachen.

Buckminster Fuller hat folgende Geschichte erzählt: Zwei schiffbrüchige Seeleute werden auf einer schrecklich isolierten, winzigen Insel weitab der normalen Schiffahrtsrouten an Land gespült. Sie trennen sich und beginnen, nach Nahrung zu suchen. Einer entdeckt Reben mit roten Beeren daran. Er stopft sich schnell eine Handvoll in den Mund — und stirbt. Als der andere Seemann den leblosen Körper findet, erkennt er, daß die Beeren giftig sind.

Später werden erstaunlicherweise zwei attraktive junge Frauen an der gleichen Insel an Land gespült. Kaum an sein Glück glaubend, eilt der überlebende Seemann herbei, um sie zu begrüßen. Und was sagt er als erstes zu ihnen?

„Eßt keine roten Beeren!"*

Das ist das Wesen der Informationskurve: Die Übertragung der Ergebnisse des Gelernten und Entdeckten sowie die Bereitschaft, Informationen offen, wahrhaftig und kreativ zu teilen, damit wir alle daraus Nutzen ziehen können.

Und weil die Elektronik, die möglich macht, Informationen über rote Beeren und andere Themen so schnell mitzuteilen, sich so rasant entwickelt, daß praktisch alle Informationstechnologien in zwei bis drei Jahren überholt sind, nähert sich die Informationskurve der Küste in voller Fahrt. Delphine vermeiden nicht nur rote Beeren, sie polieren auch ihre Kenntnisse über die Navigation der Veränderung auf. Und das ist eine andere Beschreibung für das Thema dieses Buches.

---

* In einem Seminar schlug jemand vor: „Nur eine von euch darf rote Beeren essen!"

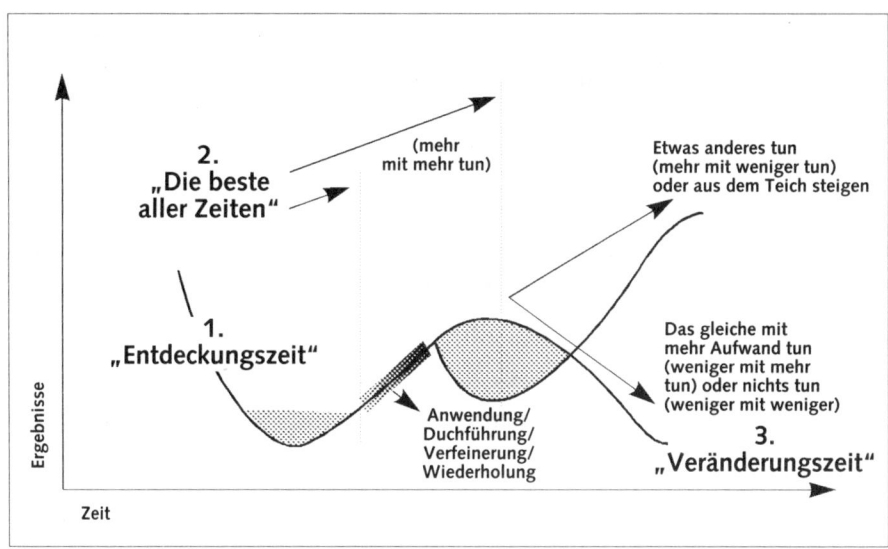

2.
„Die beste
aller Zeiten"

(mehr
mit mehr tun)

Etwas anderes tun
(mehr mit weniger tun)
oder aus dem Teich steigen

1.
„Entdeckungszeit"

Das gleiche mit
mehr Aufwand tun
(weniger mit mehr
tun) oder nichts tun
(weniger mit weniger)

Anwendung/
Duchführung/
Verfeinerung/
Wiederholung

3.
„Veränderungszeit"

Ergebnisse

Zeit

Abb. 2.4 Zeiteinteilung Ihrer Züge

Lange bevor die Bilanz darauf hinweist, daß
das Unternehmen in Schwierigkeiten steckt,
ist es intern längst in allen Bereichen
zerstört.
James Renier

Lektion Nr. 2: Zeiteinteilung ist alles.

Im Sinne der Welle ist das Leben im wesentlichen in drei Abschnitte
unterteilt. Damit ist *jede* Art von Leben gemeint: die Lebensdauer
eines Projektes, die Lebensdauer eines einzelnen Individuums, die
Lebensdauer eines Unternehmens, die Lebensdauer einer Gesellschaft.

Keine Erfahrung auf der Welle ist zeitlich betrachtet genau
gleich, aber die Dynamik der Welle bleibt erstaunlich konstant.
Delphine geben sich außerordentlich große Mühe, von Moment zu
Moment, von Monat zu Monat zu bewerten, wo sie sich *auf* der
Welle befinden, wie sie *zu* der Welle stehen und was sie in Zukunft
von der Welle erwarten können.

Delphine sind in einem Wort *Überlebenskünstler*. Und sie sind dies, weil sie in einem großen Maße wissen, *wie man mit einem Minimum an unproduktivem Streß oder mit strategisch eingesetztem Streß (oder Eustreß) die Welle reitet.* Weil sie die Natur, die Nuancen und die Gedanken der Welle verstehen, genießen sie die drei Eigenschaften, die die Psychologen Suzanne Kobosa und Salvatore Maddi als wesentliche Charakteristika von Überlebenskünstlern ausgemacht haben: eine klare Konzentration auf das, was sie in ihrer Arbeit und ihrem Beruf erreichen wollen, die Fähigkeit, Überraschungen als Herausforderungen und Rückschläge als wertvolle Lernerfahrungen zu erleben, und die Weigerung, sich von Veränderungen lähmen zu lassen, sowie ein festes Gefühl dafür, daß sie ihre Handlungen und die Bedeutungen kontrollieren, die sie Ereignissen beimessen, und daß sie nicht etwa die Ereignisse selbst kontrollieren.

Die Feinheiten des Erkennens und Reitens der Welle werden in den kommenden Kapiteln besprochen. Als Einführung möchten wir Ihre Aufmerksamkeit aber auf Abbildung 2.4 lenken.

Abbildung 2.4 stellt die Welle in drei temporalen oder zeitlich definierten Segmenten dar. Innerhalb des Ablaufs jedes dieser Zeitsegmente kann es sein, daß das Verhalten des Delphins „typischen" Verhaltensweisen des Unternehmens oder der Organisation nur entfernt ähnelt, und es kann tatsächlich deren genaues Gegenteil sein.

Entdeckung: Frühzeitig in der Welle, wenn die Zeit (die X-Achse) jung und die Ergebnisse (die Y-Achse) mager oder nicht vorhanden sind, befassen sich Delphine mit einer entscheidenden Umkehrung: Sie handeln zuerst, *dann* entwickeln sie ihre Strategie. Das heißt, Delphine neigen dazu, sofort eine Vielzahl neuer Aktivi-

Überlebenskünstler haben einen klaren Brennpunkt, gehen gut mit Überraschungen um und glauben, daß sie das Ruder in der Hand haben.

täten zu entwickeln, obwohl diese gewöhnlich beherrschbar klein sind, und befassen sich später mit dem Bedürfnis, „die Logik" der Ereignisse zu „attackieren".

„Das ermöglicht es Ihnen, Ihr Unternehmen und Ihre Organisation in der Zukunft zu sehen, Ihren Weg zurück in die gegenwärtige Realität zu interpolieren und dann Ihre Ausführung kraftvoller zu leiten", schreibt der Berater Stanley M. Davis in *Future Perfect (Dt.: Vorgriff auf die Zukunft)*. „Der einzige Weg, auf dem die Führer einer Organisation von hier (der gegenwärtigen Organisation) nach dort (den Zielen einer Strategie) gelangen können, ist es, *von einem Punkt in der Zeit aus zu führen, der annimmt, sie seien bereits dort, und der bereits festgelegt ist, obwohl er noch nicht eingetreten ist.*"[4] Davis taucht in die Regeln der Grammatik ein, um sein Kernthema anzugreifen: Daß eine Vorgehensweise des „Handelns vor der Strategie" es erfordert, daß wir die Zukunft so behandeln, als sei sie bereits geschehen. Wenn man sagt: „Bis zum Sommer werde ich auf acht neue Märkte expandiert haben", benutzt man in der Terminologie der Grammatiker das Futur-Perfekt eines Verbs. Der Gedanke, den Sie zum Ausdruck gebracht haben, ist so formuliert, als existiere er gleichzeitig in der Vergangenheit *und* der Zukunft. Eine derartige Darstellung der Ereignisse gestattet es, wie Davis in *Future Perfect* anmerkt, die Gegenwart so zu behandeln, als sei sie die Vergangenheit der Zukunft. Damit kann man seine Strategie in die Zukunft ziehen, statt *durch* die Zukunft gezogen zu werden.

Wenn Sie in der Entdeckungsphase der Welle im Futur-Perfekt denken, können Sie als Delphin folgende Vorteile genießen:

◆ *Sie können einen Weg für den besten Einsatz Ihrer Intuition bereiten.* Befreit von den inneren Beschränkungen, durch die das „Was wäre, wenn ...?"-Denken zu einer Quelle lähmender Furcht wird, handeln Delphine gemäß ihrer Visionen und entwickeln erst später den begrifflichen Rahmen, mit Hilfe dessen sie ihre physische Realität in ihre vorgestellte Realität herüberziehen.

◆ *Man kann Zeit als Ressource und nicht als Fessel betrachten.* Delphine sagen nicht: „Zeit ist Geld." Sie sagen statt dessen: „Geld ist Zeit." Was ist der Unterschied? Der Unterschied liegt darin, wo man seinen Schwerpunkt oder seine Prioritäten setzt. In der Karpfen-/Hai-Welt der Newtonschen Kontrollen wird Geld als eine primäre Ressource betrachtet, und man bekommt ein Gefühl dafür, wie gut man diese Ressource einsetzt, indem man die Zeit als Maßstab benutzt. In der Welt des Delphins ist die Zeit die Ressource, die man vervielfacht, und Geld ist der Maßstab dafür, wieviel Wert man schafft.

◆ *Man kann „das Utopia-Syndrom" vermeiden.* Thomas Morus hat sein berühmtes fernes Land im Jahre 1516 „Utopia" genannt. Der Name bedeutet „nirgendwo". Im Nirgendwo enden viele Karpfen und sogar Haie, weil sie sich Dinge wie die folgenden einreden:

Der „normale" Karpfen: „Ich werde nie ankommen, warum also sollte ich mich auf den Weg machen?"

Der pseudo-erleuchtete Karpfen: „Der Weg ist wichtig, nicht das Ziel, also spielt es keine Rolle, ob man ankommt oder nicht."

Der Hai: „Das Ziel ist wichtig, also erreiche es so schnell wie möglich ohne Rücksicht darauf, wer unterwegs verletzt wird."

Der Delphin sagt: „Quatsch! Die Tatsache, daß du auf dem Weg bist, bedeutet, daß du schon angekommen bist. *Das ist alles.* Du bist hier! Wenn 'da draußen' etwas ist, das für dich wichtig ist, dann hast

---

Der mexikanische Sägefisch Sierra hat siebzehn plus neun Wirbel in der Rückenflosse. Diese kann man leicht zählen. Aber wenn die Sierra hart an der Leine reißt, so daß unsere Hände verbrannt werden, und wenn der Fisch in die Tiefe geht und fast entkommt, und dann schließlich über die Reling eingeholt wird, seine Farben pulsierend und sein Schwanz die Luft peitschend, ist ein völlig neuer Realitätsbezug entstanden — eine Entität, eine Einheit, die mehr ist als die Summe aus Fisch plus Fischer. Die einzige Möglichkeit, die Wirbel der Sierra unbeeinflußt von diesem zweiten Realitätsbezug zu zählen, ist es, in einem Labor zu sitzen, ein übelriechendes Glas zu öffnen, einen steifen und farblosen Fisch aus der Formalinlösung zu nehmen und die Wahrheit zu schreiben. ... Dann hat man eine Realität aufgezeichnet, die nicht angegriffen werden kann. Diese ist wahrscheinlich die im Bezug auf den Fisch und einen selbst am wenigsten bedeutende Realität.

Es ist gut, wenn man weiß, was man tut. Der Mann mit seinem konservierten Fisch hat eine Wahrheit festgelegt und in seiner Erfahrung viele Lügen aufgezeichnet. Der Fisch hat nicht diese Farbe, diese Struktur, er ist nicht so tot, und er riecht auch nicht so schlecht.
John Steinbeck

du es nicht, und du solltest nicht erwarten, es je zu bekommen. Die Macht der visionären Führung stammt aus dem Wissen, daß du bereits bist, was du sein willst. Die Aufgabe, mit der du dich jetzt befaßt, ist die Entwicklung deiner Strategie für das Meistern deiner Ankunft. Und es soll anderen helfen, deine neue Realität zu verstehen und ihr gemäß zu handeln."

„Die beste aller Zeiten." Vor nicht allzu langer Zeit sagte einer unserer Geschäftsfreunde: „Ich glaube, es gibt eine Art ‘genetischen Code’, der bestimmt, ob man Erfolg hat oder nicht. Es spielt keine Rolle, was ich tue, es ist erfolgreich. Und dann gibt es Leute, die können nichts richtig machen, wie sehr sie sich auch anstrengen."

Die meisten von uns kennen Menschen wie diese — tatsächlich kennen wir beide Sorten. Aber die Autoren möchten eine andere Interpretation für die ständigen Erfolge dieses Menschen vorschlagen. Eine Interpretation, die auf der Welle basiert. Dieser Mensch, er ist ein erfolgreicher Bauunternehmer, hat einfach oft die Welle abgepaßt und sie dann gut geritten. Er hat großartige Instinkte für Veränderungen. In diesem Augenblick befindet er sich auf dem Teil der Welle, die wir „die beste aller Zeiten" nennen. Er ist auf der Überholspur und reitet die Welle fast mühelos. In einem organisatorischen Sinne genießt er, was Dr. Mihaly Csikszentmihalyi von der Universität Chicago in *Beyond Boredom and Axienty (Jenseits von Langeweile und Ängstlichkeit)* als „Flow" bezeichnet hat.

Flow, schreibt Csikszentmihalyi, entsteht, wenn Herausforderung und Fähigkeit in etwa gleich stark sind, das heißt, die Schwierigkeit einer Herausforderung und die Fähigkeit eines Menschen (oder einer Organisation), sich ihr zu stellen, befinden sich im Gleichgewicht. Dieses ist die Kraft, die die Surfer in den großen Brechern von Hawaii und Australien suchen. Und das ist die Kraft, die Delphine

Im Fluß repariert man nicht, was nicht kaputt ist.

suchen, wenn sie eine Strategie für ihre intuitiven Handlungen entwickeln.

Wenn ein Delphin spürt, daß die Welle kraftvoll unter ihm wächst, macht er sich das Motto des Nichtperfektionisten zu eigen: „Wenn es nicht kaputt ist, repariere es nicht." Wie wir aus Abbildung 2.4 ersehen, ist „die beste aller Zeiten" die Zeit, in der man *anwendet*, was man weiß, und *durchführt*, was man fertig hat. Es ist die Zeit, in der man alle erkannten Unebenheiten *poliert* und den Prozeß *wiederholt*, der einen an diesen köstlichen Punkt gebracht hat, an dem man der Chance und der Herausforderung ebenbürtig scheint.

Das soll nicht heißen, daß alles idyllisch oder auch nur komfortabel ist. Das hat Csikszentmihalyi nicht gesagt. Weil aber Ihr Gefühl der Überlegenheit den Herausforderungen ebenbürtig ist, die von der Umwelt gestellt werden, können Sie die Freuden der Problemlösung genießen, indem Sie Ihre Fähigkeiten für die Kontrolle der Ungewißheiten und des Neuartigen einsetzen. Michael Hutchison schreibt in *Megabrain (Dt.:Megabrain)*:

„[Der Fluß] ist nicht langweilig oder leicht zu meistern. Und er ist auch nicht so außerordentlich schwierig, daß er überwältigende Furcht verursacht."[5]

Für einen Delphin ist der „Flow" oder der „Fluß" das, was man auf dem Punkt der größten Kraft der Welle erlebt.

Für einen Karpfen oder Hai ist dieser Teil der Welle nur ein weiterer Tag im Büro, der voll mit Drama, Spielen und dem lähmenden Fallout ist. Diese Lähmung rührt daher, daß man keine passende Antwort auf die Frage von Henry David Thoreau hat: „Womit sind wir beschäftigt?"

Zeit für Veränderung: Wenn die Welle ihren Gipfel erreicht, erreicht sie den Punkt, den der Nobelpreisträger Ilya Prigogine,

Wir können nicht in den Ablauf der natürlichen Evolution eingreifen, und wahrscheinlich sollten wir das auch nicht tun. Wenn es aber um die Evolution in der Geschichte geht, sieht die Sache anders aus. Hier sind wir die Handelnden, und es ist unsere Zukunft, die auf dem Spiel steht.
Ervin Laszlo

103

Wenn die Welle ihren Gipfel überschreitet, können Karpfen gegen ihr eigenes, bestes Interesse arbeiten.

George Land, der Autor von *Grow or Die (Wachse oder stirb)*, James Gleick in *Chaos* und andere „**die Bifurkation** oder Gabelung" genannt haben. Wegen ihrer absolut entscheidenden Bedeutung im Leben einer jeden Organisation, einer jeden laufenden Aktivität, könnte man meinen, daß die Gabelung — und das bezeichnet den Gipfel der Welle — ein Ort ist, der völlig überfüllt von einer hektischen Menge Delphinen, Haien und Karpfen ist, die alle das Wasser prüfen, eifrig nach Hinweisen und Vorzeichen nach dem Kommenden suchen.

Tatsächlich aber ist der Wellenkamm etwa so überfüllt wie ein Strand inmitten einer winterlichen Brise, das heißt, er ist einfach leer. Da gibt es viel zu lernen. Noch dazu sind die Gründe in der Art des *„Eßt-keine-roten-Beeren."*

An der Gabelung entfernt sich die Welle unweigerlich aus ihrem Apogäum, sie verliert Kraft, Energie und Chancen. Sie bewegt sich auf ein Tal zu, wird in steigendem Maße von den Kräften der Umwelt verlassen, die bis dahin der unsichtbare Schöpfer der äußeren Form und Dynamik der Welle war.

Der Karpfen bemerkt den Punkt nicht, an dem die Welle zu fallen beginnt, weil er fatalistisch ist und sich weigert zu erkennen, daß etwas anderes getan werden kann, sollte oder könnte. Da er nicht bereit ist, den Status quo in Frage zu stellen oder radikale Alternativen zu schaffen, kann man vom Karpfen kaum erwarten, daß er ein echtes Frühwarnsystem für Veränderungen ist, und natürlich ist er das auch nicht. Wenn der Karpfen nicht völlig aussteigt, wenn die Steilheit der Welle größer wird und die Neigung zur Katastrophe und Auflösung wächst, kann man darauf zählen, daß er weiterhin hart gegen sein eigenes Interesse arbeitet.

Haie sind am Bifurkationspunkt nicht zahlreich vertreten, weil sie die ersten Anzeichen des Nachlassens der Energie der Welle unweigerlich mit einem hastigen Rückzug in vertrautere Gewässer begrüßen. Sie wenden sich den Gewässern zu, in denen sie erfolgreich waren. Sie sind abwesend, weil sie nicht mit dem Versagen gleichgesetzt werden wollen. Und darum leugnen sie es und lernen nicht daraus, und darum sind sie geflüchtet, um verschiedene Buchmacher und Mitabhängige zu beruhigen sowie von ihnen Beruhigung zu erfahren: ihren Gleichrangigen, ihren Investoren, ihren politischen Kumpeln, ihren Vermittlern, ihren Verbündeten und ihren Speichelleckern. Nur wenige Wellen zerfallen über Nacht, und in den Übergangszeiten gibt es fast immer Vorteile und Gewinne zu genießen, wenn man gut genug geschützt und auf habgierige Weise klug genug ist, um das zusammenzuraffen und zu verteidigen, was einem gehört, ungeachtet der Moral oder Ethik der eigenen Handlungen. Wenn Veränderungen vorgenommen werden müssen, würden Haie es vorziehen, wenn sie erst eintreten, nachdem sie ihr Eigentum gesichert haben, und sie würden es vorziehen, wenn sie während der Wache eines anderen Menschen eintreten. Also findet man an der Gabelung nur wenige Haie. Sie rühren die Trommel und verbreiten Nachrichten wie diese: „Es ist nur eine geringfügige Korrektur", „Wir müssen uns nur auf die Grundsätze besinnen", und „Wir müssen nur stark sein".

Und Delphine? In den meisten Fällen sollte man auch nicht erwarten, daß sie an der Gabelung zu sehen sind. Wahrscheinlich haben sie sich vor einiger Zeit aus der Welle begeben und einen neuen Entdeckungsprozeß begonnen, bevor klar wurde, daß man etwas anderes tun muß. Delphine spüren und begründen die Notwendigkeit von Veränderungen, statt zu warten, bis die Umgebung sie wieder und wieder, immer schärfer an diese Tatsache erinnert. Wenn sie fühlen, daß fundamentale Verschiebungen in der Luft oder der Welle liegen, beginnen Delphine ihren Rückzug und ihre vor-

Haie finden sich nicht am Bifurkationspunkt, weil sie die Trommel rühren.

Jedermann kann unglücklich sein, aber sich unglücklich zu machen, muß gelernt werden, und zu diesem Zwecke reicht eine Erfahrung mit ein paar persönlichen Schicksalsschlägen einfach nicht aus.
Paul Watzlawick

Delphine haben sich schon vor einiger Zeit abgesetzt.

beugende Erforschung neuer Möglichkeiten lange vor dem Wellenkamm. Die Folge ist, daß sich Delphine vor der Gabelung durch einen großen Teil der anfänglichen Verzögerung neuer Anfänge gearbeitet haben und fest die Kontrolle über ihre Strategie und ihr Programm für das neue Zeitalter in der Hand halten.

Zusammenfassend können wir sagen, daß sich der Karpfen von der Welle tragen läßt, auch wenn sich die Welle in einem tödlichen Zerfall befindet. Der Hai befindet sich ständig heftig und wütend auf der Jagd nach dem eigenen Vorteil und leichten Opfern, auch wenn die große Gefahr besteht, daß er in eine Falle gerät.

Delphine benutzen die Kraft der Welle, um die eigene Kraft zu vervielfachen. Wenn die alten Muster und Leistungsgewinne zu versagen beginnen, wenn die Bedürfnisse der Menschen nicht erfüllt werden und die Zukunft die schwächsten Hinweise auf sich verändernde Zeiten und Umstände überträgt, fangen Delphine an, Fragen zu stellen, und „Was wäre, wenn …?" zu spielen. Da sie wissen, daß politische Realitäten, finanzielle Erwägungen, Forschung, Testfahrten und die Überredung, die erforderlich ist, um ein neues Gefährt erfolgreich so zu plazieren, daß es mit der neuen Welle reiten kann, Monate und vielleicht Jahre benötigen, ziehen sich Delphine gewöhnlich lange vor der eigentlichen Gabelung aus der Welle zurück. Wenn die alte Welle umschlägt und die Abwärtsbewegung beginnt, nähert sich auf diese Weise die Bemühung der Delphine im Idealfalle dem Ende einer neuen Entdeckungsphase. Während sich die Schwierigkeit der Lernerfahrung für diejenigen geometrisch steigert, die die alte Welle abwärts reiten, hoffen Delphine etwas anderes zu tun, etwas das funktioniert.

Wir sagen es noch einmal: *Die Zeiteinteilung ist alles.*

106

Lektion 3: Erkennen, daß man die Welle *ist*.

Bitte lassen Sie sich an diesem Punkt nicht entmutigen, abschrecken oder langweilen, weil wir ständig über „Fluß" reden. Praktisch denkende Wesen, die sie nun einmal sind, tendieren Delphine nur zu Ideen, Methoden und Vorgehensweisen der realen Zeit, realen Welt, realen Maßnahmen, realen Ergebnisse, und sie ziehen sich aus Gesprächen und von Rednern zurück, die zu ehrfürchtig (im Gegensatz zu experimentell) über den Teil des universellen Bildes sprechen, das sie nicht verstehen und für das sie keine stichhaltige Erklärung haben.

Seien Sie versichert: *Fluß* ist eine Stück nobelpreisträchtige, weltbewegende Wissenschaft von einer Art, die so wesentlich und fundamental ist, daß sein Entdecker es verdient, daß man sich an ihn als einen Isaac Newton des 20. Jahrhunderts erinnert, und das wird wahrscheinlich auch der Fall sein. Mit Sicherheit wird Ilya Prigogine als einer der Großen der postindustriellen Wissenschaft auf einer Stufe mit Albert Einstein stehen.

Was dieser in Rußland geborene belgische Theoretiker der Chemie uns geliefert hat, ist kurz gesagt ein Verständnis dafür, wie angesichts der Entropie oder des unvermeidlichen Wärmeverlustes eine Welt, die abnimmt, dennoch alle möglichen Prozesse unterhalten kann, einschließlich des menschlichen Lebens, die *zunehmen*. Das bedeutet folgendes: In einem Universum, das zunehmenden Zerfall und Unordnung erlebt, finden wir einen Entwicklungsprozeß vor, in dem das Leben selbst sich zu wachsender Ordnung und Komplexität hin bewegt: Atome werden zu Molekülen, die zu Aminosäuren werden, die zu Proteinen werden, die zu Zellen werden, die zu höheren Organismen werden, die zu Kulturen und Gesellschaftsordnungen werden.

Ilya Prigogine bietet uns ein Verständnis für eine Welt an, die zunimmt.

Wenn man zum Beispiel Lebbeus Woods' Hauptseminar über Architektur belegt, weiß man nie, welchen Wirbelwind des Geistes er reiten wird. Er kritzelt an der Tafel. Wenn er sich zur Klasse umdreht, liest man folgendes:

◆ Die Wissenschaft belohnt die kreative Phantasie.
◆ Die Wissenschaft versteht, daß Entdeckungen durch Visionen entstehen, die durch Intuition und scheinbare Zufälle hervorgerufen werden.
◆ Richte Bedingungen ein, unter denen du gezwungen bist, dich mit einigen Zufällen auseinanderzusetzen.
◆ Großartige Kunst und großartige Wissenschaft sind kriminelle Handlungen.
◆ Hört auf, euch nur für kompetente Profis zu halten. Die moderne Gesellschaft ändert sich für bloße Kompetenz zu schnell.
◆ Denkt euch selbst als intellektuelle Subversive.
◆ Lebt gefährlich.
Kathleen Stein in Omni

Offene oder lebende
Systeme interagieren
immer mit ihrer Umwelt.

Nach Prigogine ist der Unterschied zwischen einem System wie einer Dampfmaschine und zum Beispiel dem menschlichen Gehirn der, daß die Dampfmaschine *geschlossen* und das Gehirn *offen* ist. In einem geschlossenen System, wie zum Beispiel einer Maschine wie der Dampfmaschine, muß das System letztendlich ablaufen. Je weiter sich das geschlossene System dem Stillstand nähert, desto weniger Energie liefert es gewöhnlich für nützliche Arbeit. Schließlich stellt es die Arbeit einfach ein, es verschleißt oder zerfällt.

Das gilt nicht für offene Systeme, die, wie Prigogine erläutert, sehr viel anders als geschlossene Systeme funktionieren.

In den kleinen Bildern haben wir Prigogines brillante Gedanken in einige einfache, kleine, delphinartige Skizzen umgesetzt. Lesen Sie weiter, und seien Sie versichert, daß Sie sich am Ende mit Sicherheit selbst finden werden.

Skizze 1 weist uns auf einen fundamentalen Unterschied zwischen geschlossenen und offenen Systemen hin. Offene Systeme absorbieren oder „horten" keine Entropie, und sie „verschleißen" auch nicht, wie es geschlossene Systeme tun, die sich völlig selbst erhalten und nur einen geringen oder keinen Fluß von Materie oder Energie zwischen sich selbst und der sie umgebenden Umwelt liefern. Offene oder lebende Systeme tauschen immer Materie und Energie mit der äußeren Umgebung aus. Menschen nehmen zum Beispiel Lebensmittel, Licht, Sauerstoff und Information auf und geben „Entropie" in der Form von Kohlendioxid, Wärme, Abfall, Ideen, Kunst und anderen Ausscheidungen ab.

Wenn die Energiebelastung, wie in **Skizze 2** dargestellt, erhöht wird, können offene Systeme sie oft beherrschen, weil sie im Gegensatz zu geschlossenen Systemen selbstorgani-sierend sind. Sie erhöhen einfach die Menge Entropie, die sie an ihre Umgebung

1.

2.

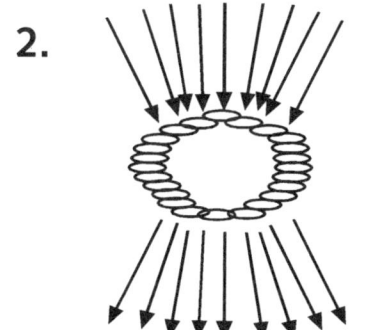

abgeben, während sie gleichzeitig aller Wahrscheinlichkeit nach schnell in der Lage sind, intern einiges umzustellen oder zu reparieren, damit sie weiter funktionieren können.

Gelegentlich sind aber geringfügige Umstellungen oder Reparaturen keine ausreichende Antwort, um die Dinge stabil zu erhalten. Die Umwelt, in der sie leben, Geschäfte machen, Geld leihen, Steuern zahlen, neue Produkte und Dienstleistungen erfinden, sowie anheuern und feuern, werden zu energiereich, flüchtig und unberechenbar, als daß sie in der gegenwärtigen Struktur zu meistern wären. Wie **Skizze 3** illustriert, wird das System schneller mit Energie bombardiert, als sie als Entropie abgeleitet werden kann. Irgend etwas muß nachgeben.

Und plötzlich befinden wir uns wieder an der Gabelung. Sie ist ein kritischer Punkt, an dem es nur zwei echte Möglichkeiten gibt.

Wie in **Skizze 4(a)** abgebildet, können wir bereit sein, einen augenblicklichen Kollaps zu überstehen und dann fliehen, entspannen, ein neues Muster schaffen — welches Bild man auch immer benutzen will — , um sich auf einer höheren Ordnung der inneren Organisation wieder zu sammeln, die in der Lage ist, die neuen Komplexitäten elegant zu meistern. Oder man kann, wie in **Skizze 4(b)** abgebildet, jeder Veränderung widerstehen, die Möglichkeiten für strukturelle Entwicklung ignorieren und verzögern sowie das Risiko eingehen, unwiderruflich zu zerfallen, wobei es wie bei Humpty Dumpty wenig Hoffnung gibt, wieder zusammengesetzt zu werden. Eine Variation ist die Strategie „abwarten und Tee trinken", wenn wir denken, wir können den Laden schaukeln, bis wir die Richtung der vorherrschenden Winde begreifen. In sich rasch wandelnden Zeiten ist die Vorgehensweise aber allzu oft eine Falle: Wenn es wirklich hart auf hart geht, ist es zu spät für „das System" — unser Gehirn, unsere Firma, unsere Wirtschaft — , um einer

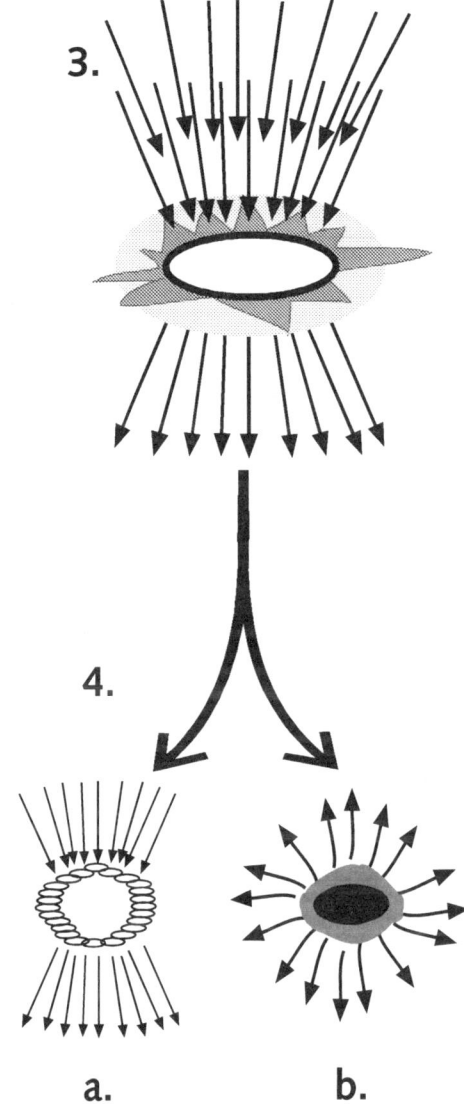

höheren Ordnung zu entkommen. In wachsender Verzweiflung fallen wir auf die Grundsätze zurück, versuchen intensiver und mit höheren Investitionen das zu tun, was wir immer getan haben, und scheitern.

Die wesentliche Lektion aus den **Skizzen 4(a)** und **4(b)** lautet also: Wenn das System mit mehr Energie bombardiert wird, als es aufnehmen kann, gibt es im wesentlichen drei Möglichkeiten:

◆ Wir können nichts tun.

◆ Wir können das gleiche mit stärkerer Anstrengung tun.

◆ Wir *können* etwas anderes tun.

Wenn man es auf diese Weise sieht, unterziehen sich unsere Ansichten über die Welle und den Fluß einer wichtigen Veränderung. Vorher haben wir den Fluß als einen „Zustand der Dinge" gesehen, in dem unsere Fähigkeiten und unsere Herausforderungen gleich stark waren. Im Fluß zu sein, bedeutete, sich in dem Teil der Welle aufzuhalten, in dem sich die Umgebung als angemessene Unterstützung für unsere Bemühungen erwies, ein Quidproquo, das einladend und produktiv war.

Mit den Einsichten von Prigogine finden wir uns aber einer überraschenden neuen Perspektive ausgesetzt. Offene Systeme werden immer dann komplexer, wenn sie sich verändern. Je komplexer sie werden, desto mehr Entropie müssen sie ableiten. Je mehr Entropie sie ableiten, desto mehr Energie müssen sie aufnehmen. Je mehr Energie sie aufnehmen können, desto offener werden sie für eine Reorganisation: Für Zusammenbruch, Chaos, Veränderung und Schöpfung. Letztendlich sind derartige offene Systeme kaum noch von der Energie und Materie zu unterscheiden, die durch sie fließt. Michael Hutchison benutzt folgende Analogie:

In einem offenen System, in dem die Energie die Entropie übersteigt, muß etwas nachgeben.

Wenn es hart auf hart geht, ist die Tendenz: „zurück zu den Grundsätzen."

Man denke sich einen Luftsack, gefüllt von den peitschenden Brisen, die durch ihn blasen. Seine Struktur ist nicht vorhersehbar, instabil, geschaffen, geformt und erhalten durch die Energie (den Wind), der durch das System geht. Wenn aber die Energie/ der Wind aufhört, fällt der Luftsack zusammen, er hört auf, als ein dreidimensionales, offenes System zu existieren.

Im Sinne Prigogines ausgedrückt, ist es nicht so sehr eine Frage, ob wir „im Fluß" sind, sondern als Delphine *sind* wir der Fluß. Wenn wir eine Phase der menschlichen Entwicklung erreichen, in der unser Gehirn automatisch seine eigenen Bedingungen für seine Veränderung herbeiführt, sind wir buchstäblich die Energie und Materie, die durch uns hindurchgeht. Wenn unsere Umwelt, die Welt, in der wir leben und unserem Geschäft nachgehen, uns einen derartigen Überfluß an Energie, Herausforderung und Veränderung aufhalst, daß dieser Input nicht mehr durch uns hindurch navigieren kann, dann sind wir am Punkt des „Austritschocks". An einem Punkt, an dem wir tapfer und kreativ alles in unserer Kraft Stehende tun müssen, um die „Störungen" auszulösen und zu erhalten, die uns die Neuordnung schafft, die wir zum Überleben brauchen.

Delphine verstehen das.

Delphine erkennen, daß sie *Fluß* sind.

Da sie Fluß sind, verstehen Delphine, daß die Welle nicht mehr und nicht weniger als ein zeitlicher Maßstab dafür ist, wo sie sich auf dem Weg in Kollaps, Chaos, Veränderung und entweder Neuschöpfung oder Auflösung als offene Systeme befinden. Sie wissen sich dabei unterworfen den „Umschlag"-Regeln des Prozesses und des Lebens, wie von Ilya Prigogine entdeckt und definiert.

In Zeiten schneller Veränderung verstehen Delphine, daß sie als Fluß, je näher sie der „Front" der Welle kommen, ohne Schritte einzuleiten, um sich als Fluß zu verändern, einer immer größeren

Gefahr durch die Energie gegenüberstehen, die in einer immer energiereicheren, instabilen, weiter vom Gleichgewicht entfernten, sogar flüchtigen Umgebung durch und um sie herum fließt.

Delphine verstehen, daß es in der Entwicklung jedes offenen Systems, einschließlich des menschlichen Gehirns, eine paradoxe Zeit gibt, in der das System autokatalytisch wird. Dieses Wort ist aus den Worten „auto" (selbst) und „Katalysator" gebildet und meint eine Substanz oder Eigenschaft, die während der Prozeß abläuft, entsteht, den Prozeß beschleunigt, selbst aber nicht verändert wird. Plötzlich wartet das Gehirn, der Mensch, die Organisation nicht mehr darauf, daß „äußere" Entwicklungen dazu führen, daß es/er/sie die Notwendigkeit für Veränderungen erkennt oder sich ändern will, oder Veränderungen ermöglicht. Statt dessen schafft das Gehirn, der Mensch oder die Organisation selbst die Situation, die Umstände, die Fluktuationen und die Elemente, die es/ihn/sie zur Veränderung zwingen. Man kann das Selbst-Streß nennen, wenn man will. Es ist der selbst gewollte, selbst geschaffene, selbst *geleitete* Streß, der das System in ein neues Muster treibt, einen neuen Zustand, der geordneter, zusammenhängender, stärker in sich verbunden, komplexer und höher entwickelt ist als zuvor.

Darum investieren Delphine, im Gegensatz zu Haien und Karpfen, so stark in das Erlernen des Auslösens und Multiplizierens von Selbst-Streß, gewolltem Kollaps, gewolltem Chaos, gewollter Veränderung und gewollter Schöpfung. Diese sind die Themen, mit denen wir uns in den kommenden Kapiteln eingehender beschäftigen werden.

„Austrittsstreß" ist selbst gewollter, selbst geschaffener, selbst geleiteter Streß.

DelphinArbeit

Übung Nr. 1

Nehmen Sie sich einen Augenblick Zeit, und schreiben Sie auf ein Blatt Papier die sechs jetzt in ihrem Leben wichtigsten Schwerpunkte auf (zum Beispiel Ihren Ehegatten, Kinder, andere Familienmitglieder, enge Freunde, Ihren Beruf, Gesundheit, Weiterbildung, Investition in Persönlichkeitsentwicklung, Ihre Kirche oder Religion usw.). Schreiben Sie den wichtigsten Punkt zuerst auf, gefolgt von den übrigen in der Rangfolge ihrer Bedeutung für Sie.

Schätzen Sie jetzt, wie viel von der Zeit, die Sie wach sind, für jeden der sechs wichtigsten Schwerpunkte aufgewendet wird, und tragen Sie die diesem Schwerpunkt entsprechende Zahl auf der Zeitlinie ein. Wenn Sie zum Beispiel Ihre Kinder als Nr. 1 aufgeführt haben und etwa 10 % Ihrer Zeit mit ihnen verbringen, schreiben sie zu diesem Punkt 10 %. Wenn Sie Ihren Beruf als Nr. 2 aufgeführt haben und schätzungsweise 30 % Ihrer Zeit darauf verwenden, tragen Sie bei diesem Punkt 30 % ein. Tun Sie das gleiche für alle sechs Ihrer Schwerpunkte. Wenn Sie fertig sind, haben Sie grafisch dargestellt, wie viel von Ihrer Zeit Sie auf jeden der sechs verwenden.

Übung Nr. 2

Denken Sie jetzt darüber nach, welche Ergebnisse Sie aus jedem der in Übung Nr. 1 identifizierten Schwerpunkte erzielen; denken Sie auch darüber nach, wie zufrieden Sie mit jedem sind. Für diese Übung verwenden Sie die gerade erstellte Liste, oder Sie erstellen, falls nötig, eine neue Liste auf einem neuen Blatt Papier. Finden Sie auf jeden Fall Platz für zwei zusätzliche Spalten. Benennen Sie die erste Spalte „Ergebnisse" und die zweite „Zufriedenheit".

Wenn Sie zum Beispiel Ihren Ehegatten oder einen anderen Menschen, zu dem Sie eine enge Beziehung haben, in der vorigen Übung als Ihre Nr. 1 aufgeführt haben und aus der in diese Beziehung investierten Zeit gute Ergebnisse ziehen, tragen Sie in der Spalte „Ergebnisse" hinter diesem Eintrag drei Sterne *** ein. Wenn Sie nur mittelmäßige Ergebnisse erzielen, tragen Sie zwei Sterne ** ein, und wenn sie schlechte Ergebnisse erzielen, tragen Sie hier einen Stern * ein. Beurteilen Sie jetzt, wie zufrieden Sie mit diesem Eintrag oder dieser Priorität sind. Wenn Sie sehr zufrieden sind, tragen Sie in die Spalte „Zufriedenheit" nach diesem Eintrag wiederum drei Sterne *** ein, undsoweiter.

Fahren Sie mit den übrigen Einträgen fort, bis alle sechs in beiden Spalten vertreten sind. Sie haben dann eine grafische Darstellung des Gleichgewichts zwischen Ergebnissen und persönlicher Zufriedenheit für die sechs wichtigsten Bereiche Ihres Lebens. In den kommenden Kapiteln wird Ihnen diese Information helfen zu erkennen, ob sie „auf Kurs" sind.

Übung Nr. 3
Zeichnen sie eine einfache „Glockenkurve" wie in Abbildung 2.2 (Seite 96) auf ein Blatt Papier.

In dieser Übung können sie überprüfen, wo sich Ihre sechs Prioritäten im Sinne der Welle der Veränderung befinden.

Denken Sie daran, daß die Entdeckungsphase am Anfang der Welle auftritt. Der Fluß-Bereich befindet sich im aufsteigenden Teil der Welle und definiert eine Zeit, in der Sie tun, was gut funktioniert, wenn Sie einen bekannten Prozeß nur verfeinern und duplizieren müssen. Die Erholungsphase befindet sich auf der Rückseite der Welle und ist die Zeit, in der Sie versuchen, sich von einer Veränderung der Ergebnisse zu erholen, die sie daraus erzielen, daß Sie Dinge auf die gewohnte Art tun.

Bestimmen Sie wieder bei jeder Ihrer Prioritäten, wo Sie sich auf der Welle der Veränderung befinden, und schreiben Sie die entsprechende Zahl für jede Priorität an diesen Punkt. Wenn Sie zum Beispiel mit Ihrer Priorität Nr. 1 im Fluß sind, schreiben Sie an diesem Punkt der Kurve eine „1". Tun Sie das gleiche mit den anderen fünf Prioritäten. Das gibt Ihnen ein Bild an die Hand, das für die Orchestrierung der wichtigsten Bereiche Ihres Lebens nützlich sein wird.

Denken Sie über die Einsichten nach, die Sie aus dieser Übung gewonnen haben. Was sagt Ihnen das Gesamtbild über Ihren Standort? Hat es Überraschungen gegeben?

Um eine Vision dessen zu „aktualisieren", wo Sie sein wollen, müssen Sie zunächst klar verstehen, wo Sie jetzt sind, damit Sie erkennen, was zu korrigieren und zu verändern ist. Wenn die Zukunft Ihnen Signale dafür gäbe, was und ob Sie sich ändern müssen, welches wären die Veränderungen, wie würden die neuen Profile aussehen, wo würden Sie Korrekturen vornehmen müssen, und auf welche Weise? Was würden Ihnen diese Veränderungen über die Richtung Ihres Lebens sagen? Welche Dinge würden sich nicht ändern, und was sagt Ihnen das?

3
Sehrohr hoch:
Die kritische Delphin-Fähigkeit, einen Satz zu brechen

„Einen Satz brechen" klingt wie etwas, das die Tennisprofis Ivan Lendl oder Martina Navratilova gut können. Mit Sicherheit kann die menschliche ebenso wie die im Meer lebende Spielart der Delphine den selbst auferlegten Barrieren, die den Blick auf neue Sichtweisen versperren und die den Geist an einer Idee, einer einzigen Regel oder einer einzelnen Dimension verankern, sehr gut entkommen. Ohne solche Fähigkeiten sind unsere Ergebnisse und unsere Chancen oft wie einbetoniert.

Sie sind wie einbetoniert, weil wir uns nie die Zeit genommen haben, unsere Gedanken, Gewohnheiten oder Annahmen in Frage zu stellen. Sie sind wie einbetoniert, weil bis jetzt alles funktioniert hat. Die am schwersten zu brechenden Sätze sind diejenigen, die unser Ego und unsere sozialen Werte unterstützen. Das meint die Werte, die unsere Freunde und Kollegen ebenfalls hochhalten. Es ist unweigerlich notwendig, Sätze zu brechen, um Organisationen gesund und auf Kurs zu halten. Und das gilt besonders in sich schnell ändernden Zeiten. Man muß jeden Tag, und gelegentlich sogar jede

Argumentiere für deine Grenzen, und mit Sicherheit sind sie deine.
Richard Bach, Illusions

Um wie ein Delphin zu spielen, muß man die Verantwortung dafür übernehmen, wie man auf das reagiert, was mit einem geschieht.

117

Stunde, auf irgendeine Weise einen Satz brechen: Das meint, eine andere Sichtweise annehmen, den Status quo in Frage stellen, eine andere Art von Fragen stellen, die Welt auf eine andere Art und Weise betrachten und sich selbst und seine Kollegen fragen: „Wie hätten wir es wirklich gern, wie *brauchen* wir es wirklich?"

Um wie Delphine zu spielen, müssen wir aber Verantwortung übernehmen. Für das, was mit uns geschieht? Nein. Niemand kann alle Ereignisse kontrollieren — und damit dafür verantwortlich sein. Delphine machen keine solche falsche Annahme. Um wie ein Delphin zu spielen, muß man die Verantwortung dafür übernehmen, wie man auf das *reagiert*, was mit einem geschieht. In den meisten Situationen haben wir zahlreiche Möglichkeiten zu reagieren, das heißt, wenn wir uns entscheiden, verantwortlich mit unseren Entscheidungen umzugehen.

> [Es gibt] zwei verschiedene Arten von Veränderungen: Eine Art tritt innerhalb eines gegebenen Systems auf, welches sich selbst nicht ändert, und eine, die durch ihr Eintreffen das System selbst verändert.
> Paul Watzlawick et al., Change: Principles of Problem Formation and Problem Resolution (Dt.: Lösungen: Zur Theorie und Praxis menschlichen Wandels)

Haie nehmen in ihrer Reaktion auf Ereignisse oft eine Haltung ein, die traditionell die männliche Haltung ist: Es ist der Einsatz von Gewalt. Karpfen, sowohl die einfache als auch die pseudo-erleuchtete Spielart, bevorzugen eine klassische weibliche Lösung: den Einsatz von Hilfestellungen. (Diese Lösung ist weder dem Verhalten in mutterrechtlichen Gesellschaften noch dem Lebensstil der neuen Frauen gleichzustellen; CPL). Delphine auf dem Gipfel ihres Könnens wählen eine androgyne Lösung: Sie suchen die beste aller Kombinationen für eine Lösung, die sie mit Eleganz, Grazie und Finesse herstellen. Delphine verstehen, daß was zählt das ist, was funktioniert. Um herauszufinden, was funktioniert, muß man bereit sein, Verantwortung zu übernehmen, handeln, um seine Möglichkeiten zu entdecken. Es mag sein, daß es überhaupt nicht in Ihrem besten Interesse ist, im Teich mit den Haien zu bleiben. Statt dessen kann es sein, daß Sie aus dem Teich entkommen oder ihn ganz meiden möchten.

118

Man muß folgende kritische Punkte bedenken:

1. In sich schnell ändernden Zeiten ist die Bewahrung keine Option, und Wahlmöglichkeiten stehen hoch im Kurs. Andere haben gesagt: Wenn man nur eine Möglichkeit hat, ist man ein Roboter. Wenn man zwei Möglichkeiten hat, ist man in einem Dilemma, und wenn eine nicht funktioniert, ist es die Tendenz, das Gegenteil zu tun, das dann gewöhnlich auch nicht funktioniert. Hat man aber drei Möglichkeiten, beginnt man endlich, eine funktionierende Vielfalt von Verhaltensweisen zu entwickeln, mit denen man auf Veränderungen reagieren kann.
2. Die Qualität Ihrer Erfahrung wird nicht durch das Geschehen bestimmt, sondern durch Ihre Reaktion auf die Geschehnisse.
3. Wie man reagiert, wird durch die Bedeutung bestimmt, die man einem Ereignis beimißt. Karpfen und Haie konzentrieren sich auf ihre Grenzen, Delphine auf ihre Möglichkeiten.

Damit man Fertigkeiten im Ausbrechen aus eingefahrenen Geleisen erwirbt, der wichtigsten Eigenschaft des Delphins, muß man möglicherweise von einigen der „ungeschriebenen Regeln" des Managements Abstand nehmen und beginnen, mit Behagen und Sicherheit unter einem völlig neuen Satz von Annahmen und Realitäten zu operieren.

Einem Satz, der „eine Weltsicht des Ausschlusses und der Ausschließlichkeit von diesem *oder* jenem und diesem *gegen* jenen [durch] eine von diesem *und* jenem"[1] ersetzt, wie es der Theoretiker George Land formuliert hat. Um wie ein Delphin zu denken, ist es sinnvoll, wenn man seine Fähigkeiten, aus eingefahrenen Geleisen auszubrechen, verfeinert für den Fall, daß wir im Rückblick auf das Heute erkennen, daß dieser Tag einer von denen war, an denen sich das jeweilige Universum verändert hat.

In sich schnell ändernden Zeiten ist die Bewahrung keine Wahlmöglichkeit.

Jedes psychologische Extrem beinhaltet insgeheim sein eigenes Gegenstück oder steht in einer innigen und wesentlichen Verbindung zu ihm. ... Es gibt keine geheiligte Sitte, die nicht gelegentlich in ihr Gegenteil umschlagen kann, und je extremer eine Position ist, mit desto mehr Leichtigkeit können wir erwarten ..., daß sich etwas in sein Gegenteil verwandelt.
C. G. Jung

Heutzutage gibt es immer weniger Zeit zum Lernen und Reagieren.

Das Leben ist ein Schwert, das verwundet, sich selbst aber nicht verletzen kann. Es ist wie ein Auge, das sieht, sich selbst aber nicht sehen kann.
Zen-Meister

Ein Delphin bemüht sich täglich bewußt, Enttäuschungen und Katastrophen im Stile von „Wenn doch nur ...." zu vermeiden, indem er die Weltanschauung des „Was wäre, wenn ...?" benutzt. Unglücklicherweise ist diese Haltung nicht weit verbreitet. Am schwarzen Montag, dem Tag im Oktober 1987, an dem der Aktienmarkt um nie dagewesene 508 Punkte fiel, wurde diese Realität unauslöschlich in das Gedächtnis Tausender von Anlegern eingeprägt. „Ich wußte, daß eine Korrektur fällig war", sagte ein erschütterter Aktieninhaber, „aber ich habe nicht erwartet, daß sie auf einmal kommt." Wir erwarten das, wie etwas geschieht, nie. Sogar Investoren, die an jenem Tage schnell erkannten, was geschah, waren oftmals nicht in der Lage, zu ihren Brokern durchzukommen. Eine Frau versuchte mehr als einhundert Mal, ihren Broker anzurufen, bevor sie aufgab. Der Chef dieser Firma hat später zu Reportern gesagt: „Wenn wir die Größenordnung dieses Kurssturzes nur einen oder zwei Tage vorher gewußt hätten, hätten wir mehrere hundert zusätzliche Leute als Aushilfe hier gehabt." Wenn doch nur. Im Nachhinein können wir natürlich mit einem „Wenn doch nur", und für fünfzig Cents harter Währung eine Tasse Kaffee kaufen. Das heißt, falls wir nach dem Schock noch fünfzig Cents haben und falls noch jemand übrig ist, der Kaffee verkauft, und falls es noch Bohnen gibt, aus denen man Kaffee machen kann.

In pädagogischen Kreisen wird der Gedanke des Lernens durch Reaktion auf Ereignisse als *Erhalten/Schock-Lernen*[2] bezeichnet. Typischerweise haben wir Menschen ein Muster des Lernens durch Erhalten benutzt, das durch kurze Innovationsschübe unterbrochen wurde, welche durch eine unerwartete, schockierende Änderung der Umstände ausgelöst wurden. Einige Beobachter, und dem schließen sich die Autoren dieses Buches an, argumentieren, daß eine derartig fatalistische Haltung in sich schnell ändernden Zeiten

120

ein Rezept für Katastrophen ist. Diese Beobachtung gilt für Individuen, für Organisationen und für Gesellschaftsordnungen.

Das konventionelle Muster des *Lernens durch Erhalten/Schock* ist für das Meistern globaler Komplexität nicht geeignet und führt wahrscheinlich, wenn es nicht gesteuert wird, zu einer oder mehreren der folgenden Konsequenzen: (a) Der Verlust der Kontrolle über Ereignisse und Krisen wird zu extrem kostspieligen Schocks führen, von denen einer möglicherweise fatal sein kann. (b) Die lange Verzögerungszeit des Lernens durch Erhalten bedeutet praktisch die Aufgabe von Optionen, die zur Abwendung einer Vielzahl zyklischer Krisen benötigt werden. (c) Wenn man sich nur auf Fachwissen und kurze Zeiträume vorläßt, die zum Wesen des Lernens durch Schock gehören, werden mehr und mehr Menschen an den Rand gedrängt, marginalisiert und entfremdet. (d) Die Unfähigkeit, unter Krisenbedingungen Wertkonflikte schnell zu lösen, wird zum Verlust der Menschenwürde und der individuellen Erfüllung führen.[3]

Diese Autoren treten für *innovatives Lernen* ein, welches die Notwendigkeit für Veränderung vorwegzunehmen und jedermann einzubeziehen versucht, der aus der Veränderung oder dem Lernen Nutzen ziehen würde. Das ist eine DelphinIdee. Es ist eine Idee, die die wichtigsten Vorgehensweisen beim Ausbrechen aus eingefahrenen Geleisen unterstützen soll. Nachfolgend nennen wir die geistigen Werkzeuge für „eine Veränderung der Veränderung". Diese Werkzeuge sind wichtige, jedoch wenig genutzte Prinzipien für das Umschalten, d.h., etwas anderes zu tun, im Gegensatz zum schlichten, stärkeren Gasgeben, was meint, das immer gleiche mit mehr Anstrengung zu tun:

Erst wirbeln wir den Staub auf, und dann behaupten wir, wir könnten nicht sehen.
Berkeley

Wenn ich nicht weiß, daß ich nicht weiß, glaube ich, daß ich weiß.
Wenn ich nicht weiß, daß ich weiß, glaube ich, daß ich nicht weiß.
R. D. Laing

[Das Zeitalter des Alibis ist eine Philosophie,] die uns jahrzehntelang dazu verführt hat zu glauben, daß menschliche Fehler immer auf den Schultern von anderen lasten müssen, daß die Verantwortung für Verhaltensweisen, die für die Gesellschaft schädlich sind, unweigerlich der Gesellschaft selbst zugeschrieben werden muß, daß Menschen nicht nur vervollkommenbar, sondern auch gleich geboren werden, so daß alle unerfreulichen Abweichungen das Produkt unerfreulicher Umgebungen sein müssen.
Während wir das nicht Erreichbare verfolgen, machen wir das Mögliche unmöglich.
Robert Ardrey

Nehmen Sie sich die Zeit, darüber zu sprechen, wie Sie bisher über das Problem gesprochen haben.

Die Vorstellung, darüber zu sprechen, wie man spricht, kann eine vorübergehende geistige Lähmung hervorrufen. Es ist aber sehr sinnvoll, wenn man versteht, daß uns fast alle unsere persönlichen und organisatorischen Grenzen nicht durch bedrohliche, unnahbare äußere Umstände auferlegt werden, sondern daß wir sie uns selbst *durch unseren Sprachgebrauch* oder andere Arten der Gedächtnisspeicherung auferlegen.

Denken Sie über folgenden Satz nach: „In Amerika gehen ständig Fabrik-Arbeitsplätze verloren, und wir müssen jetzt handeln, wenn wir die Hoffnung bewahren wollen, unsere Produktionsbasis zu retten." Stimmen Sie dem zu? Wenn Sie das tun, sind Sie wahrscheinlich für schärfere „protektionistische" Gesetze, die den Handel zwischen den Vereinigten Staaten und anderen Ländern beschränken. Warum? Natürlich um die Produktionsbasis Amerikas vor dem weiteren Verfall zu bewahren. Genau das hat aber Großbritannien versucht, — und damit einen großen Teil seiner Wirtschaft am Ende des 20. Jahrhunderts praktisch ruiniert. In seinem Buch *Frontiers of Management (Grenzgebiete des Managements)* unterstreicht Peter Drucker, daß diejenigen Länder die gesündesten geblieben sind, die in den letzten 25 Jahren die Anzahl der Produktionsarbeiter pro Produktionseinheit am schnellsten *reduziert* haben.

(Es ist eine Sprachfalle;CPL.) Wenn einmal auf diese Falle, die die Fabrikarbeiter trifft, hingewiesen wurde, wird sie leicht erkennbar. Wenn man aber durch die Sprache gefangen ist, die man selbst für die Beschreibung eines Problems und des Umrisses der Lösung gewählt hat, welche man auf das Problem anwenden zu müssen glaubt, und durch die man von anderen Sichtweisen abgeschirmt wird, dann kann es äußerst schwierig sein, die Angelegenheit aus einem anderen Blickwinkel zu betrachten.

In ihrem Buch *Change: Principles of Problem Formation and Problem Resolution (Dt.: Lösungen: Zur Theorie und Praxis menschlichen Wandels)* stellen der Psychologe Paul Watzlawick und seine Kollegen zahlreiche Beispiele für Menschen und ihre Institutionen vor, die durch ihre eigenen sogenannten Lösungen gefangen sind, die sie sich selbst auferlegt haben („selbst vorgeschrieben"):

◆ *Ein vierjähriges Mädchen war so bestürzt von der Aussicht, von ihrer Mutter im Kindergarten gelassen zu werden, daß die Mutter es für notwendig hielt, Tag für Tag bei ihr zu bleiben.* (Dann hat sie eines Tages ihr Vater hingebracht, das Kind zeigte — nach anfänglichem Weinen — keinen Streß und blieb diesen ganzen Tag und jeden Tag danach alleine dort.)

◆ *Ein Mann in der Mitte des Lebens wurde in fortschreitendem Maße so von Agoraphobie (agora (gr.)=Marktplatz — Furcht vor offenen Räumen) gelähmt, daß er es sogar als unerträglich empfand, zum Supermarkt zu gehen.* Schließlich beschloß er, in sein Auto zu steigen und dadurch Selbstmord zu begehen, daß er zu einem nahegelegenen Berg fuhr. Er erwartete, daß sein überanstrengtes Herz ihn innerhalb von ein paar Häuserblocks töten würde. Tatsächlich aber fuhr er den ganzen Weg zu dem Berg und ist fünf Jahre später immer noch vollständig von seiner Phobie geheilt.

◆ *Während der Kulturrevolution in China haben die Roten Garden die Zerstörung aller öffentlichen Schilder (von Straßen, Ämtern, öffentlichen Einrichtungen) befohlen, weil man dachte, das würde einen radikalen Bruch mit der Vergangenheit signalisieren.* Danach hat man alles sorgfältig umbenannt.

Es kommt häufig vor, daß wir uns wichtiger Tatsachen nur bewußt werden, wenn wir die Frage „Warum?" unterdrücken, und im Laufe unserer Untersuchungen führen uns diese Tatsachen dann zu den Antworten. Nehmen wir an ... das Spiel sei so beschaffen, daß, wer immer beginnt, das Spiel durch einen einfachen Trick gewinnen kann. Das wurde aber nicht erkannt, also ist es ein Spiel. Jetzt lenkt jemand unsere Aufmerksamkeit darauf, und es hört auf, ein Spiel zu sein.
Welche Wendung kann ich dem geben, um es mir selbst klar zu machen? Denn ich möchte sagen: „Und es hört auf, ein Spiel zu sein", nicht „und wir erkennen jetzt, daß es kein Spiel war."

Das bedeutet ... der andere Mensch hat unsere Aufmerksamkeit auf nichts gelenkt, er hat uns anstelle unseres eigenen ein neues Spiel gelehrt. Aber wie kann das neue Spiel das alte obsolet gemacht haben? Wir betrachten etwas jetzt auf andere Weise und können nicht mehr naiv spielen.

Für eine Antwort, die nicht ausgedrückt werden kann, kann auch die Frage nicht ausgedrückt werden.
Ludwig Wittgenstein

Später dann haben sich die Parteigänger der Vergangenheit wieder durchgesetzt und die Roten Garden entmachtet. Das liegt teilweise daran, daß diese durch die Änderung aller Namen den konfuzianischen Glauben verstärkt hatten, daß die richtige Benennung die richtige Realität hervorrufe. Das heißt, statt eine radikale Veränderung einzuleiten, hatten die Roten Garden ein wichtiges, uraltes Merkmal der chinesischen Kultur betont.

Ob man die psychologische Dynamik jedes dieser Beispiele vollständig versteht oder nicht, ist überhaupt nicht wichtig. Delphinen ist das *Warum* nicht so wichtig, ihnen ist nur das *Was* wichtig. Wir möchten Ihnen dieses verdeutlichen: Psychologen erzählen sich einen bitteren Witz über einen erwachsenen Bettnässer, der nach Jahren der Therapie sagt: „Ich mache das Bett immer noch naß, aber ich weiß jetzt, was mein Problem ist." Watzlawick schreibt:

Es ist gerade [die] nicht hinterfragte Illusion, daß man eine Wahl zwischen *a* und nicht-*a* treffen *muß*, daß es keinen anderen Ausweg aus dem Dilemma gibt, die das Dilemma verewigt. Und das macht uns für die Lösung blind, die es immer gibt, die aber dem gesunden Menschenverstand widerspricht.[4]

Wie „reden" sich Delphine aus Dilemmas heraus? Sie benutzen Techniken wie die folgenden:

Wenn sie erkennen, daß das, was sie tun, nicht funktioniert, stellen Delphine ihre Handlungen ein und konzentrieren sich auf das, was funktioniert. Indem man nicht mehr tut, was man getan hat, schafft man sich die Gelegenheit, etwas anderes zu tun.

Delphine schaffen neue Worte, um über ihr Problem zu sprechen. Ein Zen-Meister, Tai-Hui, zeigte seinen Mönchen einen Stock und sagte: „Wenn Ihr dies einen Stock nennt, bestätigt Ihr, wenn Ihr dies keinen Stock nennt, verneint Ihr. Wie würdet Ihr es jenseits von Bestätigung und Verneinung nennen?" Nun ja, Meister, nenne es einen Apfel oder ein Dingsbums oder den Montagmorgen danach. Nenne es irgend etwas, wenn es funktioniert. Das ist das Entscheidende. Man nenne eine finanziell undichte Abteilung einen Schwamm und warte ab, ob das zu neuen Möglichkeiten führt. Man benenne einen schwierigen Angestellten einen Gefangenen in seiner eigenen Zelle und erforsche die Einsichten, die dieses Bild bietet. Therapeuten, die die neurolinguistische Programmierung NLP einsetzen, eine Psychotherapie, die auf Mitteilungen entgegen dem gesunden Menschenverstand basiert, haben oft eine Begabung für die Umbenennung von Dingen. Sie sprechen über Frösche und Prinzen und die Stückelung von Informationen. Sie nutzen Sprache bewußt und anders, und schon das macht häufig einen Unterschied. Neurolinguistische Programmierer und Delphine vergessen nie, daß die Sprache beweglich ist, und vor allem, daß es die Sprache ist, die Ideen formt.

Was immer Sie auch tun, sprechen Sie darüber, wie Sie es tun. Das heißt: Hören Sie eine Weile auf, über Lösungen zu sprechen, und sprechen Sie statt dessen darüber, wie Sie versucht haben, zu einer Lösung zu kommen. Wenn Besprechungen über das Problem zu nichts führen, sprechen Sie darüber, wie die Besprechungen sind. Wenn Sie nicht erfolgreich kreativ sein können, sprechen Sie darüber, wie Sie versuchen, kreativ zu sein. Wenn Sie sich nicht gut mitteilen können, sprechen Sie darüber, wie Sie sich typischerweise mitteilen. Delphine sprechen untereinander viel *über* den Prozeß, und zum Lohn entdecken sie die Lösung oft *in dem* Prozeß, wo sie die ganze Zeit versteckt lag.

Machen Sie einen Videofilm Ihrer Besprechungen zu Problemlösungen, oder ernennen Sie einen Beobachter, der später mit dem Team darüber sprechen kann, wie das Team mit sich selbst spricht. Beides gibt Ihnen die Chance zur „Metakommunikation" über eine Situation, das heißt zur Kommunikation darüber, wie sie kommu-

Delphine sprechen untereinander viel über den Prozeß.

Der Ausweg führt durch die Tür. Warum benutzt niemand diesen Ausgang?
Konfuzius

Es gibt nichts Gutes oder Böses. Nur das Denken macht es dazu.
William Shakespeare

125

Was immer Sie in den nächsten fünf Minuten tun, denken Sie nicht an die Farbe blau.
Paradoxon der neurolinguistischen Programmierung

Unsere „Lösungen" werden das eigentliche Problem, wenn sie nicht funktionieren.

nizieren. Diese ist gewöhnlich an irgendeinem Punkt notwendig, damit Sie von einem alten in einen neuen Bezugsrahmen zu einem Problem oder Bedürfnis gelangen (Reframing). Plötzlich erleben Sie, wie Sie umschalten — und Kraftstoff sparen.

Teilen Sie auf. Oben wurde die „Aufteilung (Chunking)" als ein Begriff erwähnt, der von den Erfindern des NLP erfunden wurde. Er bezieht sich darauf, daß man sich mit Problemen schrittweise oder mit einer Kategorie nach der anderen befaßt. Wir meinen mit „aufteilen", daß man ein Problem in einem größeren Zusammenhang betrachtet. Wenn Sie das Problem haben, qualifizierte Angestellte zu rekrutieren, nehmen Sie sich etwas Zeit, und fragen Sie sich: „Ist das wirklich ein Teil eines umfassenderen Problems? Wenn ja, wirft das ein neues Licht auf die Angelegenheit?" Wenn die Befürworter protektionistischer Gesetze im amerikanischen Congress das Problem der Fabrikarbeiter „aufteilen" würden, würden sie schnell erkennen, daß hier ein viel ernsteres Problem liegt, wobei die benötigten Lösungen vielleicht nicht nur in den Kontext der Arbeitslosigkeit unter Fabrikarbeitern paßt.

Tu, was du fürchtest.

Psychologen, und zwar die guten, die diese Vorgehensweise gut einsetzen können, nennen dies „Verschreibung des Symptoms." Da sie Delphine sind, verstehen sie, daß wir oft durch die verborgene Hartnäckigkeit unserer alten Lösungen von einer besseren Zukunft abgeschnitten werden. Es sind *falsche* Lösungen. Sie sind falsch, weil sie nicht funktionieren und vielleicht nie funktioniert haben.

Wenn es zur Gewohnheit wird, Lösungen zu verfolgen, die nicht funktionieren, sind unsere „Lösungen" zum Problem geworden. Wir müssen irgendwie Möglichkeiten finden, „zu suchen, was

126

gewohnheitsmäßig vermieden wird, offenzulegen, was gewohnheitsmäßig verborgen ist, zu wählen, was gewohnheitsmäßig abgelehnt wird",[5] wie es der Psychotherapeut Matthew McKay und seine Kollegen beschrieben haben.

In der Psychotherapie sagen Delphine, die ihre Patienten mit dieser Fähigkeit zu einer echten Heilung führen, den Menschen mit Schlafstörungen, sie sollten die ganze Nacht aufbleiben. Sie befehlen Fallsüchtigen hinzufallen. Sie weisen Perfektionisten an, Fehler zu machen. Indem sie ihre Klienten anweisen zu tun, was sie fürchten, und ihre Zustimmung dazu erlangen, schaffen diese Therapeuten neue Situationen, in denen die alten „Lösungen" nicht mehr sinnvoll sind. Wenn man plant, die ganze Nacht wach zu bleiben, dann macht es plötzlich keinen Sinn mehr, sich darüber Sorgen zu machen, daß man nicht einschlafen kann.

Es ist nicht immer leicht zu tun, was man fürchtet. Oder zu tun, was man nicht kann. Es ist auch nicht immer leicht, dorthin zu kommen, wohin man nicht gehen kann.

Andererseits ist es auch nicht immer allzu schwer. Viktor Frankl, der Vater der Logotherapie, half, die Herangehensweise des „tun, was man fürchtet" für das Lösen von Problemen zu erfinden. Er erzählt die Geschichte von dem Schüler, der zu spät kam. Vorwurfsvoll wollte der Lehrer von ihm wissen, warum. „Es war so glatt. Jedesmal, wenn ich einen Schritt vorwärts machte, rutschte ich zwei Schritte zurück", antwortete der Junge. „Wie bist du dann hergekommen?" fragte der empörte Lehrer. Der Junge antwortete: „Ich habe mich umgedreht und bin nach Hause gegangen."

Delphine wissen, daß sie oft wesentliche Veränderungen zum Besseren hin vollbringen können, indem sie sich verletzlich machen. Indem sie tun, was sie fürchten. Ein Hindernis, das uns weg- oder

Dies ist die Bedeutung der großen Doktrin Kants, daß die Teleologie (Telos = das Ziel: das Studium des Planes oder Sinns der Natur; CPL) nur durch den Intellekt in die Natur gebracht wird, der somit ein Wunder bestaunt, das er selbst überhaupt erst geschaffen hat. Es ist (wenn ich so eine sublime Sache mit einer trivialen Ähnlichkeit erklären darf) das gleiche, als wäre der Intellekt erstaunt darüber, daß jedes Mehrfache von neun wiederum neun ergibt, wenn jede einzelnen Ziffer addiert wird, oder aber zu einer Zahl wird, deren einzelne Ziffern wiederum addiert neun ergeben. Und doch hat er selbst dieses Wunder mit dem Dezimalsystem geschaffen.
Arthur Schopenhauer

zurückdrücken kann, wird der Bannister-Effekt genannt. Vor Roger Bannister hatte kein Mensch jemals 5280 Fuß (ein Fuß = 0,304 cm) in vier Minuten oder weniger *zu Fuß* zurückgelegt. Nachdem Bannister diese unsichtbare, größtenteils psychologische Barriere durchbrochen hatte, folgten andere schnell. Praktisch alles Neue, das ein gewisses Risiko in sich trägt, ist mit einer ähnlichen psychologischen Barriere verbunden. Die Entwickler des Programms *Outward Bound* verstehen das. Sie bestehen darauf, daß die Menschen sich ihrer Furcht stellen, indem sie (nur an Seilen hängend) aus großen Höhen springen, steile Hänge erklettern oder sich an anderen Heldentaten beteiligen, die durch Gurtwerk oder andere Schutzmaßnahmen sicher gestaltet werden, die aber dennoch wagemutig genug sind, um geistige Barrieren herauszufordern. Damit ermutigen die heutigen Agenten der Veränderung immer mehr Menschen, ihre Grenzen zu überwinden.

Tun Sie, was Sie fürchten — und tun Sie es mit Variationen.

Eine weitere Barriere für den Durchbruch, für das Verlassen eingefahrener Geleise, kann der Wallenda-Effekt sein. Karl Wallenda war einer der größten Hochseilartisten aller Zeiten. Während seiner letzten Vorstellung verlor er das Gleichgewicht und stürzte zu Tode. Später, bei der Analyse der Tragödie, haben sich Mitglieder seiner Familie daran erinnert, daß Wallenda am Abend zuvor mehr als einmal seiner Angst vor dem Fallen Ausdruck verliehen hatte. Sie vermuteten folgendes: Gewöhnlich konzentrierte er sich darauf, das Seil zu überqueren. Dieses Mal aber konzentrierte er sich darauf, nicht zu fallen. Sie können ein unerschütterliches Gefühl für den Unterschied bekommen, wenn Sie sich vorstellen, wie leicht es ist, über eine Brücke aus Planken zu gehen, die auf dem Boden liegen. Wenn diese Planken aber acht Meter hoch in der Luft hängen, dann ist es nur menschlich, wenn Sie sich plötzlich darauf konzentrieren, *nicht zu fallen.* Indem Sie sich aber darum sorgen, erhöhen Sie die Wahrscheinlichkeit, daß Sie in der Tat Ihr Gleichgewicht verlieren werden, beträchtlich.

Es kann äußerst schwierig sein, mit sich selbst den Pakt zu schließen, „das zu tun, was man fürchtet." In *The Book of Lists* steht die Furcht vor dem Sprechen in der Öffentlichkeit an der Spitze der Kategorie der größten Ängste. Sie rangiert sogar noch vor der Angst vor dem nuklearen Holocaust. Die Barrieren in unseren Köpfen können gewaltig sein, — ein Grund mehr, sie anzugreifen. Man sollte allerdings vorsichtig vorgehen und begreifen, daß einige Menschen eingefahrene Geleise nicht verlassen *können.* Delphine sind zu einem großen Teil deswegen erfolgreicher, weil sie ein wichtiges Prinzip für die Überwindung von Paradoxa gemeistert haben: das *Prinzip der Variation.*

Folgende sind einige Beispiele dafür:

- *Stellen Sie heraus, was Sie gewöhnlich verbergen.* Z.B.: „Um die Wahrheit zu sagen, bin ich mir nicht sicher, ob ich diese Rede überstehe, so nervös, wie ich bin."
- *Tun Sie das alleine, was Sie gewöhnlich gemeinsam mit anderen Menschen tun.* Z.B.: Verbringen Sie eine Woche in der Wildnis — allein mit Ihrer Zukunft.
- *Sagen Sie nicht, was Sie gewöhnlich sagen.* Z.B.: Sagen Sie diesmal nicht: „Hier ist Schluß."
- *Verbergen Sie, was Sie gewöhnlich enthüllen.* Z.B.: Halten Sie den Kontostand geheim ... dieses eine Mal.
- *Tun Sie es mit einem anderen Menschen.* Z.B.: einem Freund, einem Berater, einem Ihrer Kinder?
- *Ändern Sie die Reihenfolge.* Z.B.: „Die Letzten werden die Ersten sein ..."

Wenn der Leser der Meinung ist, diese Studien seien etwas abstrakt und entbehrten jeder Anwendungsmöglichkeit, dann möge er über die Tatsache nachdenken, daß die Spieltheorie und die Kybernetik nur die Grundlagen der Theorie sind, wie man seinen eigenen Willen durchsetzt. Nur wenige Themen haben mehr Anwendungsmöglichkeiten als dieses!
W. Ross Ashby, An Introduction to Cybernetics

Zivilisationen sterben durch Selbstmord, nicht durch Mord.
Arnold Toynbee

◆ *Tun Sie es zu einer anderen Zeit oder an einem anderen Ort.* Z.B.: Tun Sie es diesmal zu Hause.

◆ *Sagen Sie das Gegenteil von dem, was Sie gewöhnlich sagen.* Z.B.: „Im Vorausblick auf das 19. Jahrhundert ...“

◆ *Tun Sie es langsamer oder schneller, mit mehr oder weniger Aufwand.* Z.B.: Und lassen Sie Gott auf ihre wundersame Weise wirken.

◆ *Tun Sie es stückweise.* Z.B.: Die Summe der Teile ist manchmal dem Ganzen vorzuziehen.

◆ *Übertreiben oder minimieren Sie übliche Handlungen.* Z.B.: Kümmern Sie sich nicht darum, daß alles in bester Ordnung ist. Oder stellen Sie im Gegenteil sicher, daß das dieses eine Mal so ist.

◆ *Lassen Sie einen Schritt in der üblichen Sequenz aus.* Z.B.: Treffen Sie diesmal eine Entscheidung, ohne eine umfassende Marketing-Untersuchung durchzuführen.

◆ *Fügen Sie eine unangenehme, aber nützliche Aufgabe hinzu.* Z.B.: Räumen Sie Ihren Schrank aus.

◆ *Tun Sie es zweimal hintereinander oder öfter.* Z.B.: Lassen Sie den Menschen, dem Sie am wenigsten vertrauen, einen Monat lang den Vorsitz über Besprechungen führen.[6]

Meine eigene Erfahrung hat mich gelehrt, daß das Anstreben einer positiven Geisteshaltung mich nirgendwohin bringt, wenn ich nicht die Munition zu ihrer Unterstützung habe. Man entwickelt eine positive Geisteshaltung durch Vorbereitung, indem man die Realitäten dessen versteht, was zum Erfolg benötigt wird, und indem man die notwendigen Techniken beherrscht. Es ist ein Kreislauf: Je besser ein Mensch vorbereitet ist, desto positiver ist seine Haltung, und desto besser sind daher seine Chancen des Erfolges.
Robert J. Ringer

Der verstorbene Milton Erickson war ein Genie, wenn es darum ging, Menschen dazu zu bringen, das zu tun, was sie fürchten, aber mit einer Variation. Es gab zum Beispiel den jungen Mann, den er vom Nägelkauen heilte, indem er die Zustimmung des Patienten erlangte, sein Kauen auf den Nagel eines Fingers zu beschränken, oder die Frau, die zwanghaft ihre Diät durchbrach, zwar keine Schwierigkeiten hatte, Gewicht zu verlieren, die es sich aber sofort wieder zulegte. Ericksons Lösung war diese: Er überredete sie, 20 Pfund *zuzunehmen*, bevor sie ihre nächste Diät anfing.

Zu tun, was man fürchtet, ist eine ausgezeichnete Methode, eingefahrene Geleise zu verlassen, besonders, wenn man es mit einer Variation tut.

Spielen Sie gut „paradoxes Tennis."

Sogar Haie haben Schwierigkeiten, in der Anwesenheit eines schnellen Verstandes, der in der Lage ist, Wortspiele zu benutzen, um in einem unwilligen, unwissenden Gehirn Veränderungen herbeizuführen, eine Situation zu kontrollieren. Eine unserer liebsten Geschichten ist die über eine mittelalterliche Stadt, die am Stadtgraben Posten aufstellte, die Fremden diese Frage stellte: „Was wollen Sie in der Stadt?" Wenn die Fremden die Wahrheit sagten und nicht erwünscht waren, wurden sie zurückgeschickt. Wenn sie logen und dabei erwischt wurden, wie sie etwas anderes taten, wurden sie gehängt. Eines Tages kam ein Delphin am Tor an und wurde aufgefordert, den Grund zu nennen. „Ich bin gekommen, um mich hängen zu lassen", hat er geantwortet. Wenn man als jemand behandelt wird, der man nicht ist, kann es an der Zeit sein, das zu übertreiben, was der andere tut. Wir waren einmal Zeuge, wie ein junger, chinesischer Arzt eine außerordentlich kurze, aber verheerend effektive Imitation eines Kulis zum besten gab, als er von einem vorgesetzten Arzt herumkommandiert wurde. Die Schikanen hörten sofort auf.

Folgendes ist ein anderes Beispiel aus dem zweiten Weltkrieg: Die Nazis hatten ein pompöses Plakat mit der Aufschrift „Nationalsozialismus oder bolschewistisches Chaos?" aufgehängt. Eine Untergrundgruppe hat sofort einen kleinen Aufkleber gedruckt, der

Delphin-Techniken für paradoxes Tennis.

Wenn Sie jemand beleidigt und Sie nicht sicher sind, ob es Absicht war oder nicht, ergreifen Sie keine extremen Maßnahmen. Warten Sie einfach auf Ihre Chance, und schlagen Sie zurück.
Mark Twain

in Deutschland die Runde machte und auf Hunderte von Plakaten geklebt wurde. Der Aufkleber lautete: *Erdapfel oder Kartoffel?* (im Original deutsch).

Manchmal wird dieses auch als „Ja *und* Nein"-Strategie bezeichnet. Als die Nazis anordneten, daß alle Juden den gelben Davidstern tragen mußten, hat König Christian X. von Dänemark seine großartigen Fähigkeiten im paradoxen Tennis gezeigt. Er hat den Ball auf die Seite der Nazis zurückgeknallt, ohne ihre Bedingungen zu akzeptieren. Und das ist die Absicht des paradoxen Tennis. Die Dänen erkennen keinen Unterschied zwischen jüdischen und nicht-jüdischen Dänen an, verkündete der König, daher werde er der erste sein, der den Davidstern tragen werde. Die übrigen Dänen nahmen in der überwältigenden Mehrzahl die Idee des Königs an, und die Nazis waren gezwungen, ihre Anordnung zurückzuziehen.

Folgende sind einige Techniken, wie man paradoxes Tennis nach der Art der Delphine spielt:

Tun Sie ausdrücklich genau das, von dem die andere Seite annimmt, Sie wollten es vermeiden. Lernen Sie auf kreative Art „Nein, danke" zu sagen. Das heißt, weigern Sie sich — fest, aber taktvoll — die Verantwortung für ein Problem auf die Art und Weise zu übernehmen, die die andere Seite festgelegt hat. Das hat König Christian mit den Nazis gemacht. Zu seiner großen Befriedigung hat einer der Autoren endlich einen Fernsehkrimi gesehen, in dem das vorgesehene Opfer eine effektive, paradoxe Antwort benutzte, als ihm ein Gauner auf einem Parkplatz vor einem Einkaufszentrum eine Pistole in die Rippen drückte und ihm befahl, ihn zu begleiten. „Verdammt nochmal, nein", hat er geantwortet. „Wenn Sie mich erschießen wollen, tun Sie es hier vor allen Leuten." Wir suggerieren damit keineswegs, dieses sei eine „Standard-Antwort" für alle Situationen dieser Art. Wenn man aber in eine abgelegene Gegend transportiert und da erschossen werden soll, scheint sie ihre Vorteile zu haben.

Antworten Sie mit einer pointierten Frage. Es mag für Sie nützlich sein zu antworten: „Das ist eine interessante Frage. Warum fragen Sie?" Oder: „Das macht Sinn. Darf ich fragen, warum Ihnen das wichtig ist?"

Stellen Sie das Offensichtliche fest. Fragen Sie: „Nancy, warum setzt du mich so unter Druck?"

Sondieren Sie. Wenn man Ihnen sagt, Ihr Preis sei zu hoch, fragen Sie: „Und das heißt ...?" Wenn Sie erfahren, daß jemand mit einer Situation nicht glücklich ist, fragen Sie: „Du sagst, du bist unglücklich, Paul. Was bedeutet unglücklich?" Wenn man Ihnen sagt, etwas sei zu teuer, fragen Sie: „Verglichen womit?" Wenn behauptet wird, alle täten es, antworten Sie: *„Alle?"* Fragen Sie genau nach: wer, was, wann, wo? Wenn Sie ein Delphin sind, ist es gut, immer dann zu sondieren, wenn Sie mit „Sicherheits"-Worten konfrontiert werden, mit Karpfen-Worten: Worte, die Sie im Dunkeln stehen lassen und es der anderen Seite gestatten, sich ohne Verpflichtung zurückzuziehen. Worte oder Sätze wie „vielleicht" oder „möglicherweise" oder „es scheint" oder „sieht gut aus" oder „jede Gelegenheit" oder „versuchen."

Werden Sie „inoffiziell." Inoffiziell zu werden, ist gewöhnlich eine Bedingung, die Politiker oder andere Menschen in sensiblen Positionen Journalisten aufzuerlegen versuchen. „Inoffiziell" enthüllte Informationen sollen nicht gedruckt erscheinen. In geschäftlichen oder privaten Gesprächen verwendet, kann der Ausdruck nützlich sein, damit sich Menschen öffnen, locker werden oder „ihre Meinung sagen."

Setzen sie unbewußten Widerstand ein. Wenn Menschen darauf bestehen, sie könnten eine Leistung nicht erbringen oder sich

> Jemand, der ein Wort nur auf eine Art schreiben kann, ist ein Idiot.
> W. C. Fields

ändern oder in irgendeiner Weise Fortschritte machen, hat man gewöhnlich die Möglichkeit, ihnen zu Fortschritten zu verhelfen, indem man ihren eigenen Widerstand benutzt. Sie werden antworten wollen: „Das stimmt. Ich kann jetzt einsehen, daß es Ihnen unmöglich ist, auch nur eine einzige kreative Lösung für das Problem zu finden." Plötzlich haben Sie sie in einer doppelten Zwickmühle. Ihr Gefühl des Widerstandes ist so stark wie je zuvor, aber wenn sie Ihnen jetzt widerstehen, indem sie zeigen, daß sie doch eine kreative Lösung finden können, müssen sie Ihnen geben, was Sie wollen, und sie müssen sich selbst geben, was sie wirklich brauchen.

Seien Sie ein Karpfen. Wenn Sie es mit jemandem zu tun haben, der versucht, Sie unter Druck zu setzen, unvernünftige Forderungen stellt oder Sie in eine ungünstige oder unfaire Lage zu versetzen, stellen Sie sich dumm. Geben Sie vor, etwas nicht zu wissen. Suggerieren Sie: Wenn die Lage wirklich so schlimm ist, was kann man dann noch tun? Vielleicht ist das Spiel aus. Wenn die Lage *wirklich* so schlimm ist, warum geben Sie beide sich überhaupt noch die Mühe, darüber zu reden?

Umgestalten (Reframing) — oder durch Veränderung der Bedeutung eines Ereignisses eine Wahlmöglichkeit schaffen.

Es wird nie eine bessere Art geben, das zu illustrieren, was „die sanfte Kunst der Umgestaltung" genannt wird, als die Geschichte von Tom Sawyer:

„Hallo, alter Junge, du hast dich an die Arbeit gemacht, wie?"

„Ach, du bist das, Ben! Ich hab' dich garnich bemerkt."

„Sag' mal, ich geh' schwimmen, ja. Würdest du nicht lieber mitkommen? Aber natürlich würd'st du lieber *arbeiten*, oder?—

Natürlich!" Tom betrachtete den Jungen eine Weile und sagte:
„Was nennst du Arbeit?"

„Na, is' *das* keine Arbeit?"

Tom fuhr mit dem Weißen fort und antwortete sorglos:
„Na ja, vielleicht ist es das, vielleicht auch nicht. Ich weiß nur,
daß es Tom Sawyer paßt."

„Ach komm, du willst doch nicht behaupten, daß du es *magst.*"

„Kriegt ein Junge jeden Tag die Gelegenheit, einen Zaun zu
weißeln?"

Das gab der Sache ein neues Licht. Ben hörte auf, an seinem
Apfel zu kauen. Tom schwang seinen Pinsel sanft hin und her,
trat zurück, um die Wirkung zu betrachten, besserte hier und da
ein wenig nach, kritisierte die Wirkung wieder. Die ganze Zeit
wurde Ben interessierter und interessierter, wurde mehr und
mehr gefangen.

Schließlich sagte er: „Sag' mal Tom, laß' *mich* ein bißchen
weißen."

Wenn wir umgestalten, „verändern wir den konzeptionellen
und/oder emotionalen Rahmen oder Gesichtspunkt, auf den bezo-
gen eine Situation erlebt wird, und ... stellen sie in einen anderen
Rahmen, der genauso gut oder besser auf die 'Fakten' der gleichen
konkreten Situation paßt und der damit seine ganze Bedeutung
ändert."[7]

Delphine gestalten die Bedeutung von Ereignissen und Problemen oft mit Fragen wie den folgenden, um:

„Was wäre, wenn ...?" Was wäre, wenn wir fragen: „Was wäre,
wenn ...?" Zum einen werden wir an die Beobachtung von Antoine
de Saint-Exupéry erinnert, daß die Wahrheit nicht das ist, was wir
entdecken, sondern das, was wir schaffen. Oder an die Beobachtung
von Robert Ardrey: „Ein Territorium zum Beispiel kann in der

Gewöhnlich ist die
Realität das, was wir aus
ihr machen.

135

Natur nicht vorkommen, es existiert im Geist des Tieres." Wenn wir fragen „Was wäre, wenn ...?", bringen wir die Möglichkeit aufs Tablett, eine Situation, ein Problem aus einer Reihe von Gesichtswinkeln zu betrachten. „Was wäre, wenn ...?" zu fragen, kann genügen, um uns daran zu erinnern, daß es wahrscheinlich wir waren, die eine „Realität" überhaupt erst geschaffen haben, und daß wir das nur vergessen haben. Da wir uns jetzt daran erinnern, daß wir tatsächlich die Schöpfer einer „Realität" waren, können wir uns an ihre Veränderung machen.

Eine unserer Frauen hat dafür ein ausgezeichnetes Beispiel geliefert. Als wir die Gelegenheit hatten, in eine größere Suite in unserem Bürogebäude umzuziehen, hat sich das Männchen sofort an den Kosten und der Unbequemlichkeit festgebissen, die Nummer der Suite verändern zu müssen — von 3 auf 2 —, damit sie zur alten Nummer der Suite auf den Visitenkarten, dem Briefpapier und den Druckerzeugnissen paßte. „Was wäre", warf die Delphin-Denkerin unter uns ein, „wenn wir die Nummern der Suiten einfach vertauschten? Wenn wir die alte '2' und die neue '3' nennen? So könnten wir unsere Adresse behalten, und nichts müßte neu gedruckt werden."

Das stellt die Sache auf wunderbare Weise klar, oder? Fast immer ist die „Realität" das, was *wir* aus ihr machen.

Mit den Augen des anderen sehen. Ein Großteil der modernen Philosophie seit Immanuel Kant hatte einen ihrer Schwerpunkte in der Absicht, uns verstehen zu helfen, daß wir den angeblichen Schmerz einer „Realität" vermeiden können, indem wir sie einfach aufgeben oder ersetzen.

Das ist der Gedanke, der hinter Ludwig Wittgensteins Interesse, „der Fliege den Weg aus dem Fliegenglas zu zeigen", steht. Da „Realitäten" oder „Territorien" oder „Spiele" oft Erfindungen des

„Der Fliege den Weg aus dem Fliegenglas zeigen."

Gehirns sind, ist es fast immer nützlich, zu fragen oder sich vorzustellen, wie andere Gehirne den Gegenstand oder das Thema *unseres* Interesses betrachten.

Die Royal Dutch Shell hat vor dem Ölembargo von 1973 eine solche Vorgehensweise benutzt und wesentliche Vorteile daraus gezogen, weil das Riesenunternehmen nach dem gehandelt hat, was es gelernt hat. Wenn Sie die arabischen Ölscheichs wären und sich der gleichen, weltweiten Lage gegenübersähen, wie Shell und die anderen bedeutenden Spieler es taten, was würden *Sie* tun? Plötzlich wurde es sehr klar: Sie würden auf ihrem Öl sitzen, es in der Erde lassen und den Preis steigen lassen. Und wir müssen nicht daran erinnert werden, daß die Araber genau das getan haben.

Die Chancen erkennen, die in den Hindernissen stecken. Das hat die Brauerei Coors aus Colorado mit dem Bier gemacht, das ihre Qualitätsstandards nicht erfüllte. Nach den üblichen Standards von Coors ist das „schlechtes Bier". Aber ist schlechtes Bier notwendigerweise *immer* „schlechtes" Bier? Nicht in den Augen von Viehzüchtern. „Schlechtes" Bier kann plötzlich zu sehr „gutem" Bier werden, wenn man es als Quelle von Nährstoffen für Vieh betrachtet. Coors verkauft das „schlechte" Bier jetzt an Viehzüchter. Plötzlich ist „schlechtes" Bier „gutes" Bier, und nichts, außer dem Denkbezug zum Bier, hat sich geändert. Aber damit diese Art von Veränderung eintreten kann, müssen sich Kategorien verlagern. Oder, um den unnachgiebigen österreichischen Denker noch einmal zu zitieren: Wir müssen die Fliege aus dem Fliegenglas bekommen.

Einsatz der Verwirrungstaktik. Wir stehen wiederum in der Schuld des verstorbenen Milton Erickson, des begabten Delphins der Psychotherapie. Er beschreibt folgende Begegnung:

An einem windigen Tag ... rannte ein Mann um die Ecke eines Gebäudes und rempelte mich an, als ich so dastand und mich gegen den Wind stemmte. Bevor er seine Haltung wiedergewinnen und mich ansprechen konnte, habe ich umständlich auf meine Uhr gesehen, und ich sagte höflich, als hätte er mich nach der Uhrzeit gefragt: „Es ist genau zehn Minuten vor zwei", obwohl es tatsächlich eher 4.00 Uhr war, und ging weiter. Etwa einen halben Block weiter drehte ich mich um und sah, daß er mir immer noch nachsah, zweifellos noch immer von meiner Bemerkung verwundert und verwirrt.[8]

In jedem genialen Werk erkennen wir unsere eigenen, abgelehnten Gedanken. Sie kehren mit einer gewissen entfremdeten Majestät zu uns zurück.
Ralph Waldo Emerson

Eine bemerkenswerte „Wahrheit" ragt aus unseren Untersuchungen über das Verlassen eingefahrener Geleise heraus: *Es ist das „Nicht-Begreifen", das Zeit beansprucht und den Schmerz verursacht.* Wir investieren typischerweise enorme Energien in Widerstände gegen neue, nützliche Lösungen, um das Offensichtliche zu vermeiden. Es ist kein Wunder, daß wir „Heureka!" rufen, wenn wir es endlich *sehen*, daß wir ein Gipfelerlebnis haben und fühlen, wie sich unsere Welt neu ordnet.

Es gibt eine interessante Regel, die für das Leben im allgemeinen gültig zu sein scheint. Sie wird die 80/20-Regel genannt oder Paretos Gesetz (nach Vilfredo Pareto, dem italienischen Ökonomen und Soziologen, der es erfunden hat). Es lautet: „20 Prozent dessen, was man tut, produzieren 80 Prozent der Ergebnisse, und umgekehrt produzieren 80 Prozent dessen, was man tut, nur 20 Prozent der Ergebnisse."

Für den Umsatz bedeutet das, daß 20 Prozent der Kunden in der Regel 80 Prozent der Erträge produzieren. Im Management bedeutet das: Es ist wichtig, das „entscheidende wenige" von dem „trivialen vielen" zu trennen. Für die Delphinheit bedeutet es, daß man seine Fähigkeit entwickelt, schnell die 20 Prozent zu bestimmen, die wichtig sind, sowie seine Fähigkeiten zur Veränderung darauf

138

konzentriert, und die 80 Prozent, die nicht so wichtig sind, erledigt, wenn wir die Zeit dafür haben.

Dieses ist eine Durchbruch-Einsicht. Um als Delphin leistungsfähig zu sein, müssen wir uns nur mit den 20 Prozent befassen. Und wie machen wir *das?* Wir achten auf das, was funktioniert und tun etwas anderes, wobei wir die in diesem Kapitel beschriebenen Delphin-Techniken einsetzen.

DelphinArbeit

Übung Nr. 1

Wenn nicht funktioniert, was Sie tun, müssen Sie etwas anderes tun. Aber was? Um zu einer erfolgreichen Antwort zu kommen, ist es hilfreich, zwei Gebiete zu erforschen:

(1) „Was haben wir gelernt?" und (2) „Was muß ich lernen?" Denken sie über die Gedanken und Ideen nach, die Ihnen nach dem Lesen der folgenden Fragen kommen:

1. Wenn diese Situation lustig wäre, worüber würden wir lachen?
2. Wie würden wir dieses Problem betrachten/lösen, wenn wir 20 Jahre älter wären? Oder 20 Jahre jünger?
3. Was würde ich anders tun (denken, sagen), wenn dieses Problem eine Chance wäre?
4. Wie hat die alte Lösung in der Vergangenheit funktioniert? Warum ist die Lösung jetzt ein Problem?

5. Was würde geschehen, wenn diese Situation das genaue Gegenteil von dem bedeuten würde, was ich denke?

6. Wie würde dieses Problem vom Standpunkt eines anderen Menschen aussehen?

7. Welches ist das größere Problem, von dem dieses nur ein Teil ist?

8. Was will der Mensch, der dieses Problem schafft, *wirklich*?

9. Ist dieses Problem das System? Wenn ja, wie umgehe ich es?

10. Welche Emotionen fühle oder blockiere ich, die mich zu reagieren veranlassen; — aus Gewohnheit oder wegen der alten Programmierung meines Gehirns zu reagieren, statt mit Frische und Kreativität zu handeln?

Übung Nr. 2 *

Schreiben Sie auf einem Blatt Papier auf, was genau, welche wenigen, kritischen Ergebnisse Sie glauben erreichen zu müssen, damit Sie erfolgreich sind.

Denken Sie als nächstes darüber nach, was Sie daran hindert, sie zu erreichen, und schreiben Sie diese Hindernisse auf.

Nun fragen Sie sich selbst: „Wenn ich zu 100 Prozent für das verantwortlich wäre, was ich will und tue, was würde ich anders machen?"

---

* Diese Übung verdanken wir Michael Higgins.

4
„Auf Kurs" sein:
Dem „schmerzhaften
Schicksal" ausweichen

Eine der armseligsten Kreaturen aller Lebensformen ist ein Fisch auf dem Trockenen. Wenn ein *echter* Fisch plötzlich aus dem *echten* Wasser gezogen wird, ist die Situation in der Tat sehr ernst. Beim Menschen steht der Tod nicht unmittelbar bevor, wenn wir uns auf dem Trockenen wiederfinden. In unserem Schicksal tritt eher ein chronisches Unwohlsein auf. Es erscheint uns oft als vage und rätselhaft, sodaß wir es nach einer gewissen Zeit einfach als eine der „Konstanten" unseres Lebens akzeptieren, als eine Erkrankung wie ein Ekzem, Arthritis in den Kniegelenken oder eingewachsene Zehennägel, mit denen uns eine grausame Natur belastet hat.

Karpfen und Haie sind für das „schmerzhafte Schicksal" besonders empfänglich. Delphine sind schnell, wenn irgendein Zeichen von Abweichung oder Abkoppelung es fordert.

Delphine bestehen auf der Identität zwischen *dem was sie tun, denken und fühlen, warum sie an dem Platz sind* und *wer sie sind.* Delphine suchen nach innerer Zufriedenheit und Kongruenz, sie leben in innerem Gleichklang. Delphine akzeptieren weder langfristig noch sehr oft, wie „ein Fisch auf dem Trockenen" zu existieren.

Es war erstaunlich. Ein neuer Vizepräsident wurde eingestellt, gab meinem Boß sechs Tage, um seinen Platz freizumachen, und feuerte mich, ehe wir zehn Worte gewechselt hatten. Ich habe sie gezählt.
Zitiert von Paul Hirsch in Pack your own Parachute

141

Wanderung von den Gewässern des Hais in die Gewässer des Delphins.

John Sculley ist der Chef von Apple Computer Inc. Bevor er diesen Job antrat war Sculley mit 38 der jüngste Vizepräsident bei Pepsi Cola und ein möglicher Thronfolger für den Spitzenjob. Es war einer der spektakulärsten Wechsel in der Führungsebene, den die Öffentlichkeit mit großem Interesse wahrnahm. Sculley war bei Pepsi allem Anschein nach ein Hai. Dann verließ er von einem Augenblick zum anderen die Straße des Glückes, auf der er Sicherheit, finanzielle Unabhängigkeit hatte, und schlug sich mit dem Wechsel in ein riskantes Gelände. Er zog von einer Küste zur anderen um, begab sich in eine risikoreiche und schwierige Führungsrolle in der schwindelerregenden, stark dezentralisierten, für jedermann freien Atmosphäre bei Apple Computers. Es war der Zeitpunkt, als Sculley erkannte, daß er jahrelang ein Fisch auf dem Trockenen gewesen war. Dabei ist er von den Gewässern des Hais in die Gewässer des Delphins gewandert.

In seiner Autobiographie *Odyssey (Odysee)* schreibt er:
Als Kind bastelte ich gern an elektrischen Sachen herum. Ich spielte fast nie mit Spielzeug. Ich erinnere mich, daß ich mit fünf eine Trockenbatterie, einen Summer und Verbindungskabel zu Weihnachten bekam. In dem Alter fing ich auch an, in unserer Wohnung Sicherungen durchbrennen zu lassen. ... Im Alter von elf Jahren wurde ich Amateurfunker. Mit vierzehn, 1954, führte mich meine Faszination von der Elektronik dazu, eine Kathodenstrahlröhre für das Farbfernsehen zu erfinden. ... Mein Vater hat mir geholfen, einen Patentanwalt zu finden. ... Als Teenager wachte ich um 4.00 Uhr morgens auf und plauderte mit (meinem Großvater) über die Zukunft. Eine Geschichte, über eine fliegende Untertasse, die er in Bermuda gesichtet hatte, nahm mich so gefangen, daß ich am nächsten Tag auf Patrouille ging, ein Fernglas in der Hand, und den Himmel nach

Außerirdischen absuchte. Da ich keine fand, habe ich schließlich selbst eine fliegende Untertasse mit einer neuen Kreisflügel-Konstruktion auf der Basis von Bernoullis Prinzip erfunden. ... Meine sture Konzentration auf den Erfolg bei Pepsi hat mich irgendwie dazu geführt, mein frühes Interesse an Erfindungen und Technologie aufzugeben.[1]

Als Sculley seinen Posten bei Pepsi aufgab, um bei Apple anzufangen, konnte man dies bei Pepsi nicht glauben. Wie konnte er eine sichere Zukunft aufgeben, die ihm den Spitzenjob in einer weltweit bewunderten, mächtigen Firma praktisch garantierte, um sich in eine so fragwürdige Situation in der (zu jener Zeit) noch unerprobten Welt der Personalcomputer zu begeben?

Die Antwort wird möglicherweise von Sculleys früheren Kollegen und Mentoren noch immer nicht ganz verstanden. In Wirklichkeit ist es aber eine sehr einfache Angelegenheit. Nachdem er jahrelang zunehmend auf dem Trockenen gewesen war, befand sich Sculley plötzlich wieder in seinem Element. Nachdem er jahrelang immer weiter vom Kurs abgewichen war, befand sich John Sculley plötzlich wieder *auf Kurs, on purpose.**

Er wußte das ohne jeden Zweifel, weil er es fühlte.

Ein fundamentaler Unterschied zwischen Delphinen und ihren Mitakteuren in „dem Teich" ist der, daß Delphine verstehen, wie wichtig es ist, zu wissen, was ihre Absicht, ihr Ziel, der Sinn im Leben *ist*, und jederzeit zu wissen, ob sie zu einem bestimmten Zeitpunkt *auf* Kurs sind. Karpfen und Haie erkennen und verstehen die Wichtigkeit des *purpose* (Kurses = Sinnes) oftmals *nicht*.

---

* Wir übersetzen „purpose" hier mit „Kurs", was das Wortfeld am Besten, aber nicht vollkommen abdeckt; CPL.

> Wir lernen ... daß der Tod einen Nutzen hat, denn ... die Welt ändert sich weiter, und wir können mit ihr nicht mehr Schritt halten. Wenn ich überhaupt Schüler habe, kann man folgendes von jedem einzelnen von ihnen sagen: Sie denken selbst.
> Warren S. McCullock

Wenn wir „auf Kurs" sind, erfahren wir, daß unser Leben einen Sinn hat.

143

Wir können „Kurs" unterschiedlich definieren. Erstens: Wenn wir unsere Absicht kennen, haben wir einen Anker, ein Mittel des Geistes, das uns eine gewisse Stabilität liefert, damit uns die Überraschungen eines kreativen Universums nicht hin- und herschleudern, uns nicht ständig seekrank machen. Oder wir können uns unsere Absicht als eine Seekarte denken, auf der Untiefen und Felsen, Sandbänke und Wracks eingezeichnet sind, als etwas, das uns führt und auf Kurs hält. Die vielleicht tiefschürfendste Aussage, die wir über das *Auf*-Kurs-sein machen können, ist diese: Wenn das unser Status, unser Zustand ist, erkennen wir, daß unser Leben einen *Sinn* hat, und wenn wir *vom* Kurs abgewichen sind, sind wir über Bedeutungen und Motive verwirrt.

Delphine sind nicht immer auf Kurs. Dazu ist das Leben zu kompliziert. Aber, und das ist entscheidend, wenn sie vom Kurs abgewichen sind, erkennen sie es fast gleichzeitig. Und dann wird unverzüglich eine intensive und leidenschaftliche Suche nach dem eingeleitet, was verlorengegangen oder in Unordnung geraten ist.

Vom Kurs abgekommene Menschen und Organisationen finden sich in der gleichen Situation, wie sie der ehemalige Football-Trainer der Universität Texas, Darrell Royal, beschrieben hat, als er über die Gefahren sprach, die im Werfen eines Passes liegen. „Drei Dinge können passieren, und zwei davon sind schlecht", sagte Royal. Wenn man *vom* Kurs abgekommen ist, ist das einzige Gute, das passieren kann, daß man Glück hat. Man tut das Richtige, ohne zu wissen, warum oder wie man es getan hat. Das Ergebnis macht einfach „Klick", und man fühlt sich danach geschlossener und konzentrierter. Normalerweise funktioniert es aber nicht so. Wenn wir *vom* Kurs abgewichen sind, stolpern wir typischerweise blind von einem Fehler im Leben zum nächsten und leiden unter „dem

> „Vom Kurs" abgekommen, können wir von einem Fehler in unseren Lebensentscheidungen zum nächsten stolpern.

schmerzhaften Schicksal." Zum Beispiel nehmen wir wieder und wieder Jobs aus den innerlich als nicht adäquat und unbefriedigend empfundenen Gründen an: Der Job bietet ein besseres Gehalt, er bietet eine Chance zum Vorankommen, er hat ein starkes Prestige, oder „man tut das einfach." Wenn wir aber dort sind, fühlen wir uns, weil wir vom Kurs abgewichen sind, wiederum elend, wir empfinden uns als Opfer des „schmerzhaften Schicksals", wir haben uns wieder zum Versagen verleitet.

Unter derartigen Umständen haben wir vier Möglichkeiten:

◆ Wir können aussteigen.
◆ Wir können die Organisation oder Umgebung wechseln.
◆ Wir können uns ändern.
◆ Wir können leiden.

Von Delphinen kann man erwarten, daß sie nach den ersten drei Möglichkeiten handeln. Karpfen, pseudo-erleuchtete Karpfen und Haie entschließen sich typischerweise entweder zum Leiden, oder sie stolpern in das Leiden, still oder nicht so still, passiv oder nicht so passiv. Manchmal machen sie sich zur Zielscheibe von Angriffen und manchmal nicht, manchmal rächen sie sich durch Sabotage oder indem sie andere Menschen angreifen und manchmal nicht. Wie auch immer die Rolle gespielt wird, das Endprodukt für jede Organisation ist die Abweichung von den erklärten Zielen: Stunde um Stunde, Tag für Tag wird die Organisation unweigerlich vom Kurs abgebracht.

Der Schlüssel zur Vermeidung des „schmerzhaften Schicksals" ist das Wissen um unseren Lebenszweck und die Benutzung dieses Wissens, um Entscheidungen zu treffen, die mit unseren tiefsten Werten übereinstimmen. Wenn man diese Art des Gleichklanges genießt, ist man sich der Fähigkeit sicher, mit einem Gefühl der Integrität zu leben.

Der Schlüssel ist die Kenntnis unseres „Kurses" und die Achtung vor unserer tiefempfundenen Werte.

Wir besitzen die Kunst, damit wir nicht an der Wahrheit sterben.
Nietzsche

Wenn wir einmal „auf Kurs" sind, müssen wir bei unserem Versuch, mit Integrität zu handeln, nur noch in Kontakt und in Einklang mit unseren tiefsten Werten kommen, den Werten unserer innersten Welt, in der die Probleme des Sinnes und anderer gewichtiger Angelegenheiten gelöst werden. Wir müssen Kontakt zur Welt der Glaubenssätze, der Standards finden, anhand derer die ganze Außenwelt unseres Lebens beurteilt wird.

Delphine verstehen, daß Teams, Gruppen, Familien und Individuen eine ähnliche Absicht gemeinsam haben können, wenn sie „auf Kurs" sind, und doch außerordentlich unterschiedliche Standards oder Werte einsetzen können. Daher ist eine der entscheidenden Fähigkeiten des Delphins die Wertschätzung und unterstützende Reaktion auf die Werte anderer, die versuchen, ihren Zweck im Leben oder in der Organisation zu „aktualisieren." Wenn Delphine die Brille der Werte und Glaubenssätze aufsetzen und „den Teich" untersuchen, sehen sie folgendes:

Ende des 20. Jahrhunderts bestätigt ein neues Fachgebiet — die Kognitionswissenschaft — , was Delphine bereits intuitiv wußten:

Unser Gehirn ist ein Spiegelkabinett, und ein begabtes dazu.

Dieses Organ, mit dem wir denken, fühlen und „handeln", besitzt eine außerordentliche Fähigkeit, sich eine zutiefst selektive „Innenwelt" aufzubauen. Mit einem verborgenen Logik- und Filtersystem, das die beste „Reinraum"-Technik der Computerindustrie in den Schatten stellt, wählt das Gehirn mit eiserner Autokratie, was es wissen will und wie es wissen will.

In diesem Spiegelkabinett können schlecht passende Informationen von der Außenwelt auf unterschiedliche Weise behandelt werden. Wenn die Verteidigungsmechanismen des Gehirns vorbereitet sind, kann es sein, daß „fremdartige" Informationen über-

---

Jedesmal, wenn wir unsere Umwelt veränderten, hat die Umwelt unsere Verhaltensweisen verändert, und unser neues Verhalten verlangte eine neue Umwelt.
Laurence J. Peter

Das „Spiegelkabinett" des Gehirns ist seine Weltsicht.

haupt nicht registriert werden. Wenn sie registriert werden, kann diese Information auf phantastische Weise verzerrt werden, bis sie akzeptiert werden kann. Oder, wenn sie in solchen Mengen und mit solcher Kraft ankommen, daß sie nicht ignorierbar oder verzerrbar sind, können Informationen, die die sorgfältig aufbereiteten Annahmen des Gehirns über „die *wirkliche* Welt da draußen" bedrohen, zu Strategien der Leugnung, des Zorns, des Handelns und des Schmerzes führen. Wenn derartige Umstände häufig eintreten, ist ein Individuum eindeutig „vom Kurs abgekommen" und leidet unter innerer Verwirrung, und es schafft wahrscheinlich äußere Verwirrung. (Die Bücher von Oliver Sacks liefern beredte Beispiele; CPL.)

Wir nennen das „Spiegelkabinett" des Gehirns seine Weltsicht. Trotz all ihrer potentiellen Exzentrizitäten und individuellen Gestaltung existieren Weltsichten nicht unabhängig von der „äußeren" Existenz. So wie das Gehirn die Welt formt, formt die Welt das Gehirn. So wie das Gehirn Informationen formt, formen Informationen das Gehirn. So wie das Gehirn geformt wird, so wird seine Weltsicht oder sein Spiegelkabinett geformt. Wir beziehen uns auf Kapitel 2 und erinnern, daß die Welt bisher drei große „Wellen" der Veränderung erlebt hat. Jede dieser Wellen hat das Gehirn geformt, und jede Veränderung wurde durch das Gehirn geformt. Sie haben unzweifelhaft bereits erfahren, daß das Gehirn zwei Hemisphären besitzt. Jede erzeugt sehr unterschiedliche Rhythmen. Um in unserem Bild zu bleiben, liefert eine Hemisphäre den primären Rhythmus des Karpfens, die andere den primären Rhythmus des Hais.

Delphine erkennen, daß zwei große Kräfte, die unterschiedlichen Verarbeitungsweisen des Gehirns und die drei großen Wellen der Veränderung in der menschlichen Geschichte, ihre Einflüsse in den

Die Werkzeuge des Geistes werden zur Last, wenn die Umwelt, die sie notwendig machte, nicht mehr existiert.
Henri Bergson

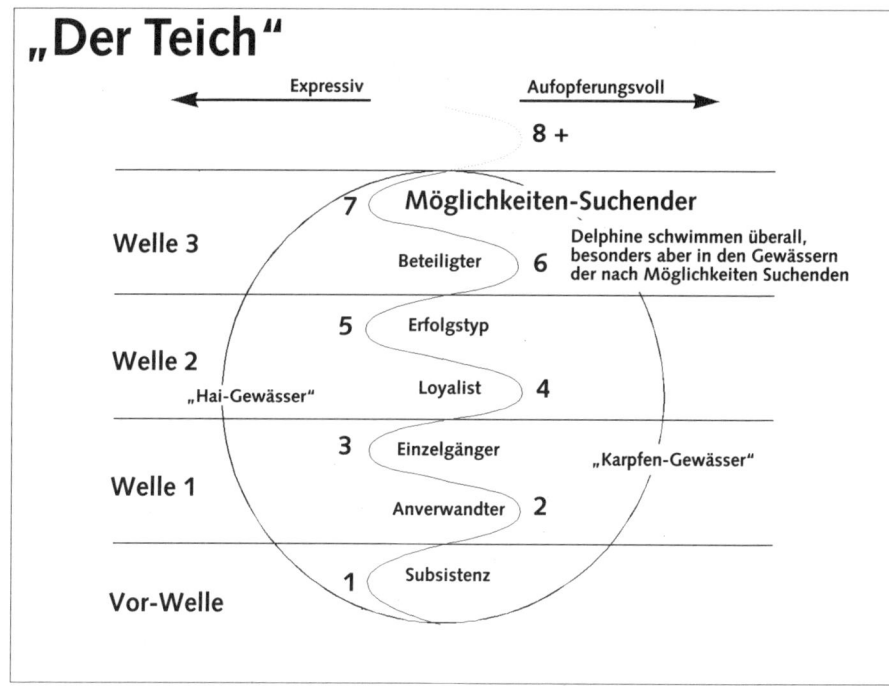

Abb. 4.1 Bewertungssysteme

Eine Hemisphäre kann Lösungen in bildhaften Gestalten ausdrücken, die andere kann eine Unmenge Lösungen schaffen, die passend sein können oder auch nicht.

letzten 40.000 Jahren kombiniert und sechs wichtige Muster erzeugt haben, mit denen man „auf Kurs" sein kann. Diese sechs „Spiegelkabinette" sind in der Betrachtung „des Teiches" in Abbildung 4.1 dargestellt. Anzumerken ist, daß die Weltsicht 1, *die des Homo sapiens existens,* dargestellt ist, aber in der Welt der Erwachsenen selten angetroffen wird, außer unter den Geisteskranken oder Senilen. Da dieses nicht Kern unserer Betrachtung ist, wird es daher hier nicht ausführlich behandelt.

Es ist typisch für Karpfen, daß sie auf der rechten Seite „des Teiches" schwimmen, der von der rechten Hemisphäre dominierten Seite des Möglichen, und Haie schwimmen in den Gewässern auf der linken, der von der linken Hemisphäre dominierten Seite. Weil

148

sie hauptsächlich auf der rechten Seite schwimmen, sind Karpfen empfänglich für die Tendenz der rechten Hemisphäre: zu viel naiv anzunehmen und zu wenig zu fragen. Die „Karpfen"-Hemisphäre ist es zufrieden, das Symbol für den Grund oder den Grund für das Symbol zu setzen, d.h., Entscheidungen auf der Grundlage von Schnappschüssen oder Cartoons zu treffen, wenn in Wirklichkeit eine ernsthaftere Analyse und Reflexion von umfassenderem Wesen gerechtfertigt sind.

Das Corpus Callosum verbindet die beiden Hemisphären mit seinen zweihundert Millionen Nervenfasern. Auf der anderen Seite der Furche hat die linke Hemisphäre ebenfalls ihre Beschränkungen. Von dieser Hemisphäre kann man sagen, daß sie Hunderte von Variationen ihrer selbst im Regal lagert, wobei jede Variation auf einen spezifischen Satz von Umständen abgestimmt ist und in die geistige Realität eingeführt werden kann wie ein Tonband. Wie ein Diskjockey mit zu vielen Wünschen und einer Auswahl zu vieler Platten kann die „Hai"-Hemisphäre die wirkliche Stimmung und Bedeutung von Ereignissen leicht verkennen, weil sie so beschäftigt damit ist, Bänder auszutauschen oder gar die nicht angemessenen abzuspielen, oder weil sie aus ihrer eher zynischen Perspektive eine wichtige Nuance nicht erkennt.

Offensichtlich besitzt das Gehirn eines Delphins die Karpfen- und die Hai-Hemisphäre ebenfalls, jedoch scheint das Befehlssystem ganz anders zu sein. Statt die Kontrolle vorwiegend der einen oder anderen Hemisphäre zu übertragen, haben Delphine das „Handlungszentrum" nach vorn in die integrierenden Stirnlappen verlagert. Das behaupten zumindest Forscher wie Walle Nauta vom Massachusetts Institute of Technology und George Edgin Pugh.[2] Delphine sind zu einem großen Teil Delphine, weil sie, abhängig von

Wheelers Universum ist ein selbsterregendes System, das durch Selbstbezug hervorgebracht wurde und von einer Physik abhängig ist, die gerade richtig für die letztendliche Entwicklung des Lebens und des menschlichen Bewußtseins ist. Vergangenheit, Gegenwart und Zukunft sind in diesem Universum auf eine solche Weise „verdrahtet", daß seine Geburt aufgehalten wird, „bis der blinde Zufall der Evolution garantiert, für eine nicht Null betragende Dauer seiner zukünftigen Geschichte das Bewußtsein sowie das Bewußtsein von der Bewußtheit und die kommunizierende Gemeinschaft, welche diesem Universum von Anfang bis zum Ende einen Sinn geben wird, zu erzeugen.
Erich Harth in Windows of the Mind, über die Ansichten von John Archibald Wheeler

149

ihren Wünschen und Bedürfnissen, überall in „dem Teich" schwimmen können.

Im Kontakt mit anderen nehmen Delphine instinktiv die innere Welt des anderen Menschen wahr. Sie durchschauen jenes entscheidende, sinngebende „Spiegelkabinett", das die Realität bestimmt und für jeden Menschen wichtig ist. Delphine erkennen, daß das allmähliche Erkennen des Lebenzweckes einen Menschen veranlassen kann, von einem Wertsystem zu einem anderen zu wechseln. Durch sorgfältiges Zuhören und sorgfältige Beobachtung stellen sich Delphine auf die Realitäten ein, mit denen sie arbeiten, und die sie durchdringen müssen, um eine produktive, menschliche Beziehung herzustellen und sich mit Integrität mit den bisherigen bedeutenden Weltsichten der Spezies auseinanderzusetzen. Diese Weltsichten werden nachfolgend beschrieben.

Weltsicht 2: Der Anverwandte
(Homo sapiens gregarius oder der einfache Mensch)
Wichtigstes Lebensideal: *Aufopferungsvoll* zu leben — zum besten seiner Familie, seines Stammes, seiner Sippe oder Gruppe.

Er benötigt zur Unterstützung seiner Werte: Sicherheit, ständige Überwachung, die Gelegenheit, in der Nähe der Familie und Freunde zu arbeiten und zu leben.

Die für ihn wichtigsten Fragen: Wird man sich um mich kümmern? Kann ich bei meinesgleichen sein?

Weltsicht 3: Der Einzelgänger
(Homo sapiens audax oder der tollkühne Mensch)
Wichtigstes Lebensideal: *Expressiv* zu leben — seine eigenen Bedürfnisse zu erfüllen und sich nicht im geringsten um diejenigen anderer Menschen zu kümmern.

Er benötigt zur Unterstützung seiner Werte: Gelegenheiten, Macht, Wagemut und Tüchtigkeit zu zeigen; beschäftigt zu bleiben und jede Menge Erfahrung aus erster Hand zu sammeln; unmittelbare persönliche Genugtuung zu genießen.

Die für ihn wichtigsten Fragen: Ist dies eine Chance für mich, Macht, Einfluß oder Herrschaft über andere zu gewinnen? Ist dies eine Chance für mich, meine Verteidigung zu verbessern oder Macht zu demonstrieren? Wird dies meine unmittelbaren Wünsche befriedigen?

Weltsicht 4: Der Loyalist
(Homo sapiens stabilis oder der zuverlässige Mensch)

Wichtigstes Lebensideal: Jetzt *aufopferungsvoll* für Belohnungen zu leben, die später kommen.

Er benötigt zur Unterstützung seiner Werte: Gelegenheit, zu dienen und sich als würdig zu erweisen, klar definierte Regeln und Erwartungen; eine stabile, vorhersagbare Umwelt mit wenigen Risiken; Bestätigung vorhandener Glaubenssätze.

Die für ihn wichtigsten Fragen: Ist dies eine Gelegenheit, mich würdig zu erweisen? Ist dies eine Chance zum Dienen? Kann ich mehr über die Regeln und das Richtige erfahren?

Weltsicht 5: Der Erfolgstyp
(Homo sapiens perfectus oder der vollständige Mensch)

Wichtigstes Lebensideal: Mit Berechnung *expressiv* zu leben, so daß er nicht den Zorn anderer provoziert.

Er benötigt zur Unterstützung seiner Werte: Hohe potentielle Rendite auf seine Investition; eine Chance zur Kontrolle und Einflußnahme; eine Gelegenheit vorwärtszukommen, Anerkennung, Status und Prestige; Schnellebigkeit und starkes Wachstum.

151

Die für ihn wichtigsten Fragen: Kann ich eine hohe Rendite auf meine Investition bekommen? Ist dies eine Chance für mich, Besitz, Status oder Kontrolle zu gewinnen? Ist dies eine Gelegenheit, vorwärtszukommen? Ist dies ein Weg, die Früchte meines Erfolges zu genießen oder zur Schau zu stellen?

Weltsicht 6: Die Beteiligte
(Homo sapiens aquarius oder der Wassermann/die Wasserfrau)

Wichtigstes Lebensideal: *Aufopferungsvoll* zu leben — etwas später zu Erlangendes aufgeben, um jetzt für sich selbst und andere etwas zu haben.

Sie benötigt zur Unterstützung ihrer Werte: Teilhabende, demokratische und teamorientierte Situationen; Situationen, die locker, persönlich, natürlich sind, die freundschaftlich sind und Spaß machen; Gelegenheiten zu innerem Wachstum und zur Beteiligung an würdigen Dingen im Zusammenhang mit Menschen- und anderen „Lebens"-Rechten.

Die für sie wichtigsten Fragen: Ist dies eine Gelegenheit für mich, angenommen und beteiligt zu werden? Ist dies eine Gelegenheit zur „Bewußtseinserweiterung"? Wird das Spaß machen? Werde ich „inneres Wachstum" erfahren? Ist dies eine Chance zur Intimität und zum Teilen von Gefühlen mit anderen?

Weltsicht 7: Der nach Möglichkeiten Suchende
(Homo sapiens delphinus oder der DelphinMensch)

Wichtigstes Lebensideal: *Expressiv* und *erfahrungsorientiert* zu leben und einen altruistischen, funktionellen Standpunkt zu allen großen und kleinen Fragen zu beziehen.

Er/Sie benötigt zur Unterstützung ihrer Werte: Große Freiheit und persönliche Möglichkeiten; Gelegenheiten zur Zusammenarbeit mit sehr kompetenten Menschen auf ihren Interessensgebieten, Chancen, die Wahrscheinlichkeit des Überlebens und der Qualität allen Lebens auf der Erde zu verbessern.

Die für sie/ihn wichtigsten Fragen: Ist dies für mich interessant und anregend? Ergibt dies einen Sinn? Ist dies eine Chance für Abgeschiedenheit und Zeit zum Nachforschen und Denken? Ist dies eine Gelegenheit zur Zusammenarbeit mit sehr kompetenten Menschen?

Da sie nicht erkennen, was das Gehirn sich selbst und anderen antut, wenn es „an Land geworfen" wird, wenn es sich „vom Kurs abgekommen" oder nicht im Einklang mit seinen Werten findet, finden sich Karpfen, pseudo-erleuchtete Karpfen und Haie immer wieder in unangenehmen, schmerzlichen, schädlichen, selbst auferlegten und selbstzerstörerischen Umständen.

Das geschieht wieder und wieder in der Politik, in der Geschäftswelt, in den Familien. Ein Präsident der Vereinigten Staaten, der die Welt durch die Filter der Weltsicht des Beteiligten/Erfolgstyps betrachtet, trifft ein grobes Fehlurteil über einen mächtigen, ausländischen Machthaber, der entsprechend den Werten eines Loyalisten/Anverwandten handelt, und bezahlt in der nächsten Wahl mit einer der schlimmsten Niederlagen in der Geschichte der amerikanischen Politik. Ein Präsidentschaftskandidat nimmt an, er könne sein persönliches und berufliches Leben entsprechend der Weltsicht des Erfolgstyps leben, und wird, zumindest zeitweise, durch Reporter aus dem Rennen geworfen, die nach ihren Loyalisten/Einzelgänger-Werten handeln. Auf Erfolgstypen ausgerichtete Entscheidungsträger der US-Autoindustrie weigern sich anzuerkennen, daß Millionen einst loyaler Autokäufer entweder ihre Werte auf eine Erfolgstyp-Weltsicht verlagert, oder Kinder großgezogen

> Ein Vater erkennt nicht, daß seine Kinder andere Weltsichten haben.

Man betrachte einen Mann, der einen Baum mit einer Axt fällt. Jeder Hieb der Axt wird entsprechend dem Einschnitt im Baum modifiziert oder korrigiert, den der vorherige Hieb hinterlassen hat. Dieser sich selbst korrigierende (d.h. geistige) Prozeß wird durch das Gesamtsystem aus Baum, Auge, Gehirn, Muskel, Axt, Hieb, Baum herbeigeführt, welches die Merkmale des immanenten Geistes hat.
Gregory Bateson, Steps to an Ecology of Mind (Dt.: Ökologie des Geistes)

haben, die auf die Weltsicht des Erfolgstyps, Beteiligte oder nach Möglichkeiten Suchenden ausgerichtet sind und die konkurrenzfähige, qualitativ hochwertige, technologisch fortschrittliche Produkte wollen. Und Jahr für Jahr, Modell auf Modell, mit einem technischen Fortschritt nach dem anderen, verzehren die Japaner größere Anteile des Kuchens, das heißt die Gewinne und Chancen von Detroit. Ein Vater, der ein Erfolgstyp ist, erkennt die loyalistischen Werte seiner Kinder im Teenager-Alter nicht und treibt mit seinen unaufhörlichen Vorträgen über die Wichtigkeit, der Beste zu sein und jedermann übertreffen zu müssen, einen tiefen, bleibenden Keil zwischen sich und das Kind.

Wenn man „vom Kurs abgekommen" oder nicht im Gleichklang mit seinen Werten ist, so ist das für Organisationen und Individuen lähmend. Ein einziger „vom Kurs abgekommener" Angestellter kann die Erfolgsaussichten einer Organisation zerstören oder schmälern — ein Umstand, der gelegentlich als der „Trimmruder-Faktor" bezeichnet wird.

An Flugzeugtragflächen und am Kiel von Rennjachten sind Trimmruder kleine, verstellbare Klappen, die das Ausgleichen und Stabilisieren der Fahrzeugbewegung unterstützen. Das Prinzip des Trimmruders gilt auch für das Ruder eines Schiffes. Bei der Erklärung des Trimmruder-Faktors hat [der verstorbene] Buckminster Fuller [Architekt, Erfinder, Philosoph] das Bild eines großen Hochseeschiffes benutzt, das das Wasser mit großer Geschwindigkeit durchpflügt. Die Masse und das Bewegungsmoment eines solchen Schiffes sind enorm, und es ist eine große Kraft erforderlich, um sein Ruder zu drehen und die Fahrtrichtung des Schiffes zu ändern. In der Vergangenheit hatten einige große Schiffe an der Hinterkante des Hauptruders ein weiteres, kleines Ruder, das Trimmruder. Mit nur geringem

Kraftaufwand konnte eine Person das Schiff leicht wenden. Somit zeigt der Trimmruder-Faktor, wie der genaue Einsatz einer kleinen Hebelkraft eine machtvolle Wirkung haben kann.[3]

Nur eine Person — nur ein Trimmruder: eine kleine, aber machtvolle Wirkung, die zum Guten *oder* Schlechten wirken kann.

Delphine erkennen, daß Werte ein Muster annehmen. Das sollte uns nicht weiter überraschen, denn je tiefer wir eine beliebige Art von Verhalten erforschen — ob es das Verhalten der Natur beim Erschaffen einer Landschaft oder einer Lunge oder das Verhalten einer Gesellschaft beim Erschaffen eines Marktes oder eines Verkehrsstaus ist —, desto mehr erkennen wir, daß anscheinend chaotische Geschehnisse von Gesetzen bestimmt werden, den Gesetzen des Chaos.

Die Erforschung des Wetters leistet mit die wichtigsten Beiträge zur Chaostheorie. In den 60er Jahren schrieb der Meteorologe Edward Lorenz vom Massachusetts Institute of Technology ein Programm, mit dem sein Computer berechnen sollte, was mit dem Wetter geschehen würde, wenn sich die Windströmungen nur leicht ändern würden. Er verließ sein Labor, um sich eine Tasse Kaffee zu holen, und überließ es seinem zu schwachen Computer, die Zahlen zu verarbeiten. Als er später die Ausdrucke las, erkannte er etwas, das hinterher als der Schmetterlingseffekt bezeichnet wurde: Eine winzige Veränderung der Witterungsbedingungen an einem Ort kann potentiell zu massiven Veränderungen anderswo führen. Zum Beispiel könnte man sich vorstellen, daß der Flügelschlag eines Chrysippusfalters in Kalifornien letztlich zu einem Schneesturm in der Mongolei führen kann. Plötzlich hatten die Meteorologie und andere Wissenschaften einen neuen Grund, „den Trimmruder-Faktor" in vorher unerforschten Aspekten der Natur zu suchen.

Jede Handlung manifestiert uns. Es sind unsere Handlungen eher als unsere Gefühle oder das, von dem wir sagen, wir täten es, die reflektieren, wer und was wir wirklich sind. Jede unsere Handlungen macht eine Aussage über unsere Absicht. Wenn es Unsterblichkeit gibt, wird sie durch unsere ständige Teilnahme am produktiven Prozeß sichergestellt. Wegen uns sind Dinge größer geworden. Etwas Bedeutendes wurde hinterlassen, weil wir existieren.
Leo Buscaglia

Ein Schneesturm in der Mongolei, ausgelöst durch einen kalifornischen Schmetterling?

Alle Schönheit ist relativ. ... Wir sollten nicht ... glauben, daß die Ufer des Ozeans wirklich deformiert sind, weil sie nicht die Form eines regelmäßigen Bollwerks haben, noch, daß die Berge formlos sind, weil sie keine genauen Pyramiden oder Kegel sind, noch, daß die Sterne kunstlos plaziert sind, weil sie sich nicht alle in gleichmäßigen Abständen befinden. Diese sind keine Unregelmäßigkeiten der Natur, sondern beziehen sich nur auf unsere Wünsche; auch sind sie nicht unbequem für die wirklichen Zwecke des Lebens und das Sein des Menschen auf der Erde.
Richard Bentley

Benoit Mandelbrot von der IBM Corporation qualifizierte sich in den 60er Jahren mit seiner Entdeckung einer neuen Geometrie, der Fraktale, ebenfalls für die elitären neuen Reihen der „Chaosforscher", — der Wissenschaftler, die im Chaos nach Mustern suchen. Erstaunlicherweise befaßte er sich mit dem Verhalten der Baumwollpreise im Laufe von 60 Jahren. Als er seine Preiskurven betrachtete, erkannte er, daß diejenigen, die die täglichen Preisschwankungen darstellten, die gleiche Form hatten wie diejenigen, die die monatlichen Preisschwankungen zeigten. Es spielte keine Rolle, ob die Ursachen der Preisschwankungen Krieg, Depression oder die Witterung waren: Das Fraktalmuster, der *wiederkehrende* Grad der *Unregelmäßigkeit*, war für alle Zeitspannen das gleiche. Mandelbrot hat uns auf die Spur der verwickelten Vorliebe der Natur für das gebracht, was oft der „Matjuschka-Effekt" genannt wird: die Skalierung. Sie ist die Erzeugung ähnlicher Formen im Großen wie im sehr Kleinen.

Wenn wir die Delphin-Ansicht „des Teiches" benutzen, die in Abbildung 4.1 dargestellt ist, erhalten wir ein Diagramm der Weltsichten oder Wertemuster, das eine sich wiederholende Skalierung, fraktal-ähnliche Muster, zu zeigen scheint.

Vielleicht ist es nützlich, sich die menschlichen Wertesysteme ähnlich der westlichen Tonleiter zu denken, der Oktave. Der verstorbene Clare W. Graves, der Benoit Mandelbrot der Geometrie menschlicher Werte, beschrieb eine Skala der Sinngebung aus sechs Noten, so wie die Oktave der Musik eine Skala aus acht Noten ist. Es ist eigentlich eine Skala aus sieben Noten, da die erste Note, das C, in der achten Note wieder erscheint. In Abbildung 4.1 sieht man im wesentlichen sein „Sechsermodell". Nachdem er dreißig Jahre Werte kodiert und sein „biopsychosoziales" Modell der Weltsichten

156

geschaffen hatte, hat Dr. Graves ein Skalierungsmuster vorgeschlagen, das sich selbst in jedem sechsten Schritt zu wiederholen beginnt, wenn auch in veränderter Form, mit anderen Worten in Sechserschritten. So betrachtet kann die Schaffung der Weltsicht des Möglichkeiten Suchenden, des Systems 7, durch das Gehirn als „ein großer Sprung für die Menschheit" betrachtet werden, da es einen kühnen neuen Schritt in unbekannte Territorien menschlicher Werte und der Sinngebung auf einer höheren „Ebene" darstellt: in unserer Ecke des Universums die Ebene Nr. 2. Die Weltsicht des Möglichkeiten Suchenden ist die kühnste der neuen Fronten in einem Sinne, den keine frühere Weltsicht beanspruchen kann, dem Sinne des erhöhten Selbstbewußtseins ohne starke Bestandteile des Zwanghaften. Wenn sich Graves Fähigkeiten als „Chaosforscher" über sehr viel längere Zeitspannen bewähren, ist das Versprechen, das in diesem Sprung liegt, enorm. Er stellt zum größten Teil das Wesen der Weltsicht dar, die in diesem Buch vorgestellt wird: den eleganten, segelnden, silbrigen Sprung des Delphins.

Wir haben bei der Brain Technologies Corporation ein weiteres wichtiges Muster innerhalb der Graveschen „Sechserskala" bemerkt: Es scheint einen signifikanten Skalierungsfaktor Vier zu geben. Als System 6 zum Beispiel, der Beteiligte, in den vergangenen 25 Jahren in zahlreichen Menschen wirklich erblühte, besaß es eine unheimliche Ähnlichkeit mit System 2, dem Anverwandten. Plötzlich kehrte das Gehirn zu dem großen Hunger der Stammesangehörigen zurück, mit Urkräften in Berührung und Einklang zu sein, mit den Archetypen eines inneren Reiches. Es wurde eine moderne Suche nach dem Sinn in uralten Lehren gestartet. In der westlichen Welt war eine der prominentesten Sprecherinnen für diese Anwendung der Weltsicht „der Beteiligten" Dr. Jean Houston,

Im reifen Alter übernimmt man also Verpflichtungen für etwas, das größer ist als der Dienst am eigenen, verwickelten, kleinen Ego! ... religiöse Bindungen, Verpflichtungen gegenüber geliebten Menschen und der moralischen Ordnung. In einer freien Gesellschaft dürfen wir nie zu genau festlegen, welche Verpflichtungen das sein sollten.
John Gardner

Mathematiker ... sind sich sehr wohl bewußt, daß es kindisch ist, Kurven zu zeichnen, um zu zeigen, daß jede kontinuierliche Funktion eine Ableitung hat. Obwohl differenzierbare Funktionen die einfachsten und leichtesten sind, mit denen man sich befassen kann, sind sie eine Ausnahme. In der Sprache der Geometrie ausgedrückt, sind die Kurven die Regel, die keine Tangenten besitzen, und regelmäßige Kurven wie der Kreis sind interessant, aber sehr speziell.
Physik-Nobelpreisträger Jean Perrin

eine ehemalige Vorsitzenden der Association of Humanistic Psychology. In ihrer Arbeit *The Search for the Beloved: Journey in Sacred Psychology (Die Suche nach der Geliebten: Reise in die heilige Psychologie)* schreibt Houston:

Obwohl wir Bürger mindestens zweier Welten sind, haben wir den Nutzen und die Ökologie der Innenwelt vergessen. Da wir davor stehen, Bürger in einem Universum zu werden, das bei weitem reicher ist als alles bisher Gekannte, haben wir ein tiefes Bedürfnis nach unserem Archetypus, unserem Geliebten [oder Geist, wie es in System 2 gesehen wird] in der Welt der Tiefe, damit er unser Partner in diesem umfassenderen Bürgerrecht ist. Unser Geliebter und vergötterter Führer kennt die Muster, Formen und Orte, an denen die riesigen Latenzen und psycho-spirituellen Kenntnisse kodiert sind. Auf diese Weise erwächst aus der Liebe Realität.[4]

Diese Manifestation des Systems 6 ist eine unheimliche Rückkehr zur Neigung des Systems 2 zur animistischen „Geisterwelt", einer Welt magischer Gesänge und Heilung. Das ist der Schlüssel zum wirklichen Wesen des Systems 6 — dem Heilen, dem Genesen. Gehirne, die sich „beunruhigen" und ihr „Spiegelkabinett" so neu einrichten, daß es System 6 widerspiegelt, unterliegen psychologisch einem beträchtlichen Schmerz. Dr. Houstons Schrei ist ein Schrei nach Heilung — „große Göttin der Innenwelt, *heile mich!*" Die Gefahr ist offensichtlich und allgegenwärtig: Wenn man es sich einmal in diesem „Garten der ‚psychischen' Heilung" bequem gemacht hat, wollen nur wenige Menschen wieder gehen. Unsere persönlichen und organisatorischen Probleme können heute immens schwierig sein, und es ist weniger bedrohlich, auf ewig in einem Zustand des „Geheiltwerdens" zu bleiben, als gesund zu werden und die Verantwortung dafür zu übernehmen, eine effektive, echte

Die Gefahr des Systems 6 liegt darin, daß wir leicht im Heilungsprozeß gefangen werden können.

Welt zu finden, alltägliche Antworten zu finden. Dies ist ein Preis, den sich keine Organisation, die überleben will, leisten kann.

Delphine sind der Heilung nicht abgeneigt, und da sie selbst Zugang zum System 6 haben, ziehen sie sich bei Bedarf an einen wohltuenden Platz zurück. Aber Delphine haben auch ein scharfes Verständnis für die Achillesferse des Systems 6: Obwohl sie möglicherweise die Sprache des DurchbruchDenkens beherrschen, können Individuen, die hauptsächlich auf der Grundlage dieser Weltsicht arbeiten, nicht durchgängig elegante Lösungen finden und mehr mit weniger tun. Warum nicht? Beteiligte haben die größten Schwierigkeiten beim Ausbrechen und alle fliegen. Sie sitzen auf dem letzten großen Vorposten der ersten Ebene des menschlichen Bewußtseins, und es ist eine große psychische Herausforderung von einer gewaltigen Größenordnung, eine fast unmögliche Aufgabe für einen Menschen, der in diesem Spiegelkabinett verankert ist, loszulassen, auf den eigenen Beinen zu stehen, den Job als eine „Menge aus einem" zu tun, *wenn die Gruppe steckenbleibt und sich an ihre ewige Gebundenheit an den Heilungsprozeß festklammert.*

Welch faszinierende Möglichkeiten ergeben sich, wenn die „Viererregel" und die umfassendere, symphonische „Sechserregel" gültig sind! Wenn wir das Wissen darum, wie das Gehirn Wertsysteme oder Weltsichten kristallisiert, mit unserem wachsenden Wissen um sich wiederholende Skalierungsmuster kombinieren, finden wir uns zum ersten Mal so ausgestattet, daß wir rational versuchen können, was bis heute nur die „Hohepriester" der Metaphysik gewagt haben: auf rudimentäre Weise den künftigen Kurs der Entwicklung des Menschen vorherzusagen. Unter den chaotischen Komplikationen, die durch die fraktale Natur der menschlichen Verhaltens- und Glaubensstrukturen ermöglicht werden, ist es weiterhin töricht zu

Die wahre Freude im Leben liegt darin, für einen Zweck benutzt zu werden, den man selbst als einen gewaltigen betrachtet; gründlich verbraucht zu sein, bevor man auf den Müllhaufen geworfen wird; eine Kraft der Natur zu sein statt ein fiebriger, selbstsüchtiger kleiner Haufen von Krankheiten und Beschwerden, der sich darüber beklagt, daß die Welt sich nicht darum kümmert, einen glücklich zu machen.
George Bernhard Shaw

Wenn die „Viererregel" und die „Sechserregel" benutzt werden, erkennt man, daß mit dem System 5 zum ersten Mal eine zweifache Skalierung eintritt.

glauben, wir könnten die Einzelheiten der weißen Stellen auf der Landkarte der menschlichen Bestimmung in einiger Zukunft sehr genau bestimmen. Aber das ist nicht das Entscheidende oder die Absicht. Das Entscheidende ist *folgendes:* Indem wir die Durchbruch-Entdeckungen der „Entwicklungsstrukturalis-ten", insbesondere von Clare Graves und seinen Kollegen Don Beck und Christopher Cowan, aber auch solcher Pioniere wie Jean Piaget, Jähen Loevinger, Abraham Maslow, Lawrence Kohlberg und Elliott Jacques, mit den überraschenden Einsichten der Chaosforscher „vermählen", werden wir plötzlich dazu ermutigt, darüber nachzudenken, wo diese weißen Stellen *auftauchen könnten.*

Wir wollen das anhand der Abbildung 4.2 versuchen.

Die Systeme 1 bis 7 sind die „Weltsichten", die wiederholt, oft nur mit geringfügigen Abweichungen, durch die Arbeiten der oben genannten Entwicklungsstrukturalisten, durch die bekannte „Studie Werte und Lebensstile" (Values and Lifestiles Study, VALS) von SRI International und durch Untersuchungen von mehr als 60 anderen Sozialwissenschaftlern beschrieben wurden, und deren Arbeit uns bei Brain Technologies genau verfolgt wurden.

Wenn die „Viererregel" und die „Sechserregel" benutzt werden, sehen wir, daß ein neuer Fraktal-Effekt, eine Skalierung in einer Skalierung, im System 5 mit dem Auftauchen der Weltsicht des Erfolgstypen einsetzt. An diesem Punkt, an dem das eng auf das Überleben konzentrierte System 1 sich mit dem neuen System 5 überlappt, aktiviert das Gehirn ein „biopsychosoziales" Verarbeitungssystem, das in der Lage ist, „das Spiel" auf eine berechnete Weise zu spielen oder, um Dr. Graves Lieblingsbegriff dafür zu benutzen, auf vielfältige Weise.

Pioniere mit einem Ziel sind kein Material für heroische Statuen, die hochnäsig auf uns Arbeitstiere herabsehen. Viele sind Menschen, die sagen: „Diese Wohngegend (oder Stadt, Schule, Kirche, Land) geht vor die Hunde. Es ist meine Verantwortung, sie besser zu machen." Am häufigsten finden solche Menschen ein Ziel auf der lokalen Ebene, oder sie reagieren darauf, wenn es sie findet. ...
Gail Sheehy, Pathfinders (dt.:Neue Wege wagen)

Wie oben erwähnt, reflektiert System 6 einen großen Teil der Wertinhalte des Systems 2, die in die „Weinschläuche" eines höheren Komplexitätsgrades transportiert wurden. Mit ihren kombinierten Einflüssen schaffen diese beiden Systeme den Gegensatz der ozeanischen Erwartung wichtiger, neuer menschlicher Potentiale auf der einen Seite und auf der anderen Seite einen oft heftigen Widerstand dagegen, diese Fähigkeiten zu echter Effektivität und Ermächtigung zu führen.

Und doch ist das geschehen. Besonders auf technisch fortgeschrittenen Gebieten arbeiten Gehirne heute, in einer beachtlichen und wachsenden Anzahl, auf einer Ebene von Möglichkeiten und in erweiterten Raumzeit-Umgebungen, die einen Sprung in der Verarbeitung von Komplexitäten signalisieren, der über alles hinausgeht, was früher bei der Spezies beobachtet wurde. Dies ist nicht so sehr ein intellektuelles Ereignis, es ist eher so etwas wie eine Kapazitätssteigerung, eine Verbreiterung des Zugriffs auf die mehrphasigen Verarbeitungsfähigkeiten des Gehirns. Es ist die Meisterung genau der reichhaltigen, gleichzeitigen Orchestrierung des Sortierens, Ordnens und Kombinierens kognitiver Signale, die Hirnforscher wie Michael Gazzaniga und Marvin Minsky dazu geführt hat, begeistert von einem „sozialen" Gehirn in unseren Köpfen zu sprechen.

Wie Abbildung 4.2 zeigt, markiert das System 7, unser Delphin-System, das erste Mal in der menschlichen Geschichte, daß beachtliche Bevölkerungsgruppen Zugang zu den Verarbeitungsharmonien dreier separater *Skalierungsfaktoren* oder Submodalitäten gleichzeitig haben.

An diesem Punkt bietet „die fraktale Geometrie der menschlichen Werte" dem neugierigen Geist eine unvergleichliche Gelegenheit, denn die deutlich werdende kognitive Dynamik des Systems 7

Zum ersten Mal hat eine größere Anzahl menschlicher Gehirne gleichzeitig Zugang zu drei separaten Skalierungsfaktoren.

161

Abb. 4.2 Skalierung der Entwicklung menschlicher Werte

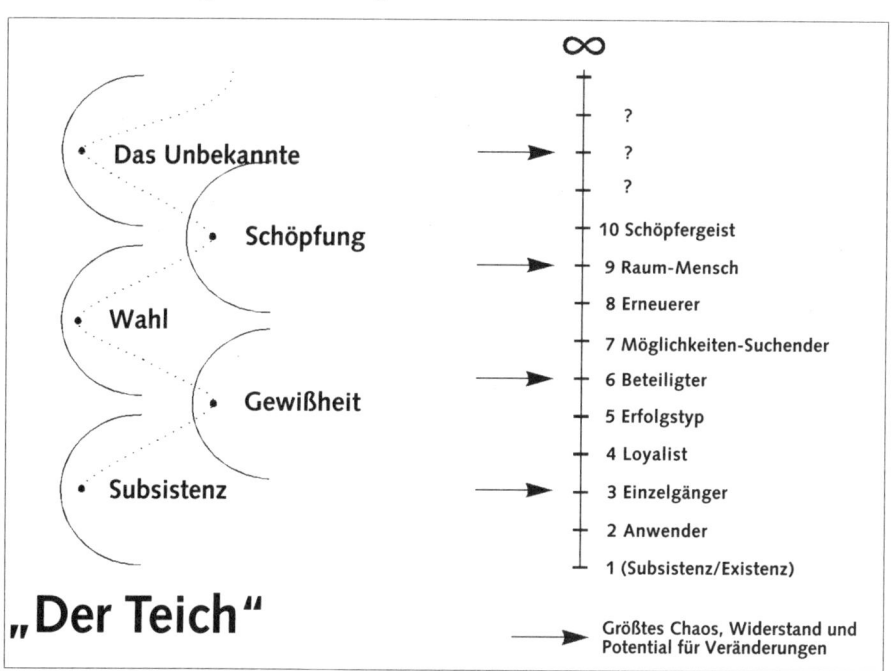

Abb. 4.3 Die großen Attraktoren

weist darauf hin, daß eben unterhalb unseres Bewußtseinshorizontes, in Wartestellung, eine *Meta*skalierung für die Formung menschlicher Werte und Weltsichten existiert. Eine etwas kühne Modellierung dieser Entwicklung finden Sie in Abbildung 4.3.

Wir benutzen einen Terminus der Astrophysiker und der Chaosforscher und nennen diese Metaskalierungsfaktoren „große Attraktoren." Wie gigantische Magnete scheinen sie nach dem menschlichen Gehirn/Geist zu greifen und den urtümlichsten Zug auf seine selbstdefinierenden und selbstbildenden Näherungen auszuüben. Praktisch in ihrer ganzen Geschichte als ein „sich entwickelndes Gefäß moralbildender Empfindung" hat die menschliche Spezies auf die eine oder andere Weise mit dem Zug des jungfräulichen Existenz-Attraktors gerungen. Es war die aktivierende Ikone der Probleme und Fragen des Überlebens.

Mit der Zeit schloß sich diesem großen Attraktor ein zweiter großer Attraktor an. Dieser wuchs über den ersten hinaus: Es war der Gewißheits-Attraktor. Das unmittelbarste Ergebnis war die Synthese der Weltsicht des Loyalisten, dem fraktalen Vorläufer aller großen, monotheistischen Weltreligionen, und der Welle der Industrie selbst. Unser vieldiskutiertes System 7, das Delphin-System, markiert das erste Mal, daß das Gehirn ganz den Einflüssen des dritten großen Attraktors, des Wahl-Attraktors, verfallen ist. Der aktivierende Sprung über den „Rand" des Einflußbereiches des Gewißheits-Attraktors hat sich als ein außergewöhnlich wichtiger erwiesen, und wir haben Grund zu der Annahme, daß er urtümliche Einflüsse auf die Entwicklung zweier zusätzlicher neuer, Wahlmöglichkeiten erzeugend Weltsichten liefern wird, bevor der nächste große Attraktor den Brennpunkt unseres Lebenssinnes neu definiert.

Diejenigen, die sich nicht an die Vergangenheit erinnern, sind dazu verdammt, sie zu wiederholen.
George Santayana

Verglichen mit dem, was sein sollte, sind wir nur halb wach.
William James

Die Systeme 3 und 6: Verwirrend und chaotisch, weil sie sich am „Rand" des Einflusses eines großen Attraktors befinden.

Ich denke mir das Leben eher als ein gutes Buch. Je weiter man es liest, desto besser beginnt alles zusammenzupassen und einen Sinn zu ergeben.
Rabbi Harold Kushner, When Everything You've ever wanted isn't Enough

Schon heute richten uns die Technologien des beginnenden Zeitalters der Produktivität und die anfänglichen Reaktionen von Gehirnen, die für deren potentiellen Mißbrauch empfänglich sind, auf diese weitere Wanderung aus, auf den von uns so bezeichneten Schöpfungs-Attraktor. Durch Extrapolation unseres Skalierungsmodelles der Werte können wir vermuten, daß eines der brennenden Ziele von Gehirnen, die sich in der Verarbeitungsweise der Systeme 10 und 11, in starken Weltsichten des Schöpfungs-Attraktors wohlfühlen, darin bestehen kann, permanent vom Planeten Erde in die von Informationen überquellenden Regionen eines dürftig erforschten Universums auszuwandern. Und danach? Wir bieten folgende berechnete Annahme an: Der fünfte große Attraktor für den Menschen und seine Umwelt wird der Zug des Unbekannten auf einer Ebene sein, die in unserer Erfahrung ihresgleichen nicht hat. Wie bei dem Wahl-Attraktor wird diese Gestaltung der Kräfte des Lebens, wenn das gegenwärtige Muster gültig bleibt, das Gehirn wahrscheinlich zu neuen Komplexitäten der individualistischen Art hinziehen. Möglicherweise werden künftige Generationen so ausgestattet, daß sie Dimensionen und Welten erforschen, die von uns so weit entfernt sind, wie es das Kreuz des Südens von den Bewohnern Kamtschatkas ist.

In *dieser* Welt bietet Abbildung 4.3 Erklärungen für zwei leicht zu beobachtende und überprüfbare „Verhaltensmuster" der heutigen Bevölkerung an. Von den bedeutenden Weltsichten, die in den meisten Belegschaften und den meisten Gemeinschaften vorzufinden sind, stößt keine ihre Benutzer in einen tiefer verwirrenden und quälenden Strudel von Möglichkeiten als diejenige der Systeme 3 und 6, „Einzelgänger" und „Beteiligter". Chaosforscher haben dafür eine Erklärung, die in Abbildung 4.3 dargestellt ist. Die Systeme 3 und 6 sowie die kommenden Systeme 9 und 12 sind für

164

Verwirrung anfällige „Austrittssysteme" aus der Umlaufbahn oder dem „Einflußbereich" oder aus einem großen Attraktor. Die Chaoswissen-schaftler teilen uns mit, daß die „Kante" des Einflußbereiches, der von einem großen Attraktor beherrscht wird (in Abbildung 4.3 durch die großen Punkte in der Mitte der Halbmonde dargestellt), der Bereich der größten Instabilität ist, da sich hier eine Region konkurrierender Kräfte befindet. Es ist der Bereich, in dem die oben beschriebenen Bifurkationen oder Gabelungen zum Tragen kommen. Die Einzelgänger-Weltsicht kennzeichnet den Austritt aus dem Anziehungsbereich des Existenz-Attraktors. Wegen der wilden Energie dieses Systems sind die amerikanischen Gefängnisse überfüllt mit Einzelgänger-Insassen, von denen die meisten unter einer zu großen Spannung stehen, als daß sie für Angebote zu persönlicher Veränderung und Besserung empfänglich sein könnten. Und das System 6 hält, wie wir in Kapitel 1 im Detail beschrieben haben, einen großen Teil einer Generation, der Generation des *großen Schauers*, in seinem oft wütenden, geübten Rachen, da es den letzten Vorposten des Gewißheits-Attraktors darstellt.

Über die bisher bereits behandelten Fragen hinaus gestattet das in Abbildung 4.2 und 4.3 dargestellte Modell, in einem ungewohnten Maße über das Erscheinen und die Natur neuer Weltsichten oder Wertesysteme in naher Zukunft, wie zum Beispiel über die Natur des Systems 8, zu spekulieren.

Abbildung 4.2 legt nahe, daß System 8 die zweite sich bildende Weltsicht sein wird, die durch einen „dreifach fraktalen" Effekt geformt wird. Es werden neue Komponenten vorhanden sein, — und es werden sich einige außerordentliche, neue Kompetenzen ausbilden. Aber die Suppe, in der das Gehirn sich ausbildet, wird wiederum einige vertraute Knochen und Würzen enthalten. Zusätz-

Das passiert mitten in wohlhabenden Gesellschaften und mitten in Wohlfahrtstaaten! Wir haben zu lange einen Traum geträumt, aus dem wir jetzt erwachen. Wir haben geträumt, wir müßten nur die sozialökonomische Lage der Menschen verbessern, dann wäre alles in Ordnung, und die Menschen wären glücklich. In Wahrheit ist mit dem Nachlassen des Kampfes ums Überleben die Frage aufgetaucht: Überleben wofür? Heute haben immer mehr Menschen die Mittel zum Leben, aber keinen Sinn, für den sie leben.
Viktor Frankl

System 8 wird neue Werte-Möglichkeiten sowie Variationen der vertrauten Inhalte der Systeme 2 und 4 reflektieren.

lich zu den neuen, als 8 bezeichneten Bestandteilen, werden einige vertraute „Harmonien" im Spiel sein, die aus dem Loyalisten-System des Gewißheits-Attraktors und dem Anverwandten-System des Existenz-Attraktors stammen. Loyalisten sammeln sich um „die Regeln" und zeigen eine nahezu unerschütterliche Ergebenheit gegenüber einem Gefühl, daß „die Welt so sein *sollte.*" Loyalisten sind zurückhaltend, scheuen Rampenlicht, Ruhm und Publizität für sich selbst. Loyalisten *und* Anverwandte opfern einer höheren Macht, dem Großen Ganzen, und fühlen sich edel und für ihre Lehenstreue belohnt. Wie könnten diese Qualitäten aus einem Gehirn erstrahlen, das sich so reorganisiert hat, daß es eine wesentlich größere Komplexität meistern kann? Wir haben nur eine begründete Vermutung, da uns persönlich noch nicht ein einziger Mensch begegnet ist, dessen Auftreten, Einsichten oder Selbsterklärung für uns den nächsten Quantensprung in der Bildung menschlicher Weltsichten repräsentiert hätte. Aber spekulativ können wir unsere Nachfolger im Geschäft, Weltsichten nachzuspüren, in etwa Folgendes schreiben sehen:

Weltsicht 8: Der Erneuerer
(Homo sapiens restitutus oder der wiederherstellende Mensch)

Wichtigstes Lebensideal: *Kognitiv* und *psychisch* auf eine Weise zu leben, die einem sofort jeden Schaden bewußt macht, der dem Kosmos durch menschliche Handlungen zugefügt werden kann, und die einen so ausstattet, daß man erstens auf diesen Schaden schnell reagieren und ihn mit allen notwendigen Mitteln neutralisieren kann und daß man zweitens den Planeten durch aktive Verwaltung erneuern kann.

Benötigt zur Unterstützung seiner Werte: Eine tiefe Anonymität, die ihn vor dem Glanz individuellen Ausgesetzt-seins schützt; ein

Erkennen und Anerkennen des Bösen; Zugang zu einer Gemeinschaft „Gleichgesinnter", die schnell, mühelos und kraftvoll zusammentritt und sich auflöst, während sie an spezifischen Problemen von übergeordnetem Interesse in globaler oder kosmischer Sicht arbeitet; Nutzung einer vollständigen Palette aktuellster Überwachungs-, Informations-verarbeitungs- und Analysemethoden für die Beobachtung des allgemeinen Gesundheitszustandes der Mutter Erde und ihrer Bewohner; Mittel und Methoden, die für Folgendes wirkungsvoll sind: Erstens Macht und Einfluß von Individuen und Gruppen fernhalten, die als Gefahr für den Kosmos beurteilt werden, und zweitens, bei elegant vergelten, falls erforderlich. Und schließlich benötigt er die Ressourcen, um die Lebensfähigkeit des Planeten wiederherzustellen.

Die für ihn wichtigsten Fragen: Ist dies sicher für den Kosmos und dient es seinem elementaren Sinn? Ist es meine Verantwortung, eine Rolle bei der Neutralisierung eines Elementes oder einer Aktivität zu spielen, bevor der Schaden für das Leben insgesamt zu abscheulich wird? Habe ich in ausreichendem Maße das „Wohl" meiner Kollegen und des Kosmos selbst berücksichtigt? Habe ich meine Strategie und Taktik so weit durchdacht, daß das gewünschte Ergebnis die höchstmögliche Wahrscheinlichkeit hat?

Wenn Sie anfangen, den Verdacht zu hegen, daß System 8 unheilvoll nach Totalitarismus klingt, teilen Sie eines der Besorgnisse von Dr. Graves, das auch eins von unseren ist. Was das Erscheinen des Systems 8 für die persönlichen Freiheiten bedeuten wird, die wir im Westen als zentral für unsere Lebensweise feiern, ist wirklich wichtig. Es erinnert einmal mehr daran, daß jede Störung des Gehirns sowohl ein Potential für Gefahr als auch für Fortschritt mit sich bringt. Allerdings tun wir gut daran, uns daran zu gewöhnen. Wie wir in Abbildung 4.2 und 4.3 durch das Symbol „unendlich"

Auch wenn alle diese Bedürfnisse befriedigt werden, können wir immer noch oft (wenn nicht immer) erwarten, daß sich bald eine neue Unzufriedenheit und Unruhe entwickelt, wenn der einzelne nicht das tut, wofür er sich eignet. Ein Musiker muß musizieren, ein Künstler muß malen, ein Dichter muß schreiben, wenn er letztendlich in Frieden mit sich selbst sein soll. Was ein Mensch sein kann, muß er sein. Dieses Bedürfnis nennen wir Selbstver-wirklichung. Abraham Maslow

167

angedeutet haben, scheint das Gehirn eine nahezu unendliche Kapazität zu haben, sich selbst umzubauen und zu erneuern, um sein Gefühl, „auf Kurs" zu sein, so anzupassen, daß die Lebenserhaltungssysteme und Ressourcen, die es zum Überleben und Gedeihen benötigt, bereitgestellt werden. Wir werden einen Versuch unternehmen, den Wertinhalt des Systems 9 zu beschreiben, welches das Austrittssystem für den Wahl-Attraktor sowie der letzte Former und „Geformte" des Zeitalters der Produktivität ist, indem wir es als das Expansionisten-System bezeichnen *(Homo sapiens extensus oder der RaumMensch)*. Wie von jedem System kann von System 9 erwartet werden, daß es auf gewisse Weise gegen das frühere System 8, rebelliert, von dem wir erwarten, daß es sich mit seiner Mission der Wiederherstellung der Ordnung und Gastfreundlichkeit eines Planeten schnell erschöpft, der unter dem rücksichtslosen Mißbrauch seiner Ressourcen durch das Erfolgstypen-System leidet, unter der Unfähigkeit des Beteiligten-Systems zu funktioneller und systematischer Handlungsweise sowie dem Widerstreben des nach Möglichkeiten Suchenden, lange genug zu bleiben, um dysfunktionale Systeme in Frage zu stellen.

System 10? Es ist zu erwarten, daß es im machtvollen Umkreis eines neuen großen Attraktors, des Schöpfungs-Attraktors, Gestalt annimmt. Und ihm werden die machtvollen Technologien eines neuen Zeitalters zur Verfügung stehen, des Zeitalters der Phantasie. Da sie unserer Vermutung nach außerordentlicher Manipulationen von Raum und Zeit fähig sein werden, ist es wohl berechtigt, wenn sich die Bewohner jener Epoche als Schöpfer bezeichnen werden, und daher unsere Namenswahl. System 10: die Schöpfergeist-Weltsicht *(Homo sapiens imaginatus oder der FantasieMensch)*.

Und danach?

Wenn von einem Bakterium nicht angenommen werden kann, daß es sich des lebendigen Zustandes des Körpers bewußt ist, in dem es lebt, wie kann dann die in etwa ähnliche Sicht des Menschen ihm heute mehr Verständnis für die ganze Lebendigkeit seines Planeten bieten. ... Das physische Wesen des Erdenlebens kann als ein sphärischer Biofilm bezeichnet werden, der in Gravitationsfeldern, elektromagnetischen Feldern und nuklearen Feldern rotiert, eine Art kreisende Blase sich entwickelnder Potenz, ein kosmischer Fermentknoten.
Guy Murchie, The Seven Mysteries of Life

Es sind schwer faßbare Regionen, die uns erwarten. Sie werden ohne Zweifel erfüllt sein von noch zu entdeckenden großen Attraktoren, die darauf warten, das menschliche Gehirn auf noch großartigere Symphonien der Sinngebung zu „skalieren."

Wenn man sich bei der Verfolgung seines Lebenszweckes auf Kurs und im Einklang mit seinen Werten befindet, so stellt das offensichtlich Macht, Verheißung und Fortschritt dar. Daher wissen Delphine, daß eine der machtvollsten Handlungen, zu denen sie beitragen können, darin besteht, anderen zu helfen, „auf Kurs" zu kommen, und sich selbst, wenn auch nur vorübergehend, auf den Lebenszweck anderer auszurichten.

Wenn sie „den Teich" durch das Werte-Prisma betrachten, sehen Delphine eine Welt der Gleichzeitigkeit und Spontaneität, die geistige Beweglichkeit und Reaktionsfähigkeit erfordert. In jeder größeren Organisation sind, wie aus Abbildung 4.4 ersichtlich, wahrscheinlich alle sechs voll funktionsfähigen Weltsichten vorhanden. Es gibt die Notwendigkeit, von einer Welle oder Weltsicht zur nächsten umzuschalten, möglicherweise innerhalb von Minuten oder gar Sekunden. Es gibt die Notwendigkeit, die Arbeit mit Hilfe eines oder aller dieser Systeme von Weltsichten zu tun, dieser vielfältigen Spiegelkabinette. Für den einzelnen besteht die Herausforderung, die Stärke jedes Systems nach Gelegenheit zu benutzen.

Da die Menschheit eine so große psychologische Verteilung zeigt, setzen Delphine ihr Wissen um Sinngebung und Werte normalerweise ein, um eines von zwei Zielen zu erreichen:

Menschen helfen, sich zu verändern. Wenn es sinnvoll ist, haben Delphine keine Angst davor, das System zu stören. Sie scheuen sich nicht, es zu erschüttern, Streß zu erzeugen, Verwirrung und Rätsel einzuführen, Herausforderungen auszusprechen und

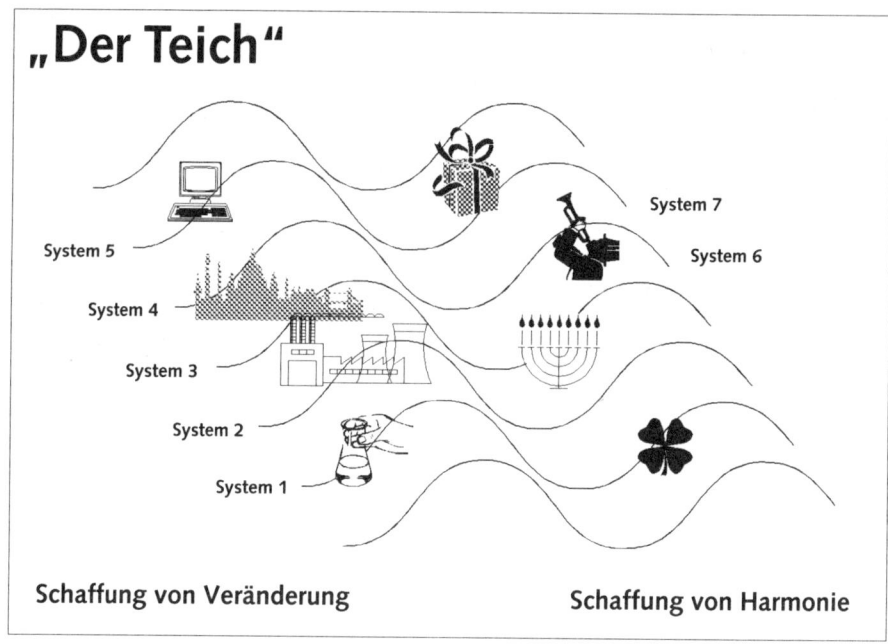

Abb. 4.4 Veränderung oder Harmonie?

Menschen auf ihre eigenen Ressourcen zu verweisen. Jeder große Spieler, ob ein Martin Luther King Jr. in den Beziehungen zwischen den Rassen, ein Alfred P. Sloan im Management, eine Susan B. Anthony in der Politik, ein Albert Einstein in der Wissenschaft, handelte mit Überraschungen und dem Unerwarteten. Das gleiche kann man von großen Lehrern, großen Trainern, großen Führern auf jedem Gebiet sagen. Ihre Handlungen und Erwartungen können nicht vorausgesagt werden. Sie besitzen die Fähigkeit, Vorgehensweisen wie die folgenden zu benutzen, um das Gefühl von Menschen für ihren Lebenszweck in Frage zu stellen oder um ihre persönlichen Werte zu untersuchen:

◆ *Verschwinden.* Im Krieg kann der unerwartete Verlust eines Zugführers in der Hitze des Gefechts das Gehirn eines gemeinen

170

Soldaten „stören", der dann die Führungsrolle übernimmt und auf immer verändert wird. Delphine warten nicht auf den Krieg. Sie halten nach Gelegenheiten zum strategischen Verschwinden Ausschau, dem Spiel Aussteigen, das für sie eine Möglichkeit ist, Menschen zu ermutigen, in eine andere Weltsicht zu „springen" oder zumindest Schritte in diese Richtung zu unternehmen.

- *Die Truppen verwirren.* Wenn es gut durchgeführt wird und der Zeitpunkt richtig ist, kann die Festlegung von Regeln ein Zug sein, der Menschen zum „Sprung" verhilft. Ein Trainer der National Basketball Association hat einmal gesagt: „Wenn man einem Vollblüter die Peitsche gibt, reagiert er. Wenn man sie einem Muli gibt, wird er starrköpfig."

- *Von der Loge führen.* Die richtige katalytische Einsicht, zur rechten Zeit in den richtigen Zusammenhang gestellt, mit den richtigen Symbolen und der richtigen Perspektive, kann Menschen helfen, das Licht zu sehen und sich in seine Richtung zu bewegen. Darin liegt zum Beispiel die Brillanz der Anonymen Alkoholiker (AA), einem Veränderer par excellence, wenn es darum geht, eine einzige, wenn auch lebenswichtige, Bewegung in der Sinngebung zu bewirken. AA bewegt Menschen, einige Menschen. Es sind diejenigen, die plötzlich Angst haben, zu sterben und damit alles zu zerstören, was ihnen teuer ist: Vom System 3 zum System 4. Wie machen die AA das? Indem sie ihnen teure Autos, weite Reisen oder beim nächsten großen Deal einen privaten Vorteil versprechen? Nein, das ist System 5, ein zu großer Sprung auf der Skala der menschlichen Sinngebung. Indem sie sie drängen, ihre Wurzeln in Mutter Natur wieder herzustellen und wieder in die Geisterwelt der natürlichen Mysterien und Zyklen der Jahreszeiten einzutre-

171

ten? Nein, das ist nicht die Art *opfernder* Sinngebung, die ihren Entschluß, mit dem Trinken aufzuhören, stärkt. Statt dessen hört der Alkoholiker bei ihren Treffen bei den AA: „Kapitulieren vor einer höheren Macht, das ist deine einzige Hoffnung." Und das ist natürlich das Wesen des Systems 4, des Loyalisten. Kapituliere jetzt und gewinne später Belohnungen. Diese evolutionäre, zielgerichtete Einsicht kann den Alkoholiker-Einzelgänger retten. Jede größere Bewegung auf der Skala der menschlichen Sinngebung kann zu viel sein. Delphine zielen, wie die AA, ihre Interventionen auf der Skala der Sinngebung sehr genau.

◆ *Bringe neue Zutaten in den Salat.* Probieren Sie's vielleicht mal mit Radieschen. Es ist nicht wichtig, was sie an Neuem einführen. Es ist wichtig, wann und wie Sie es tun. Es kann eine plötzliche Drohung sein, den Bankrott zu erklären. Eine plötzliche Veränderung der Erwartungen und Belohnungen. Die unerwartete Vereinigung zweier widerstrei-tender Abteilungen. Plötzliches Nachgeben in einem wichtigen Punkt. Eine Ankündigung, die die Leute wieder auf die Füße stellt. Genau das tun, von dem die Leute nicht erwarten, daß man es tut. Um etwas zu bitten, von dem niemand erwartet hat, daß man darum bittet. Etwas anzunehmen, von dem niemand erwartet hat, daß man es annimmt. Um es gründlich zu machen, verwirrt man die Mitglieder einer Organisation am wahrscheinlichsten immer, wenn man folgendes verändert:
– die Führung,
– die Mitgliedschaft,
– die Aufgabe,
– das Organisationsklima oder die Struktur,
– die Umgebung.

172

Das sind die Delphin-Techniken, die das Gehirn wachrütteln. Sie können Menschen helfen, von einer Richtung „abzuspringen", die ihnen schlecht dient, und eine solche einzuschlagen, die besser zu ihrer Zeit und ihren Bedürfnissen paßt.

Harmonie oder „funktionelle Resonanz" schaffen. Ein schlecht klingendes Orchester ist *ein* Orchester, dessen Instrumente und Musiker gegeneinander arbeiten. Ein Dirigent, der sein Geld wert ist, verleiht dem Klang Tiefe und Kraft, indem er eine funktionelle Resonanz zwischen den musizierenden Instrumenten schafft. Delphine betrachten die Gehirne, die eine Organisation ausmachen, oft als ein Orchester. Das Ziel ist eine „funktionelle Resonanz", die Schaffung von Reichhaltigkeit sowie Kraft, um ein gemeinsames Ziel zu erreichen. Obwohl sich Menschen auf der Skala der menschlichen Sinngebung an verschiedenen Stellen befinden, können sie gemeinsam statt gegeneinander arbeiten, wenn sie sich in fähigen Händen befinden. Ein Delphin versucht, diese Harmonie wie folgt herzustellen:

◆ *Er stellt den Kontakt zwischen Menschen und ihren Werten her:* Mit Hilfe von Werkzeugen wie dem Instrument MindMaker6 der Brain Technologies Corporation und anderen Meßsystemen für Werte handeln Delphine, um jedermann in der Organisation zu helfen, seine zentrale Weltsicht besser zu verstehen. Von diesem Stützpunkt aus leiten Delphine die von ihnen geführten Menschen dann bei der Erforschung und Erweiterung ihrer Einsichten darin an, wie diese Weltsicht ein gemeinsames Ziel unterstützt und das formt, was sie von sich selbst und anderen wollen.

◆ *Er stellt den Kontakt zwischen Menschen und Zielen her:* Wenn das Ziel der Organisation und das des Menschen klar ist, hat der Mensch die beste Chance zu wählen, das heißt:

— auszusteigen,

— „mich" zu ändern,

— die Organisation zu ändern.

♦ *Die Unterschiedlichkeit und Vielfalt feiern.* Jede Weltsicht hat ihre wunden Punkte. Ein echtes Team hilft sich gegenseitig, diese zu kompensieren. Und jede Weltsicht kann ihren einzigartigen Beitrag leisten, aus einem einzigartigen Erbe menschlicher Ausdauer, Erforschung und Sinngebung heraus handeln. Delphine machen eine kluge Personalpolitik, und sie führen klug, handeln auf der Grundlage ihres Wissens, woher Menschen kommen, in dem Sinne klug, daß sie Ziele und Werte erkennend erfassen.

♦ *Er ist bei der Verteilung von Aufgaben, der Erwartung von Ergebnissen und bei der Vergabe und Schaffung von Belohnungssystemen anspruchsvoll.* Wenn ein Mensch in eine Lage gebracht wird, die ihn aus dem Kurs bringt, sind nur Schaden und enttäuschende Ergebnisse zu erwarten. Da er weiß, was für den anderen Menschen wichtig ist, weil er weiß, wann er „auf Kurs" ist, kann der Delphin als Dirigent dem gemeinsamen Ergebnis Resonanz verleihen — Macht, Synchronität oder Harmonie, Tiefe, Dauer.

♦ *Er versteht, daß „auf Kurs" und im Gleichklang mit seinen Werten zu sein, nur die Hälfte dessen ist, was notwendig ist, um Menschen, die zusammen leben oder arbeiten, zu veranlassen, ein gemeinsames Ziel effektiv zu teilen.* Wenn man „auf Kurs" ist und die Werte des jeweils anderen schätzt, so hilft das den Menschen, einander zu mögen und zu schätzen. Für sich genommen sind aber gemeinsame Sinngebung und Wertschätzung der Werte des anderen nicht genug, damit sie Probleme elegant lösen oder mehr mit weniger tun können. Wenn das nicht so wäre, hätten die Tausende von Organisationen, die ungezählte Stunden in Teams und Ausschüssen verbracht haben, um ihre Missionen, Prinzipien und Ziele zum Ausdruck zu bringen, allein daraus Nutzen gezogen, die Ergebnisse zu schaffen und bekannt zu machen. Ein Ziel hat die größte Kraft, wenn so viele Anteilseigner wie möglich an seiner Festlegung mitgewirkt haben. Das ermöglicht eine bessere Abstimmung der Absichten unter den Mitgliedern der Organisation. Wenn aber die „Geschäftsprinzipien" einer Firma einfach eingerahmt und an den Wänden aufgehängt werden oder gedruckt und in Lohntüten gesteckt, oder für die Brieftasche in Plastik eingeschweißt werden, so macht das kaum einen Unterschied. Zu wissen was notwendig ist um „auf Kurs" zu sein, ist ein entscheidendes Teil des Puzzles. Aber auch, wenn man seinen Lebenszweck kennt, das „Warum" hinter den eigenen Handlungen, muß man immer noch wissen, wo man beginnt, wie man dorthin kam, wohin man sich entwickeln möchte, und wie man *dorthin* zu gelangen trachtet. Wenn ein Team sich nicht eine gemeinsame Vision für das Erreichen seines Zieles aufgebaut hat, kommt es wahrscheinlich nicht sehr schnell oder sehr zufriedenstellend irgendwohin.

Um die Wichtigkeit des Erreichens eines Zieles durch eine *gemeinsame* Vision zu unterstreichen, lassen wir Mitglieder von Gruppen sich oft das perfekte Heim für sich selbst und (falls vorhanden) ihre Familien vor Augen führen. Im Laufe ihrer Visualisation unterstützen wir sie, indem wir sie durch den Weg des Auges „führen". Wir tun das durch das Herausstellen der verschiedenen Räume, die sich gewöhnlich in einem Haus finden, sowie der breiten Palette von Möglichkeiten, die es für Planung, Größe, Farben, Formen, Inventar, Annehmlichkeiten, Umgebung und sogar geographische Standorte gibt, die sie für das perfekte Heim in Erwägung ziehen können.

Nachdem der Visualisierungsteil der Übung abgeschlossen ist, bitten wir unsere Gruppenmitglieder, ihre persönlichen Visionen zu teilen und darüber zu diskutieren. Es stellt sich heraus, daß Menschen sich ihr Ideal schnell und klar vergegenwärtigen können. Aber wenn sie diese Ideale miteinander teilen, werden sie erkennen, daß das perfekte Heim des einen möglicherweise nur wenig Ähnlichkeit mit dem eines anderen Menschen hat. *Das ist ein wichtiger Punkt.*

Zahlreiche Organisationen definieren ihr Ziel (das Gegenstück zu ihrer Anweisung „Identifizieren Sie das ideale Haus" in dieser Übung) sehr klar, aber ohne eine gemeinsame Vision werden die Menschen auf sehr unterschiedliche Weise an die Verwirklichung dieses Zieles gehen, und ihre Bemühungen können sich, wegen ihrer individualisierten Visionen, sogar gegenseitig aufheben. Wenn wir Menschen „aktivieren", ohne zuerst eine *gemeinsame* Vision zu entwickeln, verbessern wir nur ihre Fähigkeit, sich gegenseitig aufzuheben.

Andererseits hilft eine gemeinsame Vision, eine Gruppenbemühung durch Abstimmung und Anleitung zu konzentrieren und zu aktivieren.

Nachdem wir das in der Gruppe herausgestellt haben, geben wir ihren Mitgliedern folgende Aufgabe:

Berücksichtigen Sie, wo Sie im Augenblick stehen (Ihre „Grundprinzipien"), wie Ihre Werte sind, und stellen Sie sich Ihrem Partner. Ersinnen und planen Sie ein gemeinsam genutztes Ferienhaus, das Sie zusammen bauen werden. In diesem Falle ist es Ihre Absicht, das perfekte Heim kollektiv zu bauen. Und Ihre Vision wird zum Gegenstand geworden sein, wenn Sie die Ihnen gerade übertragene Aufgabe beendet haben, nämlich eine spezifische, detaillierte, ideale, im Futur-Perfekt beschriebene Artikulation eines Planes für ein perfektes Heim. Sie sollen den Grundriß beschreiben und das Haus so detailliert wie möglich zeichnen. Wenn Sie glauben, fertig zu sein, überprüfen Sie gemeinsam, ob Ihr Plan zwingend ist und Begeisterung und Engagement inspiriert. Wenn das nicht der Fall ist, gehen Sie zurück und überprüfen Sie das Ziel, den Standort der Mitspieler und die Werte der Gruppe, damit Sie erkennen, wie Sie es verfehlt haben, eine funktionierende Vision zu schaffen.

Delphine wissen, daß die Schaffung einer gemeinsamen Vision, die Anweisungen, wie man ans Ziel kommt, eine Aufgabe ist, die das Gehirn in eine völlig neue Richtung lenkt. Wenn man erkennen will, wie es ist, „auf Kurs" zu sein, so ist das zum größten Teil davon abhängig, ob man die Fähigkeit des Gehirns erschließt, zu „spüren", wann — *in der Vergangenheit* — die Zukunft ihren Benutzer am erfolgreichsten zu einem wichtigen Ziel gezogen hat. Ein kompetenter Visions-Aufbau muß von der Fähigkeit des Gehirns abhängen, die Zusammenhänge zu erfassen, die *aus der Zukunft* am wahrscheinlichsten zum Erfolg in der Gegenwart führen werden. Wie wir im nächsten Kapitel sehen werden, liegt der Schlüssel hierbei in dem Ausmaß, in dem das Gehirn sich selbst und seinen Benutzer vor der Zeit arbeiten sehen kann, statt sich nur durch sie hindurch zu bewegen.

5
„Visions-Aufbau": Durch das „Zeitfenster" des Gehirns navigieren

Im 16. Jahrhundert gab man an europäische Armeen und die Prinzen, die sie finanzierten, noch immer Handbücher aus, in denen dargestellt wurde, daß Kanonenkugeln merkwürdige Dinge tun. Diese Dinge waren zumindest nach modernen Maßstäben merkwürdig. Wenn sie aus der Mündung der Kanone ausgestoßen wurde, schoß die Kugel angeblich in dem Winkel von der Erde weg, in dem die Kanone geneigt war. Wenn die Energie des Schießpulvers aufgebraucht war, so wurde behauptet, stürzte die Kugel gerade nach unten und beschleunigte, während sie „das Glück" suchte, „nahe am Zentrum der Erde zu sein." Wissenschaftler behaupteten, dieses sei aufgrund der aristotelischen Gesetze so. Aber Künstler wußten es besser. Leonardo da Vinci skizzierte zum Beispiel gekrümmte Flugbahnen für Kanonenkugeln. Die Soldaten wußten es ebenfalls besser. Sie konnten sehen, daß ihre Pfeile einer gekrümmten Flugbahn folgten, und sie nahmen an, daß sich Kanonenkugeln nicht anders verhielten. Es dauerte aber bis 1551, bis die Wissenschaftler (und bis 1992 bis die katholische Kirche) selbst eine bessere Vorstellung bekamen. Tartaglia, ein Professor für Mathematik an der Universität Venedig, widerlegte Aristoteles mit

Aus dem Geleise gewöhnlicher Wahrnehmung geworfen zu werden, um während einiger zeitloser Stunden die äußere und die innere Welt nicht so zu sehen, wie sie einem von Wörtern und Begriffen besessenen Tier erscheinen, sondern wie sie unmittelbar und unbedingt vom Geist als Ganzen aufgefaßt werden kann — das ist ein Erlebnis von unschätzbarem Wert für jeden Menschen.
Aldous Huxley, Die Pforten der Wahrnehmung

Soldaten wußten, daß Kanonenkugeln im Flug einen Bogen beschreiben, bevor Wissenschaftler das zugeben konnten.

179

einer Zeichnung, die eine Kanonenkugel darstellte; sie folgte einer gekrümmten Bahn, was angeblich nur bei Himmelskörpern der Fall war.

Drei Jahrhunderte später hatte es der Science-Fiction-Schriftsteller Jules Verne noch immer nicht begriffen. In seinem Roman *Von der Erde zum Mond* ließ Verne seine „Raketenkanoniere" auf den Mond zielen und feuern. Falls Verne jemals der Gedanke kam, daß sich das Ziel um Zehntausende von Meilen bewegt haben würde bis das Mondfahrzeug es erreichte, dann hat er es nie erwähnt.

Als Neil Armstrong im Jahre 1969 von der Mondlandeeinheit aus die Oberfläche des Mondes betrat, hatten wir offensichtlich das eine oder andere über das Zielen gelernt. Tatsächlich hatte das Apollo-Fahrzeug die 360.000 Kilometer „Luftlinie" zum Mond zurückgelegt, während es zu etwa 80 Prozent der Zeit nicht auf Kurs war. Und dennoch landete das Fahrzeug nur wenige Fuß von seinem geplanten Ziel entfernt. Das ist für Navigatoren von Flugzeugen, Hochseeschiffen oder für Fallschirmspringer keine Überraschung. Wenn man längere Zeit im Wasser oder im Raum manövriert, sind ständig Korrekturen notwendig. Man kommt ans Ziel, indem man weiß, wo der Startpunkt liegt, wohin man gelangen möchte und indem man korrigiert, wenn man vom Kurs oder der vorgesehenen Geschwindigkeit abweicht. Was geschieht, wenn man nicht korrigiert? Aller Wahrscheinlichkeit nach tritt eines von den zwei Ereignissen ein, die wir schon beschrieben, und keines ist sehr wünschenswert: Man verfehlt sein Ziel. Oder man wiederholt die Erfahrung des Menschen, der vom Balkon eines Penthouse aus einem Hochhaus fiel. Angeblich sagte er, als er am ersten Stock vorbeischoß: „Bis jetzt bin ich in Ordnung."

Ständige Kurskorrektur ist eine Funktion des Visions-Aufbaus, und hier sind sowohl Karpfen als auch Haie wahrscheinlich in Schwie-

Die meiste Zeit war der Apollo-Mondflug nicht auf Kurs, und das gilt die meiste Zeit auch für uns.

Von allen Hindernissen für eine tiefgründige Darstellung des Daseins ragt keines schrecklicher auf als „Zeit". Die Zeit erklären? Nicht ohne Erklärung des Daseins. Das Dasein erklären? Nicht ohne Erklärung der Zeit. Die tiefe und verborgene Verbindung zwischen der Zeit und dem Dasein aufzudecken, unser Fragen-Quartett aufzulösen, ist eine Aufgabe für die Zukunft.
John Archibald Wheeler

rigkeiten. Eine gute Vision, das heißt eine konkrete, spezifische, detaillierte Artikulation Ihres Lebenszwecks, kann nur entstehen, wenn Sie ein angemessen klares Verständnis dessen entwickeln, *was Sie wollen.* Und darin liegt die Schwierigkeit.

Wenn man zu Anfang des Veränderungsprozesses den Karpfen oder Hai auffordert, sich vorzustellen, zu fantasieren, was er hätte, wenn er es so haben könnte, wie er will, erhält man typischerweise eine Negativliste. Statt mit dem zu antworten, was sie wollen, neigen sie dazu, überraschend detailliert das mitzuteilen, was sie vermeiden wollen. Wenn man sich auf das konzentriert, was man nicht will, geschehen zwei Dinge, die beide nicht sehr hilfreich sind: (1) Es treten tendenziell genau die Ereignisse ein, die man vermeiden möchte, und (2) es entsteht ein Effekt, der so ähnlich ist, als würde man ein Auto mit Hilfe der Rückspiegel fahren. Man weiß zwar, von was man sich wegbewegt, aber man weiß nicht, wohin man fährt. In beiden Fällen sind die langfristigen Folgen oft katastrophal. Wenn wir nur wissen, was wir nicht wollen, fehlt uns auch die Grundlegung. Den Möchtegern-Visionen-Erbauern fehlt ein echtes Gefühl dafür, wo sie *im Augenblick* stehen. Sie wissen nicht, was falsch läuft und was repariert werden muß. Schließlich ist der Gedanke der Überwachung und Anpassung unterwegs, der Kurskorrektur auf dem Wege, ein Vorgang, der für den Karpfen völlig fremd ist und den der Hai oft schlecht versteht. Die hypnotische Blendung des Karpfens und die Suchtzwänge des Hais gestalten einen guten Visions-Aufbau sehr problematisch.

Die heutige Erforschung des Gehirns und Geistes hebt unsere Unwissenheit über die wichtige Beziehung zwischen den Fähigkeiten des Visions-Aufbaus und der Fähigkeit der Bewältigung komplexer Aufgaben beständig auf. Es mehren sich die Nachweise für folgendes: Je weiter in der Zukunft das Gehirn sich selbst

> Je weiter wir „sehen" können, desto größere Komplexitäten können wir meistern.

> Wovon wir am meisten wollen, ist Zeit. Aber, o weh, sie nutzen wir am schlechtesten.
> William Penn

181

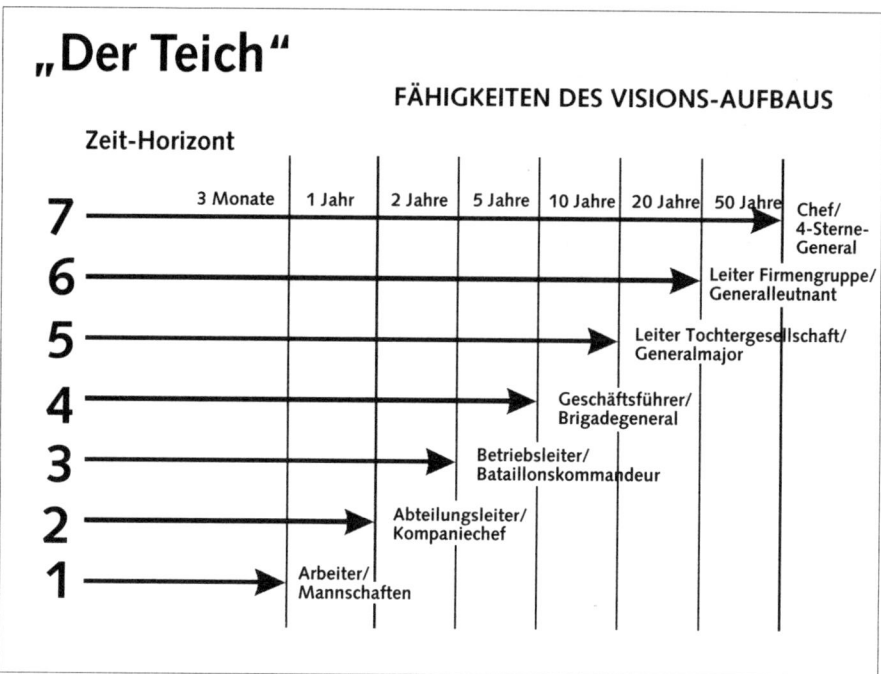

Abb. 5.1 Elliott Jacques' „Zeitschichten"

arbeiten sehen kann, desto kompetenter wird es bei der Bewältigung von Komplexitäten, der Handhabung zahlreicher Verantwortlichkeiten und der Integration von Aufgaben. Eine derartige Fähigkeit schafft an sich noch kein Delphin-Denken oder -Verhalten, aber es ist einer der Schlüssel zum Wesen des Delphins. Der „Zeithorizont" eines Menschen, das ist der längste Zeitraum, über den ein Mensch spezifische, laufende, zielgerichtete Aktivitäten ausführen kann, ist ein weiterer der wichtigen Aspekte, nach denen ein Delphin Ausschau hält, da er ein starker Hinweis auf die Offenheit eines Menschen für Informationen aus der Zukunft ist. Wenn ein Delphin „den Teich" unter Berücksichtigung der Fähigkeiten zum Visions-

Aufbau eines Individuums oder Teams betrachtet, sieht er den in Abbildung 5.1 dargestellten Zusammenhang:

Der Brite Elliott Jacques ist der Vater der Zeit. Mehr als jeder andere lebende oder tote Forscher hat dieser Professor der Soziologie uns zu der Erkenntnis gezwungen, daß eines der wichtigsten Fenster des Gehirns sein Fenster zur Zeit ist.

Am Anfang seiner mehr als 30 Jahre dauernden Erforschung der Zeit und der Kompetenz am Arbeitsplatz hat Jacques konventionelle Theorien zur Erklärung seiner umstrittenen Schlußfolgerung benutzt: Wenn man bestimmt, wie ein Mensch über die Zeit denkt, kann man das Ausmaß der Arbeitskapazität eines Menschen bestimmen: für welche Art von Arbeit dieser Mensch geeignet ist, welche Art von Entscheidungen dieser Mensch zu treffen fähig ist und wie hoch er bezahlt werden muß, damit er zufrieden ist. Mit Hilfe von Daten aus Studien in mehr als fünfzehn Ländern hat Jacques schließlich sieben „Zeitschichten" für die Einordnung von Menschen erkannt, die in Abbildung 5.1 dargestellt sind. Mit „Zeitschicht" meint Jacques die Strecke in die Zukunft, auf die sich ein Mensch verpflichten kann, die nach vorn gerichtete Zeitspanne, für die er Ziele formulieren und sie zum Abschluß führen kann. Basierend auf dieser Grundeinsicht hat Jacques zahlreiche fruchtbare, sogar geniale Erkenntnisse zusammengetragen, die oft ausführlich in seinen zahlreichen Schriften erläutert sind. Aus der Perspektive des Visions-Aufbaus werden wir aber am stärksten von einem seiner letzten Vorschläge angezogen, einem, der ihn geradewegs in die Reihen der Erforscher des Gehirns und Geistes katapultiert: Wenn die Wahrnehmungen des Gewichts und der Verantwortung bei der Bewegung auf immer höhere Ebenen des Leitungssystems [siehe Abbildung 5.1] wächst, warum wächst dann auch die

Elliott Jacques' sieben „Zeitschichten": Fenster in die Zukunft.

Man kann im weitesten Sinne sagen, daß sich alle Tiere, die sorgfältig beobachtet wurden, so verhalten haben, daß die Philosophie bestätigt wurde, an die der Beobachter glaubte, bevor seine Beobachtung begann. Mehr noch, sie alle haben die nationalen Eigenschaften des Beobachters gezeigt. Von Amerikanern beobachtete Tiere eilen mit einer unglaublichen Geschäftigkeit und Energie herum und erreichen das gewünschte Ergebnis schließlich durch Zufall. Von Deutschen beobachtete Tiere sitzen still und denken nach, und schließlich entwickeln sie die Lösung aus ihrem inneren Bewußtsein heraus.
Bertrand Russell, Unpopular Essays

Zeitspanne? Mehr noch, warum tritt eine regelmäßige Reihe von Stufen der Organisationsebene auf bestimmten Ebenen der Zeitspannen auf? Die einzige, sinnvolle Hypothese, die ich aufstellen kann, ist diese: *Die maximale Zeitspanne, mit der ein Mensch arbeiten kann, die maximale, erreichte Zeitspanne dieses Menschen, mißt und definiert das Niveau des kognitiven Vermögens dieses Menschen. Ich nenne dieses Maß den Zeithorizont eines Menschen.*(Hervorhebung durch die Autoren.)[1]

Durch die Anregung, daß das Ausmaß, in dem ein Mensch ein Gefühl für die Zukunft meistern kann, ein zuverlässiger Maßstab dafür sei, wie und wie gut das Gehirn dieses Menschen funktioniert, hat der Soziologe Jacques einen Standpunkt zum Ausdruck gebracht, der bis heute größtenteils von solchen Forschern vertreten wird, die Verbindungen zwischen Hirngewebe und Zeitperspektiven verfolgen. Diese hartnäckigen Forscher haben immer die Ansicht vertreten, daß wir Menschen eine spezifische, biologische Komponente zur Verarbeitung und Inbesitznahme der Zukunft besitzen: die vorderen Stirnlappen, jener für Veränderungen empfängliche Bereich des Gehirns vor der Rolando-Furche. (Dies ist auch ein ästhetisch eleganter Gedanke. Warum sollte der vorwärts blickende Teil des Gehirns hinten oder tief in seinem Inneren verborgen sein?)

Der sowjetische Neurochirurg A. R. Luria ist einer der bekanntesten Forscher, die sich mit dem Vorderhirn befaßt haben. Beginnend mit Studien an hirnverletzten Soldaten des 1. Weltkrieges und später mit Hilfe von Daten aus 40.000 Lobotomien, der unbestritten zweifelhaften „Kastration" des Gehirns sogenannter Kranker, kam Luria zu folgendem Schluß: Die Stirnlappen befassen sich mit einem „Programm, das nicht nur sicherstellt, daß die Versuchsperson auf tatsächliche Stimuli reagiert, sondern innerhalb gewisser Grenzen die Zukunft vorhersieht die Wahrscheinlichkeit voraussagt, mit der ein bestimmtes Ereignis eintreten kann, so daß sie vorbereitet ist, wenn es eintritt und folglich ein Programm für ihr Verhalten vorbereitet."[2]

Der Zukunftsforscher David Loye schreibt als Kommentar zu Lurias Studien an Lobotomie-Patienten:

[Man] hat das Gefühl, daß die Menschen auf eine fundamentale Weise unfähig sind, vorwärts zu kommen, den Eindruck, daß sie zu Gefangenen der Vergangenheit gemacht wurden. Sie können immer noch auf gewisse Weise denken und handeln (und darum wurden Chirurgen wie (der Washingtoner Gehirnchirurg Walter) Freeman getäuscht, die mit den besten Absichten Lobotomien durchführten), aber ihre Gedanken und Handlungen sind auf Abfolgen beschränkt, die bereits erlernt wurden. Sie müssen auf die automatischen Sequenzen von Denken und Handeln zurückgreifen, die uns die meiste Zeit erhalten, wenn wir uns nicht einem Problem gegenübersehen, das es erfordert, alte Gedanken neu zu ordnen, um etwas Neues hervorzubringen, das auf die Zukunft paßt.[3]

Wenn wir die Einsichten von Jacques, Luria und Loye verbinden, beginnen wir zu verstehen, warum Karpfen, pseudo-erleuchtete Karpfen und Haie unter einem verminderten Gefühl für das leiden, was die Zukunft bringen kann:

◆ **Karpfen arbeiten tendenziell** von einem sehr beschränkten „Zeithorizont" aus, der durch die Neigung der „Karpfen"-Hemisphäre bestimmt wird, Zeit als kreisförmig zu erfahren. Die dunklen Schatten der Vergangenheit lasten schwer auf jeder Zukunftsaussicht des Karpfens und begrenzen den Umfang sowie die Reichweite neuer Ideen und der Interaktion der

In einem gewissen Sinne ist der Mensch ein Mikrokosmos des Universums; daher ist das, was der Mensch ist, ein Hinweis auf das Universum. Wir sind vom Universum umhüllt.
David Bohm

185

Phantasie mit den Möglichkeiten. Die Zukunft wird automatisch mit Mustern umgebaut, die schon bestehen, und weil daher die Zukunft die Gegenwart erschafft, wird die Gegenwart frei, die Vergangenheit neu zu schaffen, womit die zirkuläre Sichtweise des Karpfens von der Zeit wieder einmal bewahrt wurde.

◆ **Haie stehen etwas besser da,** aber nicht sehr viel besser, weil die „Hai"-Hemisphäre die Zeit linear verarbeitet und alles linear Arbeitende einigermaßen genau gezielt werden kann. Mit der „Hai"-Hemisphäre kann man Zeit auf die Zukunft ausrichten. Die Einschränkung liegt natürlich darin: Obwohl man als Hai auf die Zukunft zielen kann, kann man den Fortgang der Zeit nicht sehr weit verfolgen. Damit verwendet man den größten Teil seiner Bemühungen auf die Verarbeitung der unmittelbar wahrnehmbaren Realität. Das kann im Augenblick zu großem Erfolg und Einfluß führen, man bleibt aber verwundbar, was die Vorhersage des Standortes und des Wesens eines beweglichen, veränderlichen Zieles angeht. Und in Zeiten schneller Veränderungen bewegen sich die meisten Ziele, und viele verändern sich, einige sogar mit unglaublicher Schnelligkeit.

◆ **Pseudo-erleuchtete Karpfen finden sich** in einer sehr merkwürdigen Lage. Diese Individuen werden in einer entscheidenden Hinsicht von der Zeit überwältigt. Da ihre Gehirne am Rand einer großen Verlagerung des Bewußtseins verharren, einer Verlagerung, der sich zahlreiche PEKs nähern, die aber nur wenige tatsächlich erleben, werden pseudo-erleuchtete Karpfen das Opfer eines ozeanischen Gefühls, daß *in der Zeit alles jetzt* möglich sei. Da sie nicht sehr gut zwischen Vergangenheit, Gegenwart und Zukunft unterscheiden können, haben pseudo-erleuchtete Karpfen Schwierigkeiten, einen Liegeplatz zu finden. Frei in der Zeit zu schweben, ist keine sehr sichere Existenz. Bei pseudo-erleuchteten Karpfen ist die Selbstmordrate erheblich — ob durch Bergsteigen oder eine Überdosis Drogen oder einen Hinterhalt in Nicaragua —, da sie durch die Vorzeichnungen der „Karpfen"-Hemisphäre gefangen und somit dazu verdammt sind zu sehen, wie die Realität immer die Form der letzten rasch hingeworfenen Skizze der „Karpfen"-Hemisphäre annimmt.

Je mehr Wissenschaftler aller Couleur — von Mathematikern und Physikern bis zu Soziologen und Psychologen, die alles Mögliche von der Wahrnehmung bis zur moralischen Entwicklung studieren — den Geist als einen „Zeit-Kasten" untersuchen, desto mehr kommen sie zu einem Konsens. Erstens bestätigt die Wissenschaft, daß Menschen Zeit bindende Wesen sind. Jedes Individuum erlegt sich Beschränkungen dahingehend auf, was es sich mit der Zeit zu tun gestattet, und es führt sein Leben innerhalb dieser Grenzen. Unkenntnis dieser fundamentalen Wahrheit erzeugt einen großen Teil der Angst jeder Organisation, ihrer Führer und Manager, die sich auf die Arbeit beziehen. Statt das „Zeitgewebe" des Gehirns an die Art der übertragenen Aufgaben anzupassen, behandeln die Unternehmenskulturen und das Management der Gegenwart das Gehirn größtenteils weiterhin wie einen Kohleofen. Das Management öffnet einfach die Klappe, schaufelt Aufgaben willkürlich ohne Rücksicht auf den „Zeithorizont" des Empfängers hinein und wundert sich dann, daß der Verbrennungsgrad des Ofens häufig die Erwartungen nicht erfüllt.

Delphine sind bisher die besten Beispiele dafür, was geschieht, wenn die Zeithülle des Gehirns in der Länge und Breite gestreckt wird. Stellen Sie sich bitte eine unbekannte Substanz vor, nennen wir sie

Wir führen unser Leben innerhalb der begrenzten Räume, die wir innerhalb der Zeit schaffen.

187

Faktor X, die in der Luft aufgehängt und in einem geschmeidigen Plastikbeutel enthalten ist. Dieser Beutel ist auf allen Seiten und oben von Stahlformen umgeben, die ihm nur eine gewisse Ausdehnung gestatten. Von Zeit zu Zeit werden die Formen so bewegt, daß der Beutel sein Volumen vergrößern kann. Wenn das geschieht, dehnt sich das Gas in ihm aus, und die unbekannte Substanz nähert sich ihrer Materialisierung weiter an, der Aktivierung ihrer vollen Kraft. Sie nähert sich weiter der Erkenntnis dessen, was sie ist.

Die Brillanz von Elliott Jacques' Arbeit liegt darin, daß er das Erscheinen dieser Substanz im Verhalten von Menschen peinlich genau verfolgt hat. Wie ein gebildeter Rosaroter Panther hat er länger als drei Jahrzehnte die Hallen zahlreicher Organisationen durchstreift und auf das Erscheinen des Faktors X gewartet, um ihn dann zu messen. Nachfolgend stellen wir, wenn auch um der Verständlichkeit willen vereinfacht, seine wichtigsten Erkenntnisse dar:

◆ **Wenn der „Zeithorizont" eines Menschen drei Monate oder weniger lang ist, ist der Faktor X nicht zu entdecken.** Daher bevorzugt dieses Gehirn/dieser Geist sehr konkrete Dinge, arbeitet immer nur mit einer Dimension und stellt eine Aufgabe selten in Frage, nimmt die Dinge wie sie sind. *Gehirne mit diesem „Zeithorizont" sind auf Regeln fixiert.*

◆ **Wenn sich der „Zeithorizont" eines Menschen auf ein Jahr erstreckt, ist eine winzige Menge des Faktors X erkennbar.** Daher akzeptiert dieses Gehirn/dieser Geist eine gewisse Vielfalt, teilt unterschiedliche Dinge jedoch sozusagen sofort in Haufen auf. Aber die Möglichkeit, daß das, was bei einem Haufen funktioniert, auch bei einem anderen funktionieren könnte, wird nicht in Erwägung gezogen. Wenn Informationen fließend und im Fluß sind, so führt das zu Problemen und langen

Pausen bei der Tätigkeit dieses Menschen, während er sie verarbeitet. *Gehirne mit diesem „Zeithorizont" suchen innerhalb der Regeln Urteil und Aktion.*

♦ **Wenn sich der „Zeithorizont" eines Menschen auf zwei Jahre erstreckt, liegt eine Spur des Faktors X in der Luft; statt aber Nutzen daraus zu ziehen, versucht der Mensch, ihn zu isolieren und zu meiden.** Daher geht dieses Gehirn/dieser Geist von den Regeln aus und arbeitet auf ihrer Grundlage. Eine bevorzugte Äußerung ist: „Wir werden sehen." Der Grundgedanke ist hier, daß sich die Dinge von selbst erledigen, gleichgültig, ob man sich persönlich engagiert. Die Bedeutung von Dingen, die nicht passen, wird einfach nicht berücksichtigt. *Gehirne mit diesem „Zeithorizont" extrapolieren von einer gegebenen Regel.*

♦ **Wenn sich der „Zeithorizont" eines Menschen auf fünf Jahre erstreckt, ist das Vorhandensein des Faktors X spürbar, wenn auch noch nicht voll aktiviert.** Daher kann dieses Gehirn mit einer beachtlichen Unordnung fertig werden. Das ist aber nur der Fall, weil es annimmt, daß es im Chaos Regeln und zugrundeliegende Themen gibt, die gefunden werden müssen. Wenn sie gefunden sind, besteht die Befürchtung, daß sich die Regeln ändern könnten. Die Suche nach und die Findung der operativen Regeln für eine Struktur sind sehr wichtig. *Gehirne mit diesem „Zeithorizont" suchen nach einem zugrundeliegenden Regelwerk, das sie dann bewahren.*

♦ **Wenn sich der „Zeithorizont" eines Menschen auf zehn Jahre oder mehr erstreckt, materialisiert sich der Faktor X plötzlich gebieterisch.** Daher achtet dieses Gehirn auf die Regeln und beginnt dann, über sie hinauszudenken, seine eigenen Kriterien aufzustellen. Statt Ordnung zu suchen, kann dieses Gehirn auf seiner Suche nach neuen Mustern absichtlich Unordnung provozieren. Alternativen werden so mühelos wie leicht erzeugt, und zum ersten Mal wird dem Bedeutung zugemessen, was nicht bekannt sowie nicht geschehen ist und was nicht gesagt wurde. Dieses wird als potentiell wichtige Informationsquelle betrachtet. *Weil Gehirne mit diesem „Zeithorizont" die Regeln aufstellen, fühlen sie sich auch frei, sie zu ignorieren, wenn sie nicht zu den aktuellen Gegebenheiten passen.*

Und was ist der mysteriöse Faktor X, dessen Abwesenheit die besten Bemühungen und Absichten von Karpfen, pseudo-erleuchteten Karpfen und Haien auf so tragische und schmerzhafte Weise zunichte machen kann?

Liebe Leserinnen und Leser, einen Trommelwirbel, bitte! Die Antwort lautet:

Es ist die Bereitschaft, Mehrdeutigkeiten zu tolerieren.

An der Zehnjahresmarke beginnen sich lineares und zirkuläres Denken zu verbinden.

An der oder um die Zehnjahresmarke der Fähigkeit eines Menschen, sich mit der Zukunft wohlzufühlen, beginnt sich explizites Wissen mit implizitem Wissen zu verbinden. An diesem wichtigen Meilenstein in der Entwicklung des Vorausschauens vereinen sich das lineare und das zirkuläre Denken. An dieser Schwelle der vorausschauenden Fähigkeiten vereinigen die „Karpfen"-Hemisphäre und die „Hai"-Hemisphäre ihre jeweiligen besten Interessen und größten Fähigkeiten und handeln gemeinsam. Dadurch wird eine extrem machtvolle Fähigkeit des Menschen gebildet. Wenn sich der „Zeithorizont" in diesem Maße erweitert und verbreitert hat, werden Eigenschaften wie die folgenden zunehmend autokatalytisch (wie wir oben schon gesehen haben, heißt das, sie entstehen im Prozeß und treiben diesen dann beschleunigt voran):

◆　die Betrachtung der Ungewißheit als Ressource,

◆　das Denken jenseits der Regeln,

◆　die Bereitschaft, Theorien aufzustellen,

- die Verwendung widersprüchlicher Informationen,
- Offenheit für alle Quellen,
- dem Ungesagten Aufmerksamkeit schenken,
- nach mehr als einer Antwort suchen.[4]

Delphine überlassen die Erklärung dafür, warum die Zeit von Mensch zu Mensch so unterschiedlich wahrgenommen wird, künftigen Wissenschaftler-Generationen. Der möglicherweise radikalste Weg, der zu erforschen ist, ist der Gedanke, daß das Gehirn selbst die Welt mit Vergangenheit, Gegenwart und Zukunft versieht, daß die Zeit eine Erfindung des Geistes ist. Der Physiker Louis de Broglie hat diesen Gedanken einmal so formuliert:

In der Raumzeit ist alles, was für jeden von uns die Vergangenheit, die Gegenwart und die Zukunft darstellt, in einem Block gegeben, und die ganze Ansammlung von Ereignissen, für jeden von uns sukzessive ablaufend, welche die Existenz eines Materiepartikels bildet, wird durch eine Linie dargestellt, die Weltlinie eines Partikels. ... Jeder Beobachter entdeckt mit der Zeit sozusagen neue Scheiben der materiellen Welt, obwohl das Ensemble der Ereignisse, die die Raumzeit ausmachen, in Wirklichkeit vor seinem Wissen um sie existiert.[5]

Es wurde bereits ein Nobelpreis für Forschungsergebnisse vergeben, die darauf hinweisen, daß Informationen rückwärts wie auch vorwärts laufen können, zumindestens im subatomaren Bereich. Sicherlich verstehen wir heute besser denn je zuvor, dank der Pionierarbeiten im Biofeedback-Labor sowie den eher esoterischen Bedingungen des Yoga, der Meditation und des Tagtraums, daß das Gehirn sich selbst bei unterschiedlichen Bedingungen nach unterschiedlichen Uhren richten kann. Die Konsequenzen einer variablen Zeit können nicht ignoriert werden, da die von uns eingehaltene Zeit und die Größe des uns auferlegten „Zeithorizontes" für die Art einer

Es gibt eine grundlegende, verborgene Ebene der Kultur, die stark strukturiert ist — einen Satz unausgesprochener Regeln des Verhaltens und Denkens, der alle unsere Tätigkeiten steuert. Diese verborgene kulturelle Grammatik definiert die Weise, in der Menschen die Welt sehen. ... Die meisten Menschen sind sich dieser Tatsache überhaupt nicht oder nur am Rande bewußt. Das wurde mir kürzlich klargemacht, als ich [kulturelle Unterschiede] in Japan mit einem Freund diskutierte, einem brillanten Mann, der normalerweise einen scharfen Verstand besitzt. Ich erkannte, daß ich nicht zu ihm durchkam, und daß außerdem nichts Wesentliches, das ich zu ihm sagte, für ihn einen Sinn ergab. ... Damit er mich verstehen konnte, hätte er sein Denken neu organisieren, ... seinen intellektuellen Ballast abwerfen müssen, und nur wenige Menschen sind bereit, eine derart radikale Veränderung zu riskieren.
Edward T. Hall, The Dance of Life

Das Gehirn kann sich bei unterschiedlichen Bedingungen nach unterschiedlichen Uhren richten.

Welt von entscheidender Bedeutung sind, die wir kennen können. Die Unwissenheit über diesen Stand der Dinge behindert die kognitive Leistung von Karpfen sowie Haien stark und dient ihnen nicht als Befreiung. Die aufdämmernde Erkenntnis, daß dies wahr ist, überwältigt den pseudo-erleuchteten Karpfen.

Also liegt es in der Verantwortung des Delphins, die Zeit zu einer ernsthaften Komponente des Aufbaus und der Führung von Teams und Organisationen zu machen. Mit Hilfe der in Abbildung 5.1 dargestellten Entdeckungen von Elliott Jacques und anderen auf die Zeit bezogenen Einsichten in das vorhersagende Wesen des Gehirns handeln Delphine mit Überlegung, um an die Zeit gebundenen Beschränkungen in Teams und Organisationen entgegenzuwirken, die die Qualität und positiven Ergebnisse ihres Visions-Aufbaus beeinträchtigen könnten. Nachfolgend stellen wir einige der grundsätzlichen Annahmen dar, mit denen Delphine arbeiten, sowie einige der eingesetzten Lösungen:

Meistens zögern die Menschen, eine echte Vision für sich aufzubauen.

Bedenken Sie, was häufig geschieht, wenn ein Komitee oder ein Team zusammentritt.

Nach einem Drehbuch beginnt das Spiel „Nette Jungs". Hinter der Fassade dessen, was der Psychologe M. Scott Peck als „falsche Gemeinschaft" bezeichnet, ignoriert die Gruppe die verborgenen Tagesordnungen sowie Beziehungen und handelt um alles in der Welt besonders gut und tugendhaft. In dieser energiearmen Umgebung gibt es kein Feuerwerk und keinen offenen Meinungsaustausch, ebenso wie es auch keine ehrlichen Bewertungen und richtungsweisenden Ansichten darüber gibt, was die Gruppe erreichen könnte. Das andere wichtige Drehbuch ist „Die Schlägerei".

Einen Großteil der Zeit versuchen die Menschen in Besprechungen, Verantwortung zu vermeiden.

Haie können auf die versammelten Karpfen losgehen oder unterein-ander kanniba-listische Aktivitäten veranstalten. Alle Hoffnungen, daß die Visionen bauenden Fähigkeiten der hinteren Stirnlappen in den anwesenden Gehirnen greifen könnten, lösen sich in Bitterkeit und Abwehrverhalten auf.

Welches Drehbuch auch immer verfolgt wird, die Dynamik hinter dem Ganzen ist im wesentlichen die gleiche: Die Teilnehmer sind in einer größtenteils unbewußten Schlacht darum gefangen, wer die Verantwortung übernimmt und wer in der Lage sein wird, sie zu vermeiden. Nach dem einen Drehbuch verschwinden die Teilnehmer einfach als verantwortliche, denkende Wesen und wei-gern sich, sich jeglicher Notwendigkeit von Veränderung, Planung oder Risiko zu stellen. Nach dem anderen ist das Ergebnis: „Beschul-digt einen anderen oder etwas anderes, aber nicht mich!"

Delphine verstehen, daß der Dollpunkt darin liegt, ob das alte oder das neue Gehirn die Regeln in der Frage der persönlichen Verantwortung bestimmt. Und die Antwort lautet, daß es immer noch die alten Gehirnanteile der Karpfen- und Hai-Hemisphäre sind. Erst wenn den Stirnlappen (des Gehirns) Platz in einem erweiterten „Zeithorizont" gewährt wird, versetzt diese Erweite-rung den einzelnen in die Lage zu verstehen, daß der Mensch unter den meisten Lebensumständen

- das eigene Schicksal bestimmen kann,
- sich selbst bestimmen sollte,
- durch die Selbstbestimmung große Vorteile genießen wird,
- für sich neue Welten schafft, wenn er oder sie selbstbestimmt lebt,
- den Erfolg von Teams, Gruppen und Organisationen, mit denen er oder sie in Verbindung steht, meßbar erhöht, wenn er oder sie bereit ist, selbstbestimmt zu leben und dieses zu teilen.

Mit fast vierzig hatte ich einen einzigartigen Traum, in dem ich beinahe die Bedeutung dessen begriff und das Wesen dessen verstand, was in verschwendeter Zeit verschwendet wird.
Cyril Connolly, The Unquiet Grave: A World Cycle by Palinuris

193

Es gibt gute Gründe, die Verantwortung zu übernehmen, auch wenn man sie nicht verdient.

Karpfen und Haie bringen großen Schmerz über sich, weil sie den Ort der Bestimmung abgeben. Sie legen die wichtigsten Ergebnisse ihres Lebens in die Hände äußerer Ereignisse und/oder anderer Menschen. Wieder und wieder legen Karpfen ihre Zukunft in die Hände von Haien und leiden. Haie legen ihre Zukunft in die Hände zweifelhafter Pläne, Trends und Ereignisse, oder sie überschreiten ihre Kapazitäten und leiden. Wenn der „Zeithorizont" zu eng und zu seicht ist, um Platz für die freie und realistische Interaktion der Stirnlappen mit Mehrdeutigkeiten und dem Unbekannten zu lassen, kommt die Kontrolle von außen.

Wenn sie Teams und Organisationen helfen, eine Vision für ihre Zukunft aufzubauen, versuchen Delphine, den Karpfen und Haien zu helfen, ihren engen, seichten „Zeithorizont" zu kompensieren, indem sie die Mehrdeutigkeit bereitstellen, die diese selbst nicht liefern können. Die Mehrdeutigkeit entsteht durch die breitere Auffassung der persönlichen und Gruppenverantwortung.

Bei der Arbeit mit ihren Gruppen finden Delphine Gelegenheiten, folgende Realitäten zu unterstreichen:

- Obwohl wir *nicht* zu 100 Prozent für das verantwortlich sind, was mit uns geschieht, können wir dennoch so handeln und arbeiten, weil wir es sind, die mit dem Ergebnis leben müssen.

- Es ist oft schwierig und gelegentlich unmöglich zu bestimmen, für welchen Teil wir verantwortlich *sind*, also sollten wir so handeln, als seien wir für alles verantwortlich, und beginnen, uns mit den Konsequenzen zu befassen.

- Wenn Sie Ergebnisse erzielen wollen, die Ihrer Ansicht nach die richtigen sind, sind Sie wahrscheinlich die richtige Person, um die Chancen dafür zu erhöhen. Durch Übernahme der Verantwortung erhalten Sie die Vervielfachung (leverage: eigentlich Hebelwirkung) dadurch, daß Sie das Ergebnis bestimmen.

Delphine laden andere Menschen ein, vorübergehend in *ihrem* „Zeithorizont" zu spielen, indem sie ihnen bei der Übernahme der Verantwortung ein gutes Gefühl vermitteln. Tatsächlich ist das eine sehr gesunde Sache. Um andere Menschen zu ermutigen, die Übernahme von Verantwortung positiv zu sehen und für den Augenblick die Ungewißheit in ihr Bewußtsein zu lassen, können Delphine keine bessere als die folgende Frage finden, daß Ideen zu fliegen beginnen:

„Was würden Sie wollen, wenn Sie Ihren Willen durchsetzen könnten?"

Es kann eines gewissen Ansporns und mehr als nur weniger Ermahnungen bedürfen, daß Probleme und Details später behandelt werden. Wenn man eine Gruppe aber einmal auf diese Frage ausgerichtet hat, kann man buchstäblich fühlen, wie die geistigen Widerstände zusammenbrechen und der Energiestrom stärker wird, da die Zukunft herbeieilt!

Es ist ein Paradoxon, daß eine Vision gewöhnlich erst „greift", wenn sie der Mehrdeutigkeit entblößt wird.

Delphine gehen realistisch an jeden Visions-Aufbau heran. Sie wissen, daß sie ein Team oder eine Gruppe nur dann erfolgreich dazu bringen können, das Unbekannte zu erforschen, wenn sie sofort daran arbeiten, Mehrdeutigkeiten aus dem Endergebnis auszuschalten.

Eine Erklärung dafür finden wir im Rückgriff auf Abbildung 5.1 und Elliott Jacques' Idee der „Zeithorizonte". Wir erkennen schnell, daß die meisten Mitarbeiter eines Teams oder einer Organisation, die die tägliche Verantwortung dafür tragen, daß eine Vision Wirklichkeit wird, „Zeithorizonte" von zwei Jahren oder weniger haben. Die Herausforderung wird durch die Tatsache kompliziert, daß sich auf der Ebene der ein- oder zweijährigen

Der ganze Unterschied zwischen Konstruktion und Schöpfung ist genau dieser: Ein konstruiertes Ding kann erst geliebt werden, nachdem es konstruiert wurde, ein geschaffenes Ding aber wird geliebt, bevor es existiert.
G. K. Chesterton

Die beste Anpassung an „Zeithorizonte" findet sich gewöhnlich auf den unteren Ebenen einer Organisation.

195

„Zeithorizonte" die meisten Abteilungsleiter und Bereichsleiter finden, die nach Ansicht der Autoren die beste Übereinstimmung zwischen „Zeithorizonten" und Verantwortungsbereichen in Unternehmen bieten. Der Geist dieser Menschen sucht den Triumph des Sinnes über die Ungewißheit. *Der größte geistige Beitrag dieser Menschen ist ihre Fähigkeit, Regeln zu suchen, anzuwenden und sie zu extrapolieren.*

Wenn daher die Phase „Wie Sie wollen" des Visions-Aufbaus durchschritten ist, streben Delphine eine Sprache und ein Verständnis der sich entwickelnden Vision an, die folgende Forderungen erfüllt:

♦ Klarheit,

♦ Genauigkeit,

♦ Reichhaltigkeit,

♦ Detailfülle,

♦ im Futur-Perfekt formuliert („Auf diese Weise werden wir ... erreicht haben.")

♦ pro-aktive Formulierung (womit der Schwerpunkt von der Beseitigung des Falschen hin zur Vorstellung des Möglichen verlagert wird),

♦ kraftvoll und zwingend genug, um alle Beteiligten zu binden.

Ein Kollege von uns, Kenneth L. Adams, ist möglicherweise nicht der erste, der folgende Entdeckung gemacht hat, aber er ist in ihrer Anwendung einer der besten: Möglicherweise die großartigste, klarste, deutlichste, umfassendste, detaillierteste, am weitesten vorausschauende, am pro-aktivsten geschriebene, kraftvollste und zwingendste Darstellung einer Vision, die je in Worte gefaßt wurde, ist die Kombination aus der Unabhängigkeitserklärung und der Verfassung der Vereinigten Staaten von Amerika. Ihre Verfasser haben folgendes ausdrücklich festgehalten:

[Ein] Verstand, der die Objekt-Welt ohne Fehler kennen kann, würde überhaupt nichts wissen.
Emile Auguste Chartier

196

Ihre Gründe für ihre Handlungen ...

Die Verfasser der Erklärung haben auf unvergeßliche Weise nicht weniger als siebenundzwanzig kristallklare Ungerechtigkeiten aufgeführt, die sie unter dem „gegenwärtigen König von Großbritannien" erlitten haben, einschließlich der folgenden:

„Er hat die Rechtsprechung behindert ..."

„Er hat Richter alleine von seinem Willen abhängig gemacht ..."

„Er hat eine Vielzahl neuer Verwaltungen eingerichtet und Schwärme von Beamten entsendet, um unser Volk zu schikanieren und sein Vermögen zu verzehren."

„Er hat im Frieden stehende Armeen ohne Zustimmung unserer Legislativen aufrechterhalten."

„Er hat unsere Meere geplündert, unsere Küsten verwüstet, unsere Städte verbrannt und das Leben unseres Volkes zerstört."

Ihre Absicht ...

„Wir, das Volk der Vereinigten Staaten, verfügen und errichten diese Verfassung für die Vereinigten Staaten von Amerika, um eine vollkommenere Union zu bilden, Gerechtigkeit zu schaffen, inneren Frieden zu sichern, eine gemeinsame Verteidigung zu ermöglichen, den allgemeinen Wohlstand zu fördern und die Segnungen der Freiheit für uns selbst und unsere Nachkommen zu sichern."

Ihre Werte ...

„Wir glauben, daß diese Wahrheiten selbstverständlich sind: Daß alle Menschen gleich geschaffen sind, daß sie von ihrem Schöpfer mit gewissen unveräußerlichen Rechten ausgestattet

Das ist der Weisheit letzter Schluß:
Nur der verdient die Freiheit wie das Leben
Der täglich sie erobern muß.
Und so verbringt, umrungen von Gefahr,
Hier Kindheit, Mann und Greis sein tüchtig Jahr,
Solch ein Gewimmel möcht' ich sehn,
Auf freiem Grund mit freiem Volke stehn.

Goethe, Faust, Zweiter Teil, V.Akt

197

sind, daß diese unter anderem Leben, Freiheit und das Streben nach Glück sind ..."

Wer ihre Verwalter waren ...

Die Väter der Verfassung führten die Bundes- und Staatsregierungen auf. Da sie erkannten, daß sie den einzelnen ausgelassen hatten, fügten sie ihr vier Jahre später die Bill of Rights hinzu.

Ihre Vision ...

Die Verfassung ist buchstäblich ein Spaziergang in der Zukunft. Sie ist so verfaßt, als existiere die beschriebene Regierung bereits. Die Verfasser haben sich hingesetzt und gesagt, was jede Gruppe, die eine lebensfähige Vision schaffen will, sagen muß:

„Wenn wir heute schon dort wären, würde es wie folgt aussehen."

Ihre ernsthafte Verpflichtungserklärung ...

Die Erklärung schließt:

„Und zur Unterstützung dieser Erklärung, im festen Glauben an den Schutz der göttlichen Vorsehung, verbürgen wir einander unser Leben, unser Vermögen und unsere geheiligte Ehre."

Ziemlich stark. Dies ist ein ausgezeichneter Rahmen für die Entwicklung einer Vision für jede vorausschauende Gruppe.

Man sollte nicht annehmen, daß Menschen in leitenden Positionen immer unter weiteren „Zeithorizonten" arbeiten.

Jacques weist darauf hin, daß Geschäftsführer und Brigadekommandeure Positionen innehaben, für die ein fünfjähriger

„Zeithorizont" nützlich ist, und daß Konzernleitern und Generalen aus 20- bis 25jährigen „Zeithorizonten" Nutzen ziehen werden. Unzweifelhaft arbeiten einige Inhaber dieser Positionen unter solchen „Zeithorizonten". Wie aber Mardy Grothe und Peter Wylie in *Problem Bosses: who They Are and How to Deal with Them (Problematische Chefs: Wer sie sind und wie man mit ihnen umgeht)*, festgestellt haben, gibt es außer der Befähigung oder, wie wir sagen würden, der Art ihres „Zeithorizontes" zahlreiche Gründe, aus denen Menschen in einer bürokratischen Hackordnung aufsteigen können. Folgende sind einige der von Grothe und Wylie aufgeführten Gründe:

◆   Sie besitzen außerordentliche technische Fähigkeiten.

◆   Sie arbeiten härter als ihre Altersgenossen.

◆   Sie sind loyale Angestellte mit einer „guten Haltung".

◆   Sie sind gute Gefolgsleute.

◆   Sie können mit ihren Vorgesetzten politisch umgehen.

◆   Sie besitzen höhere akademische Grade.

◆   Sie gründen ihre eigenen Firmen.

◆   Sie haben eine enge Beziehung zum Boss (Sohn, Tochter, Ehefrau, Schwager, Freund, Geliebte).

Bei der Anleitung von Visionen aufbauenden Aktivitäten erwarten Delphine nicht notwendigerweise, daß die „großen Tiere" des Teams, der Gruppe oder der Organisation das größte Wohlbefinden bei Mehrdeutigkeit, Vorbereitung auf das Unerwartete oder Strukturierung des Unbekannten zeigen. Offen gesagt, haben unsere Erfahrungen bei der Brain Technologies Corporation uns zu der Schlußfolgerung geführt, daß „Zeithorizonte" in der Zone am stärksten verletzt werden, die wir die Todeszone nennen, der Welt, in der ein Hai den anderen frißt und die zwischen den großen Kompetenzen von Abteilungsleitern und Einheitenleitern sowie den

Die Todeszone kann ein blutiger Bereich zweifelhafter Kompetenzen sein.

199

Der Fortschritt macht das Leben für unsere Muskeln leichter, aber nicht für unser Gehirn.
Jerzy A. Wojciechowsk

großen Kompetenzen der leitenden Angestellten liegt. Dazwischen befindet sich eine stark verwirrte und häufig blutige Zone oft fraglicher Kompetenzen im mittleren Management, die zum größten Teil deswegen entsteht, weil Menschen über die Fähigkeiten und Erfahrungen ihres „Zeithorizontes" hinaus befördert wurden. Wir glauben, daß diejenigen Stellen in den meisten großen Unternehmen, an denen sich die Gehirne am wahrscheinlichsten auf Kurs befinden und an denen Fortschritte gemacht werden, die an die Todeszone angrenzenden Stellen sind: ganz unten und ganz oben. Wir glauben, daß dies ein wichtiger Grund dafür ist, daß ein so großer Teil des mittleren Managements ersetzt wird durch die Informationen bereitstellenden Fähigkeiten von Computersy-stemen. Die kurzfristigen Informationen des mittleren Managements sind nicht mehr erforderlich. Wenn wir auf diesen Positionen Menschen halten wollen, müssen ihre Bemühungen auf die Zukunftsgestaltung, den Kundenkontakt und die Entwicklung sich selbst führender Teams gerichtet sein.

Positives kann hervorgerufen werden, wenn Menschen vorübergehend in den nächsten „Zeithorizont" gelockt werden.

Elliott Jacques und seine Kollegen haben in ihren Studien den Schluß gezogen, daß in jeden „Zeithorizont" eine „alternative Realität" eingebaut ist und dort auf ihre Verwirklichung wartet. Jacques beschreibt das Phänomen wie folgt:

Diese implizite Dualität [die „alternative Realität"] ist in dem Sinne implizit, daß sie [in einem gegebenen „Zeithorizont"] verhaltensmäßig und intuitiv aktiv, aber als bewußter, expliziter Kontext noch nicht zugänglich ist. Die qualitative Verlagerung von einer Ebene auf die nächsthöhere ist also eine solche, in der die implizite Dualität auf der nächsthöheren Ebene explizit wird

200

und sich somit auf dieser Ebene dem Prozeß anschließt; gleichzeitig erscheint eine neue implizite Dualität, die die verhaltensmäßig intuitiven Fundamente des Sinnes auf dieser höheren Ebene liefert.[6]

Wenn er Teams oder Gruppen beim Visions-Aufbau führt, achtet ein Delphin dauernd auf das Gehirn-im-Gehirn, das sich stets hinter dem gegenwärtigen Schleier der Realität verbirgt.

Während eines Visions-Aufbaus besteht immer die Möglichkeit, daß ein Individuum von einem „Zeithorizont" in den nächsten wechselt. Wenn dieses Ereignis eintritt, kann das zu einem ekstatischen Augenblick für die Gruppe werden. Durch die Augen eines der Ihrigen erhält sie einen Einblick in eine fernere Zukunft, als sie erwarten durfte. Wenn das geschieht, handelt ein Delphin schnell, um die Erfahrung zu fördern und auf ihr aufzubauen. Eine wahrscheinlichere Entwicklung ist die plötzliche Lockerung der Grenzen, die durch den aktuellen „Zeithorizont" des Teams gezogen wurden. Diese Lockerung gestattet den Zugang zu Ideen und Bedeutungen, die auf dieser Ebene implizit sind, aber wahrscheinlich nur in besonderen Augenblicken zum Ausdruck gebracht werden. Delphine versuchen, diesen Augenblick zu einem besonderen zu machen, indem sie Stimmungen sorgfältig überwachen und orchestrieren und indem sie die Durchbruch-Fähigkeiten des „Ausbrechens aus eingefahrenen Geleisen" ins Spiel bringen, die in Kapitel 3 beschrieben wurden. Darüber hinaus kann es Spaß machen und produktiv sein, „einen Spaziergang in der Zukunft" zu unternehmen, indem man den nächsten „Zeithorizont" betritt. Es ist nicht notwendig, daß die Teilnehmer wissen, daß dies geschieht. Es ist nur notwendig, daß der leitende Delphin erstens den „Zeithorizont" der Gruppe erkennt und sie zweitens dazu verführt, ihre Lebensumstände und Bedürfnisse so gut sie können aus der Sichtweise des nächsten zu untersuchen. Beide Ergebnisse können unter anderem wie folgt erzielt werden:

Um zu erkennen, mit welchem „Zeithorizont" die Gruppe oder das Team arbeitet, stellen Sie diese Frage:

Wie viele Menschen berichten den meisten Individuen in dieser Gruppe?
Bei einem Zeithorizont von drei Monaten
falls überhaupt jemandem, höchstens einer oder zwei;
bei einem Zeithorizont von bis zu einem Jahr
etwa bis zu einem Dutzend;
bei einem Zeithorizont von bis zu zwei Jahren
bis zu zweihundert oder dreihundert;
bei einem Zeithorizont von bis zu fünf Jahren
bis zu tausend oder mehr;
bei einem Zeithorizont von bis zu zehn Jahren
möglicherweise Zehntausende.

In welchem Maße organisieren diese Menschen ihr Leben und ihre Hoffnungen für sich selbst und für die Gruppe, das Team oder die Organisation *wirklich*?
Bei einem Zeithorizont von drei Monaten:
Sie setzen sich wahrscheinlich nur wenige, sehr einfache Ziele, die man nicht als „Vision" bezeichnen kann.
Bei einem Zeithorizont von bis zu einem Jahr:
Sie haben einen gewissen Erfolg bei der Vorstellung, wie sie ihre Arbeit verbessern und mit der Arbeit verbundene Probleme überwinden können.

> Man kann Menschen auf einen Spaziergang in die Zukunft führen, wenn man sie in den nächsten „Zeithorizont" lockt.

202

Bei einem Zeithorizont von bis zu zwei Jahren:

Sie kümmern sich sowohl (1) darum, daß die Arbeit in den nächsten drei bis sechs Monaten getan wird, als auch (2) wie das die Ereignisse etwa ein Jahr später beeinflussen wird.

Bei einem Zeithorizont von bis zu fünf Jahren:

Sie untersuchen Probleme, denen sie sich in den nächsten 60 Monaten stellen und denken darüber paarig nach: Tun sie dies, oder tun sie das? (Zum Beispiel: Schließen sie die Fabrik, oder rüsten sie sie um?)

Bei einem Zeithorizont von bis zu zehn Jahren:

Wenn sie sich im Bereich von fünf bis zehn Jahren befinden, verfolgen sie wahrscheinlich die Konsequenzen zweiten oder dritten Grades, die sich aus ihren Entscheidungen ergeben. Wenn sie über das Erschaffen der Zukunft sprechen, neue Systeme und Theorien einzuführen, statt sie vorherzusagen, arbeiten sie wahrscheinlich von „Zeithorizonten" aus, die größer als zehn Jahre sind.[7]

Wenn Sie Mitglieder Ihrer Visionen aufbauenden Gruppe ermutigen möchten, sich ein wenig zu strecken, sich mit dem nächsten „Zeithorizont" arbeiten zu sehen, suchen Sie, ihre Antworten auf Fragen wie die folgenden zu erhalten:

◆ Über welche Arten von Problemen, glauben Sie, denkt Ihre Chefin nach? Wie glauben Sie, daß sie sie meistern wird?

◆ Stellen wir uns vor, daß Sie alle im nächsten Monat befördert werden. Werden Sie dann dasjenige anders betrachten, worüber wir heute gesprochen haben?

◆ Gut, wir haben unsere Vision. Was wäre, wenn [beschreiben Sie ein Problem, eine Entwicklung oder ein Ereignis, für das Sie wahrscheinlich um keine Lösung gebeten werden, wohl aber ihr unmittelbarer Vorgesetzter]?

Wenn sie hauptsächlich mit einem Zeithorizont von drei Monaten arbeiten,

fordern Sie sie auf, eine Liste zu erstellen, die Ideen zur Verbesserung ihrer Arbeit enthält.

Bei einem Zeithorizont von bis zu einem Jahr:

Fordern Sie sie zu einem „Brainstorming" auf: Wie wird die Arbeitsbelastung in einem Jahr aussehen, und welche Veränderungen müssen sie vornehmen, damit sie sie bewältigen können?

Bei einem Zeithorizont von bis zu zwei Jahren:

Fordern Sie sie auf, darüber nachzudenken, was geschehen würde, wenn sie genau das Gegenteil dessen täten, was ihre Vision verlangt.

Bei einem Zeithorizont von bis zu fünf Jahren:

Fordern Sie sie auf, darüber nachzudenken, was mit ihnen geschehen würde, wenn jemand begänne, die wichtigsten Regeln zu ändern, nach denen sie arbeiten. Wie lauten diese Regeln? Welche werden in den nächsten fünf bis zehn Jahren am wahrscheinlichsten geändert?

Bei einem Zeithorizont von bis zu zehn Jahren:

Fragen Sie, was sie tun würden, wenn sie plötzlich alle ihre Konkurrenten in „Freunde" umwandeln müßten, wenn sie plötzlich mit weniger Ressourcen deutlich bessere Ergebnisse erzielen müßten und wenn sie plötzlich sehr kompetente Kontakte auf zahlreichen Gebieten und in zahlreichen Industrien im Ausland herstellen müßten.

Um Ihre Teilnehmer zu ermutigen, an einem beliebigen Punkt während des Visions-Aufbaus einen stärker nach vorn gerichteten Standpunkt einzunehmen, finden Sie Möglichkeiten, damit sie ihre Sichtweise verlagern von:

- dem Alten zum Neuen,
- einer Antwort zu vielen Antworten,
- dem Vertrauten zum nicht Vertrauten,
- von außen festgelegten Bedeutungen und Kontrolle zu von innen festgelegten Bedeutungen und Kontrolle,
- dem, was sie wissen, zu dem, was sie vermuten,
- dem Bildausschnitt zum Gesamtbild,
- dem Konkreten zum Abstrakten,
- der Gewißheit zur Ungewißheit,
- zahlreichen Grenzen zu wenigen Grenzen,
- der Vergangenheit zur Zukunft,
- dem, was sie nicht wollen, zu dem, was sie wollen,
- dem Einfachen zum Komplexen,
- dem Fragmentierten zum Integrierten,
- weniger Streß zu mehr Streß,
- langsamer Information zu schneller Information,
- weniger Informationen zu vielen Informationen,
- der Gewißheit zum Zweifel.

Ihre Teilnehmer am Visions-Aufbau in den nächsten „Zeithorizont" zu drängen, ist mehr als eine Übung, die zu lebhaften Zeiten führen kann, einige neue, möglicherweise nützliche Ideen und Perspektiven entwickeln und das Feuer des *Esprit de Corps* anfachen kann, was jeweils für sich genommen, wertvoll ist. Ein wichtigerer Grund dafür ist folgender: Wenn man nicht eine gewisse Bewußtseinserweiterung erreicht, befaßt man sich wahrscheinlich nur damit, die Möbel der Vergangenheit und Gegenwart neu zu arrangieren, statt die Zukunft vorzubereiten. Geistreiche Menschen haben uns bereits daran erinnert, daß es uns nicht viel nützt, die Liegestühle auf der *Titanic* umzustellen. Ohne bei unseren Bemühungen zum Aufbau von Visionen eine Spannung zwischen den

Man muß vermeiden, eine neue Vision zu schaffen, die ebenso starr ist wie die alte.

205

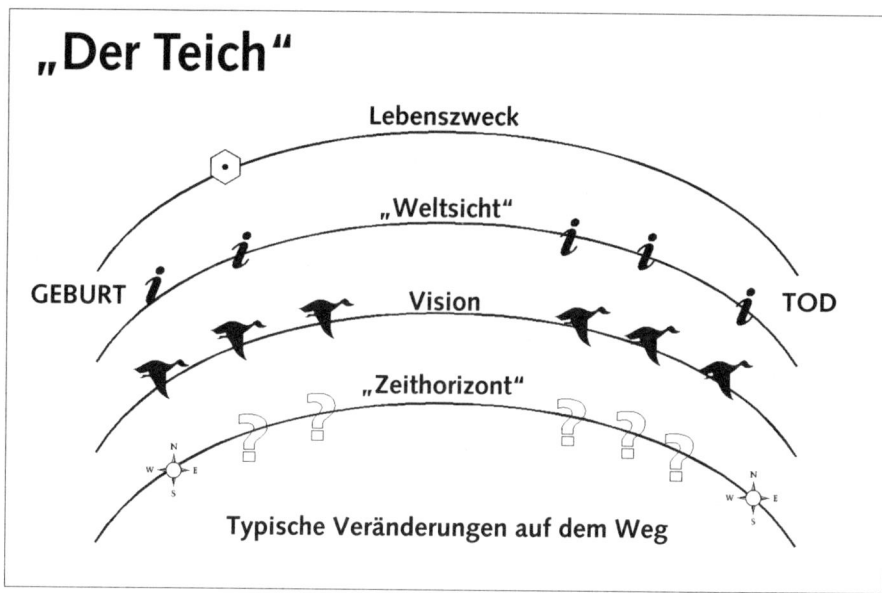

Abb. 5.2 Linsen des Sinnes

„Zeithorizonten" zu ermutigen, riskieren wir es, eine neue Vision abzuleiten, die genauso starr und unproduktiv ist wie die alte.

Ohne eine Vision besteht die Gefahr, daß die meisten von uns auf einem festen Niveau arbeiten, von dem wir unbewußt annehmen, es sei für uns richtig. Wenn wir dieses Leistungsniveau überschreiten, sabotieren wir uns später gewöhnlich, um unseren „Durchschnitt" zu halten. Die Bedeutung einer starken Vision liegt in folgendem: Wenn wir uns vorstellen, daß wir auf einem wesentlich höheren Niveau Leistungen erbringen, interpretiert unser Unbewußtes das als das neue, erwartete Niveau und führt ohne negative Rückwirkungen positive Korrekturen in Richtung auf die Vision durch.

Da sie die Zukunft mit ihren Stirnlappen sehen, macht es Delphinen überhaupt nichts aus, daß sie „Zeit-Banditen" sind, wenn das bedeutet, daß sie die Chancen erhöhen, die Bedürfnisse von jedermann zu erfüllen.

Wenn ein Delphin seine eigene Existenz oder die Existenz anderer Menschen betrachtet, erkennt er, daß er jederzeit durch mehrere „Linsen" oder Bedeutungsschichten blicken muß. In Abbildung 5.2 haben wir diejenigen wiedergegeben, die der Schwerpunkt unserer Darstellung in diesem und dem vorherigen Kapitel waren.

Wir haben in Abbildung 5.2 das Bild „des Teiches" gewählt, um zu unterstreichen, daß die Wahrscheinlichkeiten für Veränderungen von Linse zu Linse oder von Schicht zu Schicht unterschiedlich sind. Außerdem wollten wir daran erinnern, daß das Gefühl jedes Menschen für die Perspektive und die Grenzen des Wissens zu jedem beliebigen Zeitpunkt mehreren Einflüssen unterliegt.

Im Laufe eines Lebens kann sich der Lebenszweck eines Menschen einmal oder zweimal ändern. Es ist unwahrscheinlich, daß es wiederholt geschieht, obwohl es so erscheinen mag, weil der betreffende Mensch nie in der Lage ist, einen Lebenszweck zu definieren oder ihn ständig verfeinert.

In einer sich schnell ändernden Welt ändern sich Visionen häufiger als jeder andere Einfluß auf „den Teich", besonders wenn sie das Geistesprodukt von Delphinen sind.

Und „Zeithorizonte"? Elliott Jacques untersucht zur Zeit die Aussicht, das Fenster des Geistes zur Zukunft im Laufe eines Lebens zu erweitern. Bei einem gesunden Kind, das die materielle und intellektuelle Nahrung erhält, welche für einen gesunden Geist erforderlich ist, erscheint es wahrscheinlich, daß drei, vier oder sogar fünf Verlagerungen des „Zeithorizontes" im Laufe eines Lebens vollkommen normal sind. Bei dem außergewöhnlichen Kind, das mit ungewöhnliche Chancen versehen oder sogar unge-

Das Gehirn ist möglicherweise in der Lage, „Zeithorizonte" über die Lebensdauer des Körpers hinaus zu verlagern.

207

wöhnlichen Härten ausgesetzt ist, können acht, zehn, zwölf oder mehr Verlagerungen möglich sein. Und weitere sind denkbar, wenn der Körper stirbt und das Gehirn über kein Lebenserhaltungssystem mehr verfügt.

Die Seele ... denkt nie ohne ein Bild.
Aristoteles

Anhand von Abbildung 5.2 als Beweisstück Nr. 1 können wir leicht argumentieren, daß die gegenwärtige Hirn-/Geist-Forschung einen großen Teil dessen widerlegt hat, was von Karpfen, Haien und pseudo-erleuchteten Karpfen für die Veränderung der Organisation und ihrer Kultur vertreten wurde.

Delphine werden allerdings durch die Reise durch erweiterte „Zeithorizonte" nicht arrogant, sondern eher demütig. Vielleicht der ernüchterndste Gedanke überhaupt ist die Möglichkeit, daß wir Menschen gegenwärtig mit einem Körper arbeiten, dessen natürliche Lebensdauer nicht ausreicht, um unserem Gehirn unter den besten Umständen die Chance zu voller Reife zu geben. Die wachsende Erkenntnis, daß die Wahrscheinlichkeit sehr beschränkt ist, daß unsere Organisationen längere Zeit mit den Linsen oder Schichten der Existenz ihrer Angestellten im Einklang sind, ist ernüchternd genug.

Wenn ein Mann mit Vertrauen in die Richtung seiner Träume schreitet, um das vorgestellte Leben zu führen, wird er einen in gewöhnlichen Stunden nicht erwarteten Erfolg erleben.
Henry David Thoreau

Diese Angelegenheiten zu verbessern sollte eine Wachstumsindustrie sein, denn der Trend geht hin zu mehr und nicht weniger Vielfalt in der Art und Weise, auf die das Gehirn die Welt aufteilt und erahnt.

DelphinArbeit

Übung Nr. 1

In den Übungen für Kapitel 2, „Die Kraft der Welle vervielfachen: Die besonderen Geheimnisse des Delphins" begannen Sie zu klären, was „hier" gegenwärtig für Sie bedeutet, das heißt, wo sie „jetzt" stehen. Wir wollen dieses Mal erkennen, welches Ziel Sie erreichen wollen.

Konzentrieren Sie sich zunächst auf die kritischen „20 Prozent", die wirklich wichtig sind, und beantworten Sie die folgenden Fragen auf einem Blatt Papier:

Mein persönliches Ziel ist:

Mein geschäftliches Ziel ist:

Meine wichtigsten Werte (die Glaubenssätze und Prinzipien, von denen ich wünsche, daß sie mein Verhalten bestimmen und leiten) sind:

Meine wichtigsten Angehörigen (Menschen, die den Weg gemeinsam mit mir gehen, die durch das beeinflußt werden, was ich tue, und die mir helfen) sind:

Mit dem Wissen, daß eine *Vision* die klare, ideale, spezifische, detaillierte, im Futur-Perfekt ausgedrückte Artikulation Ihres Lebenszweckes ist, einschließlich der Bedürfnisse Ihrer Angehörigen und geleitet von Ihren Werten, wollen wir als nächsten Schritt in die Zukunft gehen und auf ihre verwirklichte Vision zurückblicken. Stellen Sie sich vor, daß Sie ein Zeitungsreporter sind, der einen

209

Artikel über die Verwirklichung Ihrer Vision schreibt. Was genau würden Sie sehen, hören und fühlen, wenn Sie erreicht haben, was Sie erreichen wollten? Wo stehen Sie jetzt, und wie sind Sie dorthin gelangt? Spüren Sie die Möglichkeit, daß sich eine neue Vision entwickelt, da jetzt diese Vision abgeschlossen ist? Schreiben Sie Ihre Geschichte auf ein Blatt Papier.

6
Höhere Ordnung: Die strahlende Stärke des Delphins

Ende der 80er Jahre betrat ein amerikanischer Schriftsteller das Postamt in der Stadt Zhaojue, tief im Süden Chinas, etwa 1900 Kilometer südwestlich von Beijing. Er war nach Chengdu, der Hauptstadt der Provinz Sichuan, geflogen und mit der Bahn von Chengdu nach Kunming gefahren. Über etwa tausend Kilometer winden sich die Geleise nach Süden, dann etwas nach Westen, und überqueren dabei 600 Brücken, und passieren 380 Kilometer in Tunneln. Der Schriftsteller fuhr aber nur etwa die Hälfte der Strecke. Er stieg in Xichang aus, dem Zentrum einer Region, unter deren 3,3 Millionen Einwohnern sich mehr als eine Million Yi befinden, ein Volk, das die offizielle Geschichtsschreibung fast vollständig ignoriert hat.

Verläßt man Xichang, um in die Dörfer der Yi in den blaugrauen Hügeln von Sichuan zu gelangen, so ist das, als trete man aus dem 20. Jahrhundert in das 12.Jahrhundert, schrieb der Schriftsteller später in der *New York Times*. Als er aus dem Postamt in Zhaojue anrief, versammelte sich eine Menge, die schließlich aus mehr als 20 neugierigen, wenn auch rücksichtsvollen Zuschauern bestand. Die

Wir kaufen Reifen für Schubkarren in Taiwan. Was wird die nächste brauchbare Quelle für Reifen sein? Es könnte Indien sein. Es könnte China sein.
Amerikanischer Einkaufsleiter

Wenn man den Yi folgt, so ist das, als trete man aus dem 20. Jahrhundert ins 12.

211

freundliche Telefonistin erklärte flüsternd: „Wir haben noch nie ein Telefonat nach Hong Kong gehabt."

Wenn Sie Geschirr für Packtiere und Holzlöffel herstellen, können Sie wahrscheinlich einen Markt bei den Yi finden, die eine der letzten verbliebenen Räume des Mittelalters sind. Aber sogar die Yi verändern sich. Obwohl sie immer noch kein Fernsehen besitzen, gibt es ein Gemeinderadio, das an Lautsprecher in vielen Häusern angeschlossen ist. Das Lehrer-College der Yi besitzt 13.000 Bände in seiner Bibliothek, obwohl bisher nur ein Buch, ein Wörterbuch, in der Sprache der Yi und die übrigen in Mandarin geschrieben sind. Wenn die Yi mehr Straßen bekommen und beginnen, Autos und Lastwagen zu benutzen, und wenn sie Holzlöffel durch Metallbestecke ersetzen, verschwindet auch der letzte Stützpunkt des Mittelalters, und auch Sie, der Sie einer uralten, primitiven Welle zu seinem letzten Stützpunkt gefolgt sind, müssen sich der Notwendigkeit der Veränderung stellen.

Der Trend ist klar: Jenseits der Welt der Yi ist das Nichts.

Sprunghafte Veränderung ist eine Möglichkeit. Man führt sie durch, indem man der gleichen Welle von einer Umwelt in die nächste folgt, von Markt zu Markt, ihr sogar bis zu den Yi folgt.

Einige Firmen entschließen sich zu dieser Vorgehensweise, ermüdet vom Versuch, Schritt zu halten und vorn zu bleiben. „Sie haben es satt, über die Schulter zu sehen", sagt David Balkin, ein Management-Professor an der Louisiana State University. „Die Anforderungen der Innovation fordern ihren Preis."

Aber auch diese begrenzte Reaktion auf die Notwendigkeit, etwas anderes zu tun, sich an einen anderen Ort zu begeben, um die gleiche Welle zu erwischen, wenn sie dort auftaucht, ist in der heutigen Unternehmenswelt eher die Ausnahme als die Regel.

Nichts ist wirklicher als das Nichts.
Samuel Beckett

Bisweilen hilft es vorübergehend, wenn man sich nur auf die Grundsätze konzentriert.

Angesichts der Notwendigkeit, alte Methoden, alte Gewohnheiten, alte Produkte und alte Technologien zu verändern, neigen Karpfen und Haie dazu, Widerstand zu leisten, sich einzugraben, zu den Grundsätzen zurückzugehen, das gleiche mit mehr Aufwand zu tun. Bisweilen macht diese Art von Konzentration vorübergehend einen Unterschied. Es ist aber typischer, daß die Erschütterungen stärker werden und häufiger auftreten. Schließlich muß sich jeder, der auch nur einen Funken Realitätssinn hat, der Tatsache stellen, daß er nicht das Richtige tut, daß der Abstand zwischen ihrem Standort und dem Platz, an dem sie sein müssen, zu groß ist, um ihn überwinden zu können. Das Vehikel für ihre Hoffnungen und Träume hat sich aufgelöst.

Warum fixieren Karpfen und Haie sich dann auf den Rückspiegel, während sie härter auf das Gaspedal treten, statt umzuschalten oder sich nach einem besseren Transportmittel umzusehen, wenn die Räder des alten Wagens sich festzufahren beginnen, der Motor Ausfallerscheinungen zeigt und die Karosserie anfängt auseinanderzufallen? Warum „befreien" sie sich nicht zu größeren Visionen, größeren Fähigkeiten, größerer Empfänglichkeit und Feingefühl? Warum weigern sie sich, verantwortlich zu sein, das heißt, angemessen auf die Ereignisse zu reagieren? Und was machen Delphine anders?

Das sind lebenswichtige Fragen. An dem Loslassen, der Befreiung, der Umwandlung unserer Sichtweisen und unseres Verständnisses des Realen ist etwas, das für das Gedeihen und Überleben in sich schnell ändernden Zeiten absolut entscheidend ist, und doch wehren sich Karpfen und Haie gegen nichts wütender, als gegen das Loslassen. Einige Befürworter der künstlichen Intelligenz vertreten die These, daß der hartnäckige Widerstand des Gehirns im Laufe von Äonen gegen das Ersetzen alter Glaubenssätze und Verhaltens-

Warum „befreien" sich Karpfen und Haie nicht? Und was machen Delphine anders?

Einer der großartigsten Augenblicke im Leben ist jener Sekundenbruchteil, in dem das Vertraute plötzlich in die blendende Aura des tiefgreifend Neuen transformiert wird ... Diese Durchbrüche sind zu selten, eher ungewöhnlich als gewöhnlich, und meistens stecken wir im Prosaischen und Trivialen fest. Der Schocker: Was prosaisch und trivial erscheint, ist genau der Stoff, aus dem Entdeckungen sind. Der einzige Unterschied ist unsere Sichtweise, unsere Bereitschaft, die Teile auf eine völlig neue Weise zusammenzusetzen und Muster zu sehen, wo nur einen Augenblick zuvor lediglich Schatten erschienen.
Edward B. Lindaman, Thinking in Future Tense

weisen durch angemessenere Glaubenssätze und Verhaltensweisen das beste Argument dafür ist, die Entwicklung der KI voranzutreiben. Das Computer-Genie Charles Lecht schreibt:

Wir begehen immer wieder die gleichen Dummheiten, die wir von Anfang an begangen haben. Und wenn es keine Intervention gibt — eine, für die wir im Laufe der menschlichen Geschichte vielleicht selbst den Grundstein gelegt haben —, ist die Vernichtung unser *Schicksal*. Das ist unzweifelhaft. Jesus Christus brauchte keine Verbindung zum Himmel, um zu diesem Schluß zu kommen. Er brauchte nur zu sehen, wie die Menschen um ihn herum aufeinander einschlugen. Während wir entweder auf die Evolution oder auf göttliche Intervention warten, brauchen wir eine gesunde Dosis künstlicher Intelligenz, die uns am Leben hält.[1]

Vielleicht ist diese Ansicht zu extrem. Und wer weiß, ob Lecht und andere Erfolg haben können bei ihrem Versuch, biologische Computer zu schaffen, die fähig sind, einen Verstand zu entwickeln, einen Verstand, von dem sie hoffen, daß er in seiner Offenheit für das Lernen und Verändern dem menschlichen Geist überlegen sein kann? Wer weiß, ob sie es überhaupt versuchen *sollten*? Wie die Antworten auch immer lauten mögen, wenn wir Wege finden können, den gequälten, selbst-täuschenden, völlig sinnlosen, sozial und persönlich schädlichen Widerstand der Karpfen und Haie gegen Veränderungen zu überwinden, ist der Nutzen daraus offensichtlich. Und die Notwendigkeit dafür ist selbstverständlich.

Durch was würden wir diesen Widerstand ersetzen?

Die Antwort ergibt sich, wenn wir „den Teich" erneut besuchen, um zuerst die unterschiedliche Art und Weise zu untersuchen, in der Karpfen, Haie und Delphine mit dem „Fluß" umgehen, der in Kapitel 2 besprochenen Herausforderung der „Veränderung mit der

Zeit." Und sie ergibt sich daraus, wie ein Delphin den Prozessen der Selbst-Bestimmung und Selbst-Berichtigung Macht verleiht, die Leben und Fortschritt erhalten, wenn er sich vor der Notwendigkeit sieht, etwas anderes zu tun.

Erinnern Sie sich daran, wie es das letzte Mal oder das erste Mal war, als Sie in einem Boot saßen. Es ist gleichgültig, ob es ein kleines, von einem winzigen 5-PS-Motor oder ein mit zwei 80-PS-Motoren angetriebenes Boot war, das gleichzeitig zwei Wasserskiläufer ziehen kann.

Boote verursachen eine Verdrängung.

Boote verursachen diese Verdrängung im Wasser. Alle schraubengetriebenen Boote tun das. Wenn am Anfang der Fahrt Gas gegeben wird, sinkt das Boot buchstäblich tiefer, sehr viel tiefer als später, wenn die Masseträgheit überwunden und die Fahrt oder der Fluß erreicht wurde. Am Anfang verdrängen Boote jeder Größe und Leistung sehr viel Wasser. Wenn sie später Fahrt aufgenommen haben, schwimmen sie sehr viel höher, verdrängen sehr wenig Wasser.

Am Anfang wird auch sehr viel Kraft aufgewendet. Wenn man ständig so viel Leistung pro im Wasser zurückgelegtem Meter aufwenden würde, ginge der Treibstoff bald zur Neige, bevor man sehr weit gekommen ist.

Was in fast jeder neuen Unternehmung zu Anfang verdrängt wird, ist nicht Wasser, sondern Ergebnisse. Das ist aus Abbildung 6.1 ersichtlich. In der gestrichelten Linie ist ein beachtliches Tal, ein Durchhang, vorhanden, während sie sich mit der Zeit nach rechts, zur Zukunft entwickelt.

Ein Gedanke, der nicht zu einer Handlung führt, ist nicht viel, und eine Handlung, die nicht von einem Gedanken ausgeht, ist überhaupt nichts.
George Bernanos

215

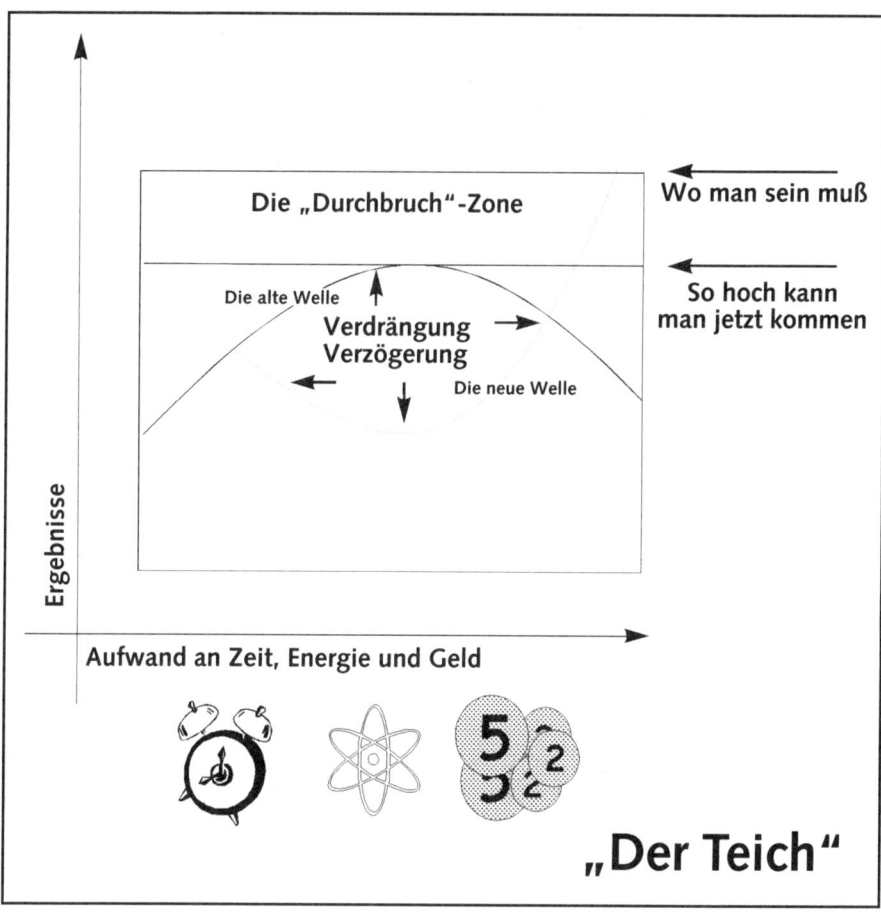

Abb. 6.1 Verdrängung und Durchbruch

Was in neuen Unternehmungen zu Anfang verdrängt wird, sind Ergebnisse.

Diese gestrichelte Linie repräsentiert eine andere, neue Tätigkeit. Der Grund für den Durchhang, der die Verdrängung zeigt, welche immer zugleich auch Verzögerung bedeutet (lag = negative Phasenverschiebung, Raum- und Zeitaspekt zugleich; CPL), liegt darin, daß die Zukunft erst entdeckt *und* geschaffen werden muß.

Die Entdeckung der Zukunft geschieht augenblicklich:

216

Sie zu kennen, bedeutet, sie zu *sein*. Es bedarf aber Zeit, Zukunft mit ihren unzähligen Details, die auf ihrer Entdeckung aufbauen, zu schaffen (Die Mühen der Ebenen nach dem Weg bergauf):

◆ **Zeit zur Mobilisierung der Vision.** Zeit, um mit der von Ihnen entdeckten Zukunft vertraut zu werden, sich mit ihr wohl zu fühlen, sie kennenzulernen und, während Sie sie schaffen, mit Fähigkeit und effizient vorzugehen.

◆ **Zeit, die Realität zu testen.** Zeit, die Bedürfnisse und Erwartungen des Marktes zu testen und zu studieren, dabei zu korrigieren, aus Fehlern zu lernen, auf Erfolgen aufzubauen.

◆ **Zeit, Verbündete zu finden.** Zeit, andere Menschen zu finden, deren entdeckte, geschaffene Zukünfte Ihrer gleichen, damit Sie aus ihren Interessen, ihrer Kaufkraft und ihren Bedürfnissen Nutzen ziehen können, und sie aus den Ihren.

◆ **Zeit, die Finanzierung zu regeln.** Zeit, um Geldgeber davon zu überzeugen, daß die von Ihnen gefundene Zukunft, die Sie jetzt schaffen, zu ihren Zielen beitragen und den Einsatz ihres Kapitals, ihres Rufes und ihrer Zukunft rechtfertigen kann.

◆ **Zeit, um in Fahrt zu kommen.** Zeit, um dem „Universum" die Chance zu geben zu entscheiden, ob Ihre neu gefundene, jetzt im Aufbau befindliche Zukunft einen Weg zu größeren Entdeckungen und zu größerer Komplexität der Kräfte des Lebens darstellt und daher für das große Ganze nützlich ist.

Das Ignorieren der Verzögerung, wie ihrer Erfordernisse und ihrer Konsequenzen ist möglicherweise die größte organisatorische Behinderung, der sich ein Unternehmen gegenübersieht. Karpfen und Haie können angesichts zerfallender Bedingungen einfach nicht gut mit ihr umgehen. Mehr als jede andere „Dynamik", mit der Individuen oder Teams arbeiten müssen, um in sich schnell ändern-

Die Tatsache, daß eine Ansicht weit verbreitet ist, ist nicht im geringsten ein Beweis dafür, daß sie nicht völlig absurd ist. Angesichts der Dummheit der Mehrheit der Menschheit ist es mehr als wahrscheinlich, daß eine weit verbreitete Ansicht eher albern als vernünftig ist.
Bertrand Russell

Das System ist selten darauf ausgelegt, sich an Verzögerungen mit Erfolg anzupassen.

den Zeiten zu überleben, ist die Verzögerung ein Phänomen des „Friß oder stirb". Es ist die Unfähigkeit, die Verzögerung zu meistern, die einsichtsvolle Kritiker wie W. Edwards Deming, der Qualitätsexperte, scharf kritisieren, wenn sie mehr als 80 Prozent aller Probleme eines Unternehmens „dem System" zuschreiben. Das System ist selten darauf ausgelegt, sich an Verzögerung mit Erfolg anzupassen. Das System ist für erfolgreiche Veränderungen ein ebenso mächtiges Hindernis wie das Individuum.

In der „Verzögerung" treten Durchbruch-Veränderungen auf, *falls* sie auftreten. Zu ihrer eigenen Überraschung sind es wiederum die Chaosforscher, die einige der wertvollsten, aufregendsten neuen Ideen zum Verstehen von Veränderungen beitragen. Für Delphine kommen ihre Gedanken rechtzeitig: Wegen der globalen Revolution der Information finden es Delphine zunehmend schwierig, aus dysfunktionalen Organisationen zu entkommen. Dabei scheint eines von Greshams Gesetzen zu gelten: Schlechte Informationen verbreiten sich schneller als gute. Entkommen, aus dem Teich aussteigen, wird, obwohl es eine der bevorzugten Techniken des Delphins bleibt, verhindert, weil „das System" zunehmend global wird. Also müssen sich Delphine einem anderen ihrer Lieblingssprüche zuwenden: „Wenn du etwas tust, das nicht funktioniert, muß du etwas anderes tun." Dazu haben die Chaosforscher einige der machtvollsten Ideen.

Mit den Worten von Douglas Hofstadter, einem der Pioniere des Verständnisses der künstlichen Intelligenz, haben diese ikonoklastischen* Wissenschaftler folgendes herausgefunden: „Es erweist sich, daß hinter einer Fassade der Ordnung das unheimlichste Chaos lauern kann, doch tief im Chaos lauert eine noch unheimlichere Ordnung." Vom Standpunkt der traditionellen Physik und der

---

* bilderstürmenden, hier wohl eher diejenigen, die einen Paradigmenwechsel einleiten; CPL

218

traditionellen Managementwissenschaft betrachtet werden die Veränderungen merkwürdiger und merkwürdiger.

Es ist hilfreich, eine stark vereinfachte Zusammenfassung der „Chaos-Spiel"-Theorie zu behandeln. Wir können das anhand der Abbildung 6.2 tun. Wiederum wird unsere Welle dargestellt, aber dieses Mal findet sich die Welle anstelle der typischen „S"-oder sinusförmigen Wiederholungen in eine Vielzahl von scheibenförmigen Abschnitten aufgeteilt. Mit der Zeit spaltet sich jeder scheibenförmige Abschnitt an jedem Ende in zwei neue scheibenförmige Abschnitte.

Wenn sie zu verstehen suchen, wie sich Organisationen verändern können und wie sie sich tatsächlich verändern, finden sich Delphine wahrscheinlich besonders zu zwei Merkmalen dieser „Karte der Veränderung" hingezogen: erstens zu den Becken-Formen selbst und zweitens zu der Region (die wir in Abbildung 6.2 als „Chancen-Zone" hervorgehoben haben), die die „Bifurkation/Gabelung" umgibt. Es ist die Region, in der die Verdrängung auftritt. Sie werden von dem Grenzbereich angezogen, in dem, wie James Gleick schrieb, zwischen den Becken „das Leben blüht".

Der Mittelteil des Beckens repräsentiert die guten Zeiten, die wir wiederholt als „den Fluß" bezeichnet haben. Das Becken selbst wird durch ein Organisationsprinzip gebildet oder von ihm beherrscht, einem bestimmenden Einfluß, der entweder hinreichend im Einklang mit der Umwelt ist, so daß er neben ihr existieren kann, oder, und das ist wahrscheinlicher, der gleichzeitig auch die Umwelt formt.

Wenn man sich vorstellt, die Form eines dieser Becken zu vergrößern, kann man nach Ansicht der Chaosforscher nicht die schöne, geschwungene Kurve erwarten, die in Abbildung 6.2 darge-

Jeder kreative Akt beinhaltet ... eine neue Unschuld der Wahrnehmung, befreit vom Katarakt des akzeptierten Glaubens. Arthur Koestler

Es ist ein schlechtes Gedächtnis, das nur rückwärts gerichtet funktioniert. Lewis Carroll

Wenn man genau hinsieht, erkennt man ein überraschendes Muster unregelmäßiger und unendlich komplexer Formen.

219

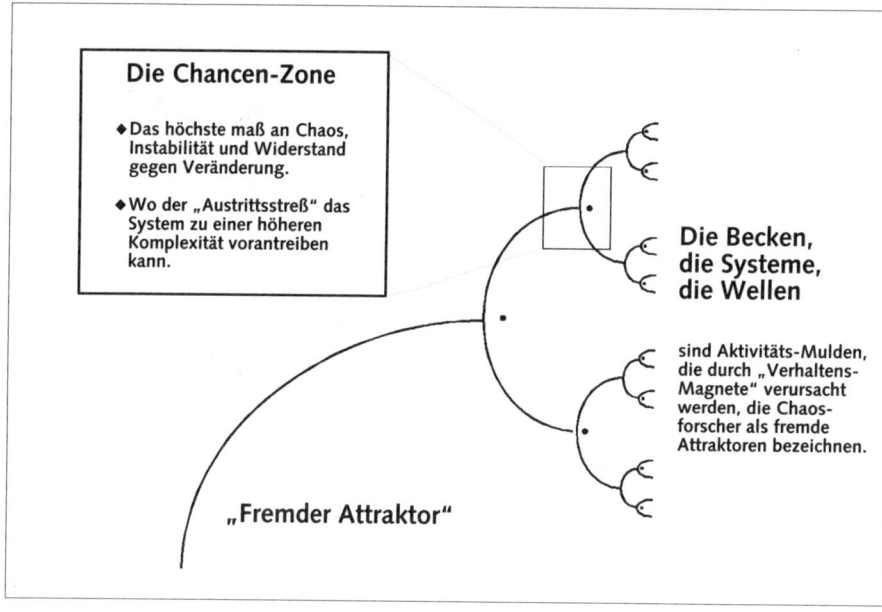

Abb. 6.2 Der Sog von „fremden Attraktoren"

stellt ist, sondern ein überraschendes Muster aus unregelmäßigen und unendlich komplexen Formen, die, obwohl sie nie genau gleich sind, die Eigenschaft der *Selbstähnlichkeit* besitzen. Das Becken ist ein „Fraktal", eine Schneeflocken ähnliche Kombination aus Ordnung und Chaos, wie alles andere im Universum, einschließlich Organisationen, in denen nichts zweimal auf die gleiche Weise geschieht. Dennoch geschieht, in Zeiten relativer geistiger Gesundheit und Stabilität, genug auf eine ordentliche Weise, so daß Menschen und Reaktionen scheinbar kontrolliert werden können.

Welcher Mechanismus schafft das Becken?

Mit der Entwicklung der Chaos-Theorie in den letzten beiden Jahrzehnten fanden die Mathematiker David Ruelle und Floris Takens Anerkennung für ein Konzept und eine Bezeichnung, die ihre eigenen Turbulenzen in der Physik erzeugt: *der fremde Attraktor.*

„Fremde Attraktoren"
erzeugen Muster zum
Organisieren von Firmen
und Gesellschafts-
ordnungen.

220

Der Gedanke wurde durch den britischen Mikrobiologen und Biochemiker Rupert Sheldrake genährt, der davon spricht, daß „morphogenetische Felder" allem Form geben, von der unbelebten Zelle bis zum Menschen. In der Natur, in zwischenmenschlichen Beziehungen, im Universum als Ganzen scheint es bisher unbekannte MusterBildner oder Schablonen oder Attraktoren zu geben, die Geist und Materie beeinflussen. Man kann sie sich, wie von Gleick vorgeschlagen, als „in einer Gummimatte eingebettete Magnete" vorstellen. Oder man kann sie sich als Halteringe denken, um die ständig wechselnden Gravitationskräften ausgesetzte Pendel schwingen.

In Abbildung 6.2 sind die Becken-Formen die Muster zum Organisieren von Firmen und Gesellschaftsordnungen. Diese Muster werden durch *fremde Attraktoren* erzeugt. Wenn man diese Muster näher betrachtet, scheinen sie „fraktal" zu sein oder sowohl geordnet *als auch* chaotisch. Diese Eigenschaft kann neben anderen Modellen zu einem Verständnis darüber helfen, warum Informationen sich beschleunigen. Der Physiker Robert Shaw war einer der ersten, der erkannte, daß fremde Attraktoren aufgrund der fraktalen Muster, die sie erzeugen, „Muster bildende Maschinen des Chaos" und daher aus Information sind.

Für unsere Zwecke ergibt sich die andere große Erkenntnis der Chaos-Theorie aus der Dynamik „des Buckels." Der Buckel ist unsere Welle, die über genügend Energie verfügt. Der Physiker Mitchell Feigenbaum hat mit seinem brillanten, unkonventionellen Verstand an der Umgebung des Buckels gearbeitet und alle möglichen Entdeckungen daraus fraktioniert, d.h. gezogen.

Die Entdeckungen, die für Manager und Organisationstheoretiker unserer Ansicht nach am faszinierendsten sind, betreffen Feigenbaums

Gott würfelt mit dem Universum. Aber es sind präparierte Würfel. Und das Hauptziel der Physik ist es herauszufinden, nach welchen Regeln sie präpariert wurden und wie wir sie für unsere eigenen Zwecke benutzen können.
Joseph Ford, Physiker

Es ist möglich, daß wir doch in einer vergeßlichen Welt leben, die durch ewige Gesetze regiert wird. Es ist aber auch möglich, daß der Natur ein Gedächtnis eigen ist. Und wenn wir erkennen, daß wir in der Tat in einer solchen Welt leben, müssen wir unser Denken vollkommen ändern. Wir werden früher oder später viele unserer alten Denkgewohnheiten aufgeben, und neue annehmen müssen: Gewohnheiten, die besser an das Leben in einer Welt angepaßt sind, die in der Gegenwart der Vergangenheit lebt — und die auch in der Gegenwart der Zukunft lebt und für eine fortgesetzte Schöpfung offen ist.
Rupert Sheldrake, The Presence of the Past (Dt.: Das Gedächtnis der Natur)

221

Konstante. Es ist eine Zahl. Nach dem Stand der Dinge scheint Feigenbaums Zahl (um sie zu nennen: 4,6692016090) eine Möglichkeit darzustellen, den genauen Punkt auf dem „Buckel" zu bestimmen, in dem die Bifurkation/Gabelung eintritt. An diesem Punkt spaltet sich der fremde Attraktor. Auf diesen Punkt würde der vollendete Manager zielen, wenn er genau wüßte, wie man das macht, denn hier tritt die Verlagerung in eine neue Realität der Unternehmensführung ein.

Nach unserer heutigen Erkenntnis scheint Feigenbaums Konstante universell zu sein: Seine Zahl gilt für *alle* Buckel, für alle natürlichen Wellenformen. James Gleick erläutert das anhand einer Analogie wie der folgenden, die Bände spricht:

Man stelle sich vor, daß ein prähistorischer Zoologe beschließt, daß einige Dinge schwerer sind als andere. Sie besitzen eine abstrakte Eigenschaft, die er *Gewicht* nennt, und er möchte diesen Gedanken wissenschaftlich untersuchen. Er hat Gewicht nie tatsächlich gemessen, aber er glaubt, er habe ein gewisses Verständnis für den Gedanken. Er betrachtet große Schlangen und kleine Schlangen, große Bären und kleine Bären, und er errät, daß das Gewicht dieser Tiere eine Beziehung zu ihrer Größe haben könnte. Er baut eine Waage und beginnt, Schlangen zu wiegen. Zu seinem Erstaunen hat jede Schlange das gleiche Gewicht. Zu seiner Bestürzung hat auch jeder Bär das gleiche Gewicht. Und zu seiner weiteren Verblüffung wiegen Bären das gleiche wie Schnecken. Sie alle wiegen 4,6692016090. *Gewicht* ist eindeutig nicht, was er dachte. Das ganze Konzept muß neu durchdacht werden.[2]

Und ebenso das ganze Konzept davon, wie sich Organisationen verändern.[*]

Weil kein Nagel da war, ging das Hufeisen verloren,
Weil kein Hufeisen da war, ging das Pferd verloren,
Weil kein Pferd da war, ging der Reiter verloren,
Weil kein Reiter da war, ging die Schlacht verloren,
Weil keine Schlacht da war, ging das Königreich verloren!
Volkstümliche Beschreibung des „Schmetterlingseffekts"

222

Robert Malthus' Theorie der Bevölkerungsentwicklung ist bekannt. Der Gedanke, ein stetiges, lineare Wachstums verlaufe glatt, wird bereits in Frage gestellt. Wenn zu Ilya Prigogines Konzepten der dissipativen Strukturen und Rupert Sheldrakes morphogenetischen oder archetypischen Feldern die Entdeckungen der Chaosforscher genommen werden, verfügen Delphine über einen Reichtum an Blickwinkeln für ihre bis jetzt größtenteils intuitive Einsicht, daß die Veränderung ein nervöses Chamäleon ist.

Wenn wir die nächste Zukunft der Unternehmenswelt betrachten, wird es immer wahrscheinlicher, daß Delphine als Chaoskenner führen werden, wobei sie Folgendes verstehen:

◆ Aufgrund der zunehmend globalen Natur „des Systems" werden sie weniger dazu in der Lage sein, die dysfunktionalen Beschränkungen und Irritationen von Systemen, von Organisationen zu vermeiden als bisher. Historisch betrachtet haben Delphine nicht viel Zeit damit verbracht, systematische Veränderungen vorzunehmen, weil sie nicht bereit waren, die Einschränkungen ihrer persönlichen Freiheit zu akzeptieren, die ihnen dadurch auferlegt wurde. Entweder haben sie das System verlassen, ihre eigenen, kleinen insulären „Blasen" oder „Skunkworks"** geschaffen oder ihren Einfluß durch ihr Fachwissen

> Was sonst, wenn das Chaos alle Kräfte in sich zieht, um ein einziges Blatt zu bilden.
> Conrad Aiken

(von Seite 222*) Ob wir in der Lage sein werden, Feigenbaums Konstante bei der Veränderung menschlicher Organisationen in großem Umfang zu benutzen, hängt im wesentlichen davon ab, ob Manager in der Lage sind, das Modell zu benutzen, und zwar, um sich selbst zu ändern, und dann, um ihre Fähigkeiten dafür zu entwickeln, auf die von Feigenbaum und anderen Chaosforschern so genannten „Abstimmungsparameter" zu zielen. Diese sind die Energiequellen, die die Störungs- und Bifurkationsprozesse antreiben. Es ist zu erwarten, daß Forschung und Anwendungsstudien über die Verwendung von Feigenbaums Konstante eines der wichtigsten Themen in der Entwicklung von Organisationen in den 90er Jahren sein wird.

** Skunkworks sind Teams, die in Unternehmen geschaffen werden, um außergewöhnliche Probleme unkonventionell außerhalb des institutionellen Rahmens zu lösen; CPL und informelle Arten der Führung vervielfacht. Jetzt haben Delphine, wie wir alle, weniger Schutzräume. Dysfunktionale Systeme finden sich überall.

◆ Wenn die Umwelt ein System nicht mehr unterstützt, haben die Menschen, die in dem System leben, mehrere Möglichkeiten. Erstens können sie versuchen, das System zum „Übergang" in den Einflußbereich eines neuen, fremden Attraktors zu bringen, indem sie es der Schwelle annähern, die durch Feigenbaums Konstante definiert ist. Chaosforscher sprechen von der Robustheit des Systems oder der Zeit eines außergewöhnlichen Aufstiegs, dem eine ernste Krise folgt. Wenn die Robustheit zu gering ist, hat das System keine Chance, eine Störung zu empfinden und in eine höhere Größenordnung der Komplexität zu wechseln. Zu geringe Robustheit verhindert, eine neue Welle zu schaffen und sie dann zu benutzen oder sich in das Umfeld eines neuen, fremden Attraktors zu begeben. Ohne ausreichende Energie steht das Ergebnis fest: Das System bricht zusammen. Wenn die Robustheit gerade ausreicht, erhält man einen Gleichgewichtszustand: den Fluß. Führt man dem System Robustheit zu, so schafft man bald eine Zone der Bifurkationen. Plötzlich sind nicht nur Veränderungen im System vorhanden, sondern auch Veränderungen *des* Systems. Wie Abbildung 6.3 nahelegt, ist dazu eine massive Steigerung des Chaos oder des Informationsgradienten erforderlich. Ohne einen „Quantensprung" an neuer Energie, einen für die Störung des Systems ausreichenden Sprung, ist es nicht wahrscheinlich, daß ein System auf eine höhere Ebene der Komplexität gelangen kann. Die andere Möglichkeit, die zur Verfügung stehen kann, ist die Bewegung des Systems in eine Umgebung, die den „Status quo" weiterhin honoriert. In den Begriffen der Chaos-Theorie bedeutet das, in das vom ursprünglichen fremden Attraktor erzeugte System. Falls keiner dieser Wege beschritten wird, sieht das System wahrscheinlich seiner Auflösung entgegen.

◆ Veränderungen können auch „fraktal" erzeugt werden. Wie Edward Lorenz mit seinem Schmetterlingseffekt entdeckt hat, kann die kleinste Veränderung mit der Zeit in einem fraktalen System die gewaltigsten Konsequenzen haben. Fraktale Systeme, und das sind die meisten menschlichen Systeme, sind eine Mischung aus Ordnung und Chaos. Fraktale Systeme sind — wie alle komplexen Systeme — auch offene Systeme, die sich in ständiger Wechselwirkung mit ihrer Umgebung befinden. Für ihr Überleben sind diese Systeme entscheidend vom Rückfluß von Informationen abhängig. Um zu überleben, müssen solche Systeme diese Informationen benutzen, um sich *zu verändern*. Aus diesem großen Paradoxon, daß sich das System verändern muß, um „das gleiche zu bleiben", das heißt zu überleben, ergeben sich zahlreiche „kleine" Paradoxa. Delphine sind, wegen ihrer Fähigkeit, Informationen aus der Zukunft sowie einer Vielzahl zeitgenössischer Quellen zu sammeln, für das große Paradoxon wie auch für die kleinen außergewöhnlich empfänglich; weiterhin wegen ihrer Aufgeschlossenheit für Mehrdeutigkeit und Überraschung auch ihrer Fähigkeit, aufgrund von Informationen zu handeln, sobald sie etwas von Wert spüren. Da es jetzt weniger leicht ist, aus dem dysfunktionalen System zu entkommen, ist zu erwarten, daß Delphine ihr Geschick im Erkennen und Ergreifen der kleinen paradoxen Maßnahmen steigern, um das System in Schwingungen zu versetzen. In der Art der Fraktale können diese kleinen Schritte rasch zu kritischen Einflüssen heranwachsen, die benötigt werden, um ein dysfunktionales System zu stören. Zum Beispiel

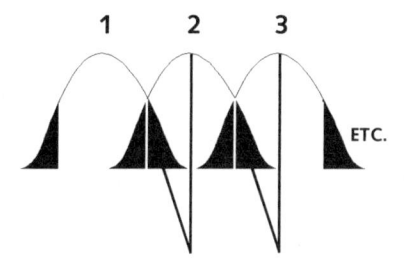

Die 100 % + die Verlagerung

1   2   3

ETC.

Das Mittelmaß im NEUEN System sollte so gut wie oder besser als die Vorzüglichkeit im ALTEN System sein.

Verlagerung in Systemen erfordern normalerweise eine Leistungsverbesserung um eine Größenordnung. Ein Versuch von 10 % ist gewöhnlich unzureichend (er wird tendenziell durch eine Regression zum Mittelwert aufgefangen). Ein Versuch, die Produktivität um mehr als 100 % zu erhöhen, verlagert allerdings grundsätzlich das ganze System in eine höhere Ordnung.

Abb. 6.3 Erhöhung der Qualität des Mittelmaßes

ist es wahrscheinlich, daß das sowjetische System infolge der relativ unbedeutenden Einführung von Personalcomputern profunde Veränderungen erleben wird. Das Paradoxon liegt darin, daß die Sowjets den einzelnen traditionell am Besitz von Druckmaschinen gehindert haben. Und doch muß die sowjetische Führung die Einführung von Personalcomputern und die Ausbildung von Menschen in ihrem Gebrauch zulassen, um auf dem Weltmarkt konkurrenzfähig und technologisch kompetent zu bleiben. Man kann nicht in das Informationszeitalter eintreten und zugleich Informationen unterdrücken. Das ist ein Aspekt der Realität, die schon jetzt das ganze Gefüge des kommunistischen Systems verändert. [*]

Die Chaos-Theorie wird darum zu einer derart vielversprechenden Aussicht für das Verständnis des Führens von Organisationen in

[*] Welche Macht Mentalitätswandel entfaltet, konnten wir 1989-91 in Europa erneut hautnah beobachten. Es sind nicht die politischen Entscheidungen, es sind sich wandelnde Gehirne, die Weltgeschichte machten und machen: die Mentalität bestimmt den Prozeß; CPL

Zeiten schneller Veränderungen, weil sie neue Erkenntnisse über das liefert, was in der Verdrängungszone geschehen kann, geschieht oder geschehen muß. Traditionell hatten Systeme die Neigung, Vorzüglichkeit und langfristige Visionen auszuschließen. Wenn langfristige Visionen nicht vorliegen und die Menschen nur für kurzfristige Ergebnisse belohnt und an ihnen gemessen werden, dann ist die Verdrängung, die entsteht, weil etwas Neues getan wird, sowohl unannehmbar als auch unerträglich, bis der Schmerzpegel die Verlagerung zu erzwingen beginnt. Unternehmen in dieser Lage lernen auf der Rückseite der Welle, wo sie entweder weiter zerfallen oder in das Becken eines weniger komplexen, fremden Attraktors fallen. Als Beispiel für diese Entwicklung sei unser Teil der Vereinigten Staaten genannt, — es ist Colorado —, in dem Rezessionen in den Bereichen Energie, Landwirtschaft und Immobilien in der zweiten Hälfte der 80er Jahre dominiert haben. Es war das „Abfallen in das Becken eines weniger komplexen, fremden Attraktors", ein sehr verbreitetes Vorkommnis. Betriebswirte haben begonnen, Taxi zu fahren, Ingenieure haben Firmen für sanitäre Dienstleistungen gegründet, Bauern haben Tante-Emma-Läden eröffnet, Buchhalter sind Wildwasser-Flößer geworden, und Druckereien für Bücher und Zeitschriften haben sich dem Drucken von Etiketten zugewandt. Und viele der Überlebenden unter den kleinen High-Tech-Betrieben in Colorado machen jetzt Verkabelungen von Hand für Spezialmärkte wie Kabelhersteller, wohingegen sie früher modernste Montagemöglichkeiten für High-Tech-Kunden eingesetzt haben.

Die meisten Systeme sind darauf ausgelegt, sich selbst zu erhalten, statt sich zu verändern. Unter diesen Umständen wird daher gewöhnlich das Mittelmaß belohnt, während der wirksame fremde Attraktor das Unternehmen ständig zurück zum Zentrum

[Falls] sich in allen Universen einer Quanten-Kosmologie Leben entwickelt und falls das Leben in allen diesen Universen weiter besteht, nähern sich alle diese Universen, die alle möglichen Geschichten enthalten, dem Omega-Punkt. In dem Augenblick, in dem der Omega-Punkt erreicht ist, hat das Leben die Kontrolle über alle Materie und alle Kräfte nicht nur in einem einzigen Universum erlangt, sondern in allen Universen, die logisch möglich sind. Das Leben wird sich in alle räumlichen Regionen in allen logisch möglichen Universen ausgebreitet und eine unendliche Menge an Informationen gespeichert haben, einschließlich allen Wissens, das logisch gewußt werden kann. Und das ist das Ende.
John D. Barrow und Frank J. Tipler, The Anthropic Cosmological Principle

227

des Beckens der Vertrautheit — wie es Chaoskenner nennen — zurückzieht. Traditionell wird das als „Regression zum Mittelmaß" bezeichnet. Schlechte Leistung wird bestraft, weil sie zum Zerfall des Systems führen kann. Aber Vorzüglichkeit, dessen kann man sicher sein, wird ebenso bestraft, denn sehr viel Vorzüglichkeit zwingt das System, sich zu verändern. Das System ist darauf ausgelegt, sich selbst zu erhalten, und diese Tatsache macht es zu einer desto größeren Herausforderung, das System hin zur Kante des Beckens des fremden Attraktors zu drängen. Es ist der Platz, wo es von Leben wimmelt und wo Quantensprünge in vielversprechende Umwelten möglich sind.

Von Karpfen geplante Systeme berücksichtigen die Verdrängung gewöhnlich überhaupt nicht, und wenn sie es doch tun, stellen sie sich der Realität tendenziell erst, wenn der Abstand zwischen ihrer tatsächlichen Position und der für den Aufstieg zur neuen Welle benötigten enorm ist. Obwohl ihnen die Verzögerung willkommen sein kann, versäumen es PEK-Systeme, Menschen ausreichend auf neue Modi und Niveaus der Leistung hin zu bewegen, so daß sie fast immer vor dem Erreichen ihrer Ziele versagen. Von Haien geplante Systeme geraten während des Verdrängungsprozesses fast unweigerlich in wachsenden Aufruhr. Letztendlich findet man in allen Fällen fast immer frisches Blut im Wasser.

Wenn aber nicht funktioniert was man tut, und wenn man etwas Neues tun muß, gibt es nur Verdrängung. Nur wenn man seine Ressourcen umorganisiert und etwas wesentlich anderes tut, kann man den Schwung aufbringen, um die von uns in Abbildung 6.1 so bezeichnete „Durchbruch"-Zone zu durchqueren. Nur indem man die Verdrängung kreativ, verantwortlich sowie aufgeschlossen überwindet und überlebt, kann man von der gegenwärtigen Position

Wenn man die „Durchbruch"-Zone durchqueren will, gibt es nur Verdrängung.

zu derjenigen gelangen, *in der man sich befinden muß* (um zu überleben).

Das Schaffen und das Überwinden der Verdrängung, der Prozeß des Übergangs auf eine höhere Ebene der Komplexität, ist eine Spezialität des Delphins. Nachfolgend werden wir den Vorgang beschreiben. Und die Gründe dafür, daß Karpfen und Haie beim Versuch so oft versagen, wenn sie ihn überhaupt unternehmen.

Karpfen und Haie werden regelmäßig durch die Kräfte der Verdrängung k.o. geschlagen. Erstens sehen sie eine Verdrängung möglicherweise nicht kommen und reagieren daher zu spät auf die Situationen, die sie erzeugen, und auf die Bedingungen, die sie begleiten.

Zweitens: Wenn sie die Notwendigkeit für Veränderungen nicht mehr ignorieren können, sind sie typischerweise nicht in der Lage, mit den durch die Verdrängung erzeugten Emotionen ohne destruktive Verzögerungen und schmerzlichen Schaden für sich selbst und die Organisation fertigzuwerden.

Abbildung 6.4 stellt dar, was im „Teich" geschieht, wenn Karpfen und Haie leugnen, daß sie selbst „Fluß" sind und die Welle über den Scheitelpunkt hinaus und hinab zu den Untiefen der potentiellen Katastrophen und Auflösung reiten. In diesem Falle ist die Chance zur Minimierung der Verdrängung verschwunden. Weil die Leistung im Fallen begriffen ist, da die Ergebnisse der Welle abwärts folgen, ist die Kontrolle nicht mehr innengesteuert. Die Kontrolle wurde äußeren Kräften übertragen: der Umwelt selbst. Die Umwelt ist auf die eine oder andere Weise ein unerbittlicher Lehrer.

Man sollte über das Paradoxe nicht geringschätzig denken, denn das Paradoxon ist die Quelle der Leidenschaft des Denkers, und der Denker ohne das Paradoxon ist wie ein Liebhaber ohne Gefühl: Ein erbärmlicher Patron ... Das größte Paradoxon von allen ist der Versuch, etwas zu finden, das das Denken nicht denken kann.
Sören Kierkegaard

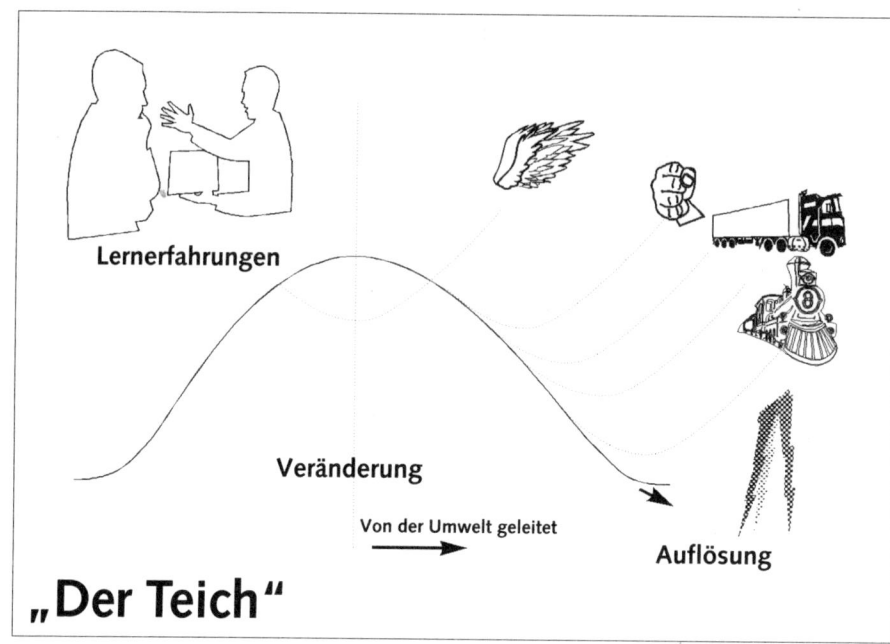

"Der Teich"

Abb. 6.4 Lernerfahrungen

Hoffentlich lernt man seine Lektion schnell. Schließlich *kann* man es sich leicht machen, wenn man wach ist und sich in einer guten Stimmung für das Lernen befindet. Ein Delphin lernt jedenfalls seine Lektionen gern mit einem Minimum an Unbehagen und einer sehr geringen Ausweitung der Verdrängungszone sowie ihrer Zeit und Ressourcen aufzehrenden Konsequenzen. In einer Welt mit wachsender Komplexität sehen auch Delphine die Verdrängung nicht immer voraus und handeln nicht jedesmal rechtzeitig entsprechend.

Wenn man seine Lektion allerdings nicht leicht wie eine Feder lernt, erhält man mit Sicherheit eine neue Chance zu lernen. Aber das nächste Mal kann man bestenfalls hoffen, sie schwer wie unter einer Faust zu erhalten.

Und wenn man dann immer noch nicht lernt, erhält es das Gewicht und die Kraft eines Lastwagens.

Und wenn man dann noch nicht lernt, bekommt es die Durchschlagkraft einer Lokomotive.

Und wenn man dann noch nicht lernt, schlägt es mit der Energie eines Blitzes auf einen ein.[3]

Und *dann* zertrümmert der Schlag Ihnen den Schädel. Wenn man es bis dahin noch nicht „kapiert" hat, besteht wenig Hoffnung auf Genesung. Man hat sich zu lange am Status quo festgeklammert oder zu oft unangemessen und unwirksam auf ihn reagiert. Die Möglichkeit, die Verdrängung zu überwinden, sich in eine neue Konstellation zu begeben, auf eine höhere Ordnung überzugehen, besteht dann nicht mehr. Diese Möglichkeiten stehen nicht mehr zur Verfügung.

Aber auch, wenn man es vor der Auflösung „kapiert", muß man sich mit zwei ernüchternden Tatsachen auseinandersetzen. Die erste ist in Abbildung 6.5 dargestellt: der Faktor des „langen Weges zurück."

Weil man die ursprüngliche Welle so weit über ihren Scheitelpunkt hinaus geritten hat, sieht man sich nun einer wahrhaft immensen Verdrängung gegenüber. Es kann schlicht undenkbar sein, von der gegenwärtigen Position dorthin zu gelangen, wo man sich befinden muß.

Die andere Tatsache nennen wir das Erholungstal. Das ist unsere Bezeichnung für diejenige Kette emotionaler Phasen, die das Gehirn erzeugt, wenn ihm Veränderungen von außen aufgezwungen werden.

Wenn man an einem eiskalten Tag zu seinem geparkten Auto zurückkommt und das Türschloß eingefroren ist, versucht der vertikal denkende Mensch vielleicht, das Schloß mit dem Feuerzeug im Wind zu erwärmen. Der lateral denkende Mensch erwärmt den Schlüssel, wobei er ihn vor dem Wind schützt.
Edward de Bono, Mechanism of Mind

Man kann niemals das Innere einer Tasse ohne das Äußere benutzen. Das Innere und das Äußere gehören zusammen. Sie sind eine Einheit.
Alan Watts

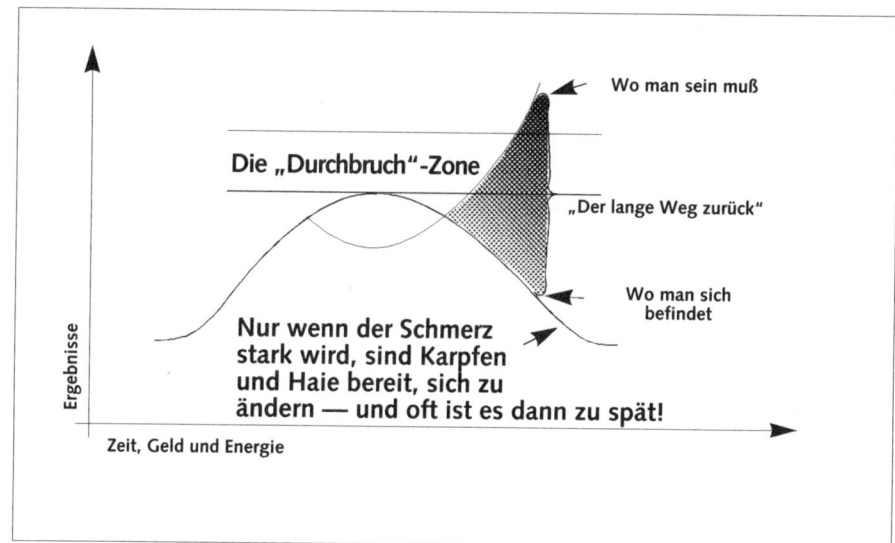

Abb. 6.5 „Der lange Weg zurück"

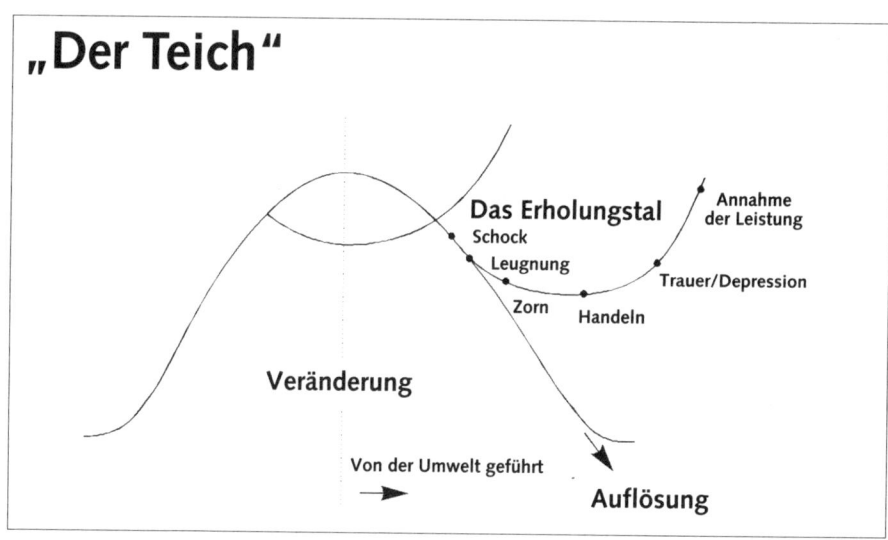

Abb. 6.6 Das Erholungstal

Das in Abbildung 6.6 dargestellte Modell ist von Untersuchungen unheilbar kranker Menschen abgeleitet, die Elisabeth Kübler-Ross durchgeführt hat. Ein dem Kübler-Rossschen ähnlicher Zyklus war in unseren eigenen Konfrontationen mit der Katastrophe und in von uns beobachteten Situationen erkennbar.

Es ist ein Gefühlsbrei. Es besteht immer die Gefahr, daß man in diesem klumpigen, Handlungen behindernden Gebilde von Verneinung und Ablenkung steckenbleibt. Mit der Zeit können die meisten Menschen das Erholungstal überwinden: durch den Schock des Versagens, die Verleugnung, den Zorn, das Handeln, die Trauer, um schließlich zu einem Gefühl emotionaler Stabilität zurückzufinden. Aber jede Minute, jeder Dollar, jedes Gramm an Energie, das durch das Erholungstal verbraucht wird, ist eine Minute, ein Dollar, ein unwiederbringlich verlorenes Quentchen Lebenskraft, das eine weitere Verzögerung unserer Rückkehr zu einem Leistungsgleichgewicht erzwingt. Gibt es einen besseren Weg? Offensichtlich glauben wir, daß der Weg des Delphins besser ist. Um unsere Untersuchung fortzusetzen, wollen wir in Abbildung 6.7 zum „Teich" zurückkehren.

Ernest Hemingway hat von der Anmut gesprochen, die unter Druck entsteht. Das war seine Definition des Mutes. Wir Menschen haben eine hohe Meinung von jedem Erfolg, der unter Druck erreicht wird. Zum Beispiel:

◆ Ein Politiker weicht in einer Frage-und-Antwort-Stunde einer scheinbar unvermeidbaren Falle aus, indem er eine Antwort gibt, die echte geistige Finesse zeigt, und wir applaudieren.

◆ Im Sport verwandelt sich unser Sündenbock in einen Helden, weil er, über sich hinauswachsend, uns im letzten Augenblick

233

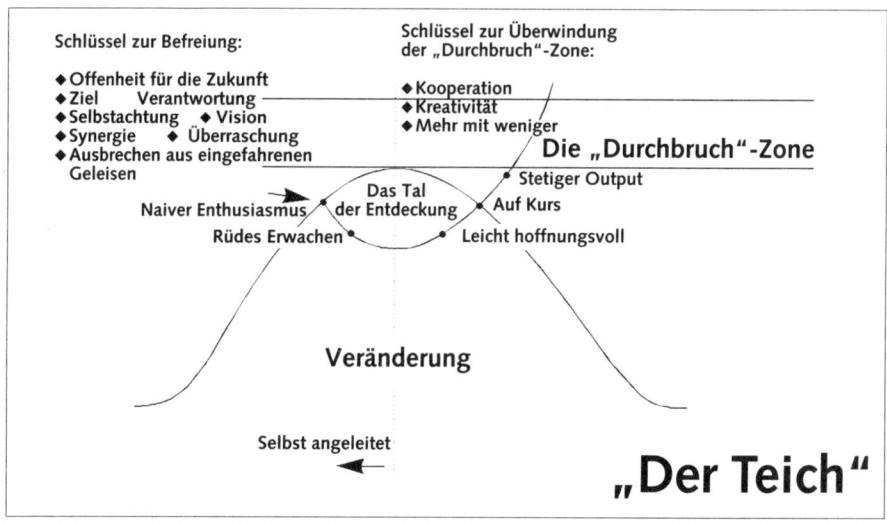

Abb. 6.7 Schlüssel zur Befreiung

durch eine unglaubliche Leistung angesichts einer fast sicheren Katastrophe verblüfft.

◆ Zahlreiche Auszeichnungen wurden Durchschnittsbürgern verliehen, weil sie angesichts drohender Gefahr Mut gezeigt haben.

◆ Jeder, der den Film *Coming to America* gesehen hat, mußte die Fähigkeit des Schauspielers Eddie Murphy bewundern, das Unerwartete anzunehmen und es besser zu gestalten als das ursprüngliche Drehbuch. Und wir hören, daß er das während der Dreharbeiten wiederholt getan hat.

Sowohl gewöhnliche als auch außergewöhnliche Menschen aus allen Lebensbereichen zeigen oft unter Druck Genialität und Finesse wie auch Kreativität, Heldenmut und Witz.

Gibt es einen Unterschied in der Methode, wenn ein Delphin seine Veränderungen selbst bestimmt? — Aber sicherlich!

234

Man kann sogar sagen, daß er es rückwärts tut, und dies ist eine Umkehrung von entscheidender Bedeutung.

In sich schnell ändernden Zeiten wissen Delphine, daß es oft weise ist, die Veränderung *vor* der Zeit zu beginnen, anstatt das Risiko einzugehen, mit der Veränderung zu warten oder den richtigen Zeitpunkt zu verpassen. Veränderung vor der Zeit bedeutet Veränderung ohne starke Signale, Veränderung auf der Grundlage von Intuition sowie Vermutungen und möglicherweise bloßer Unzufriedenheit mit der aktuellen Lage der Dinge. Delphine warten häufig mit dem Handeln nicht auf Druck von außen. Sie schaffen sich inneren Druck im sicheren Gefühl, daß das Ergebnis oft genug Anmut sein wird; daß es die Eleganz dessen, „was funktioniert", besitzt, und zwar mit Macht, mit Finesse und der Einfachheit des gekonnten Sprunges.

Erst kommt der innere Druck. Dann die Anmut. Und dies immer wieder.

Das ist eine der machtvollsten Fähigkeiten des Delphins.

Abbildung 6.7 liefert uns wichtige Hinweise, sowohl auf die Mittel, die dem Delphin zur Erzeugung von innerem *Druck* zur Verfügung stehen, als auch zur Kultivierung der Chancen für *Anmut*: für den Überfluß, für die Eleganz, für den Durchbruch.

Auch Delphine machen Fehler. Aber wegen ihrer Aufgeschlossenheit dem Lernen gegenüber können sie sich schnell selbst korrigieren. Sie „begreifen" gewöhnlich früh, und es ist daher nicht notwendig, etwas wieder und immer wieder zu begreifen. Es ist nicht notwendig, Abschlußprüfungen zu wiederholen. Sie brauchen nur einen gelegentlichen, überraschenden Test.

Auch Delphine fühlen sich gelegentlich entmutigt. Aber sie erkennen Entmutigung als das, was sie ist: ein Fragment der

Für die meisten Begründer der klassischen Wissenschaft, sogar für Einstein, war die Wissenschaft ein Versuch, über die Welt der Erscheinungen hinauszugehen, eine zeitlose Welt überlegener Rationalität zu erreichen — die Welt Spinozas. Aber vielleicht gibt es eine subtilere Form der Realität, die Gesetze und Spiele, Zeit und Ewigkeit beinhaltet.
Ilya Prigogine, From Being to Becoming: Time and Complexity in the Physical Sciences (Dt.: Vom Sein zum Werden)

Delphine setzen ihren eigenen Druck ein und reagieren dann mit Anmut, um sich selbst zu verändern.

Eine Checkliste für die Arbeit an Ihrer Furcht vor Veränderung.

Die Alternative zu dieser unsicheren Welt ist eine sichere Welt. In einer solchen Welt ... würde alles Leben aufhören. Denn das Leben, wie wir es kennen, kann nur durch den Segen der Ungewißheit existieren, und Sicherheit ist ein Mythos. Doch die Sicherheit ist da. Wir spüren ihre Gegenwart. Aber ... wir müssen die Ungewißheit unserer Position akzeptieren. Ohne diese Ungewißheit gibt es keine Welt.
Fred Alan Wolf, Taking the Quantum Leap (Dt.: Der Quantensprung ist keine Hexerei)

Ermüdung, eine Folge einer Sackgasse. Sie benutzen ihre Entmutigung als Indikator, der die Notwendigkeit signalisiert, eine neue Richtung einzuschlagen, und sie lassen sich von ihr nicht niederdrücken und in eine falsche Richtung drängen.

Delphine sind auch nicht immun gegen Angst. Wenn die Zeit gekommen ist, das Trapez loszulassen, empfindet nur ein stark gestörter Mensch keine Furcht. Stellen Sie sich folgendes vor: Einer der Autoren steht an der Kante eines Abgrundes, 55 Meter über einem Fluß. Wie hoch ist das? Später erinnert er sich, daß das höchste Hotel in seiner Heimatstadt etwa neun Stockwerke hoch ist, das sind etwa 30 Meter. Das Band des Flusses unter seinen Füßen ist fast doppelt so weit entfernt. Spielt es eine Rolle, daß er mit einem Bergsteiger-Gurtwerk gesichert und an ausgezeichnet gearbeiteten „Rettungsleinen" befestigt ist, die ihn während der 20 Sekunden dauernden „Fahrt seines Lebens" in Sicherheit tragen werden? Zuerst überhaupt nicht. Am Abgrund der Entscheidung erlebt er etwas, das jedermann — Karpfen, Hai oder Delphin — erleben muß, wenn es an der Zeit ist, etwas wesentlich, radikal anderes zu tun. Er empfindet Furcht.

Er empfindet auch eine gewisse Ironie: Wie oft hat er vor Zuhörern gestanden und über die Strategie des Delphins gesprochen, ist die Schritte durchgegangen, die notwendig sind, um sich der „Leistungsangst" zu stellen und sie zu überwinden? Unzählige Male. Wie oft hat er, manchmal recht zungenfertig, darüber gesprochen, wie es ist, die Zone des Bekannten zu verlassen und sich ins Unbekannte zu stürzen, mit aller Beklommenheit, die das mit sich bringt? Häufig. Und was hat er ihnen bei diesen verschiedenen Gelegenheiten gesagt? Arbeiten Sie Ihre Ängste durch. Mehr als bei jedem anderen Anlaß in seinem Leben scheint es jetzt wert, sie zu wiederholen.

236

- *Werden Sie sich über das gewünschte Ergebnis klar.* „Bringe es hinter dich. Komme sicher auf die andere Seite, sei stolz auf das, was du getan hast, und lasse dich von der Leistung inspirieren."

- *Fragen Sie sich: „Worin liegt das größere Risiko: in der Bewegung oder im Nichtstun?"* „Was werde ich von mir denken, wenn ich nicht springe? Was habe ich versäumt, wenn ich diese Erfahrung nicht mache?"

- *Fragen Sie sich: „Was kann mir schlimmstenfalls passieren, wenn ich mich bewege?"* „Vielleicht werde ich ohnmächtig, oder ich schreie, oder ich sehe aus wie die Kuh Rosi, wenn sie vom Himmel fällt."

- *Fragen Sie sich: „Bin ich bereit, das zu akzeptieren?"* „Keiner, der gesprungen ist, hat wie Evel Knievel ausgesehen."]

- *Fragen Sie sich: „Was kann mir bestenfalls passieren, wenn ich Erfolg habe?"* „Ich werde eine großartige persönliche Erfahrung gemacht haben, die mir mit Sicherheit ein neues Vertrauen in meine Fähigkeit gibt, mir selbst auferlegte Beschränkungen aufzuheben."

- *Fragen Sie sich: „Bin ich bereit, das zu akzeptieren?"* „Wahrscheinlich. Ja, ich denke schon."

- *Fragen Sie sich: „Warum bin ich dieses Risiko nicht schon früher eingegangen?"* „Weil ich gute Gründe hatte: Menschen, die 'bei Verstand' sind, springen nicht freiwillig von Klippen."

- *Fragen Sie sich: „Was hat es mir genützt, dieses Risiko zu vermeiden?"* „Normalerweise bringt es einen um, wenn man von einer 55 Meter hohen Klippe springt. Die Tatsache, daß ich es mir nicht zur Gewohnheit gemacht habe, hat mir unzweifelhaft das Leben gerettet."

- *Fragen Sie sich: „Warum will ich jetzt noch mehr Möglichkeiten?"* „Wenn ich unter diesen Bedingungen springe, werde ich

Es ist ein wesentliches Merkmal des intelligenten Lebens, daß es sein eigenes Leben und Wohlergehen zu schützen sucht. Charles T. Tart, Waking up

das Konzept von Risiko und Unterstützung aus dem Bauch besser verstehen. Genug Fragen jetzt, tu' es!!"

Also ist er gesprungen. Die ersten sechs Meter waren freier Fall, und er hat zum ersten Mal in seinem Leben erfahren, wie es ist, wenn man über in Zeit und Raum völlig ohne Unterstützung ist.

Dann hat das Sicherheitssystem gegriffen. Einen Augenblick lang sprang er wild hin und her, stabilisierte sich und begann seinen kontrollierten Fall in die Sicherheit. In den paar Sekunden, die die Überquerung der Schlucht benötigte, hat sich sein Gehirn verändert. Für immer.

Abbildung 6.7 stellt dar, was der Delphin sieht, wenn er „den Teich" selbstgerichteter Veränderung betrachtet, wenn das Risiko des Nichtstuns das Risiko, etwas anderes zu tun, überwiegt. Ein Delphin versteht Folgendes: Wenn die alte Welle ihre Macht verliert, gibt es eine alternative Zukunft, die entdeckt und geschaffen werden muß. In dem Prozeß sind relevante Emotionen zu verarbeiten, Emotionen in einem selbst und in anderen, Emotionen, die anders gemeistert werden als von Karpfen und Haien. Wenn sie im Teich der Befreiung schwimmen, eine neue Zukunft zu entdecken und zu schaffen suchen, tun Delphine folgendes:

Delphine bestimmen sich selbst.

Wenn man sich vor der Zeit verändert, kann man große Freiheit und Freude erleben.

Da er selbstbestimmt wählen und handeln kann, nährt der Delphin seine Selbstachtung, und es hilft ihm, die natürliche Furcht vor dem Unbekannten in ein lebensbejahendes Ereignis zu verwandeln.

Ein großer Teil der „existentiellen" Furcht, die durch einen einzelnen Menschen ausgelöst wird, der es wagt, den Status quo in Frage zu stellen, verschwindet aus der Realität des Delphins durch

238

den Einsatz von Vorgehensweisen und Verfahrensweisen, die in diesem Buch bereits ausführlich beschrieben wurden:

- *Erkennen und Artikulieren des Ziels:* im Leben, in einer Organisation, in einem Team, im Kontext eines Projektes oder eines Bezugsrahmens.

- *Entwicklung einer klar festgelegten „Vision"* dessen, was man will, wenn man etwas erreicht: eine Landkarte, einen Schnappschuß, einen Film, ein Vehikel, um das materiell zum Ausdruck zu bringen, was man sich als erreichbar vorgestellt hat.

- *Offen für die Zukunft sein:* die eigenen Antennen auf den Output der bewußten und unbewußten Verarbeitungszentren ausrichten, auf Formulierungen eines Potentials, das außerhalb der gewöhnlichen Wahrnehmung liegt, auf Eventualitäten, die von Möglichkeiten geformt werden, die bisher nur undeutliche Entwürfe am Rande des Bewußtseins sind.

- *Eine Affäre mit der Überraschung kultivieren:* Delphine erwarten es, überrascht zu werden. Sie wissen, daß das Spiel ohne Überraschung für sie vorbei ist. Delphine sehen sich als einer von James Carses infiniten Spielern. „Überraschung", schreibt Carse, „ist der Triumph der Zukunft über die Vergangenheit." Delphine wissen, wann sie loslassen müssen, das ist der Unterschied zwischen ihnen und den anderen. Sie sind dazu in der Lage, weil sie den Prozeß der Befreiung verstehen.

Delphine übernehmen die Verantwortung für ihre Emotionen.
Selbstbestimmte Veränderung führt einen aus der eigenen Zone des Wohlbefindens. Man wird aus „dem Fluß" genommen. Die Beziehungen zu anderen Menschen werden belastet, weil man seine Nische verlassen muß, bevor andere die Notwendigkeit dafür

Mut beseitigt die Furcht nicht. Da die Furcht existentiell ist, kann sie nicht beseitigt werden. Aber der Mut nimmt die Furcht vor dem Nicht-Sein in sich auf ... Der Mensch, dem es nicht gelingt, seine Furcht mutig auf sich zu nehmen, kann der ... Verzweiflung nur erfolgreich entgehen, wenn er in die Neurose flieht. ... Die Neurose ist die Vermeidung des Nicht-Seins, indem man das Sein vermeidet.
Paul Tillich, The Courage to Be (dt.: Mut zum Sein)

verstehen. Alle Ängste vor der Trennungsangst, dem Unbekannten sind zu erwarten.

Karpfen und Haie neigen dazu, vor ihren Ängsten zu kapitulieren. Und sie neigen dazu, die Verantwortung für sie nach außen zu verlegen. „Sie — der Sie oder die Umstände oder Ereignisse — geben mir ein schlechtes Gefühl", sagen sie.

- Delphine betrachten Gefühle anders.
- Delphine verschwenden nicht viel Zeit darauf, andere für ihre Gefühle verantwortlich zu machen.
- Delphine empfinden keine Schuld, weil sie Gefühle haben.
- Delphine versuchen nicht, Gefühle zu leugnen. Sie wissen, daß unterdrückte Gefühle das eigene Leben beherrschen können, so daß man nur noch reagiert.
- Delphine ignorieren nicht die Tatsache, daß sie sich entscheiden, wie sie sich fühlen, daß sie sich anders fühlen können, wenn sie das wollen.

Delphine analysieren ihre Gefühle wie einer der Autoren, als er die Furcht davor empfand, sich in eine Schlucht zu stürzen.

Zweitens erkennen sie ihre Gefühle als das, was sie sind: in diesem Falle Furcht. Und sie lassen es zu, daß sie sich steigern, eine Spitze erreichen und dann vergehen.

Wenn man sich nicht auf verantwortungsvolle Weise mit Gefühlen befaßt, entstehen Drama, Konflikt, Bitterkeit.

Und wenn das Drama tobt, bluten das Projekt, die Organisation, das Team, die Familie. Energie geht verloren, außerdem Zeit und gewöhnlich auch Ressourcen.

Das Drama tobt, wenn keine Verantwortung vorhanden ist. Wenn niemand bereit ist, angemessen zu reagieren, wiederholt sich die Szene nur wieder und immer wieder. Folgendes ist nötig, damit ein Drama entsteht:

Ein Verfolger: „Johnny, ich habe dir gesagt, daß du ohne Abendessen zu Bett gehst, wenn du noch einmal zu spät kommst. Und ich habe jetzt genug, mein Junge, — du gehst ins Bett."

Ein Opfer: „Susan behandelst du nie so, Papa. Immer nur mich."

Ein Retter: In diesem Falle Mama, die Johnny heimlich sein Abendessen bringt.

Das sich abspielende Drama kann an jedem beliebigen Punkt abgebrochen werden, wenn eine der beteiligten Personen die persönliche Verantwortung für angemessenes Handeln übernimmt. Wenn man in einem Drama gefangen ist, so ist das, als hielte man eine Hochspannungsleitung fest: Es ist furchtbar schwer loszulassen. Wenn die Teilnehmer an einem Drama das Potential einer Szene erschöpft haben, neigen sie dazu, die Rollen zu tauschen und eine neue Szene zu beginnen:

Mama: „Ich glaube, du hast dich Johnny gegenüber wirklich schlimm verhalten, Allen." [Der neue Verfolger.]

Papa: „Himmel, Jennifer, ich wollte nur ein guter Vater sein." [Das neue Opfer.]

Johnny: „Komm schon, Mama, laß' Papa in Ruhe, er hat nur versucht, das Beste zu tun." [Der neue Retter.]

Delphine vermeiden das Drama, indem sie nicht nur für ihre Handlungen, sondern auch für ihre Gefühle verantwortlich sind; und sie lassen es zu, daß andere Menschen für ihre eigenen Handlungen und Gefühle verantwortlich sind. Wenn in anderen während der Veränderung starke Emotionen ausgelöst werden, gewähren Delphine ihnen die gleiche Höflichkeit wie sich selbst: Sie gestatten anderen Menschen ihre Gefühle. Sie weigern sich, sich an Dramen zu beteiligen: keine Verfolger, keine Opfer, keine Retter. Es gibt nur

> Jeder, der den Aufstieg und Fall von Kulturen untersucht, muß von der Rolle beeindruckt sein, die das Bild der Zukunft in dieser historischen Abfolge spielt. Der Aufstieg und Fall von Bildern geht dem Aufstieg und Fall von Kulturen voraus oder begleitet sie. Solange das Bild einer Gesellschaft positiv und blühend ist, ist die Blume der Kultur in voller Blüte. Wenn das Bild zu zerfallen und seine Vitalität zu verlieren beginnt, überleben Kulturen jedoch nicht mehr lange.
> **Fred Polak, The Image of the Future**

241

Gefühle, die gewöhnlich vorübergehen. Gefühle, die in dem Wissen akzeptiert werden, daß der andere Mensch sich jetzt so fühlen möchte. Dabei ist es gleichgültig, ob diese Gefühle durch die „Tatsachen" gerechtfertigt erscheinen oder nicht.

Delphine sind darauf vorbereitet, mit „Verdrängung" zu leben.

Delphine bereiten sich darauf vor, die Zone selbstbestimmter Veränderung zu betreten, indem sie sich der Herausforderung, dem Neuen, der Ungewißheit ausliefern. Der Akt der Übergabe ist befreiend. Möglichkeiten strömen ein wie eine Flutwelle, und Delphine begreifen, daß sie in einem frühen Stadium ihrer Suche nach einer neuen Welle, der Störung, der Entdeckung einer neuen Zukunft, verwundbar für die Emotionen des *naiven Enthusiasmus*[5] sind. Nennen Sie es „die Flitterwochen." Angetrieben durch neue Aussichten verstehen Delphine, daß sie für Vorhersagen und Erwartungen empfänglich sind. Aber die Realität schlägt früh genug zu, und der ursprüngliche Enthusiasmus weicht einem *rüden Erwachen*, dem Tor zu einer sehr gefährlichen Zeit für die Aussichten auf wesentliche Veränderungen.

Einige Karpfen können auf der Kurve selbstbestimmter Veränderungen bis hierhin gelangen. Das gilt auch für Haie, besonders für solche, die mit dem DelphinSein spielen oder diesen Zustand anstreben. Aber am Punkt des informierten Pessimismus entsteht der größte Streß. Hier geben die meisten Menschen den Versuch auf, eine neue Welle zu finden.

Warum? Es ist noch zu früh. Die Belastungen sind noch nicht hoch genug, um die Störung zu verursachen, den Sprung des Gehirns auf eine höhere Ebene, in eine neue Konfiguration, die ein eleganteres Ergebnis gestattet und es ermöglicht, mehr mit weniger zu erreichen. Die Zufriedenheit eines Menschen mit seiner Tätigkeit ist

Der Kosmos ist in etwa das kleinste Loch, in dem der Mensch seinen Kopf verstecken kann.
G. K. Chesterton

zu keiner Zeit geringer als hier. Die Ertragslage verschlechtert sich weiterhin, und die Kosten steigen. Kritik gibt es gewöhnlich im Überfluß. Wir können jetzt klar erkennen, warum Ihr Ziel kristallklar sein muß. Ohne die Kraft eines unerschütterlichen Glaubens an das, was man selbst und das Unternehmen beabsichtigt, ist es leicht, sehr leicht, an diesem Punkt einfach aufzugeben.

Tun Sie das nicht! Zerstören Sie die Chancen nicht, indem Sie es zulassen, daß Emotionen die Kapillaren der Zukunft in genau dem Augenblick schließen, in dem Sie und Ihr Team mit den grundlegenden generativen Kräften der Schöpfung in Berührung kommen können. Jeder Roman-Schriftsteller versteht das, und jeder Drehbuchautor, jeder Erzähler von Epen, der jemals gelebt hat, versteht das: Der Phönix erhebt sich nur aus der Asche. Die neue Ordnung erscheint nur, weil die alte unter dem Einfluß intensiver Energien stand, die über ihr Aufnahmevermögen hinausgingen, und darum transformiert wurde.

Delphine wissen, daß die emotionale Straße zwischen dem *rüden Erwachen* und *etwas Hoffnung* mit den toten, aufgegebenen Kadavern halb geborener Träume übersät ist. Indem sie ihren Kurs halten, ihrem Ziel treu bleiben, sich ständig korrigieren, verantwortlich sind, die Kräfte des Gehirns zum Ausbrechen aus eingefahrenen Geleisen benutzen, Synergie anzustreben, bleiben sie konzentriert. Und sie erwarten den „Übergang", die Störung, das Erkennen ihrer Nische in der neuen Welle in jedem Augenblick. Und das ist oft die Folge.

Mirabile dictu — Wundersame Rede! Am Ende des Tunnels ist ein Licht, und zum ersten Mal sieht es nicht wie ein Zug aus.

Wenn sie die Wahl haben, und das ist gewöhnlich der Fall, wählen Delphine immer den Überfluß.

In der Wissenschaft ... ist der Prozeß der Vorhersage bewußt und rational. Sogar bei Menschen ist das nicht die einzige Art der Vorhersage. Menschen haben gesunde Intuitionen, die sicherlich nicht in rationalen Schritten analysiert wurden, und einige unter ihnen werden so vielleicht nie untersucht. Es kann zum Beispiel zutreffen, was manchmal behauptet wird, daß die meisten Menschen eine verdeckte Karte etwas besser und manche Menschen viel besser raten können als eine Maschine, die ihre Antworten nach dem Zufallsprinzip wählt. Das wäre nicht allzu überraschend. ... Sicher hat die Evolution uns so schnell selektiert, weil wir Gaben der Voraussicht besitzen, die denen anderer Tiere so sehr überlegen sind. ... Die rationale Intelligenz ist eine solche Gabe, und sie ist im Grunde ebenso bemerkenswert wie unerklärt. Und wo sich die rationale Intelligenz der Zukunft zuwendet und aus früheren Erfahrungen Schlüsse auf ein unbekanntes Morgen zieht, ist ihre Arbeitsweise ... ein großes Geheimnis . ...
Jacob Bronowski

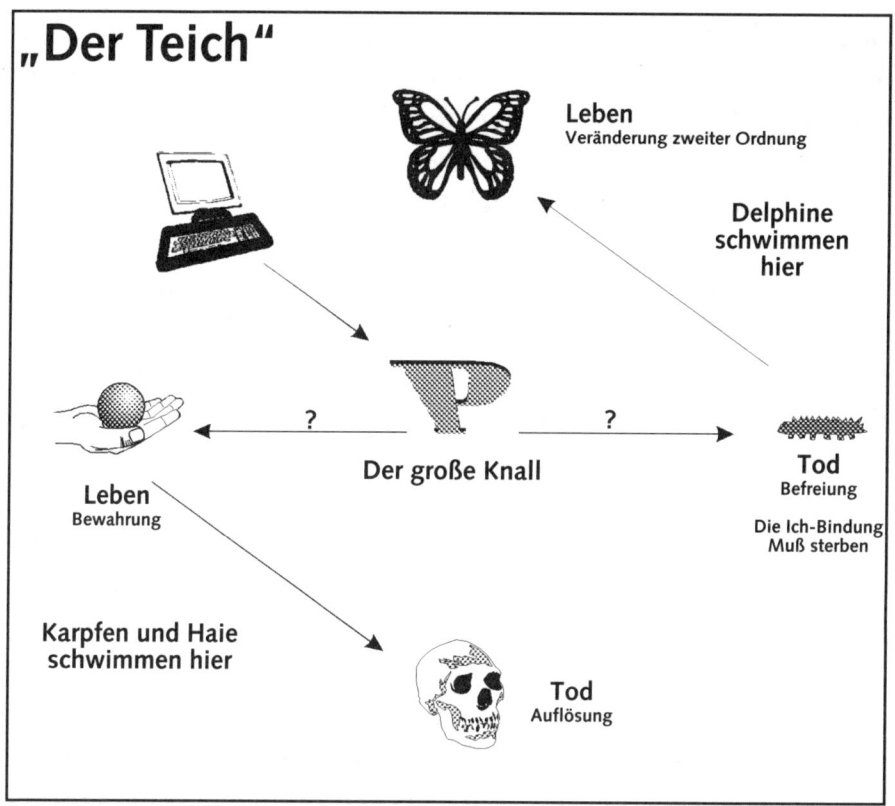

Abb. 6.8. Das Wesen der Befreiung

Den Durchbruch anzustreben, ist der schnellste Weg, um in „den Fluß" der neuen Welle zu gelangen. Wenn man Durchbruch spielt statt Flucht, Nachgeben, Übernahme oder Ausgleich, entsteht immer Überfluß und nicht Mangel, wenn man sich mit den kritischen „20 Prozent" befaßt, die in der Situation einer notwendigen Veränderung wirklich wichtig sind.

Um sich über den Punkt, den wir in Abbildung 6.7 *Auf Kurs* nennen, den Punkt, an dem man beginnt, erhebliche Ergebnisse zu erzielen, hin zur Zone *Stetiger Output* der Welle zu bewegen, der

244

Zone, in der sich Meisterung und Herausforderung zum „Fluß" vereinigen, setzen Delphine drei fast übergeordnete Prozesse oder Prinzipien ein:

◆ *Sie bemühen sich um Kooperation statt um Konkurrenz* oder Alleingang. Das verleiht ihnen eine gelegentlich erstaunliche Vervielfachung, oftmals ausgehend von ärmlichen Ressourcen.

◆ *Sie drängen auf kreative Ergebnisse.* Das befreit sie von den Beschränkungen der Vergangenheit.

◆ *Sie wollen mehr mit weniger erreichen.* Die Suche nach eleganten Ergebnissen etabliert sich als ein Anreiz, jede mögliche Technik, Technologie und Idee zu untersuchen, um das Benötigte mit weniger Aufwand als früher erforderlich zu erreichen. Es ist eine weniger befahrene Straße. Aber wenn man beginnt, ist man im Sinne der Entdeckung schon da.

Auf diese Weise, zu reisen ist *die strahlende Stärke* des Delphins.

Warum wird dieser Weg nicht häufiger beschritten? Möglicherweise finden wir den springenden Punkt des Problems in Abbildung 6.8.[6]

Es ist eines der medizinischen Wunder des 20. Jahrhunderts: eine Technik, die Karies auflöst und das Bohren überflüssig macht. Als Forscher an der Fakultät für Zahnmedizin an der Northwestern University eine Reihe von Patienten baten, zwischen den Techniken zu wählen, erfuhren sie, daß 60 Prozent die neue der alten Technik vorzogen. Zahnärzte können mit einer Chemikalie mit der Bezeichnung Caridex Löcher leise, schmerzlos und wirksam ohne ihre gefürchteten Spritzen und ihre unhandlichen Bohrer entfernen. „Trotzdem vermuten wir, daß sie nur von wenigen Zahnärzten eingesetzt wird", sagt der Psychologe Robert Moretti. Auf die Frage nach dem Grund lieferte Moretti eine profunde Einsicht, warum

Wir müssen uns selbst anders sehen, wenn wir uns der Veränderung ausliefern.

245

Menschen sich nicht leicht ändern, auch wenn es zwingende Gründe gibt, die dafür sprechen. „Zahnärzte sind im allgemeinen konservativ und der Meinung, weil das Bohren von Anfang an ein Teil der Zahnbehandlung ist, und weil viele Menschen es mit dieser Prozedur identifizieren, *würden sie sich selbst anders sehen müssen, wenn sie es aufgäben* (Hervorhebung von uns)."

Hört, hört!

So erstaunlich seine Erklärung für die Zögerlichkeit eines großen Teils der Zunft der Zahnärzte ist, Moretti hat den Finger auf eine universelle Wahrheit gelegt: Veränderung ist oft eine Bedrohung für die lebenswichtige Selbstachtung eines Menschen.

Sogar eine anscheinend unbedeutende und vorteilhafte Sache, wie das Ersetzen von Bohrern durch eine bessere Technik zum Entfernen von Löchern, scheint die Sicht zahlreicher Zahnärzte von sich selbst zu bedrohen. Es stellt eine Bedrohung ihrer Ansicht über sich selbst und ihren Wert dar. In den Begriffen Freuds ist es eine Bedrohung ihres Egos. Es ist am besten, wenn wir die Angelegenheit aufs Tablett bringen, ob es nun für ein Thema gehalten wird, dessen Diskussion außerhalb der Kirche, des Philosophieunterrichts und der Konferenzen von Psychotherapeuten für angemessen angesehen wird oder nicht. *Eines der größten Hindernisse für Veränderungen in der Organisation, der Familie und des Individuums selbst ist die Furcht in Verbindung mit dem großen T — es ist die Furcht vor dem Tod.* Es ist gleichgültig, ob wir es vermuten oder nicht, ob wir bereit oder nicht bereit sind, es anzuerkennen, ob wir bereit sind, uns dem Phänomen zu stellen oder nicht, der Zustand ist sehr real: Die Menschen neigen dazu, fundamentalen Veränderungen zu widerstehen, weil das Ego des einzelnen fürchtet, daß eine Veränderung seiner Tätigkeit eine Bedrohung seiner Persönlichkeit und seiner Existenz ist.

Die Abbildung 6.8 stellt eine Möglichkeit, die des Delphins, dar, „den Teich" zu betrachten, wenn sich das Gehirn einer Herausforderung gegenübersieht, die nicht ignoriert werden kann, einer Herausforderung, die das Gehirn/den Geist — den Mind — durch das unter Druck setzt, was Ilya Prigogine als Perturbation bezeichnet hat (und wir im Deutschen mit „Störung" übersetzten; CPL). Vielleicht besteht die notwendige Veränderung in der Einführung einer neuen, das Ego bedrohenden Technologie, wie zum Beispiel der Entfernung von Löchern im Zahn durch chemisches „Ätzen" statt durch mechanisches Bohren. Oder sie besteht aus einer noch folgenschwereren Entscheidung: zum Beispiel dem Aufgeben der Religion, mit der Sie aufgewachsen sind, oder einem Berufswechsel, einer Scheidung, einer Reorganisation Ihrer Firma, oder dem Eingehen eines unternehmerischen Risikos oder dem Einnehmen eines mutigen, die Zukunft verändernden Standpunktes.

In Abbildung 6.8 ist das Wesen einer tiefgründigen Weisheit enthalten, die von zentraler Bedeutung ist für jeden großen, spirituellen Weg und jede Epiphanie, jede wirksame Theorie psychologischer Heilung und psychischen Wachstums, jede wesentliche Richtungsänderung eines Unternehmens. Diese Bedeutung gilt sogar, wie Prigogine gezeigt hat, für die umordnenden Prozesse der Veränderung, die den evolutionären Prozessen der Natur zu immer höherer Komplexität zugrunde liegt.

Daß die meisten der Milliarden Menschen auf der Welt das noch immer nicht „begriffen" haben ist ein erschreckendes Zeugnis für die lähmende Macht der Hypnose des Karpfen-Gehirns und der Sucht des Hai-Gehirns.

Lassen Sie uns die Situation eines aufstrebenden Unternehmers betrachten, dessen gesamtes Wachstum bisher aus seiner eigenen

Zu viele der Milliarden Menschen auf der Welt werden gelähmt, weil sie das Wesen der Veränderung nicht verstehen.

247

Tasche finanziert wurde. Er hat jeden Monat Gelder vom Einkommen seiner Frau als Krankenschwester abgezweigt, diese zu seinem eigenen Einkommen als freier Buchprüfer ergänzt und ein Computerprogramm entwickelt, das die Kostenrechnung kleiner Bauunternehmen vereinfacht.

Bewunderer sagen ihm, daß seine Vorgehensweise auf dem Stand der Technik ist. Er hat mutig einen professionellen Grafiker beauftragt, eine Broschüre zu entwerfen, und er hat 30.000 teure Broschüren im Vierfarbendruck an kleine Bauunternehmen in den Vereinigten Staaten verschickt.

Das war vor 60 Tagen. Mehrere Tage lang ist er zum Postamt geeilt, um nach seiner Post zu sehen. Jetzt klammert er sich an die winzigste Hoffnung: Seine teure Aktion hat zu genau fünf Anfragen geführt.

Die Rechnung der Druckerei ist fällig, und weil er den Versand im voraus bezahlt und 250 Kopien seines Programms bei einem Software-Produzenten bestellt hat, sind seine Mittel erschöpft. Im Sinne der Abbildung 6.8 entwickeln sich die Bedingungen für die Störung schnell. Das Vehikel, das ihn so weit gebracht hat, ist bedroht: seine Vision, seine Weltsicht, seine Gehirn-Programmierung, sein kleines Unternehmen und seine Mittel und Methoden für das Vorwärtskommen.

Schwere Zeiten. Wie soll es weitergehen? Wie kann er überhaupt seine Familie ernähren, von seinen Schulden und dem Überleben ganz zu schweigen?

Kurz und gut: Was soll er tun?

Die Antwort: Das kommt darauf an. Es kommt darauf an, ob er als Karpfen, als Hai oder als Delphin handelt. Es kommt darauf an, ob er sich für ein wenig „Leben" oder ein wenig „Tod" entscheidet. Ob er die alte Ordnung zu bewahren gedenkt, oder die Befreiung für eine neue Ordnung sucht. Wir wollen die Möglichkeiten anhand der Abbildung 6.8 verfolgen:

Das Karpfen-Szenario: Erinnern Sie sich daran, daß ein Karpfen glaubt: „Ich kann nicht gewinnen." Falls und wenn daher die Perturbation „P" zuschlägt, neigt der natürliche Instinkt des Karpfens zum Nachgeben, Aussteigen und, falls erforderlich, zum Opfer.

Im Sinne der Abbildung 6.8 neigen Karpfen unweigerlich zu ein wenig „Leben", wenn das Risiko minimal scheint, wenn es eine Hoffnung zu geben scheint, daß die wenigen noch verbliebenen Karten festgehalten werden können. Wenn unser Jungunternehmer als Karpfen reagiert, wird er wahrscheinlich die Hoffnung aufgeben und, randvoll mit den Nervengiften der Furcht, den Schutz der Sympathie und des Vertrauten suchen.

Möglicherweise erkennt er nicht, daß das nicht für sehr lange ein schützender Hafen ist. Schulden wachsen. Gläubiger klopfen an. Der finanzielle Ruin droht. Was zunächst wie eine bewahrende Aktion aussah, beginnt also rasch, zur Auflösung zu degenerieren, zum großen „TOD" im Sinne dieser speziellen Episode und Gelegenheit. Es dauert nicht lange, bis sich der Karpfen in einer schnellen Entwicklung hin zu einem größeren Zusammenbruch seiner Absichten und Ziele findet, einem Zusammenbruch, in dem nur wenig Hoffnung auf Erholung besteht.

An diesem Punkt ist es für Karpfen typisch, daß sie einen der folgenden „Auswege" wählen:

◆ *Schuld.* Sie verlagern die Verantwortung auf einen anderen Menschen, um aus der Schußlinie zu kommen.

◆ *Scham.* Wenn man sich selbst bestraft, so ist das eine andere Art der Leugnung persönlicher Verantwortung dafür, etwas anderes zu tun.

◆ *Rechtfertigung.* Wenn man eine gute Rationalisierung findet, kann man anderen erklären, warum es in Ordnung war zu versagen.

Welchen Weg er auch wählt, der Karpfen folgert wieder: „Ich kann einfach nicht gewinnen."

Das Hai-Szenario: Da er glaubt, daß er gewinnen muß, stellt sich der Hai dem großen „P" mit hektischen Aktivitäten. Das sind nicht notwendigerweise gut durchdachte, gut geplante Aktionen — es ist nur Aktivität. Bisher hat der Gedanke des Versagens den Geist des Hais nie belastet. Gedanken an das Versagen sind für diejenigen mit einem schwachen Magen — für Karpfen!

Der Hai denkt: „Wenn sich ein Gewinner zu etwas verpflichtet, gibt es kein Zurück, auch nicht vorübergehend. Was auch immer notwendig ist, das ist der Preis dafür, an der Spitze zu stehen. Vergiß alle Gedanken an anderes als einen Sieg, ohne Rücksicht darauf, wer verletzt wird. *Wenn die Arbeit hart wird, machen sich die Harten an die Arbeit.*"

Wenn daher die Briefaktion versagt, konzentriert sich der Hai noch sturer auf „die Aktion". Statt etwas anderes zu tun, tut der Hai „das gleiche mit mehr Aufwand" und gerät damit nur tiefer auf die Rückseite der Welle.

Es gilt, einen Ruf zu bewahren. Nun ja, zu diesem Zeitpunkt nicht gerade einen Ruf, aber ein selbst fabriziertes Image, das er unter seiner Familie, seinen Freunden und Kollegen verbreitet hat. Dieses Gerede von einer Million Umsatz in diesem Jahr, zwei Millionen im nächsten Jahr und fünf Millionen bis zum Ende des dritten Jahres, diese Prahlerei und der fiebrige, vom Adrenalin gespeiste Schwindel stehen auf dem Spiel. Die Selbstgespräche des Hais lauten so: „Es wird Zeit, es aufs Spiel zu setzen, herauszufinden, aus welchem Stoff ich wirklich gemacht bin. Es ist Zeit, einige *echte* Risiken einzugehen, es den Leuten zu zeigen, das zu tun, was ich am besten kann, Zeit, alle Hemmungen aufzugeben."

Mit dieser Denkweise wendet sich der Hai der gleichen fatalen Richtung wie der Karpfen zu, dem kleinen „Leben", der Bewahrung, der gleichen Haltung, die die eigenen Überlebens-chancen in einer sich rasch ändernden Umwelt deutlich verringert.

Wie können wir angesichts all dieser hektischen Aktivität, diesem eisernen Willen zum Sieg, dieser Bereitschaft zum Einsatz trotz schlechtester Chancen sagen, der Hai neige ebenfalls zur Bewahrung?

Weil diese Eigenschaften zu genau den Eigenschaften gehören, die, angetrieben von den süchtig machenden Nervengiften des „Gewinnen-Müssens", die Menschen am Lernen hindern. Wenn man nicht lernt, argumentiert man für seine Grenzen. Wenn man für seine Grenzen argumentiert, behält man sie. Wenn man seine Grenzen behält, bewahrt man den Status quo. Und in Zeiten schneller Veränderungen ist die Bewahrung des Status quo gewöhnlich keine lebensfähige Option. Wenn es aber unser Ziel sein soll zu lernen, wie lernen wir dann aus einer fehlgeschlagenen Werbeaktion mit 30.000 Broschüren, die für ein Softwarepaket für kleine Bauunternehmen werben? Einsichten darüber gewinnen wir daraus, wie der Delphin Veränderung und Versagen betrachtet, denn diese sind unentwirrbar miteinander verbunden.

Das Delphin-Szenario: Die Postaktion war ein Fehlschlag. Etwas stimmt nicht.

Enttäuscht?

Darauf kannst du wetten.

Gibst du auf?

Es ist noch zu früh. Ich weiß noch nicht, was schiefgegangen ist.

Was machst du jetzt?

Unter Druck gesetzt neigen Haie ebenfalls zum Bewahren — zum „kleinen Leben."

Als erstes werde ich versuchen herauszufinden, warum ich es das erste Mal nicht richtig gemacht habe. Dann werde ich herausfinden, welche Möglichkeiten ich schaffen kann.

Es sieht wirklich aus, als hättest du es in den Sand gesetzt.

So sieht es aus.

Glaubst du, alle die Leute, die dir gesagt haben, das Programm würde auf dem Markt ein Renner, haben dir Märchen erzählt?

Das muß in Erwägung gezogen werden.

Du hast keinen Markttest gemacht, oder?

Nein.

Ziemlich dumm, nicht wahr?

Sieht ganz danach aus.

Du hättest aber zuerst eine kleine Aktion starten können?

Hätte ich. Danke für die Idee. Das werde ich wahrscheinlich das nächste Mal machen.

Deine Kapitaldecke ist schrecklich dünn, weißt du.

Erzähl mir was Neues.

Du steckst wirklich im Dreck, oder?

Sicher, es muß etwas geschehen.

Dein Hemd hast du schon verloren. Jetzt wirst du dein Haus verlieren — und wahrscheinlich verlassen dich Frau und Kinder, wie?

Oh, wahrscheinlich nicht.

Keine Art, ein vielversprechendes Geschäft anzufangen, oder?

Man hat sicher Grund zum Nachdenken.

Ich wette, es ist der Fehler des Versenders. Die haben dir eine schlechte Adressenliste verkauft.

Die Liste schien mir in Ordnung, aber ich werde mir das noch einmal vornehmen.

Du bist wahrscheinlich ziemlich sauer auf den Grafiker.

Ich mochte die Broschüre. Aber da etwas nicht stimmt, nehme ich mir auch das noch einmal vor.

Du kannst nicht einmal mehr beten. Wie wäre es, wenn ich dein Computerprogramm kaufe, ich zahle ein paar Tausend, und du kannst wenigstens einen Teil deiner Schulden bezahlen?

Danke, aber es ist noch zu früh zum Aussteigen.

Sieht nicht so aus, als hättest du viele Möglichkeiten.

Ich sehe ein, daß es so aussieht.

Sei doch mal ehrlich: Welche Möglichkeiten hast du?

Ich weiß nicht, ob dir das viel sagt, aber ich habe die Möglichkeit, eine Menge aufzugeben und mich klein zu machen oder ein wenig aufzugeben und die Hülle zu erweitern. Vielleicht könnte man sagen, ich habe die Wahl, eine Raupe zu bleiben oder es als Schmetterling zu versuchen.

Das verstehe ich nicht.

Es ist nicht wichtig.

Aber was hat ein Schmetterling mit Computern zu tun?

Eigentlich nichts. Es ist nur eine Metapher.

Metapher?

Ja, eine Metapher, die mich daran erinnert, daß sich in jedem Schmetterling eine Raupe befindet, die loslassen konnte.

Schmetterlinge? Raupen? Du scheinst mir etwas verwirrt!

Wie recht du hast! Genau da bin ich jetzt, in der Verwirrung, die zum Prozeß der Veränderung und Entdeckung gehört.

Und dann?

Das erfahren wir im nächsten Kapitel, wenn wir untersuchen, wie ein Delphin den Lern- und Veränderungsprozeß selbst bestimmt, um aus Bedingungen und einem Geisteszustand „zu entkommen", die nicht die benötigten Ergebnisse produzieren, und solche schafft, die die Chancen für den Erfolgt bietet.

253

In diesem Falle hat der Unternehmer sich entschlossen, selbst eine Pressemitteilung zu schreiben und sie in einer Mailbox plaziert. Das führte zu einem Bericht in einer Computer-Zeitschrift, die später dazu führte, daß sein System an ein großes Softwarehaus verkauft wurde.

DelphinArbeit

Übung Nr. 1

Allein das Lesen von DELPHINSTRATEGIEN hat bei Ihnen wahrscheinlich Ideen über Gebiete Ihres Lebens, ihrer Karriere und ihres Unternehmens ausgelöst, die Sie ändern möchten.

Jetzt ist eine gute Zeit, die wichtigste Veränderung festzuhalten. Schreiben Sie auf ein Blatt Papier, welche das ist.

Nehmen Sie sich jetzt die Zeit, folgende Fragen zu beantworten?

1. Welches Ergebnis genau will ich mit dieser Veränderung erreichen?
2. Welches Risiko besteht, wenn ich die Veränderung nicht durchführe?
3. Was kann mir schlimmstenfalls passieren, wenn ich die Veränderung versuche und versage?
4. Bin ich bereit, das zu akzeptieren?
5. Was kann bestenfalls geschehen, wenn ich erfolgreich bin?
6. Bin ich bereit, *das* zu akzeptieren?

254

7. Warum bin ich dieses Risiko nicht früher eingegangen, und in welcher Weise hat mir das genützt?

8. Warum sollte ich jetzt mehr Möglichkeiten haben?

Übung Nr. 2

Um sich eine breitere Palette von Möglichkeiten hinsichtlich des von Ihnen definierten Problems oder jedes anderen wichtigen Themas zu eröffnen, nehmen Sie sich die Zeit, diese Übung im „Bauen der Zukunft" durchzuführen:

Halten Sie in der nächsten Woche die Ohren offen für Informationen, die mit Ihrem wichtigsten Problem, Bedürfnis oder Wunsch zu tun haben. Nehmen Sie sich Zeit, neue Informationen in Bibliotheken zu verfolgen, mit Freunden und Kollegen zu sprechen. Nehmen Sie sich vor, Medienmaterial zu Hause und im Büro zu lesen und jede andere Quelle zu nutzen, die Information über technologische, soziale, Umwelt- oder wirtschaftliche Verlagerungen oder Einflüsse liefert, die in der Zukunft wahrscheinlich sind.

Schreiben Sie am Ende der Woche auf einem Blatt Papier die Informationen auf, die Ihnen am wichtigsten erscheinen.

Schreiben Sie jetzt alle Ähnlichkeiten auf, die Sie sehen (diese können die wertvollsten Ergebnisse Ihrer Nachforschungen sein):

Nehmen Sie sich an einem Ort, der Ruhe und Abgeschiedenheit bietet, die Zeit, die Ergebnisse Ihrer Nachforschungen zu prüfen und über die für Sie wichtigsten Dinge nachzudenken. Hören Sie auf Ihre Intuition. Nehmen Sie Ihre Gefühle ernst. Gestatten Sie Ihrem Geist, einen Film von der Zukunft zu machen.

Machen Sie sich nach einer Weile zusätzliche Notizen. Was hat Ihnen Ihre Intuition, ihr „Gefühl aus dem Bauch", gesagt?

Reagieren Sie jetzt auf folgende Richtlinien:

„Das sind Dinge, von denen mein Verstand *und* meine Intuition sagen, daß sie wahrscheinlich geschehen werden."

„Das sind Dinge, von denen mein Verstand *und* meine Intuition sagen, daß sie wahrscheinlich nicht geschehen werden."

„Das sind Dinge, über die sich mein Verstand *und* meine Intuition nicht einig sind."

Die Punkte, in denen sich Ihr Verstand und Ihre Intuition einig sind, sind wahrscheinlich gute Informationen aus der Zukunft.

Wenn es Uneinigkeit zwischen Ihrem Verstand und Ihrer Intuition gibt, ist es angemessen, sich weitere Informationen zu beschaffen.

Der Prozeß der Entwicklung von Aufgeschlossenheit für die Zukunft erfordert *sowohl* auf der rationalen als auch auf der intuitiven Ebene ein Denken mit dem Vorderhirn.

7
Die Orchestrierung der Störung: Wie Delphine „die Hülle erweitern"

In dem Sinne, daß er einen Teil seines Lebens als Erwachsener beim Durchstreifen der „Durchbruch"-Zone am Rande des Weltraumes verbracht hat, denkt der Flieger Chuck Yeager wie ein Delphin. Er und seine hoch fliegenden Kollegen, von denen einige noch leben, einige längst den Unfällen des Schicksals und ihres Wagemutes zum Opfer gefallen sind, haben Ende der 40er Jahre den Himmel über der Mohave-Wüste durchbohrt. Sie haben sich in Zonen gewagt, wo nie zuvor ein Mensch war, haben Dinge getan, die noch kein Mensch zuvor getan hatte. Bei ihren Versuchen, „Mach 1", die Schallmauer, in exotischen Maschinen wie der Bell X-1 zu durchbrechen, haben Yeager und seine Kollegen den Prototyp der Erfahrung dafür geliefert, wie es ist, gegen das Unbekannte anzugehen, und sie haben uns einen bemerkenswerten Weg gezeigt, wie man sich auf derartige Episoden bezieht. Wenn wir heute in einer beliebigen Herausforderung, einem Abenteuer oder einer Unternehmung gegen unsere Beschränkungen vorgehen, ist es nicht ungewöhnlich, daß wir davon sprechen, „die Hülle zu erweitern."

Man akzeptiert das Risiko als Teil jeder neuen Herausforderung, es gehört zu dem Gebiet. Also lernt man alles über das Fahrzeug und seine Systeme, was man lernen kann, übt auf dem Boden und in Gleitflügen, es zu fliegen, plant für jeden Möglichen Fall, bis die Chancen etwas freundlicher aussehen. Man mag die X-1, sie ist ein gesundes Flugzeug, aber sie ist auch eine Versuchsmaschine, und man ist ein Forscher auf einem Forschungsflug. Man weiß, daß etwas Unbekanntes einen zerstören kann, aber man zählt auf seine Erfahrung, Konzentration und Instinkte, die einen durchbringen. Und Glück. Ohne Glück ...
Chuck Yeager, Yeager: An Autobiography

Der Begriff „die Hülle erweitern" hat seinen Ursprung bei den Luftfahrt-Pionieren, die schneller als Mach 1 fliegen wollten.

Für Yeager bedeutete der Versuch, die Hülle zu erweitern, die Schallgeschwindigkeit zu durchbrechen. Es ging um mehr, als nur schneller als Mach 1 zu fliegen, das sind etwa 1120 Kilometer pro Stunde. Die Hülle hoch am Himmel bei hohen Geschwindigkeiten zu erweitern, warf eine Reihe gefährlicher, eigentümlicher Steuerungsprobleme auf. Erstklassige Flieger, die sie waren, lernten die X-1-Piloten zu ihrer Faszination und gelegentlichen Panik schnell, daß das Erweitern der Hülle Instinkten zuwiderlief, die sie in Jahren am Steuerknüppel verfeinert hatten. In der Umgebung der Schallgeschwindigkeit reagierte die Steuerung des robusten Flugzeuges auf nicht vorhersehbare Weise. Damit die X-1 nicht außer Kontrolle geriet, mußte eine neue Welt des Fliegens entdeckt, mußten neue Reaktionen entwickelt und neue Routinen gemeistert werden.

Die Erweiterung der Hülle ist die Welt des Delphins. Es ist eine Reihe von Fähigkeiten und Intuitionen, die für die Familien, Organisationen und Gesellschaften etwas Wertvolles bieten, die sich zum ersten Mal mit den Härten des schnellen Informationsaustauschs auf globaler Ebene befassen. Wenn wir sagen, daß die eigenen Grenzen routinemäßig und durchgängig herauszufordern sind, meinen wir damit die Grenzen des eigenen Denkens, Handelns und Fühlens. Es sind durch das eigene Gehirn auferlegte Grenzen, die eine strategische Umkehrung des Weges erfordern, auf dem Menschen normalerweise an dem Prozeß der persönlichen Veränderung herangehen. Wenn wir Chuck Yeagers Erfahrung mit Mach 1 metaphorisch heranziehen, können wir sagen, daß die Erweiterung der Hülle es erforderlich macht, daß *wir* die Kontrolle über die Umwelt außerhalb des Gehirns ausüben, sie so manipulieren, daß die Steuerungen *im* Gehirn gezwungen werden, sich zu verlagern. Derartige Umstände im Interesse neuer und anderer Tätigkeiten wiederholt zu orchestrieren, richtet sich oft gegen die natürlichen Instinkte des Geistes, gegen die meisten Ratschläge von anderen Menschen, gegen die Uhr und gegen andere konkurrierende Kräfte. Die Hülle zu erweitern, zwingt den Delphin, eine neues Verständnis davon zu erwerben, wie man seinen Geist verändert. Um die Vorgehensweise des Delphins kennenzulernen, wollen wir ihre Ansicht „des Teiches" untersuchen, die in Abbildung 7.1 abgebildet ist.

Eine strategische Umkehrung der Art, in der Menschen sich zu ändern gewohnt sind.

Rufen Sie sich unseren aufstrebenden Unternehmer wieder ins Gedächtnis, der am Ende des letzten Kapitels ziemlich intensiv aus den verschiedenen Perspektiven befragt wurde. Er hatte etwas anderes getan, ein neues Produkt auf dem Markt eingeführt, und die erste Reaktion war entmutigend. Was nun?

Unter solchen Umständen hat das menschliche Bewußtsein traditionell häufig abgewartet, bis die Situation ernst und vielleicht hoffnungslos ist, und hat dann das von uns so bezeichnete Erholungstal durchschritten, welches wir in Abbildung 7.1 erneut darstellen. Die wesentlichen Merkmale dieser schmerzhaften Art der Reaktion auf das Unerwartete und Unbekannte sind die folgenden:

◆ **Die Umwelt hat die Kontrolle.** Es gibt keine Veränderung vor der Zeit. Man reagiert. Man wartet, bis etwas geschieht und reagiert erst dann, und diese Reaktion ist mehr oder weniger automatisch, eine vorprogrammierte Routine lähmender Emotionen. Wenn es greift, bietet dieses „Überlebenswerkzeug" für das Bewußtsein wenig Raum für pro-aktive Strategien, zumindest nicht ohne den Verbrauch großer Energie.

◆ **Sie können mehrere Warnzeichen ignorieren.** Das Problem kann sich unerkannt seit einiger Zeit verschlimmert haben.

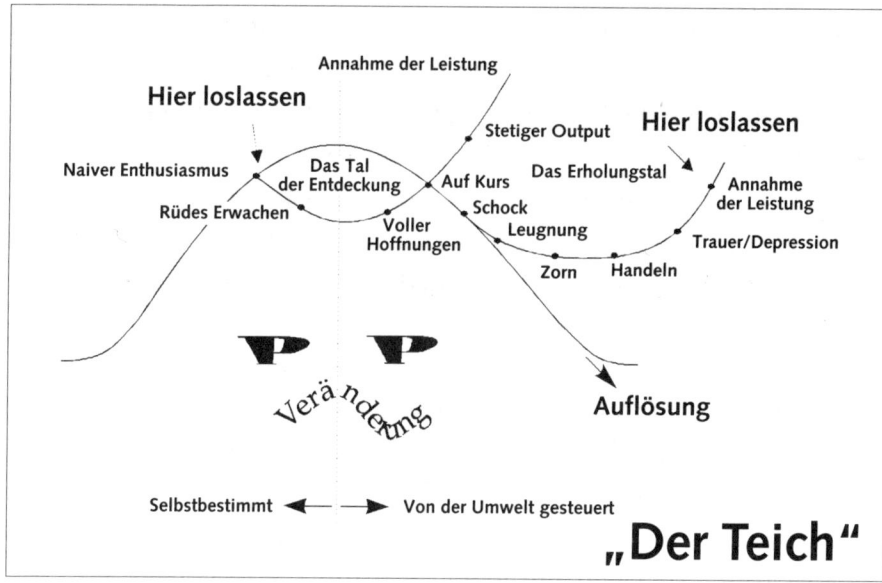

Abb. 7.1 Die Emotionen der Veränderung

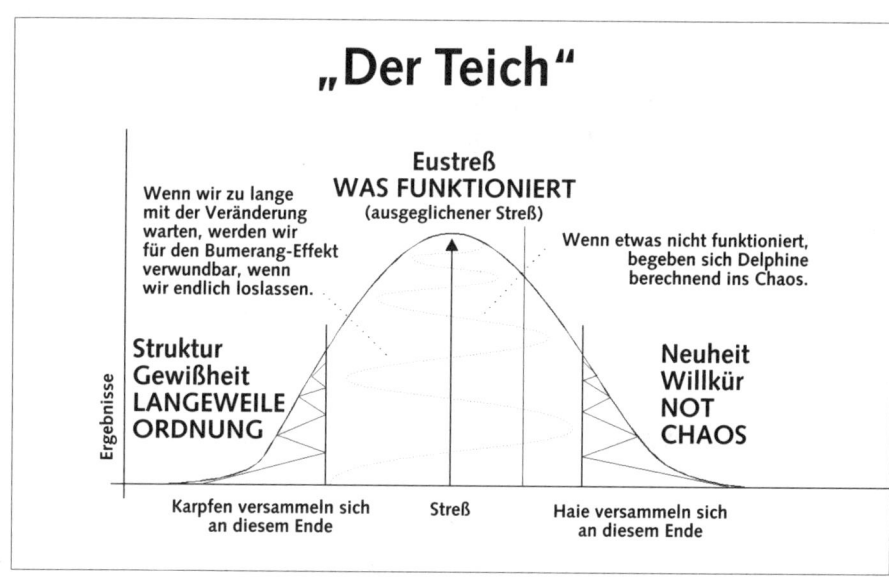

Abb. 7.2 Der Bumerang-Effekt

260

Weil Ihnen ein Ziel und eine Vision, jedes Gespür für Gefahr oder Sorgen sowie eine lernende Herangehensweise an das Problem fehlen, ist Ihr Geist für den in Abbildung 7.2 dargestellten Bumerang-Effekt äußerst verwundbar. Je länger man das Problem ignoriert, desto tiefer fällt man auf der Welle und gegen einen desto höheren Druck muß man arbeiten, wenn die Realität und die Erkenntnis zuschlagen. Wegen des Bumerang-Effektes ist Ihre erste Reaktion wahrscheinlich das Gegenteil. Das heißt, wahrscheinlich handeln Sie genau entgegengesetzt Ihrer Gewohnheit und noch dazu übertrieben. Diese Art der Reaktion erweist sich fast nie als zufriedenstellend. Letztendlich müssen *Sie* sich in einer sich schnell verändernden Welt ändern, wenn Sie überlebensfähig bleiben wollen, und wegen des Weges zur Veränderung, den Sie gewählt haben, können Sie längere Zeit der Gnade der Bumerang-Kräfte ausgesetzt sein, die zwischen der Ordnung und dem Chaos hin- und herschwingen. Zur Gnade werden diese, wenn Sie sie erkennen, ansonsten erfahren Sie diese Kräfte nur als Gewalt.

◆ **Sie lassen erst am Ende des Erholungstales los, befreien sich oder Ihre Organisation für etwas Neues, für die Suche nach neuen Lösungen und Gelegenheiten.** Erinnern Sie sich an Ilya Prigogines Prozeß der Befreiung zu einer höheren Komplexität? Um diesen Prozeß erfolgreich zu bestehen, fähig, die neue Welle abzufangen und in „dem Fluß" zu schwimmen, muß man zwei Stufen effektiv durchlaufen: (1) Loslassen und (2) Störung/ Perturbation, den Prozeß des Erlebens einer geistigen Metamorphose, in dem Ihr Geist buchstäblich auseinandergenommen und anders zusammengesetzt wird. Wenn man den traditionellen Weg der Veränderung geht, den Weg des Karpfens und des Hais, läßt man *erst am Ende* los. Das bedeutet eine längere Zeit im Prozeß der Perturbation, während man das Erholungstal durchläuft, einen Prozeß, der verlängerten Schmerz und längeres Unwohlsein oder Unglück garantiert.

Zumindest einige Gehirne, Delphin-Gehirne, haben ein neues geistiges Protokoll für die Selbstbestimmung von Veränderung geschaffen, indem sie die Kräfte der Stirnlappen benutzt haben, um den Verarbeitungszentren des „alten Gehirns" die Kontrolle darüber zu entreißen, wie wir auf eine sich ändernde Welt reagieren. Der Schlüssel zum Abfangen der neuen Welle liegt in der Umkehrung der traditionellen menschlichen Reaktion auf eine Begegnung mit dem Unbekannten.

Betrachten Sie die Abbildung 7.1 noch einmal. Beachten Sie die Umkehrung des Veränderungsprozesses, wenn man sich wie ein Delphin ändert, nämlich vor der Zeit. Anders als Karpfen und Haie lassen Delphine erst los, *dann* perturbieren sie. Auf diese Weise wird die emotionale Dynamik der Veränderung auf machtvolle Weise auf den Kopf gestellt. Anstelle einer lähmenden Blockade mit verlängertem Schmerz werden Emotionen frei und können als Richtungsanzeiger benutzt werden, als Maßstäbe der Eleganz und Effektivität, als Barometer der Absicht. Es gibt noch immer Schmerz, aber er ist schnell, er ist vorhersehbar, und er ist vor allem sinnvoll und zielgerichtet. Denn Sie sind es, die es in sich festgelegt haben und es nicht der Umwelt überließen, daß die Dinge sich ändern müssen. Wenn Sie die Veränderung selbst einleiten, so macht das einen enormen Unterschied.

Um auf der selbstbestimmten Straße der Veränderung nach Art der Delphine zu reisen, beginnt man mit folgendem:

◆ *Man ist offen für Informationen aus der Zukunft und für die Erkenntnis der Notwendigkeit von Veränderungen.* Zeichen

---

Delphine lassen erst los, dann perturbieren sie — genau entgegengesetzt der Handlungsweise von Karpfen und Haien.

Wenn man ein kreatives Projekt beendet, etwas, das einen einige Zeit lang verzehrt hat, dann ist das wie das Ende einer Liebe.
Suzanne Eichhorn

der Zukunft können zuerst auf der Leinwand des eigenen Bewußtseins oder der eines anderen Menschen erscheinen. Für Delphine ist es nicht wichtig, wo die Filme aus der Zukunft gezeigt werden, sie wollen nur den Anfang nicht versäumen. Aus diesem Grunde soll man seinen Geist darin schulen, sowohl die Innen- als auch die Außenwelt zu erfassen.

◆ *Man stellt sich der Furcht vor dem Loslassen.* Im letzten Kapitel wurde ein schrittweiser Prozeß zu diesem Zwecke vorgeschlagen (tatsächlich befaßt sich das ganze Kapitel mit solchen Ängsten und derartiger Verarbeitung). Unsere Furcht vor dem Loslassen ist gewöhnlich in diesen Ängsten verwurzelt:

— Man befürchtet, wenn man sich ändert, werde man von den Menschen verlassen, die einem am nächsten sind: Es geht um eine Art von *Trennungsangst.*

— Man befürchtet zu versagen, wenn man etwas Neues versucht: Das ist eine Art von *Versagensangst.*

— Man befürchtet zu sterben, wenn man seine Sichtweise der Welt verändert: Das ist eine Art von *Existenzangst.*

Der Karpfen, der Hai und in einem gewissen Maße der pseudo-erleuchtete Karpfen erleben diese Ängste fast vollständig auf der unterbewußten Ebene als einen so hartnäckigen Widerstand, daß der Umweg durch das Erholungstal erforderlich sind, damit ein Individuum loslassen kann. Die Existenzangst, man werde sterben, man werde verschwinden, wenn man losläßt, wenn man sich ändert, ruft uns Bemerkungen ins Gedächtnis, die die Schmerz-Expertin Elisabeth Kübler-Ross in Kyoto, Japan, anläßlich der 9. Konferenz der International Transpersonal Association gemacht hat:
(Als ich meine Arbeit mit unheilbar Kranken begann), wußte ich nicht, was die Bedeutung eines Schmetterlings ist. Ein Gedicht,

Wir haben gelernt, daß der größte Teil der Arbeit des Gehirns völlig unbewußt getan wird, und wir haben einen gesunden Respekt vor der Qualität und Komplexität der Berechnungs- und Steuerungsfunktionen, die auf diese Weise ausgeführt werden. Sogar bei dem, was wir für unsere bewußte geistige Aktivität halten, sind wir uns nur eines Teiles dessen bewußt, was tatsächlich im Gehirn geschieht. Es müssen komplizierteste Schalt- und Abtastprozesse ablaufen, die miteinander in Verbindung stehende Gedanken sukzessive in unser Bewußtsein heben. Wir sind uns der Gedanken bewußt, aber nicht, woher sie kommen.

Dean Wooldridge, The Machinery of the Brain

in dem es heißt, daß der Mensch den Schmetterling nicht versteht, und daß der Schmetterling den Menschen nicht versteht hat mich sehr berührt. Das war mein Standort 1945. In den nächsten 25 Jahren wird der Mensch den Schmetterling und der Schmetterling den Menschen verstehen.

In unserer Arbeit mit sterbenden Kindern benutzen wir das Symbol des Schmetterlings, und sie fragen uns, was geschieht, wenn sie sterben. Wir sagen ihnen nicht, daß man schlafen geht. Wir sagen ihnen nicht, daß man in den Himmel kommt. Wir benutzen [eine] universelle Sprache und sagen ihnen, daß man nicht wirklich das ist, was man zu sein scheint. Der Körper ist wie ein Kokon, und wenn dieser Kokon so stark beschädigt wird, daß er nicht mehr repariert werden kann, gibt er einfach den Schmetterling frei, der viel schöner ist als ein Kokon.

Kübler-Ross hat einen faszinierenden Namen für die verwirrenden Augenblicke des Lebens: *Sturmwinde*. Sie beschreibt einen Sturmwind als „eines der Dinge, an die man sich im Augenblick seines Todes erinnert". Sie schreibt:

Im Augenblick des Todes gibt es nur zwei wichtige Dinge, über die man nachdenkt. Diese sind die schönen Augenblicke und die Sturmwinde. ... [Sturmwinde] sind dazu gedacht, einen auf das Leben vorzubereiten.

Über die den Tod umgebenden Umstände müssen wir noch viel lernen. Die Studien des Gehirns/Geistes, die die DelphinStrategien inspirierten, geben starke Hinweise darauf, daß das Erleben eines Menschen im Tode dadurch bestimmt wird, welches „Fenster" dieser Mensch im Leben vorbereitet hat. Und vielleicht ist das die Aussage von Kübler-Ross. Wenn das der Fall ist, können Delphine erwarten, zahlreiche Sturmwinde zu durchleben, weil sie viele selbst erzeugt haben. Weil sie den Wert von Sturmwinden verstehen und wissen, was sie verursachen können, durchdringen Delphine ihre Ängste vor der Veränderung sehr schnell, indem sie loslassen. Sie können ihre Energien, intuitive Gewandtheit und Fähigkeit, neue Dinge zu konkretisieren, auf die Perturbation konzentrieren, die zweite und nicht weniger kritische Phase, der man bei der Selbstbestimmung der eigenen Veränderung begegnen muß.

Um den Prozeß der Auslösung der eigenen, Veränderung freisetzenden, den Schmetterling befreienden Perturbationen zu verstehen, müssen wir „den Teich" wiederum aus der Perspektive des Delphins betrachten. Wir tun dies durch die Betrachtung der Abbildung 7.3, einer Karte des Gehirns, die durch zwei außergewöhnliche Operationen ermöglicht wurde:

Delphine verstehen den Wert von Sturmwinden — und sie überwinden ihre Ängste schnell.

Zweimal im Laufe des 20. Jahrhunderts haben Chirurgen lebende menschliche Gehirne durch Verfahren, die dem Durchtrennen einer Melone nicht unähnlich sind, in zwei Hälften zerteilt. Bei der früheren Operation haben sie den vorderen Teil des Gehirns abgetrennt und damit versucht, Menschen mit schweren Psychosen Erleichterung zu verschaffen. Später hat man, um Epileptikern zu helfen, die beiden Hemisphären des Gehirns getrennt (Split-Brain; CPL) Diese drastischen Maßnahmen haben die Autoren in die Lage versetzt, einen Führer für die Gehirn-funktionen zu erstellen, der für eine Vielzahl alltäglicher Unterneh-mungen nützlich ist. Wir nennen diesen Führer BrainMap. Er ist in Abbildung 7.3 dargestellt.

Mehr als jede andere Quelle des Wissens ermöglichen es die Erkenntnisse, die der BrainMap zugrunde liegen, die Ursprünge der Strategien des Karpfens und des Hais biologisch zu begründen, wenn wir das auch mit Vorsicht tun.

Je eingehender wir die Ergebnisse der Beobachtung von und der Tests an Patienten mit durchtrenntem Gehirn studieren, desto mehr

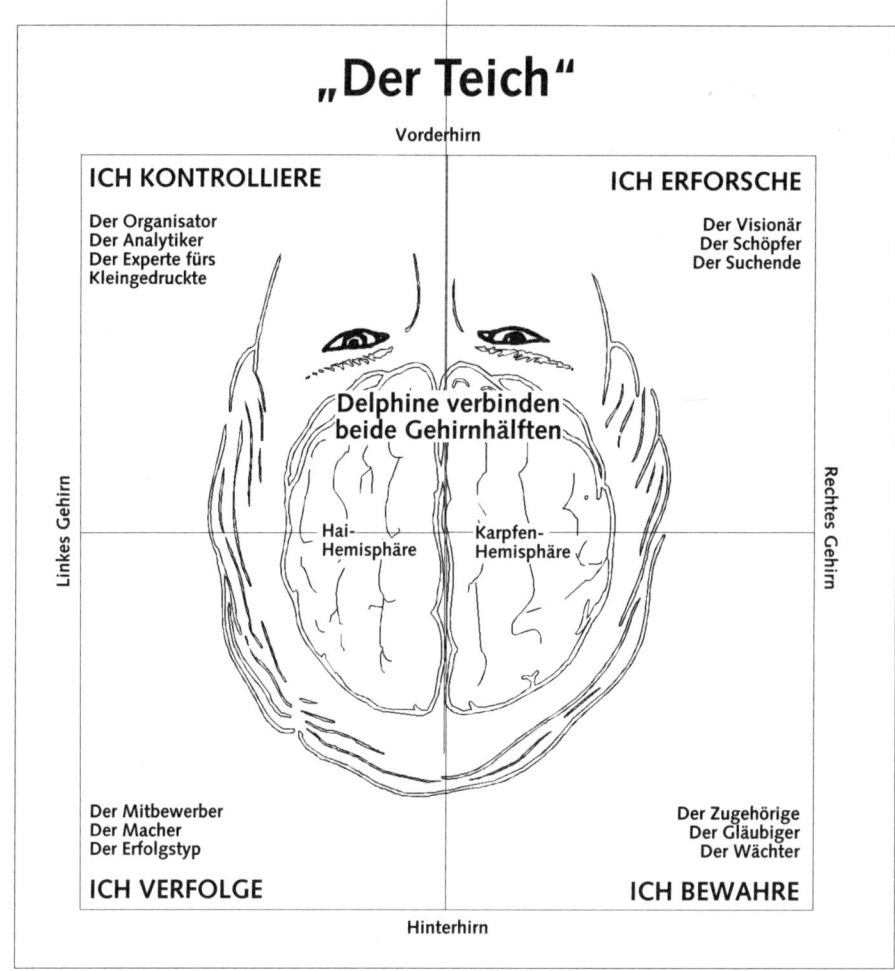

Abb. 7.3. Die BrainMap

kommen wir zu der Erkenntnis, daß einige frühe Rückschlüsse auf die Bedeutung dieser Ergebnisse falsch waren: Diese Operationen, die ihresgleichen suchen, haben nicht so sehr separate Gehirne in einem Gehirn aufgezeigt, sondern sie haben separate Fenster für die Beobachtung eines einzigen Gehirns enthüllt, das über tausend Tricks, Gesichter und Manifestationen verfügt. Wenn unser Fenster das rechte Gehirn ist, die rechte Hemisphäre, sehen wir viele der Symptome des Karpfens. Und wenn unser Fenster das linke Gehirn ist, sehen wir viele der Symptome des Hais. Weitere wertvolle Unterscheidungen werden möglich, wenn Ergebnisse aus der Durchtrennung des Balkens, der Trennung des linken vom rechten Gehirn, mit den Ergebnissen der Lobotomie des Vorderhirns oder der Durchtrennung von Vorder- und Hinterhirn kombiniert werden. Wir haben diese Informationen benutzt, um die Quadranten der Selbstbeurteilung der BrainMap zu schaffen:

ICH KONTROLLIERE,
ICH VERFOLGE,
ICH BEWAHRE,
ICH ERFORSCHE.

In den Welten von Berufsausbildung, von Verkauf und Marketing sowie Managementausbildung wird das BrainMap-Modell typischerweise benutzt, um Bedürfnisse wie die Förderung von Teamarbeit, den Aufbau von Fähigkeiten zwischenmenschlicher Kommunikation, die Bewertung von Berufszielen und das Erkennen des Stils der Informationsverarbeitung zu unterstützen.

Für diese Zwecke, die alle darauf abzielen, Individuen und Gruppen auf das aktuelle „Gesicht" aufmerksam zu machen, welches Individuen und Organisationen der Realität geben, funktioniert die BrainMap normalerweise gut. Wenn das aber die einzige Verwendung ist, die sie findet, wurden die tiefgreifenderen Gewinne vernachlässigt, die diese Kartierung der Hirnfunktionen bringt. Karpfen entgeht diese Wahrheit wegen ihrer Hypnose, ihrer Filter und ihrer Ängste. Haien entgeht sie wegen ihrer Sucht nach dem Chaos und der Krise, sie schwimmen an ihr vorbei. Im Gegensatz

Rechte Gehirnhälfte, linke Gehirnhälfte: Karpfen-Hemisphäre, Hai-Hemisphäre

Aber sollte das Einfache nicht das Komplexe bereits potentiell umfaßt haben? Wo waren die Samen der Komplexität in den ersten Minuten des Universums? ...
Wir stehen verwundert vor dieser Manie der Organisation. Materie scheint sogar aus den ungünstigsten Umständen Vorteile ziehen zu können. ...
Die Organisation des Universums verlangt, daß die Materie sich dem Spiel des Zufalls überläßt.
Hubert Reeves, Atoms of Silence

dazu schwimmen Delphine geradewegs in das Wissen, daß man, um auf die neue Welle zu gelangen, fast immer Teile des Gehirns vorübergehend Krieg gegeneinander führen lassen muß. Vor der Verfügbarkeit der Informationen über die Split-Brain-Forschung war dieser Prozeß etwas, das einige Menschen, nämlich Delphine, taten. Mit Hilfe des BrainMap-Modells kann, was früher zum größten Teil Kunst war, von einem gewissen Maß an Technik begleitet werden. Ein derartiger Fortschritt öffnet immer bisher privilegierten Menschen vorbehaltene Territorien einer breiteren Bevölkerungsschicht. Der Delphin benutzt die Macht der Hirn-Kartierung auf folgende Weise buchstäblich zur Hirn-Erweiterung:

Man beginnt mit einer „Signatur" der aktuellen Organisation der Ressourcen des Gehirns.

Abbildung 7.4 ist das Ergebnis eines Einsatzes der BrainMap über ein Jahrzehnt hinweg. Mehr als alle anderen sind diese elf Profile aufgetreten, wenn Benutzer des BrainMap-Instrumentes ihre Ergebnisse bewerteten. Delphine haben Punkte auf der gesamten Karte, daß „DelphinSein" eher eine Funktion der Beweglichkeit und Flexibilität als der Hirndominanz ist. Wenn daher ein Delphin das BrainMap-Instrument anwendet, kann jede dieser „Signaturen" auftauchen, eine Folge der Mischung von Hirnfunktionen, die er benutzt hat, um die Welle zu reiten, von der er sich jetzt löst.

Die Mehrzahl der Benutzer der BrainMap erfährt, daß sie dominante Hirnfunktionen reflektiert, die durch folgende Quadranten des Modells beschrieben werden: ICH KONTROLLIERE, ICH VERFOLGE, ICH BEWAHRE und ICH ERFORSCHE.

Wie in Abbildung 7.3 dargestellt, liefert die Hai-Hemisphäre zwei wichtige „Systeme" für die Sicherung der Weltsicht eines

„Harmonia" ist eine Abstimmung von Gegensätzen, eine Einheit aus vielem, eine Versöhnung von Unterschieden. ...
Theon von Smyrna

Menschen. Der gemeinsame Nenner der beiden ist die Fähigkeit, mitten in der Unordnung „Geschichten zu erzählen", Ergebnisse zu entwerfen und zu produzieren, die angemessen und logisch in den gegenwärtigen Bedingungen verankert sind:

Das System ICH KONTROLLIERE zeichnet sich folgendermaßen aus:

◆ eine Leidenschaft für Fakten und andere Informationen;

◆ hohe Standards, die für Sie selbst und andere gelten;

◆ die Verpflichtung, etwas besser zu machen, besser zu werden, klüger zu werden;

◆ Bestehen auf Ordnung und systematischem Vorgehen.

Das heißt: Menschen und Gruppen, die sich am ICH-KONTROLLIERE-System orientieren, halten ihr *Wissen* hoch, ihre Beherrschung von Informationen und schaffen starke Kategorien, um die „Fakten" so einzuordnen, wie sie sie sehen. Sie sind sehr stolz auf diese Struktur des Wissens und verteidigen sie hartnäckig. „Ich verstehe", sagt dieser Mensch, „daher kontrolliere ich."

Das System ICH VERFOLGE zeichnet sich durch folgendes aus:

◆ ein Gefühl der Lebhaftigkeit und des Selbstwertes, das mit der Freiheit verbunden ist, entsprechend den Ereignissen und dominierenden Bedürfnissen zu handeln;

◆ ein Hingezogensein zu Werkzeugen, die Dinge geschehen lassen;

◆ eine Willkür, die Mobilität bringt;

◆ Wettbewerbsfähigkeit und unmittelbare Konsequenzen.

Das heißt: Menschen und Gruppen, die sich am ICH-VERFOLGE-System orientieren, haben starke, dringende Bedürfnisse und finden, daß die Jagd mindestens ebenso real und lohnend ist wie der Fang. „Ich will", sagt dieser Mensch, „darum handle ich."

Abb. 7.4 Die 11 BrainMap-Profile

ICH KONTROLLIERE	**ICH ERFORSCHE**
Der Organisator Der Analytiker Der Experte fürs Kleingedruckte	Der Visionär Der Schöpfer Der Suchende
Der Mitbewerber Der Macher Der Erfolgstyp	Der Zugehörige Der Gläubiger Der Wächter
ICH VERFOLGE	**ICH BEWAHRE**

Vorderhirn — Linkes Gehirn — Rechtes Gehirn — Hinterhirn

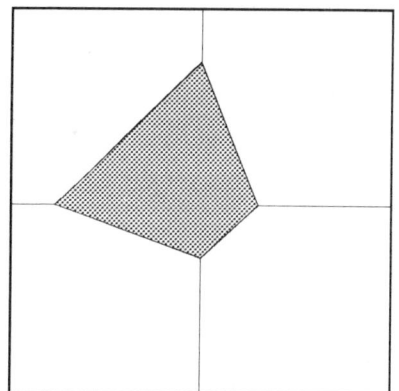

ICH KONTROLLIERE

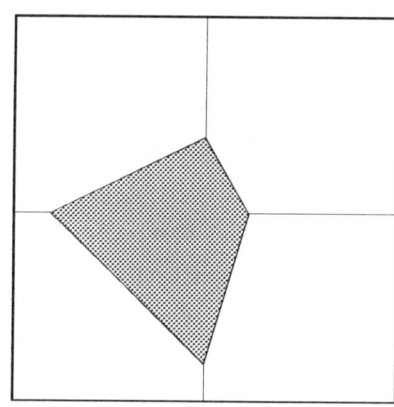

ICH VERFOLGE

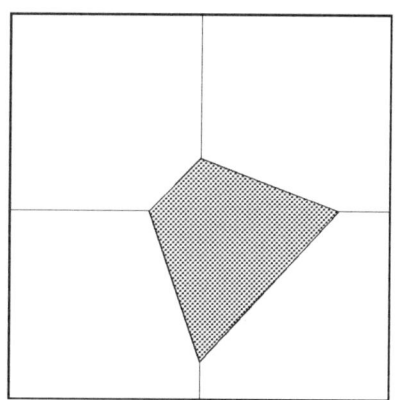

ICH BEWAHRE

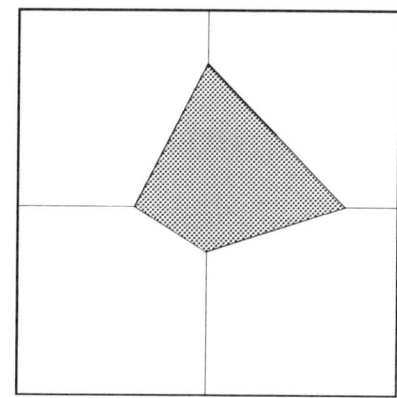

ICH ERFORSCHE

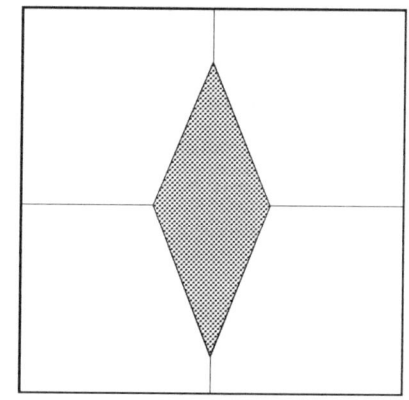

ICH WECHSLE

270

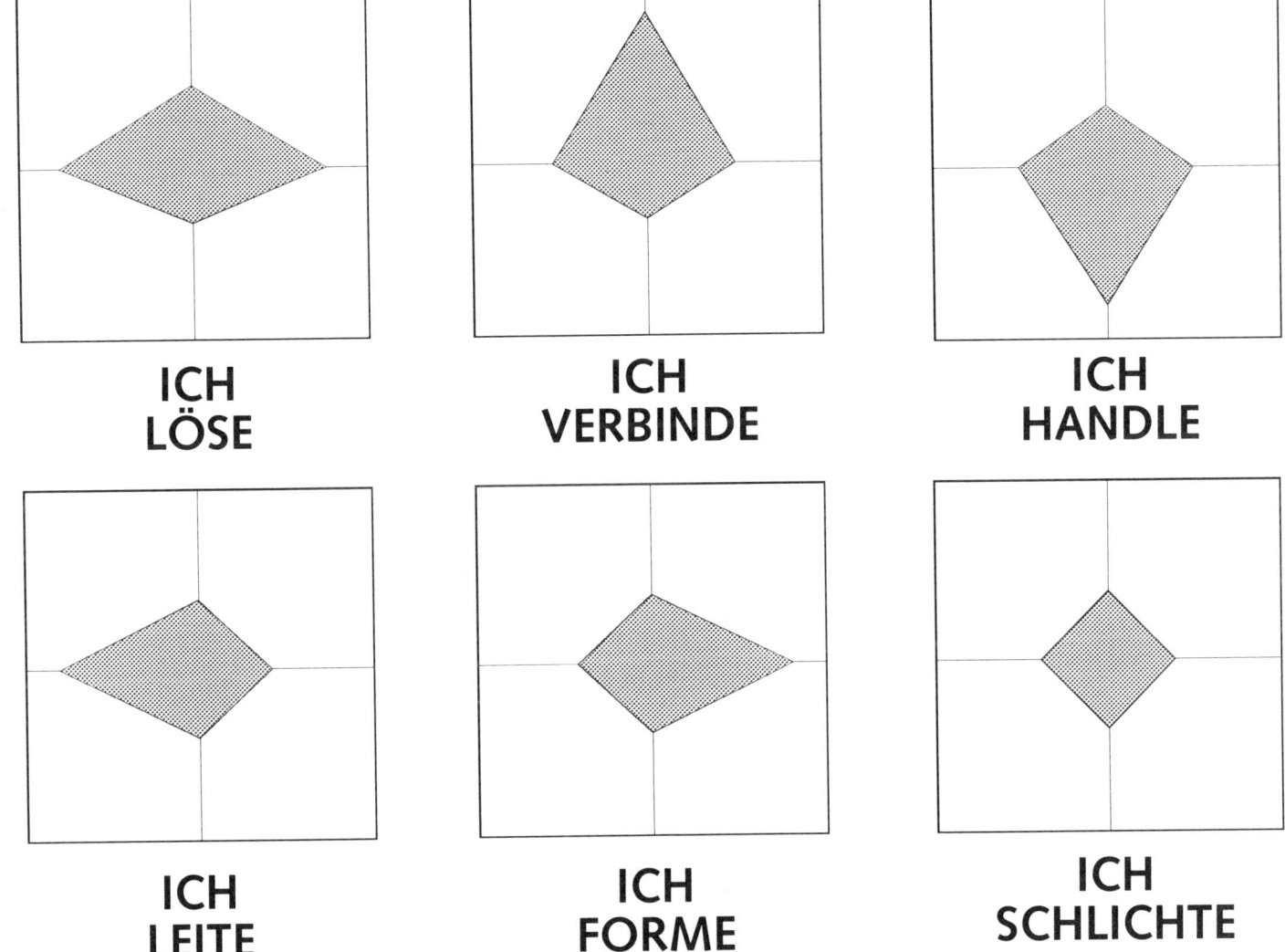

ICH
LÖSE

ICH
VERBINDE

ICH
HANDLE

ICH
LEITE

ICH
FORME

ICH
SCHLICHTE

Wenn es seine Stichworte von der Karpfen-Hemisphäre bekommt, produziert unser holistisches Gehirn zwei Systeme, die in der Lage sind, die Welt wie „Cartoons" zu sehen, das heißt: Menschen, Ereignissen und Situationen auf der Grundlage, kurzer, schneller Einsichten und der Bewertung oft armseliger Informationen Sinn und Wichtigkeit zuzumessen.

Das System ICH BEWAHRE zeichnet sich durch folgendes aus:

◆ Alles wird in schwarz und weiß gesehen, mit einem Minimum an Grautönen;

◆ geistige und emotionale Verpflichtung zur Bewahrung dessen, woran man glaubt, sich darum kümmern und starke Bindungen daran entwickeln;

◆ die heutigen Realitäten werden auf eine Sichtweise zurückgeführt, die bestimmt, was richtig, moralisch, ethisch, wahr und bewährt ist;

◆ Spontaneität in Situationen, in denen es um Menschen geht, die man mag.

Das heißt, Personen und Gruppen, die auf das ICH-BEWAHRE-System orientiert sind, dienen freiwillig als Wächter der Tradition, Kultur, Werte und Sitte und Moral. „Ich respektiere", sagt dieser Mensch, „darum verteidige ich."

Das System ICH ERFORSCHE zeichnet sich dadurch aus:

◆ Befassen mit Möglichkeiten, nicht Gewißheiten,

◆ seiner Zeit voraus sein und oft warten müssen, bis man von den übrigen Menschen eingeholt wird,

◆ auf Vielfalt reagieren, sogar auf ihr bestehen,

◆ sich selbst als visionär und ideenorientiert sehen, mit der Fähigkeit, Neuerungen zu schätzen.

Das heißt, Personen und Gruppen, die auf das ICH-ERFOR-SCHE-System orientiert sind, genießen es, neue Perspektiven für die

Betrachtung, Anordnung und Erklärung von Dingen herzustellen. „Ich sehe", sagt dieser Mensch, „daher erwarte ich."

In Abbildung 7.4 sehen wir, daß es sieben weitere Profile gibt. Ende der 70er Jahre, als Wissenschaftler bei Brain Technologies mit Tests der BrainMap begannen, wurden Profile wie ICH VERBINDE, ICH WECHSLE, ICH FORME und ICH LEITE in unseren Interpretationen der BrainMap nicht erwähnt. Offen gesagt hatten wir keine Ahnung, daß es sie gab. Mit der wachsenden Zahl der von uns untersuchten Personenzahl wurde es offensichtlich, daß eine geringe, aber signifikante Anzahl von Gehirnen ihre Welten mit Hilfe dieser Sonderprofile in Begriffe fassen:

ICH WECHSLE

„Ich bin gesättigt, daher schalte ich um."

Dieses Profil weist auf intensive Schwankungen der Stimmung und des Interesses zwischen stark „intellektuellen" Zeiten und Zeiten der spontanen Suche nach Freude hin, während man sich zuerst an einem „Geisteszustand", dann am anderen sättigt.

ICH LÖSE

„Ich rätsele, daher löse ich."

Ein BrainMap-Benutzer mit diesem Profil wird vom Lösen von Problemen um seiner selbst willen stark angezogen. Es kann aber sein, daß er nur geringes Interesse an der sozialen oder individuellen Nutzung der Ergebnisse hat.

ICH VERBINDE

„Ich habe Einfühlungsvermögen, daher verbinde ich."

Ein Mensch mit dieser BrainMap-Signatur fühlt sich sowohl mit technischen als auch menschlichen Aspekten sehr komplexer Aufgaben und Situationen wohl.

ICH HANDLE

„Ich spüre, daher handle ich."

Dieses Profil beschreibt einen Menschen, der einen angeborenen Drang besitzt und es vorzieht, „instinktiv" zu handeln.

ICH LEITE

„Ich beharre, daher vollende ich."

Dieses Profil weist auf einen Menschen mit dem zwingenden Bedürfnis hin zu leiten, damit Aufgaben in einer ordentlichen, vorhersehbaren, entschlossenen Weise gelöst werden.

ICH FORME

„Ich sehe, darum passe ich an."

Dieses ist die BrainMap-Signatur eines Menschen mit einem lebhaften Interesse daran, neue Ideen zu entwickeln und zu fördern. Das gilt jedoch nur, wenn sie im Kontext der eigenen Werte oder Glaubenssätze sinnvoll erscheinen.

ICH SCHLICHTE/AKKOMODIERE

„Ich moderiere, daher versöhne ich."

Wenn dies über einen längeren Zeitraum Ihr Standard-BrainMap-Profil ist, neigen Sie dazu, tendenziell für die Sorgen und Erwartungen von Menschen mit anderen BrainMap-Profilen sensibel zu sein. Es gibt eine andere, mögliche Interpretation für ICH SCHLICHTE/AKKOMODIERE, die in Kürze behandelt wird.

> [Die Bisoziation] ist eine Flucht aus Langeweile, Stagnation, intellektuellen Zwängen und emotionaler Frustration ... sie wird durch den spontanen Blitz einer Einsicht angekündigt, die eine bekannte Situation oder ein bekanntes Ereignis in einem neuen Licht zeigt und zu einer Reaktion darauf führt. Die bisoziative Handlung verbindet bisher nicht miteinander verbundene Erfahrungsmatrizes. Durch sie verstehen wir, wie es ist ... „auf mehreren Ebenen gleichzeitig zu leben."
> Arthur Koestler

Wenn sich ein Delphin im „Fluß" der Welle befindet, dient die Signatur der Informationsverarbeitung seines Gehirns hauptsächlich als Wissen, das für die Feinabstimmung benutzt wird. Ob die Herausforderung nun darin besteht, Beziehungen zu verbessern oder Verkaufsfähigkeiten, die Effektivität von Präsentationen und von freier Rede, die Nutzung der Zeit zu verbessern oder der einer der unzähligen anderen Möglichkeiten, die Problemstellung ist der Erwerb von mehr Kompetenz an dieser Stelle im Fluß. Wenn aber die Herausforderung in der Erweiterung der Hülle besteht, ist die

Nutzung der Information über die gegenwärtige Signatur der Verarbeitung durch das Gehirn sehr viel anders. In dieser Phase zielt der Delphin nicht auf die Feinabstimmung, sondern auf die Störung oder Perturbation. Dieses Mal *soll* Humpty Dumpty fallen, und wir haben nicht die geringste Absicht, ihn wieder so zusammenzusetzen, wie er war. Delphine gehen wie folgt vor:

Man erweitert die Hülle gerade genug, um den Störungsprozeß einzuleiten.

Man bezeichnet das als gestörtes Gleichgewicht. Denken Sie es sich als einen Zustand, in dem alles längere Zeit gut und wie geplant, läuft. Darauf folgt aber ein Zusammenbruch und Aufruhr, nach dem, falls das System überlebt, sich Stabilität und Gleichgewicht wieder einstellen.

Es war der Genius von Ilya Prigogine, der genau einen solchen Prozeß als den Weg erkannt und definiert hat, auf dem sich alle offenen Systeme ändern. Damit umschließt er auch das menschliche Gehirn.

Prigogine hat folgende Warnungen ausgesprochen:
◆ Veränderung ist nicht immer positiv. Besonders, wenn sie von der Umwelt erzwungen wird, kann die Perturbation zur Auflösung statt zur Transformation führen.
◆ Auch wenn man der Auflösung entgeht, kann der Bumerang-Effekt zu schlimmen Konsequenzen führen. Wie wir in Abbildung 7.2 gesehen haben, kann die Einführung des extrem Neuen in eine Situation, die für Veränderungen überreif ist, zu einer starken Überreaktion führen, durch die das System in Richtung des anderen Poles gedrängt wird. Auch wenn sich das System, in diesem Falle das Gehirn, erholt und eine Verlagerung

275

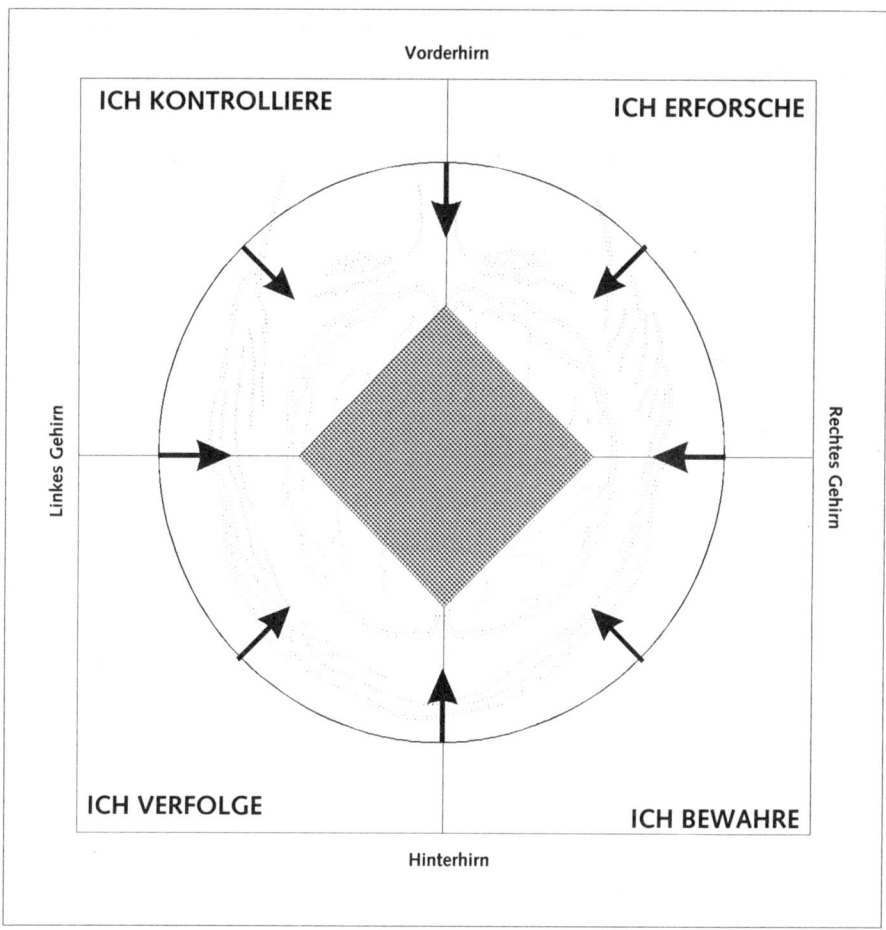

Abb. 7.5 Die Schlichtungsphase

durchführt, geht viel Zeit verloren, Energie und Ressourcen werden verschwendet, man erlebt Verwirrung und erleidet Schmerz, der hätte vermieden werden können.

Es ist genau dieser entkräftende Zyklus, dem der Delphin zu entgehen sucht. Wichtig ist unsere kürzlich gemachte Entdeckung oder Erkenntnis, daß die unsichtbaren Mauern, die die Abschnitte

276

offener Systeme, wie das Gehirn eines ist, bezeichnen, die Fähigkeit haben, „zäh-zerbrechliche" Barrieren zu sein.

Wenn die Umstände so beschaffen sind, daß sie die Aufgabe erledigen können, für die sie ausgelegt sind, sind diese Barrieren des Chaos fest und nachgiebig und leisten Beachtliches. Wenn aber die Zeit für die Perturbation gekommen ist, scheint es fast, als beginne das Gehirn des Delphins ein psychisches Enzym auszuscheiden, welches diesen harten Membranen eine Elastizität verleiht, sodaß sie in der nächsten Generation des Möglichen geformt werden können.

Bei der Arbeit mit Gruppen, in denen man routinemäßig erwartet, mindestens einige Delphine vorzufinden, haben die Autoren gelernt, nicht überrascht zu sein, wenn die BrainMap einen Delphin identifiziert, der sich in Perturbation befindet. Wir haben zuerst nicht erkannt, was wir sahen. Tatsächlich hat uns die BrainMap-Signatur, die Hinweise auf ein möglicherweise perturbierendes Gehirn gibt, zu Anfang erheblich verwirrt. Es ist das Profil ICH SCHLICHTE/AKKOMODIERE, die „quadratische" Konfiguration, die darauf verweist, daß es nur eine geringe Differenzierung unter den vier Hirnquadranten gibt. Seit unserer anfänglichen Verwirrung haben wir einen großen Respekt vor der ICH-SCHLICHTE/AKKOMODIERE-Signatur entwickelt. Wir erkennen jetzt, daß Individuen, die dauerhaft in diesem Bereich residieren, oft große Fähigkeiten im Umgang mit uns anderen Menschen haben, zumindest in einer angemessen alltäglichen Welt. Für den Menschen, der auf das ICH-SCHLICHTE/AKKOMO-DIERE-System orientiert ist, sind die Barrieren und Filter, die andere Menschen veranlassen können zu fliehen, zu rebellieren oder Desinteresse zu zeigen, keine Hindernisse. Der ICH-SCHLICHTE/

Der perturbierende Delphin erprobt: ICH SCHLICHTE.

AKKOMODIERE-Stil ist oft eine sehr agile, produktive, sogar kreative Lebensweise.

Wenn wir Delphine befragten, die ICH SCHLICHTE/AKKOMODIERE erprobten, begannen wir allerdings zu erkennen, daß bisweilen etwas anderes geschah. Das Protokoll der Befragung liest sich in etwa folgendermaßen:

Wir: „Beschreibt die Verarbeitungsweise ICH SCHLICHTE/AKKOMODIERE die Art, wie Sie immer waren?"
Sie: „Oh, nein. Ich war mir immer sicher, wie etwas sein sollte."
Wir: „Sie meinen, bis vor kurzem hätte eine der anderen BrainMap-Signaturen besser zu Ihnen gepaßt?"
Sie: „Das ist richtig."
Wir: „Wir raten nur, aber ist es möglich, daß Sie sich gerade in einem ziemlich fundamentalen Prozeß befinden?"
Sie: „Zum Beispiel?"
Wir: „Wie einer bedeutenden Änderung Ihrer Werte und Weltsicht?"
Sie: „Woher wissen Sie das?"

Wir haben gute Gründe zu folgender Annahme: Wenn sich das Gehirn eines Delphins auf die Perturbation vorbereitet, wird es von dem vermuteten Enzym überschwemmt, das es so „zäh-zerbrechlich" macht, und kollabiert in einen vorübergehenden ICH-SCHLICHTE/AKKOMODIERE-Zustand, den wir in Abbildung 7.5 dargestellt haben. In diesem Status wird der Delphin frei, schnell eine Menge Dinge zu probieren, Hinweise auf eine neue Gehirn-Konfiguration zu suchen, die geeignet ist, um die neue Welle abzupassen. In dieser Phase beginnt die kognitive Kapazität des Gehirns zu wachsen. Auch wenn es wieder kristallisiert oder sich auf

278

ein neues BrainMap-Profil konzentriert, behält es die Fähigkeit zur kognitiven Verarbeitung, die es vorher hatte, während es die Verarbeitungsfähigkeiten des neuen Profils neu gewinnt. In dieser Phase brechen auch die Filter der Verarbeitung und Erkenntnis der alten Weltsicht zusammen, womit nicht nur neue Informationen ohne Vorurteil oder Beurteilung aufgenommen werden können, sondern auch das implizite Wissen des alten Profils als explizites Wissen des neuen Profils auftreten kann. Die Wahrscheinlichkeit, daß das ICH-SCHLICHTE/AKKOMODIERE-Profil die ständige Heimat des Delphins wird, ist nicht sehr hoch. Aber im Augenblick *ist* es das Zuhause, und die Suche nach einer neuen Eleganz kann weitergehen.

Geleitet von der BrainMap, löst ein Delphin den perturbativen ICH-SCHLICHTE/AKKOMODIERE-Modus zum Beispiel wie folgt aus:

Durch absichtliche Veränderung von etwas, das man im alten Modus schätzte.
Wenn man vorher ICH KONTROLLIERE war, gibt man einen Teil der persönlichen Kontrolle auf.
Wenn man ICH BEWAHRE war, gibt man die Mitgliedschaft in einigen Gruppen auf.
Wenn man ICH ERFORSCHE war, konzentriert man sich intensiv auf etwas, das jetzt geschieht, nicht in der Zukunft.
Wenn man ICH VERFOLGE war, entspannt man sich. Man wird leer.
Wenn man ICH LEITE war, gibt man sich in die Hand eines anderen Menschen und läßt sich eine Weile von ihm formen.
Wenn man ICH FORME war, gibt man sich in die Hand eines anderen Menschen und läßt sich eine Weile von ihm leiten.

Ich hatte mich erhoben, um in das Glas zu sehen, aber jetzt war ich in meinen Stuhl gesunken, sprachlos. Meine Augen waren auf dieses Glas fixiert, als ich zu begreifen versuchte, daß dieses klebrige Zeug, das auf und ab tanzte, eine Revolution in der Physik verursacht hatte, und es war sehr gut möglich, daß es auch den Gang der Zivilisation verändert hatte. Da war es.
Steven Levy als er Einsteins Gehirn fand

279

Wenn man ICH VERBINDE war, tut man etwas Spontanes und Verrücktes.

Wenn man ICH HANDLE war, verpflichtet man sich zu einer Aktivität mit Terminen, die man nicht brechen kann.

Wenn man ICH WECHSLE war, sieht man sich nach einem langfristig zu lösenden Problem um.

Wenn man ICH LÖSE war, predigt man auf dem Berg.

Wenn man ICH SCHLICHTE/AKKOMODIERE war, sagt man einem anderen, er solle es zur Abwechslung reparieren.

Durch Probieren von Aktivitäten anderer Profile

ICH KONTROLLIERE schreibt Bücher, erforscht seinen Stammbaum, programmiert Computer, studiert, urteilt, lehrt, entwickelt Detailpläne.

ICH VERFOLGE bewirbt sich um Ämter, ist im Sport ehrgeizig, geht auf die Jagd, verfolgt Spuren, leitet, schauspielert, tanzt, treibt Ausdauersport, hält improvisierte Reden.

ICH BEWAHRE hilft Menschen, ist ein Freiwilliger, besucht mit Erinnerungen verbundene Orte, führt Tagebuch und hat Sammelalben, schließt sich an, lacht, bezieht feste Standpunkte und hat starke Gefühle.

ICH ERFORSCHE malt, fotografiert, schreibt Gedichte und Science Fiction, fährt Rad, segelt, wandert, joggt, geht ins Kino, sucht merkwürdige Freunde, versucht Neues, zieht um und folgt seinen Ahnungen.

Durch Studium und Nachahmung der Stärken anderer Menschen.

ICH KONTROLLIERE zeichnet sich aus durch:

◆ Bevorzugung verbaler im Gegensatz zu visuellen Methoden der Nachforschung,

◆ Benennung und Bezeichnung von Dingen,

◆ Computerisierung,

◆ Beherrschung von Methoden, die stark sequentiell und „digital"
sind,

◆ Entschärfung von Emotionen und der Bereitstellung von Zeit,
Materialien, Werkzeugen und Raum für längere Reflexion,
Analyse und Modellierung.

ICH VERFOLGE zeichnet sich aus durch:

◆ willkürliche Einführung neuer Anregungen und Notierung der
Ergebnisse,

◆ Kombinierung verschiedener Ideen, Vorgehensweisen, Komponenten oder Prozesse in willkürlicher Weise und spontane
Reaktion auf die Konsequenzen,

◆ Ergreifen von Maßnahmen und Ausführung der nächsten
Handlungsreihe in Reaktion auf die erste Reihe,

◆ Überprüfung seiner Ängste und schnelles Handeln zur
Reorganisation seines Bewußtseins, um die Ursachen dieser
Ängste zu beseitigen.

ICH BEWAHRE zeichnet sich aus durch:

◆ Nutzen aus Spielen und anderen spielerischen Tätigkeiten
ziehen,

◆ spielerische Umsetzung seiner Gefühle zu einem Problem oder
einer Angelegenheit,

◆ Gedächtnis einsetzen,

◆ Loyalität und Unterstützung von Menschen, die er gutheißt,

◆ Bewahrung von Werten, Traditionen und Kultur der Vergangenheit,

◆ Herstellung dauerhafter Beziehungen und Bindungen,

◆ Finden und Handeln nach der wahren Macht von Glaubens-
sätzen.

ICH ERFORSCHE zeichnet sich aus durch:

- Hervorbringung von Durchbruch-Einsichten und -Ideen,
- neue Bezugsrahmen,
- Herstellen einer Stimmung,
- Sehen von Beziehungen, die nicht offensichtlich sind,
- Erforschung einer breiten Palette von Möglichkeiten,
- Probieren neuer Dinge,
- Beschleunigung des „Austrittsstresses" durch das Herstellen von Wahlmöglichkeiten.

In dem Fluß ist das Ziel des Delphins immer der „Eustreß", das heißt positiver Streß. Diese Form ist ein Streß, der, wenn er auch vorübergehend unangenehm sein kann, die Möglichkeit in sich birgt, ein positives Ergebnis hervorzurufen, weil er im Selbst erzeugt wird und auf ein unveränderliches Ziel ausgerichtet ist.

Wenn aber der Delphin die Notwendigkeit einer Veränderung erkennt, erzeugt er den „Austrittsstreß", indem er sein Gehirn in neue und andere Situationen bringt und sich dennoch ein Gefühl der Ausgeglichenheit, Zweckbestimmtheit und Vision erhält.

Geleitet von einem Modell wie der BrainMap, kann er dieses Gefühl der Ausgeglichenheit bewahren und doch für Erkundungen und neue Wahlmöglichkeiten offen sein.

Übergang zu einer höheren Ordnung.

Wenn wir zur Stufe der Assimilation zurückkehren, handeln wir wieder auf der Basis starker Vorurteile.

Wir haben die Bezeichnung für das ICH-SCHLICHTE/ AKKOMODIERE-Profil nicht zufällig gewählt. Den Begriff haben wir von dem Psychologen Erik Erikson entlehnt, der ihn zur Beschreibung eines ähnlichen Geisteszustandes verwendet, in dem die geistige Möblierung im Grunde neu arrangiert wurde (, weswegen wir den von Piaget geprägten Begriff der Akkomodation im Deutschen auch beließen; CPL).

282

Er hat uns auch eine Bezeichnung für den Zustand des Gehirns geliefert, wenn es sich im Fluß befindet, die Früchte erfolgreicher Perturbation genießt, die neue Welle abgefangen hat. Obwohl Erikson nicht das Modell und die Sprache offener Systeme für seine Gedanken über die Veränderung des Geistes und Gehirns benutzte, wußte er sehr viel über die Grundlagen des Austrittsstresses, der Perturbation und Transformation zu einer höheren Ordnung.

Er vertrat eine Theorie des gestörten Gleichgewichts des Geistes, und er bezeichnete die relativ ruhige Phase, die Fluß-Phase, die auf die Perturbation folgt, als „Assimilation." In der Assimilationsphase findet eine Absorption und Aufnahme von Informationen entsprechend einem offensichtlichen Vorurteil oder Brennpunkt statt.

Dies ist im wesentlichen genau der Zweck der BrainMap: Sie mißt Vorurteile. Wenn es in den ICH-SCHLICHTE/AKKOM-ODIERE-Modus umschaltet, lockert das Gehirn des Delphins vorübergehend die Umklammerung durch seine Vorurteile und Beurteilungen. Es schafft sich selbst Verwirrung als ein Mittel zur Eröffnung neuer Möglichkeiten, um zu erfahren, was funktioniert, neue Ergebnisse zu erzielen und neue kognitive Fähigkeiten zu gewinnen. Dann kommt, wie in Abbildung 7.6 dargestellt, eine Zeit, in der es wieder sinnvoll ist, sich festzulegen, neue Brennpunkte aufzunehmen und neu gewonnene Fähigkeiten und Konfigurationen des Gehirns für die Navigation in einer neuen Welle einzusetzen.

Einige Perturbationen machen einen größeren Eindruck auf unser Gedächtnis, andere werden dagegen kaum wahrgenommen, da sie im Zusammenhang der Schwankungen unseres geistigen und emotionalen Lebens so gewöhnlich erscheinen.

Der Geist ist keine psychologische Einheit, sondern eine soziologische Einheit, die aus zahlreichen sub-mentalen Systemen besteht. Was durch Chirurgie und Anästhesie der Hemisphären getan werden kann, sind nur übertriebene Fälle eines allgemeineren Phänomens. Die Einzigartigkeit des Menschen ist in dieser Hinsicht seine Fähigkeit zur Verbalisierung und damit zur Schaffung eines persönlichen Gefühls der bewußten Realität aus den zahlreichen vorhandenen Systemen.
Michael Gazzaniga, The Integrated Mind

Jede Verlagerung auf eine höhere Ordnung bringt neue Fähigkeiten für das Meistern von Komplexität.

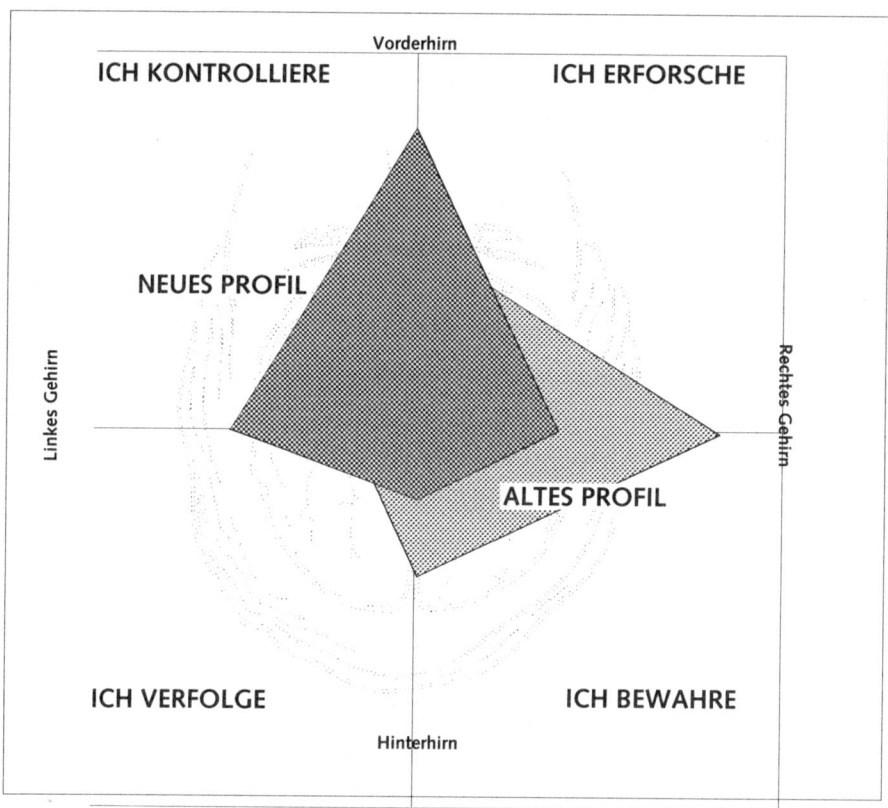

Abb. 7.6 Die Assimilationsphase

Mit dem Wachstum des Delphins treten große und kleine Perturbationen mit wachsender Häufigkeit auf. Dieses Wachstum entwickelt sich, während das offene System Gehirn seine Fähigkeit für und Vertrautheit mit der Veränderung seiner selbst entwickelt und verfeinert. In *Megabrain (Dt.: Megabrain)* hat Michael Hutchison diese Eigenschaft der in wachsendem Maße selbst eingeleiteten, metamorphosenhaften Aktivität als *autokatalytisch* bezeichnet. Mit der Zeit werden die Perturbationen im Gehirn eines Delphins zunehmend autokatalytisch, das heißt, es sind immer weniger

284

Voraussetzungen erforderlich, damit der Delphin äußere Bedingungen herstellen kann, die das Gehirn zur Veränderung zwingen. Indem es die Notwendigkeit prüft und die Gelegenheit ergreift, perturbiert das Gehirn des Delphins zunehmend von selbst und spontan.

Die Konsequenzen der ständigen Bereicherung der Möglichkeiten schaffenden und wählenden Innenwelt eines Menschen sind in Abbildung 7.7 angedeutet. Mit der Zeit entwickelt ein Delphin die Fähigkeit, in einem immer breiteren Bereich effizient und effektiv zu operieren, wobei er seine Kompetenz in einer wachsenden Vielzahl von Weltsichten und Handlungsstilen des Meisters und Durchbrechens kultiviert. Wie die Abbildung 7.7 illustriert, beinhaltet dieses Ordnen von Fertigkeiten und Sensibilitäten durch den Delphin den Ausgleich der Beherrschung auf der einen und der Herausforderung auf der anderen Seite.

Diese beiden Begriffe, Beherrschung und Herausforderung, tauchten in den 70er Jahren auf als Schlagworte einer erfolgsorientierten Art der Persönlichkeitsentwicklung und Managementstrategien, die als „Spitzenleistung"-Bewegung bezeichnet werden kann. Zahlreiche Haie und pseudo-erleuchtete Karpfen beeilten sich, die Übungen zur Herstellung einer positiven Geisteshaltung zu probieren, die Visualisierungsstrategien, wie man mit Zeitmanagement und Protokollen Ruhe erreicht sowie die Streß umwandelnden Praktiken. All das bezeichneten sie als machtvoll und verwandelnd. Delphine erkannten die Mängel und Gefahren der Spitzenleistung allerdings sofort. Am auffälligsten ist in dieser Philosophie das Fehlen folgender Elemente, auch wenn die Philosophie von Unternehmensführern, Verlagen und Sportlern wärmstens begrüßt wurde:

Man kann die Schwachen nicht stärken, indem man die Starken schwächt. Man kann keinen Charakter aufbauen, indem man einem Menschen die Initiative nimmt. Man kann Menschen nicht dauerhaft helfen, indem man für sie tut, was sie für sich selbst tun könnten und sollten.
Abraham Lincoln

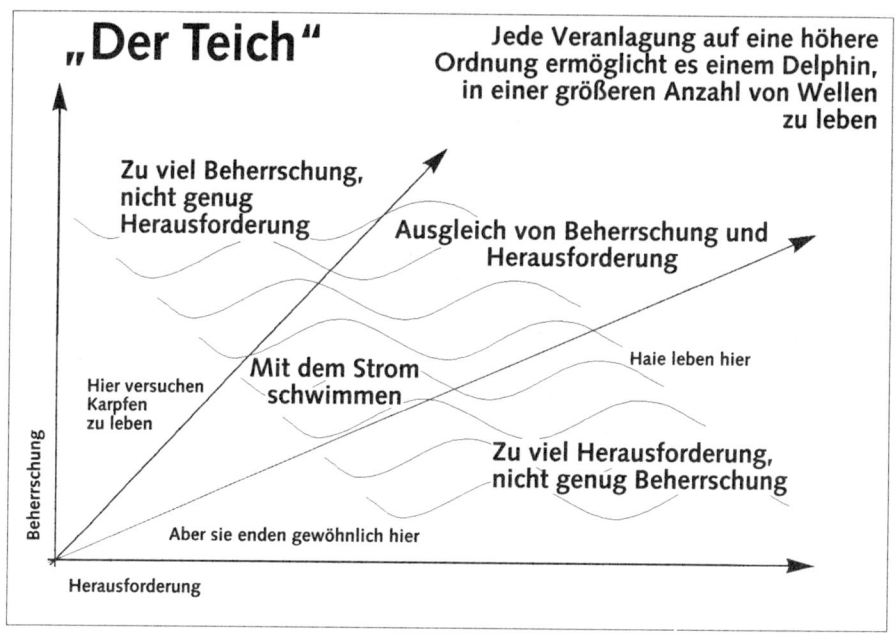

Abb. 7.7 Herausforderung und Beherrschung

◆ **Ein Verständnis für die Perturbation.** Anhänger der Spitzenleistung erkennen die rohe Kraft und strategische Notwendigkeit von „Fehlern" nicht. Im Lexikon der Spitzenleistung ist ein Fehler etwas, das man würdevoll akzeptiert, losläßt und an dem man so schnell wie möglich vorbeigeht. Für den Delphin sind Fehler Werkzeuge, mit deren Hilfe man perturbiert.

◆ **Aufgeschlossenheit für die Zukunft.** Wenn man sich auf die Zukunft konzentriert, warnen die Befürworter der Spitzenleistung, kann man die Schleusen der Angst, Furcht und Nervosität öffnen. Daher raten sie, in der Gegenwart zentriert zu bleiben, um Ruhe, Entspannung und die Abwesenheit von Druck zu fördern. Kein Delphin wird sich einer solchen Strategie unterwerfen, da er weiß, daß es gleichbedeutend mit blindem und bald mit geblendetem Fliegen ist, wenn man in sich schnell ändernden Zeiten den Blick von der Zukunft abwendet.

◆ **Aufgeschlossenheit für die Vergangenheit.** Vertreter der Spitzenleistung verdammen den Blick zurück ebenso wie die Orientierung auf die Zukunft. Sie argumentieren, der Blick zurück sei eine Einladung an das Gespenst der Schuld, des Zorns und der Frustration. Delphine sind anderer Meinung, da sie erkennen, daß die Vergangenheit wertvolle Erfahrungen enthält.

◆ **Ein wirkliches Gefühl für die Welle.** Vertreter der Spitzenleistung zeigen eine beunruhigende Unwissenheit der Natur der Realität. Sie erkennen nur die Verlockung des Überflusses und suchen die Realität des Mangels zu leugnen. Delphine wissen: Wenn die Welle schwächer wird und sich senkt, wird kein „Schaffen und Benutzen positiver Bilder", kein „Erhalten eines Flusses positiver Energie" und kein „Erreichen von Spitzenleistungen" die Realität verändern, daß ein physisches Gehirn auf eine höhere Ordnung übergehen oder zunehmend verwundbar werden muß. Delphine besitzen Fähigkeiten für die Umwandlung; Vertreter der Spitzenleistung sind, zu einem großen Teil, weil ihnen Wohlgefühl und Vertrautheit mit dem natürlichen Zyklus des Wachstums fehlt, durch ihre Unfähigkeit behindert, ihre eigenen konstruktiven Leistungen auf einem anderen Niveau als der Spitze zu akzeptieren.

Wir behandeln das Thema „Spitzenleistung" mit dieser Ausführlichkeit, weil es den Kern dessen darstellt, was die Bewußtseinsbewegung bis heute daran gehindert hat, etwas anzubieten, das auch nur annähernd eine echte Kühnheit bietet, um Veränderung machtvoll und elegant zu meistern.

Weil sie von der existentiellen Psychologie angezogen wird, hat die Bewegung, einschließlich der Vertreter der Spitzenleistung,

Es ist seit langem bekannt, daß die Wissenschaft nur eine Methode für das Studium der Welt um uns ist. Eine andere, komplementäre Methode ist in der Kunst verwirklicht. Die gemeinsame Existenz von Kunst und Wissenschaft ist in sich eine gute Illustration des Prinzips der Komplementarität. Man kann sich völlig der Wissenschaft widmen oder ausschließlich in der Kunst leben. Beide Standpunkte sind gleich gültig, aber für sich genommen unvollständig. Das Rückgrat der Wissenschaft besteht aus der Logik und dem Experiment. Die Grundlage der Kunst sind Intuition und Einsicht. Aber die Kunstform des Ballets erfordert mathematische Genauigkeit und, wie Puschkin schrieb, „In der Geometrie ist Inspiration ebenso notwendig wie in der Poesie." Sie ergänzen sich, statt sich zu widersprechen. Wahre Wissenschaft ähnelt der Kunst in der gleichen Weise, wie wahre Kunst immer Elemente der Wissenschaft enthält. Sie reflektieren unterschiedliche, komplementäre Aspekte der menschlichen Erfahrung und geben uns nur eine vollständige Vorstellung von der Welt, wenn man sie zusammen nimmt. Unglücklicherweise kennen wir die „Unschärferelation" des Konzeptpaares aus „Wissenschaft und Kunst" nicht. Daher können wir den Schaden nicht bewerten, den wir durch eine einseitige Wahrnehmung des Lebens erleiden.
Leonid Ponomarev, In Quest of the Quantum

verstanden, daß es wichtig ist, seiner gegenwärtigen Tätigkeit verpflichtet zu sein, Verantwortung für die eigenen Handlungen zu übernehmen, Vertrauen zu sich selbst und seinen inneren Ressourcen zu entwickeln. Aus der Neigung der Vertreter zur Verpflichtung, Vertrauen und Kontrolle wurde viel gemacht.

Ein wichtiger Begriff fehlt allerdings: *Veränderung*. Ohne das Verständnis des Delphins für den Prozeß der Veränderung ist der Vertreter der Spitzenleistung bestenfalls ein Hai, der andere zu überzeugen sucht, sie seien „auf Kurs", oder ein pseudo-erleuchteter Karpfen, der aus dem glücklichen Zufall Nutzen zieht, daß er die Welle vor dem Kamm erreicht hat und über genügend eigene Fähigkeiten verfügt, um die Fahrt seines Lebens zu genießen, auch wenn es nur ein Moment ist.

Mit Hilfe aller Tricks des Vertreters der Spitzenleistung — das heißt der Visualisierung, der Entspannung, der Selbstgespräche, der Übungen, dem tiefen Atmen und allem anderen — die Beherrschung und Herausforderung auszugleichen, ist eine großartige Methode, um uns davon zu überzeugen, daß wir fähig sind, „Veränderung zu steuern."

Aber Veränderungen steuern und sich verändern sind zwei Welten.

Zwischen dem, was der Hai und der pseudo-erleuchtete Karpfen (für den reinen Karpfen ist dies wirklich kein Thema, da er keine Aussicht auf das Siegen sieht) meinen, wenn sie vom Ausgleich von Beherrschung und Herausforderung sprechen, und der Handlungsweise des Delphins gibt es kaum eine Ähnlichkeit. Und was tut der Delphin?

Wir fassen noch einmal übersichtlich zusammen:

- Er beobachtet die Zukunft ständig.
- Er lernt ständig aus der Vergangenheit.
- Er sucht nach der angemessenen Reaktion.
- Er versteht die Dynamik von Risiko und Streß.
- Er kennt die Verdrängung und berechnet die Verzögerung mit ein.
- Er läßt frühzeitig los.
- Er ist offen für das Ziel, sowohl als Kompaß als auch als Barometer.
- Er artikuliert seine Vision klar.
- Er korrigiert sich selbst.
- Er bestimmt sich selbst.
- Er perturbiert von selbst.
- Er lernt frühzeitig.
- Er lernt schnell.
- Er lernt dauerhaft.
- Er sagt sich selbst und anderen kraftvoll die Wahrheit.
- Er benutzt Fehler, um Wind und Wasser zu prüfen.
- Er weiß, wo er steht.
- Er kennt sein Ziel.
- Er weiß, wo er sich auf der Welle befindet.
- Er nutzt die Kraft des Flusses.
- Er nutzt die Kraft des Neuen.
- Er nutzt die Kraft der Ordnung.
- Er koppelt das Ego von Fehlern und Erfolg ab.
- Er vermeidet Schuldzuweisung.
- Er vermeidet Scham.
- Er vermeidet das Bedürfnis, sich selbst zu rechtfertigen.
- Er vermeidet Drama.

Veränderungen steuern und sich verändern sind zwei Welten.

- Er übernimmt Verantwortung.
- Er schafft Wahlmöglichkeiten.
- Er handelt, um den Teich zu erweitern.
- Er verändert die Bedeutung von Ereignissen.
- Er sucht Alternativen.
- Er tut mehr mit weniger.
- Er geht neue Wege.
- Er bevorzugt elegante Lösungen.
- Er hält den Kopf hin, wenn es wichtig ist.
- Er steigt aus, wenn es nicht wichtig ist.
- Er weiß, daß nicht jedermann ein Delphin sein kann.
- Er weiß, daß nicht jedermann ein Delphin sein will.
- Er schätzt die guten Eigenschaften eines Karpfens.
- Er weiß, wann es sinnvoll ist, wie ein Hai zu denken.
- Er glaubt an Mangel und Überfluß.
- Er glaubt an angemessene Vergeltung.
- Er glaubt an sofortiges Vergeben.
- Er glaubt, daß wir alle meistens gewinnen können.
- Er weiß die Kraft der einzelnen Bereiche des Gehirns einzusetzen.
- Er weiß das ganze Gehirn einzusetzen.
- Er akzeptiert, daß es Dinge gibt, über die er keine Kontrolle hat.
- Er ist für Überraschungen offen.
- Er akzeptiert die Verantwortung für seine Handlungen und seine Gefühle.
- Er kann Fehler zugeben.
- Er vermeidet Dummheit.
- Er strebt den Durchbruch an.

◆ Er versteht, daß Bewußtsein mehr umfaßt, als es das Delphin-Bewußtsein tut.

◆ Er schätzt Raupen.

◆ Er bewundert Schmetterlinge.

◆ Er erweitert die Hülle.

DelphinArbeit

Es ist eine gute Regel für einen Delphin, daß etwa 80 Prozent unserer Grenzen von uns selbst auferlegte sind. Um mehr Wahlmöglichkeiten zu schaffen, müssen wir die Glaubenssätze ändern, die uns einschränken. Das Folgende ist eine Übung, die Ihnen hilft zu erkennen, was sich geändert hat und was sich ändern kann.

Denken Sie an Ihre Kindheit und Ihr Teenager-Alter, und vervollständigen Sie auf einem Blatt Papier jede der folgenden Aussagen:

„Ich habe geglaubt, ich könne nicht ... , aber jetzt glaube ich, daß ...“

„Ich dachte, ich sei ... , aber jetzt weiß ich, daß ich ...“

„Ich dachte, ich sollte immer ... , aber jetzt weiß ich, daß es in Ordnung ist ...“

„Meine größte Angst war ... , aber jetzt fühle ich ...“

Denken Sie im zweiten Teil dieser Übung an Ihr zukünftiges Leben, und schreiben Sie Folgendes auf Ihr Blatt Papier:

291

In der Zukunft werde ich nicht in der Lage sein zu:

In der Zukunft werde ich in der Lage sein zu:

> **Wenn Sie beide Informationsgruppen betrachten, welche Art von Trend sehen Sie dann?**

Werden Sie stärker oder weniger eingeschränkt?

Wie sieht Ihre Zukunft im Vergleich mit der Vergangenheit aus?

Wenn Sie Ihre Glaubenssätze so umgestalten sollten, daß Sie mehr Wahlmöglichkeiten haben, welches wären Ihre neuen Glaubenssätze?

Machen Sie sich auf Ihrem Blatt Papier Notizen.

8
Die „autokatalytische" Welt des Delphins: Können wir rechtzeitig schalten?

bwohl John Locke ein großartiger Denker war, ist diese Benennung falsch: Das menschliche Gehirn ist keine *tabula rasa*, keine „leere Tafel". Es waren neuartige Experimente, wie die in den 50er und 60er Jahren von dem tschechischen Psychiater Dr. Stanislav Grof durchgeführten, der legal bewußtseinserweiternde Drogen wie LSD-25 einsetzte, damit seine Patienten „den historischen Inhalt der DNS" erforschten. Solche Ansätze veranlassen uns zu der Frage: Welche Art von Informationen sind denn genau im Hirngewebe eines Neugeborenen gespeichert? (Nach der Chaos-Theorie erscheint es wahrscheinlich, daß die DNS „fraktal" kodiert ist und sogar archetypische Schablonen enthalten kann, die als „fremde Attraktoren" fungieren, um Werte und Glaubenssätze formen zu helfen.)

Heute ist uns kein überzeugender Beweis dafür bekannt, daß der Gedanke in Frage gestellt werden müßte, jedes gesunde menschliche Gehirn werde als potentieller Delphin geboren. Das Gehirn muß gut ernährt werden und Zugang zu einer anregenden Umwelt

Wären wir mit der Sicht des ganzen Universums des Lebens begabt, würden wir es nicht als eine Wüste sehen, die spärlich von identischen Pflanzen besiedelt ist, die nur in seltenen, spezialisierten Nischen überleben können. Statt dessen würden wir es eher als eine Art botanischen Garten sehen, in dem es zahllose Spezies gibt, die jeweils in ihrer eigenen Umgebung gedeihen.
Gerald Feinberg und Robert Shapiro, Life beyond Earth

haben sowie, aus irgendeiner Quelle, zur Modellbildung für das Morgen angeregt werden. Man kann aber argumentieren, und wir werden das tun, daß sogar Menschen mit erheblich geringerer als genialer Intelligenz die Möglichkeit des Delphinseins haben. Unser Argument ist folgendes: Man kann ein Kind der Yi nehmen und es mit Liebe und Intelligenz in der „ersten Welt" erziehen. Das Potential ist vorhanden, sein Gehirn zur Reife eines Erwachsenen zu führen, sodaß es auf fließende Weise mit Neuartigkeit *und* Struktur umgehen kann. Das Gehirn ist ein offenes System: Das sind die guten Neuigkeiten.

Für den aufmerksamen Führer in Unternehmen und anderen Organisationen ist die Erkenntnis ein eher ernüchternder Gedanke, daß die Entwicklungen der Technologie die Fähigkeit des Gehirns, mit ihnen Schritt zu halten, schnell übertroffen haben. Epische Wellen der Veränderung, wie zum Beispiel die Informationswelle, laufen mit der Flut von Entdeckungen im Labor und F & E (Forschungs- und Entwicklungs-)-Innovationen ein, und plötzlich erkennen wir, daß die Evolution unserer Technologie sich schneller als die Evolution unserer Fähigkeit mit ihr fertig zu werden, entwickelt hat.

In diesem Falle beeinflussen die wenigen die vielen. Relativ wenige Gehirne, die in der Lage sind, Herausforderungen und Probleme hoher Komplexität zu meistern, erzeugen einen technologischen Schub, der die ganze Welt verändert.

Man kann in einem gewissen Sinne sagen, daß dieser Prozeß seit 6000 Jahren abläuft, beginnend mit der beschleunigten Reifung des menschlichen Bewußtseins. Es ist aber genauer, wenn wir festhalten, daß dies ein unterscheidendes Phänomen des zweiten Jahrtausends nach Christi Geburt und insbesondere ein Phänomen des 20. Jahrhunderts ist. Man könnte sagen, daß sich die menschliche Rasse auf

Die heutige Geschäftswelt erlebt eine hektische Suche nach einer sicheren Nische.

ein Wagnis eingelassen hat, wenn auch ein größtenteils unüberlegtes und unbewußtes, und daß sie es bis heute fertiggebracht hat, den meisten elementaren Konsequenzen zu entgehen. Bis zum heutigen Tage haben wir es über einen längeren Zeitraum zuwege gebracht, daß sich der Geist und die Umwelt nebeneinander entwickelt haben. Es war eine kombinierte Angelegenheit: Auf ein wenig technologischen Fortschritt folgte ein wenig Fortschritt bei der Fähigkeit des Verstandes, Komplexitäten zu meistern. Auf einen Durchbruch in der Vermittlung von Wissen folgte ein Durchbruch auf eine neue Ebene des Nachdenkens über das Denken. Für eine große Anzahl von Menschen war jedesmal weniger Zeit vorhanden, sich kollektiv darauf vorzubereiten, mit der neuen Weltsicht und ihren neuen Fähigkeiten fertigzuwerden. Bis heute hat die Zeit dafür aber *ausgereicht*.

Heute sehen sich die Führer und Manager plötzlich ganz anderen Möglichkeiten gegenüber. Und die Weltsicht des Karpfens, des Hais und des pseudo-erleuchteten Karpfens sind für die Handhabung dieser Möglichkeiten schlecht geeignet. Wir argumentieren, daß die Beweise dafür bereits überall sichtbar sind. Vor unseren überraschten Augen scheint sich eine Situation zu entwickeln, die derjenigen stark ähnelt, die wir in Abbildung 8.1 dargestellt haben: Eine Situation, die droht, Milliarden Menschen einer explodierenden Bevölkerung in dysfunktionalen Gesellschaften und Organisationen gefangen zu halten. Darauf reagierend ist die heutige Geschäftswelt schon eine hektische Szene, in der die Spieler eine sichere Nische suchen, in der es eine funktionierende, haltbare Verbindung zwischen der Beherrschung und der Herausforderung gibt, in der eine Verbindung existiert zwischen den Fertigkeiten, über die wir verfügen, und dem, was zum Überleben erforderlich ist. Können wir die lehrreiche Ironie nicht sehen, die darin liegt, daß der

Wir leben in Angst, weil Überzeugung nicht mehr möglich ist... weil [der Mensch] jenen Teil seiner Natur nicht mehr erreichen kann, der ebenso real ist wie der historische Teil, den er in der Betrachtung der Schönheit der Natur und menschlicher Gesichter wieder einfängt. ... Wir ersticken unter Menschen, die glauben, sie hätten absolut recht, ob mit ihren Maschinen oder ihren Ideen. Und für alle jene, die nur in einer Atmosphäre des menschlichen Dialoges leben können ... ist diese Stille das Ende der Welt.
Albert Camus, Neither Victims nor Executioners.(Dt.: Weder Opfer noch Henker)

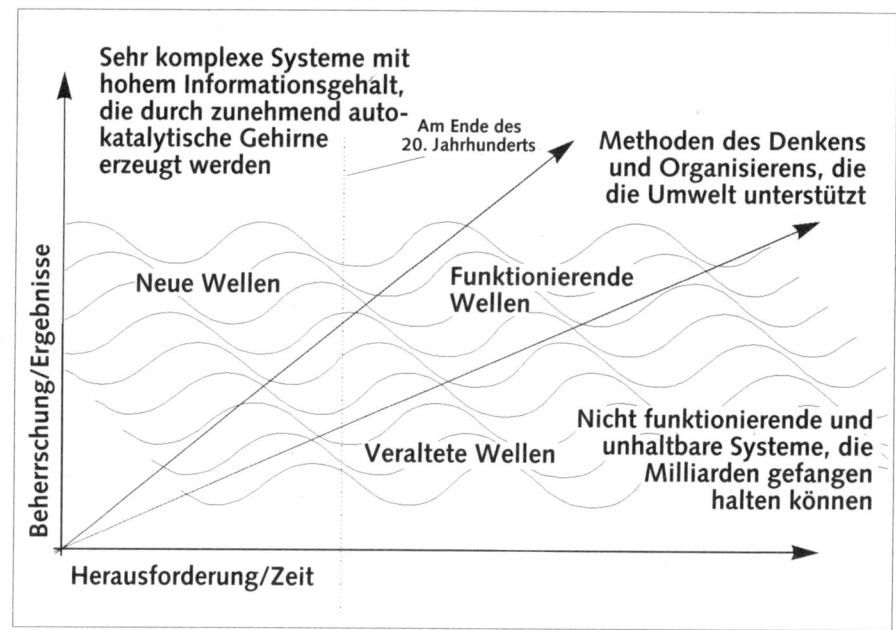

Abb. 8.1 Die globalen Konsequenzen beschleunigter Veränderung

bevorzugte Guru des Managements, Tom Peters, innerhalb eines halben Jahrzehnts von der *Suche nach Spitzenleistungen (Search for Excellence)* zum Gedanken Gedeihen im Chaos übergeht? Teilweise hat er recht. Wir haben das Chaos. Die Vorzüglichkeit im Management ist uns größtenteils entgangen ...

Wie ihr Name besagt, baut die Cummins Engine Company aus Columbus/Indiana Motoren, und zwar Dieselmotoren. Mehr als die meisten Unternehmen war Cummins in all den Jahren auch stolz darauf, einen Charakter aufzubauen: den Charakter seiner Manager und Angestellten, in seiner Heimatgemeinde, in seiner Unternehmenskultur im allgemeinen. Wenn Modelle dafür gesucht wurden, wie amerikanische Unternehmen „sein sollten", wenn nach

296

sozial verantwortlichen und erleuchteten Prototypen gesucht wurde, enthielt die Liste fast immer auch die Cummins Engine.

Üblicherweise wurde auch angenommen, daß die Firma gut geführt würde. Da sie Märkte beobachtete und damit ihre Motoren in allen Winkeln der Welt vertreten waren, konnte man gewöhnlich damit rechnen, daß Cummins — wieder einmal — zuverlässig und verantwortlich reagieren würde. 1984 sagten die Vorhersagen des Unternehmens zum Beispiel eine langsame Nachfrage nach Lkw-Motoren voraus, und Cummins reagierte schnell: Kosten wurden reduziert, Bestände abgebaut, und ein Werk für die Herstellung von Motorenteilen in Walesboro, Indiana, wurde völlig geschlossen.

Innerhalb von drei Monaten wurde allerdings klar, daß Cummins' Marktanalyse falsch war. Die interne Voraussage des Unternehmens hatte die Fertigung von nur 200 Motoren pro Tag vorhergesagt, aber Anfang 1987 betrug der Ausstoß 300 Motoren. Die Nachfrage wurde noch stärker, und die Lage verschlimmerte sich. Als sie endlich davon überzeugt war, daß sie es mit einem länger andauernden Boom zu tun hatten, begann die Führung von Cummins, entlassene Arbeiter wieder einzustellen. Ironischerweise begegneten diese Arbeiter, wenn sie das Werk betraten, häufig den fähigsten Arbeitern von Cummins, die das Werk zum letzten Mal verließen, da sie auf ein Angebot des Unternehmens eingegangen waren, vorzeitig in den Ruhestand zu treten.

Das einst hoch gelobte „Just-in-Time"-Bestandssystem des Unternehmens führte zu größeren Problemen. Da der Wert des Dollars fiel, sah sich Cummins wieder nach einheimischen Lieferanten um – bis zu 20 Prozent seiner Bauteile wurden im Ausland produziert –, aber die Beschaffung im Ausland und die konservative Lagerhaltung durch die Firma Anfang der 80er Jahre hatte zu einer Vielzahl von Werksschließungen und Konsolidierungen bei den Teileherstellern

Im Management hat es noch keinen bedeutenden Durchbruch gegeben.

297

geführt. Die einheimischen Lieferanten brauchten Zeit, um die Produktion hochzufahren, und da sie „gebrannte Kinder" waren, wollten sie nicht leichtsinnig zu viel Personal einstellen oder zu stark investieren. Eine Schmiede in Michigan hat dem *Wall Street Journal* gegenüber geäußert, es sei unwahrscheinlich, daß sie in nächster Zukunft schnell expandieren werde. Wenn aber Cummins die Teile brauchte? Dann würde sie sich im Ausland umsehen müssen, wo der Wert des Dollars weniger als die Hälfte des Wertes vor einigen Monaten betrug.

Die Lektion aus der Geschichte von Cummins, einem der besten Unternehmen, wird verstärkt, wenn wir Tausende anderer Firmen und Organisationen betrachten, deren Fähigkeiten für effektives Management in einer sich schnell ändernden Welt nur eben ausreichend sind. Im Augenblick ist die realistischste Einschätzung die, daß die „Creme" der bedeutenden Spieler, der Hewlett-Packards, der 3Ms, der IBMs, Durchbruch-Strategien wie die Strategie des Delphins nur sporadisch in kleinen Oasen des Delphin-Denkens einsetzt. Obwohl der unternehmerische Verstand wiederholt Möglichkeiten gefunden hat, in technischen Bereichen wie Kommunikationstechnik, Datenverarbeitung, Teilefertigung, computergestützem Design, Robotik und sogar Marketing Durchbrüche zu erzielen, *wurde im Management bis heute kein derartiger Durchbruch auf breiter Front erzielt!* Nicht in kommerziellen Organisationen, nicht in politischen Organisationen, nicht in Regierungen, in keiner größeren Organisation. Bis heute gibt es kein allgemein geteiltes und eingeführtes „unternehmerisches Paradigma" dahingehend, daß die menschliche Denkfähigkeit zu häufigen Durchbruch-Lösungen führt, zur wirklich eleganten Nutzung von Ressourcen, zu einer haltbaren Philosophie des globalen Überflusses und der nachhaltig und haltbar intelligenten sowie menschlichen Nutzung der Energie. Und daher sammeln sich die Beweise für die schlimmste Beschränkung der Menschheit so schnell wie zu allen Zeiten: daß nämlich die Dummheit und die Unfähigkeit zu lernen fest eingebaut sind.

Betrachten wir die folgenden Beispiele, die jedem verfügbar sind, der aktuelle Ereignisse verfolgt:

◆ In Westeuropa fehlen Start- und Landebahnen, Flughäfen und Fluglotsen, um den vorhandenen Bedarf zu decken, und das Verkehrsaufkommen wächst um etwa 10 Prozent jährlich. Es wird aber nur wenig getan, um die Kapazitäten zu erhöhen.

◆ Nach Forschungsergebnissen des Medical College of Wisconsin sind Frauen, die rauchen, durch gynäkologische Abnormitäten wie zum Beispiel einen frühen Eintritt der Wechseljahre stärker gefährdet, und es ist wahrscheinlicher, daß sie Gesichtsbehaarung entwickeln — von Lungenkrebs ganz zu schweigen —, als Frauen, die nicht rauchen. Trotzdem sind weibliche Teenager der größte Wachstumsmarkt der Tabakindustrie. 18 Prozent der Frauen an Colleges rauchen täglich, aber nur 10 Prozent der Männer.

◆ In den Tagen unmittelbar nach dem schwarzen Montag im Oktober 1987 waren Congress-Abgeordnete in Ausschüssen wie dem Energie- und Handelsausschuß auf eine Neuordnung der Finanzmärkte vorbereitet, die der der 30er Jahre ähnelte. Als aber ihre Telefone nicht klingelten und ihre Briefkästen leer blieben, wußten sie, daß nur wenig getan würde. Es wurde schnell weniger davon gesprochen, die Mängel der Marktmechanismen zu beseitigen.

◆ Lange nachdem die Rural Electrification Administration die ihr im New Deal übertragene Aufgabe der Elektrifizierung des flachen Landes abgeschlossen hat, entzieht diese mächtige

299

Lobby dem Bundeshaushalt weiterhin jedes Jahr Dutzende von Millionen, um den Mitgliedern ihrer Kooperativen Steuergelder zu 2 und 5 Prozent zu leihen. Bisher hat die REA den Mitgliedern ihrer Kooperativen *51 Milliarden Dollar* zur Verfügung gestellt, um praktisch jeden Quadratzentimeter des ländlichen Amerika zu elektrifizieren. Ronald Reagan konnte den Congress nicht einmal auf dem Höhepunkt seiner Popularität dazu überreden, diesen unantastbaren Anachronismus zu beseitigen.

◆ Zur Jahrhundertwende gab es im St.-Lorenz-Strom etwa 5000 weiße Beluga-Wale. Heute gibt es noch etwa 450. Sie sterben an Blutvergiftung, Atemwegserkrankungen, Hepatitis, Magendurchbrüchen, Lungenabszessen und Blasenkrebs. Wissenschaftler haben hohe Konzentrationen von mehr als 30 gefährlichen Chemikalien in dem Fluß gefunden, einschließlich DDT, polychlorierten Biphenylen, dem Pestizid Mirex, Metallen wie Quecksilber und Kadmium sowie polyzyklischen aromatischen Kohlenwasserstoffen, die den in Zigaretten gefundenen ähnlich sind.

◆ Die mexikanische Vereinigung für den Verbraucherschutz schätzt, daß bis zu 90 Prozent der Tortilla-Verkäufer des Landes, und es gibt allein in Mexico City etwa 55.000, ihre Kunden betrügen und ihnen weniger Tortillas geben als sie bezahlen. Eine Untersuchung verpackter Snacks und Cracker zeigte, daß sie durchgängig nur etwa die Hälfte des auf der Verpackung angegebenen Gewichtes hatten. Der Direktor der Vereinigung, Arturo Lomeli, sagt, die Mexikaner seien so daran gewöhnt, betrogen zu werden, daß sich nicht viele beschweren.

◆ Bedeutende Unternehmen haben ihre Computerprogramme so ineffizient überfrachtet, daß Programmierer der Unternehmen etwa 80 Prozent ihrer Zeit mit Nachbesserungen verbringen.

Ein Buchhalter nannte Programme, die in zehn oder zwanzig Jahren so unhandlich geworden sind, daß ein Programmierer nur fünf oder zehn Zeilen Code pro Tag schreiben kann, wenn er einen Fehler findet — „ein Alptraum für die Pflege".

◆ Washingtoner Leuchten auf dem Gebiet der Außenpolitik geben eine Studie der vielversprechend klingenden Kommission für integrierte Langzeitstudien heraus, die dafür plädiert, Milliarden für High-Tech-Waffen („schlaue Waffen") auszugeben. (Was dann in den Golfkrieg führte — ohne einen „Gewinner" zu bringen; CPL.) Etwa zur gleichen Zeit schreibt Paul Kennedy, Professor an der Yale-Universität, in *The Rise and Fall of the Great Powers (Dt.: Aufstieg und Fall der großen Mächte)*, daß sich die Vereinigten Staaten bereits im Niedergang befinden, weil sie, wie die anderen großen Nationen und Reiche früher, gedankenlos dem Bankrott zutreiben, um ihre Position in der Welt mit Dingen wie den „schlauen Waffen" zu verteidigen.

◆ Wenn sie außerhalb der Sowjetunion auf Reisen sind, sammeln die Ökonomen dieses Landes alle Informationen, die sie bekommen können, an Orten wie Wien, Bonn und London, weil Außenseiter gewöhnlich mehr über das sowjetische „Gesamtsystem" wissen als die Insider. Die Sowjets haben ihren wirtschaftlichen Fortschritt jahrelang aufgebauscht, indem Inflation für Wachstum ausgegeben wurde. Sogar die Sowjets beginnen, diese Art Mißmanagement zuzugeben: Sie produzieren doppelt so viel Stahl wie die Vereinigten Staaten, aber ein großer Teil verrostet in Lagern; sie produzieren 4,5mal so viele Traktoren wie die Vereinigten Staaten; weil das Land aber weniger Ackerfläche hat, werden die Maschinen an Kolchosen verkauft, die sie nicht brauchen; sie produzieren pro Jahr 3,2 Paar Schuhe für jeden Bürger, viele werden aber wegen ihrer schlechten Qualität nicht verkauft. (Die aktuellen Entwicklungen regen an, einen neue Sichtweise zu proben;CPL)

◆ Internationale Bankiers schwitzen weiterhin über dem Ergebnis der globalen Schuldenkrise, die schlimmer wird. Die Weltbank schätzt, daß die Verschuldung der Entwicklungsländer 1988 auf 1,25 Billionen Dollar wachsen wird gegenüber 1,12 Billionen Dollar 1986. Die Bankiers, die diese oft fragwürdigen Darlehen gewährt haben, versuchen, so viel Verantwortung wie möglich den Regierungen und Steuerzahlern aufzubürden.

◆ In Afrika schießen Kulte aus dem Boden. An der Atlantikküste von Guinea-Bissao hat der Yank-Yank-Kult („Schatten Gottes") Zehntausende junger Frauen dazu gebracht, ihre Männer und Kinder, außer den Säuglingen, zu verlassen und sich in die Wälder und Mangrovensümpfe zurückzuziehen. Dort kauen sie oft Wurzeln und Blätter und fallen in Trance.

Ist es nicht merkwürdig? In einer Welt, in der Herztrans-plantationen möglich sind, in der die Voyager-Sonden den Weltraum erforschen, in der es den Personalcomputer, den amerikanischen Supermarkt, die Computertomografie zur Abtastung des lebenden Gehirns, den Laserdrucker und die Technologie gibt, mit deren Hilfe die *Titanic* gefunden wird, sehen wir uns einer derartigen Burleske menschlicher Unternehmungen gegenüber, die so universell und zum Verrücktwerden vorhersehbar ist. Die meisten Untersuchungen des menschlichen Verhaltens haben die Untersuchung der *Anti*-Intelligenz versäumt. Allerdings schreibt Dr. James F. Welles in seinem überwältigend scharfsinnigen Werk *Understanding Stupiddity: An Analysis of the Premaladaptive Beliefs and Behavior of Institutions and Organizations (DDummheit verstehen: Eine Analyse des ur-*

sprünglich angepaßten Glaubens und Verhaltens von Institutionen und Organisationen):

Wenn auch viel aus der Fähigkeit des menschlichen Gehirns gemacht wird, verschiedene Kognitionen (Ideen) in bedeutungsvolle und relevante Ursache-Wirkung-Beziehungen zu setzen, weist die Masse der Dummheit in der Welt darauf hin, daß das Gehirn solche funktionellen Assoziationen auch verhindern oder hemmen kann, während es irrelevante Verbindungen fördert.

Das Gehirn eines Kindes beginnt, indem es alle Möglichkeiten als im gleichen Maße wahrscheinlich behandelt. Durch das Lernen werden gewisse Reize mit gewissen Reaktionen gekoppelt. Allerdings kann kein Modell der Verhaltensforscher die Unterschiedlichkeit der Weltreli-gionen oder die Schlacht erklären, die die Wissenschaft gegen die Unwissenheit und den Agnostizismus geschlagen hat.

In diesem kognitiven Zusammenhang scheint es, daß die Dummheit eine sehr normale Weise ist, in der der Geist sich direkt mit Informationen aus der physischen Umgebung und mit Belohnungen aus dem sozialen Umfeld befaßt. Dieses ist im Grunde eine schizophrene Reaktion, die es uns gestattet, mit charakteristischen, aber in Wechselwirkung stehenden Merkmalen der menschlichen Existenz fertigzuwerden. Bei jedem Menschen sind die Erfindung und die Entwicklung seiner speziellen Strategien Funktionen einer emotionalen Festlegung auf eine bestimmte Lebensweise, die durch seine Kultur festgelegt und durch seine Erfahrungen geprägt wird.[1]

Vor diesem Hintergrund ist es möglicherweise sinnvoll, am Ende des 20. Jahrhunderts vielleicht für die ganze Menschheit die zentrale Frage zu stellen: Können unsere Erfahrungen rechtzeitig

[Die] gegenwärtige Bevorzugung des Gehirns vor der Muskelkraft führte unwiderruflich zum Niedergang und Fall des Management-Zeitalters. Die Unternehmenspraktiken des industriellen Zeitalters, die auf die Fertigung physischer Produkte zugeschnitten sind, sind eindeutig schlecht dafür geeignet, die Kreativität in dem geläuterten Bereich immaterieller Ideen zu fördern. Institutionalisierte Innovationen unterscheiden herausragende Unternehmen von solchen, die stagnieren oder sich gerade eben über Wasser halten. Goldkragen-Manager müssen sich bewußt sein, daß die Produktion, Verarbeitung, Verpackung und Lieferung von Wissen eine drastisch andere Vorgehensweise erfordert. Sie müssen die oft ungenießbare Tatsache akzeptieren, daß die alten Regeln und die Logik, die sie hervorgebracht hat, unvermeidlich die Aussichten auf den Erfolg im Zeitalter der Information verschlechtern.
Robert E. Kelley, The Gold-Collar Worker

genug Menschen so prägen, daß eine wirklich schmerzliche Epoche auf dem Planeten vermieden werden kann, die diesmal nicht Millionen, sondern Milliarden betrifft?

Diese Frage sollten sich ernsthafte Unternehmer wirklich stellen. Denn es ist eine Frage von entscheidender Bedeutung für ihr Verständnis dafür, wie man am besten mittelfristig plant.

Einige Kritiker, die wir im Gegensatz zu den „Zukunftsforschern" als „Eschatologen der dritten Art" bezeichnen, haben vorgeschlagen, langsamer vorzugehen, damit wir Schritt halten können. Wenn man eine Tunnelsicht hat, scheint das der gesunde Menschenverstand zu fordern. Warum sollte man in die Zukunft rennen, wenn man nicht bereit ist? Die Antwort lautet, daß es zu spät ist, den Fuß vom Gas zu nehmen. Wahrscheinlich gilt das seit den 60er Jahren. Es war das Jahrzehnt, in dem die Weltsicht des pseudoerleuchteten Karpfens wirklich massenweise ausgebrütet wurde. Der Gedanke, ein spirituelles Utopia zu schaffen, Timothy Learys Gedanke des „Einstimmens, Antörnens und Aussteigens", war eine der eher bizarren Reaktionen auf folgende ehrfurchtgebietende Tatsache: Zum ersten Mal in der menschlichen Geschichte war es möglich, daß die Menschheit sagte: „Ich glaube an potentiellen Mangel *und gleichzeitig* an potentiellen Überfluß." Vorher war es nur geistig gesund zu sagen, und das tut der größte Teil der Welt noch heute: „Ich glaube an den Mangel." Dank unseres technologischen Fortschritts hat der Planet heute die Fähigkeit, alle seine Bewohner zu ernähren und ihnen Schutz wie auch ein relativ angenehmes Leben zu bieten. Das Ideal wird natürlich nicht erreicht. Aber *heute* ist es möglich, früher war es nicht.

Buckminster Fuller schreibt, der Wendepunkt sei um 1965 eingetreten. Dieses Datum erscheint uns genauso gut wie jedes andere. Wir

> Etwa ab 1965 konnten Menschen zum ersten Mal vernünftig sowohl an Überfluß wie an Mangel glauben.

glauben, daß das „Gehirn der Kultur" seit Mitte der 60er Jahre seine eigenen Veränderungen zum größten Teil unbewußt selbst bestimmt. Wir können die Uhr nicht zurückdrehen oder den Fortschritt verlangsamen. Denn der Fortschritt hat ein Eigenleben bekommen, wie es bei offenen Systemen fast immer der Fall ist. Der Veränderungsprozeß ist, um einen unserer Lieblingsbegriffe zu verwenden, autokataly-tisch geworden. Er reproduziert sich selbst, mit den Mitteln, die in ihm entstehen. Die Wellen erscheinen jetzt schneller, und mit der Ankunft einer jeden implizieren die „Fraktal-Technologien" des Geistes, die von dem verstorbenen Clare Graves und anderen erkannt wurden, daß das Gehirn wenigstens zwei neue Weltsichten synthetisieren und sich zu ihnen hin verlagern muß. In Kapitel 4 haben wir das Erscheinen der Weltsichten des Beteiligten und des nach Möglichkeiten Suchenden mit dem Auftauchen der Informationswelle in Verbindung gebracht. In Kapitel 2 wurde festgestellt, daß die Welle 4 schnell Form anzunehmen scheint und daß die Muster der Beschleunigung, die wir sehen, zu dem Verdacht führen, daß weitere, bis jetzt nicht gemessene und nicht definierte Wellen sich gerade unterhalb des Horizontes befinden.

Wenn das so ist, leben wir Menschen, ob wir nun Geschäftsleute, Politiker, Akademiker oder was auch immer sind, in einer Zeit, in der unsere technologische Schubkraft uns in der Generation der Veränderung auf einen Punkt der Hyper-Beschleunigung zutreibt. Und unser Gehirn ist, einfach ausgedrückt, der Geschwindigkeit nicht gewachsen. Was soll ein Delphin, wie alle anderen Menschen auch, erwarten, und was soll ein Delphin tun?

In Erwägung unserer Untersuchungen des Delphin-Denkens, ist auf folgende, entscheidende Gedanken hinzuweisen, wie das Gehirn des Delphins die Veränderungen betrachtet — Veränderungen, die notwendig sind in einer Zeit, in der Wandel sich beschleu-

Eine hungrige Krabbe in der Chesapeake-Bucht wird durch einen Brocken toten Fisch in eine Falle gelockt, die letztlich dazu führt, daß sie lebend gekocht wird. Das Versprechen glorreichen Wachstums lockt gierige Investoren und Manager in ähnlich tödliche Fallen. Gibt es einen wesentlichen Unterschied zwischen einer hungrigen Krabbe und einem überreagierenden Menschen? Es sollte einen geben, denn anders als Krabben sollen Menschen in der Lage sein, aus der Geschichte zu lernen. Doch trotz eines angeblich entscheidenden Vorteils kriechen Millionen angeblich gebildeter Menschen jedes Jahr in Wachstumsfallen. P. T. Barnum hatte Unrecht. Wenn nur jede Minute ein Dummer geboren würde, wäre das auch nicht annähernd genug, um den gegenwärtigen Bevölkerungsanteil der Dummen zu erhalten.
G. Ray Funkhouser und Robert R. Rothberg, The Pursuit of Growth

Im Winter sind die Möwen in Woods Hall meine wichtigste Gesellschaft. Diese Möwen, die Silbermöwen, haben einen roten Fleck auf dem Schnabel. Dieser rote Fleck hat eine wichtige Bedeutung, denn die Möwe füttert ihre Jungen, indem sie Fische fängt und den gefangenen Fisch verschluckt. Wenn sie ins Nest zurückkehrt, klopfen die hungrigen Möwenjungen an den roten Fleck. Dadurch wird bei Mama ein Brechreiz ausgelöst, und das Junge nimmt den Fisch aus ihrem Kropf. Das mag alles sehr einfach klingen, beinhaltet aber eine ganze Reihe höchst komplizierter Kettenreaktionen, denen ein schrecklich komplizierter nervöser Mechanismus zugrunde liegt. Wie konnte sich ein solches System entwickeln? Der rote Fleck wäre sinnlos ohne den komplexen Nerven-Mechanismus des klopfenden Jungen und der erbrechenden Mutter. Alles dieses mußte gleichzeitig entwickelt werden. Und die Wahrscheinlichkeit, daß dies als zufällige Mutation geschah, ist gleich Null. Ich kann mich diesem Problem nicht nähern, ohne einen inneren „Drang" des Lebens anzunehmen, sich selbst zu perfektionieren. Albert Szent-Gyoergyi

niget und in der das Ergebnis alles andere als klar ist. Besonders für die Veränderungen in Organisationen und in Kulturen/Gesellschaften, die gewöhnlich als fortschrittlich betrachtet werden, gilt:

Kreativität muß verfolgt werden, um „Entropie zu verbrauchen."

Entropie, der Verlust an Leben, resultiert aus Dummheit. (Wir benutzen den Begriff „Dummheit" in einer sehr präzisen, sogar technischen Weise. Wir definieren sie als die Unfähigkeit des Gehirns oder eines anderen Teiles der Natur, nützliche Informationen aufzunehmen, aus ihnen zu lernen und daraufhin intelligent zu handeln.)

Im Sinne der „Strategie des Delphins" entwickelt sich die Dummheit letztendlich *immer* zu einem Verlust/Verlust-Ergebnis. Daher sind Entropie und Dummheit Barrieren für das Erscheinen der kritischen Lebenskraft, die jedes lohnende Unternehmen „antreibt" und deren Umfang Ziel und Überlebenschancen bestimmt.

Wegen ihrer geistigen Beweglichkeit und emotionalen „Trans*stabilität*" versetzen Delphine die Organisation in die Lage, durch Kreativität „Entropie zu verbrauchen". Anders als Haie erdenken Delphine keine neuen Dinge, um „Probleme zu lösen", sondern sie erdenken Neues, um Entropie zu eliminieren.

Auch wenn das wie ein geringfügiger Unterschied erscheinen mag, so ist es doch ein entscheidender. Der Unterschied zwischen dem Lösen von Problemen und dem Verbrauchen von Entropie ist der gleiche wie der zwischen Newtons Weltsicht und der der Quantentheorie. Es ist der Unterschied zwischen einem Pflaster und einer Heilung. Es ist der Unterschied zwischen dem gelegentlichen Brainstorming oder einer hektischen Suche nach „der Antwort" und einem Geisteszustand, der auf ständige Wachsamkeit an der vordersten Front zugeschnitten ist.

306

Archimedes hat nicht „Heureka" gerufen, weil plötzlich alles paßte, sondern weil einige nicht wünschenswerte Dinge plötzlich *weg*fielen. Die Entropie, die sein Ziel verzögerte, wurde plötzlich „verbraucht", und ein Mehr dieser machtvollen Lebenskraft, um die es uns geht, strömte in sein Bewußtsein. Ein derartiges Erlebnis ist anregend. Es dient der Befähigung. Es verschafft uns Zeit. Und es erweitert unseren Horizont, wodurch wir in die Lage versetzt werden, Daten auf einer höheren Ebene der Komplexität zu verarbeiten.

Der kreative Prozeß kann für einen Karpfen oder einen Hai verwirrend sein. Wenn sie die Entstehung einer neuen Welle betrachten, können sie oft nur ein Hindernis wahrnehmen. Wie wir in Kapitel 6 gesehen haben, benötigt der perturbative oder eine Welle schaffende Prozeß Zeit. Fast immer verursacht er eine Verdrängung. Karpfen und Haie machen oft den tödlichen Fehler, die Verdrängung nur als mehr Entropie, mehr Verschwendung, als reine Verzögerung zu betrachten.

Derjenige Führer, Manager oder Angestellte, der zwischen einem *syntropischen* Ereignis und einem Entreprisen unterscheiden kann, ist ungeheuer wertvoll.

Es ist an der Zeit, organisatorische Dummheit in Frage zu stellen, das Versäumnis, aus den Fehlern unserer Organisationen zu lernen.

In großen Unternehmen gibt es oft eine Tendenz, zusammenbrechende Unternehmensbereiche zu retten oder sie zu verbergen, statt sie umzugestalten oder aufzulösen. Die Folge ist organisatorische Dummheit. Es findet kein Lernprozeß statt, und oft wird der Fehler wiederholt. Die Inseln des Versagens erhalten sich in der Organisation. Sie versagt immer wieder, das heißt, das gleiche wird mit immer mehr Anstrengung getan. Da die Teilnehmer nie gewin-

Entropie verzögert das Erscheinen der Lebenskraft einer Organisation.

Es gibt mehr Ding' im Himmel und auf Erden, Horatio, als Eure Schulweisheit sich träumen läßt.
Shakespeare

Delphine ergreifen einen Fehler als einen potentiellen Weg zum Durchbruch.

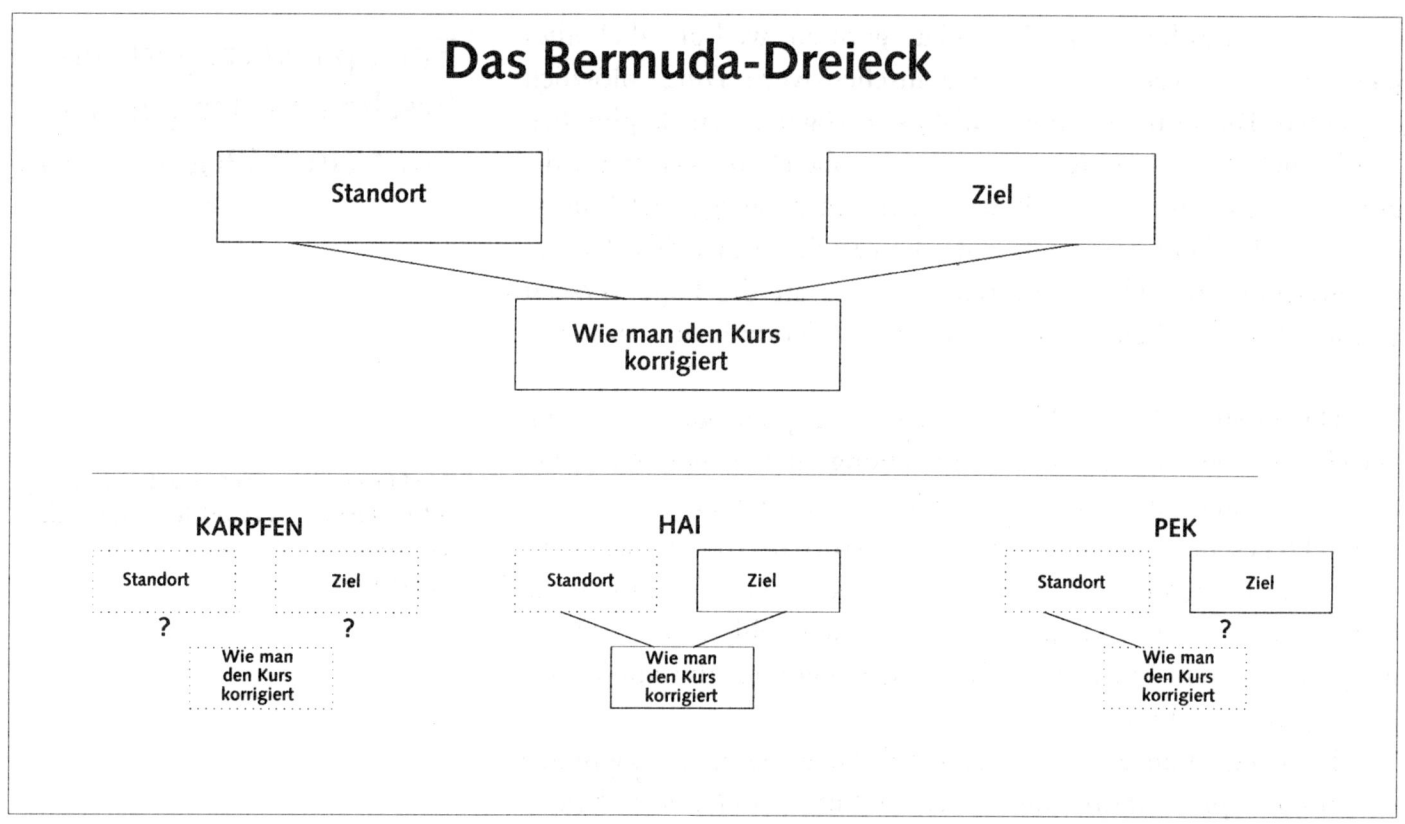

Abb. 8.2 Navigationsschema im Bermuda-Dreieck

nen können und der Entropie-Faktor für das Gesamtunternehmen weiter steigt, ist es insgesamt eine Tragödie. Das Unternehmen kommt immer weiter vom Kurs ab. Darum sind verspätete Lernprozesse so schmerzlich. Je weiter man vom Kurs abgekommen ist, desto größer ist der Schmerz, der durch den „langen Rückweg" zur Lebensfähigkeit verursacht wird.

Managern, die Mist bauen, muß gesagt werden: „He, Junge, so geht's nicht. Wir geben Dir die Zeit herauszufinden, was nicht stimmt, und wir geben Dir alle Ressourcen, Unterstützung und

Anleitung, die Du brauchst, um die Sache zu regeln. Und wenn das nichts wird, fliegst Du."

Delphine stürzen sich auf einen Fehler, weil er das Potential für einen Durchbruch hat, während Karpfen in ihm schwelgen, Haie mit ihm spielen oder ihn leugnen und pseudo-erleuchtete Karpfen ihn als Illusion akzeptieren und nie daraus lernen.

Wir sollten bereit sein, den Schmerz zu ertragen, der notwendig ist, um unsere Illusionen zu zerschlagen.

Wir haben einmal von einem Therapeuten gehört, der dachte, es sei leicht, gute Gedichte zu schreiben.

Er hat einen Klienten, der ein Schriftsteller war, gebeten, *sein* Werk zu kritisieren.

So freundlich wie möglich hat ihm sein Klient die Wahrheit gesagt. Seine Dichtung war noch nicht sehr weit gediehen.

Seine Reaktion war zornig. Tatsächlich explodierte er über die Kühnheit des Patienten, offen von den Problemen seiner Bemühungen zu sprechen. Er hat nichts gelernt. Er hat sich seine Illusionen bewahrt.

In unserer gegenwärtigen Management-Kultur sind wir von Illusionen umgeben. Und wir neigen dazu, sie zu bewahren, weil wir nicht sehr gut bewerten können, wo wir stehen und wo wir stehen wollen. Besonders in der amerikanischen Management-Kultur gibt es keine gute Selbstbeobachtung. Wir betrachten uns nicht genau und erkennen nicht, was geschehen muß. Dadurch schaffen wir Illusionen über unsere Ergebnisse und unsere Leistung, die uns daran hindern, etwas anders zu tun.

(Die deutsche Management-Kultur folgt in einem gewissen Maße dieser Einstellung. Angesichts der Stärke unserer Volkswirtschaft im Weltvergleich sind nur wenige Entscheidungsträger bereit,

Jedes Zeitalter ist durch seine eigene nicht überschaubare Unzahl neuer, spezieller Erfahrungen und Probleme gekennzeichnet, die in neu geborenen, optimal ausgestatteten Gehirnen gespeichert werden. Und diese Speicherung kann dem menschlichen Geist ihrerseits das Vorhandensein bisher nicht erkannter, nicht vermuteter, ewiger allgemeiner Prinzipien eröffnen.
Buckminster Fuller

309

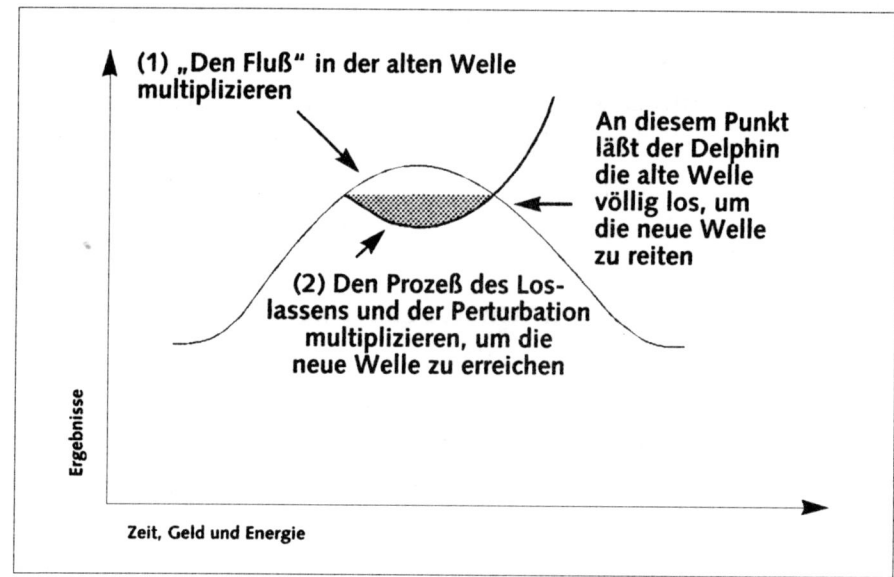

Abb. 8.3 Die Welle zweimal multiplizieren

grundsätzlich neue Wege zu gehen. Die neue globale Lage Deutschlands, die durch die Veränderungen im Osten sowie durch den anstehenden Status in der UNO umrissen werden kann, erfordert Strategien, die diesen neuen Verhältnissen angepaßt sind.; CPL.)

Delphine können sich selbst korrigieren, weil sie sich ständig selbst beobachten. Sie sind gute Navigatoren. Man könnte sagen, daß es in ihrem Geist einen Kasten gibt, der ihnen sagt, wo sie stehen, und einen anderen, der ihnen ihre Richtung angibt. Ein dritter und entscheidender Kasten korrigiert die Abweichung. Karpfen, Haie und pseudo-erleuchtete Karpfen kommen in Schwierigkeiten, weil sie die Verbindungen zwischen den drei Boxen durchtrennen. Wie Abbildung 8.2 darstellt, trennen Karpfen die Verbindungen zwischen allen drei Boxen und verfügen daher immer nur über ein geringes Gefühl für ihren Standort, ihre Bedürfnisse oder Bedingun-

310

gen: Sie wissen nicht, wo sie stehen und wohin sie gehen, und sie haben ihr Korrekturvermögen zerstört. Haie können eine kurzfristige Vision schaffen und sind zum Handeln bereit. Aber sie neigen dazu, die Box nicht wahrzunehmen, die ihnen ihren Standort mitteilt. PEKs nehmen gewöhnlich die Box für die Korrektur nicht wahr. Oft gilt das auch für die Box, die ihnen ihre Position mitteilt. Sie haben eine glühende, globale, humanitäre Vision, aber ihnen fehlt das Wissen um ihren Standort. Und sie wissen nicht, wie sie korrigieren können, wenn sie vom Kurs abgekommen sind.

Wir müssen lernen, die Welle zweimal zu multiplizieren.

Die Welle ist natürlich unser glockenförmiger Weg, an dem entlang sich jede Bemühung und jedes Unternehmen innerhalb der Grenzen antreibt, die von der Richtigkeit seines Kurses, der Ausgewogenheit von Herausforderung sowie Beherrschung und von dem Maße auferlegt werden, in dem die aufgenommene Lebenskraft durch die Entropie zerstreut wird.

Delphine multiplizieren die Welle oft, indem sie die Ansicht „Alles oder Nichts" vermeiden.

Wenn man geschickt vorgeht, können die Kosten, die entstehen, wenn man etwas anderes tut, „gemittelt" werden, indem man sowohl weiterhin den Fluß nutzt, als auch gleichzeitig losläßt, um eine neue Welle abzufangen. Was wir damit meinen, haben wir in Abbildung 8.3 dargestellt. Wenn der fragliche Delphin eine Unternehmerin ist, die entweder allein oder nur mit wenigen Angestellten handelt, kann er diesen Prozeß fast vollständig in ihrem eigenen Kopf meistern.

In dem einen Augenblick entgeht sie dem großen Risiko und Drama der Verdrängung — der Vorbereitung, etwas anderes zu tun -

Wenn die einzigen Gesetze, die man findet, diejenigen sind, deren Beobachtung man gerade abgeschlossen hat, kann man niemals Vorhersagen machen. Das bedeutet natürlich, daß die Wissenschaft unsicher ist. In dem Augenblick, in dem man einen Vorschlag über einen Erfahrungsbereich macht, den man nicht direkt erlebt hat, muß man unsicher sein. Aber wir müssen immer Aussagen über Gebiete machen, die wir nicht gesehen haben, andernfalls taugt die ganze Sache nichts.
Ich kann mit Zweifel und Unsicherheit leben. Ich glaube, es ist viel interessanter, ohne Wissen zu leben, als Antworten zu haben, die falsch sein könnten.
Richard Feynman

311

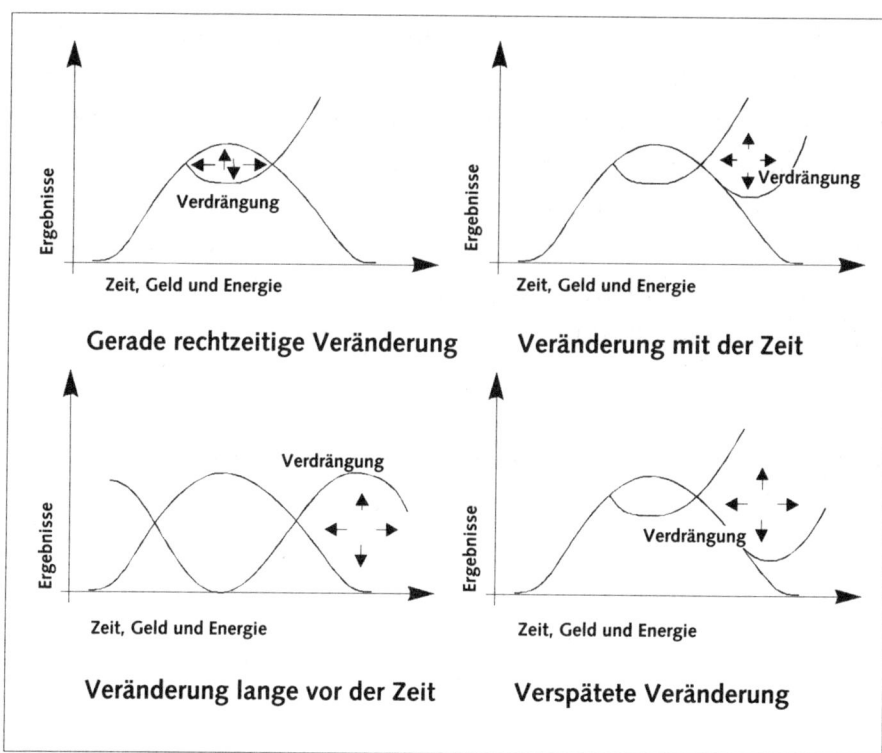

Abb. 8.4 Verdrängung in Verbindung mit der gewählten Zeit der Veränderung

indem sie ihre alten Produkte und Dienstleistungen an ihre traditionellen Märkte und auf traditionelle Weise verkauft. Gleichzeitig minimiert sie den emotionalen Schmerz, indem sie Unterstützung und Ressourcen kanalisiert und denjenigen ein Verständnis des Prozesses vermittelt, die die Veränderung durchführen. Da die Welle aber noch Kraft hat, zieht sie auch weiterhin Nutzen aus „dem Fluß".

Im nächsten Augenblick kann sie sich aber mitten in der Aufgabe befinden, die alte Welle zu verlassen und sich der neuen anzuschließen. Hier trifft sie auf das emotionale Drama und die Kosten der Verdrängung; da sie aber die Welle zweimal wirksam multipliziert hat, hat sie ihre Kosten halbiert.

Unsere Delphin-Denkerin hat auch ihre Leistung auf der Welle verbessert, weil sie sich nicht einem weitverbreiteten Mißverständnis dessen angeschlossen hat, wie Veränderungen stattfinden.

Charakteristischerweise nimmt der Hai-Denker an, die „gerade rechtzeitige Veränderung" sei die einzige Verdrängung, die es zu vermeiden gilt. Abbildung 8.4 weist jedoch das Gegenteil aus. Interessanterweise entsteht mehr Verdrängung, wenn man sich „mit der Zeit verändert", als wenn man sich „gerade vor der Zeit" verändert. Tatsächlich erlebt man eine um mehrere Größenordnungen größere Verdrängung, wenn man sich „mit der Zeit verändert", als wenn man sich gerade vor der Zeit verändert. Auch wenn man sich „weit vor der Zeit" verändert, stellt das keine Verbesserung dar. Wenn man sich zu früh ändert, so ist praktisch garantiert, daß man so gut wie keine Ergebnisse genießt. (Fragen Sie Leonardo da Vinci, dessen futuristische Zeichnungen von solchen Gegenständen wie Hubschraubern ihrer Zeit um *500 Jahre* voraus waren.)

Wenn man sich gerade rechtzeitig verändert, so ist das gewöhnlich optimal.

Die nächsten bedeutenden Durchbrüche müssen in den „Brain-Technologies" kommen.

In diesen sich rasch ändernden Zeiten wird fast jedermann ein Informationsarbeiter werden müssen. Vielleicht ist der Begriff „höherqualifizierte Technologie" eine gute Umschreibung dafür. Unser Kollege Ken Adams hat uns daran erinnert: „Die Hochtechnologie ist wie Geld in einem Pokerspiel. Man kommt damit ins Spiel, aber es bedeutet nicht, daß man gewinnt."

Wir mögen auch die Stoßrichtung der Einschätzung von Robert E. Kelley in seinem Buch *The Gold-Collar Worker: Harnessing the Brainpower of the New Work Force (Der Goldkragen-Arbeiter: Die geistige Kraft der neuen Arbeitskraft bändigen)*:

Es wird nicht allzu lange dauern, bis Unternehmen sich zwei beunruhigenden Situationen gegenübersehen werden, die das bevorstehende Ende des Management-Zeitalters signalisieren. Goldkragen-Arbeiter (sie sind teilweise mit unseren Delphinen vergleichbar, aber nicht mit ihnen identisch; die Autoren), von denen die meisten ihre Jobs besser kennen als ihre Manager, werden den größten Teil der Belegschaft stellen, und eine neue Generation von Computern, deren künstliche Intelligenz die natürliche Intelligenz von Managern übertrifft, wird verfügbar sein. In der Folge werden Manager entweder moderne Maschinenstürmer werden, die den Anfängen des Fortschritts widerstehen, oder sie werden sich an das neue Zeitalter anpassen, indem sie lernen, die klugen Menschen und klugen Maschinen einzusetzen, über die sie immer weniger Kontrolle haben.[2]

Wenn wir an irgendeinem Punkt Kelley nicht zustimmen, dann an diesem: Anpassung wird nicht gut genug sein. Die bevorstehende Zukunft beinhaltet die Aussicht auf eine Zeit, in der nur die Schaffung völlig neuer Methoden der Führung von Unternehmen und Organisationen zu befriedigenden Ergebnissen führt. Der Gedanke, daß Menschen „ein Plateau erreichen", in einer Art von inertem Zwischenstadium ihrer Karriere gefangen sind, ist in Wirklichkeit ein Mythos. Was als Plateau bezeichnet wird, ist tatsächlich eine Auflösung. Heute treten Veränderungen so schnell ein, daß die Plateaus praktisch nicht mehr vorhanden sind. Entweder man verändert sich syntropisch oder entropisch. Man wächst oder stirbt. Man erzielt Ergebnisse, oder man stürzt ab.

Auch die Chance, den Fluß einer einphasigen Welle zu genießen, ist in Gefahr. Die Wellen der Veränderung überlagern und verstärken einander. Man hat sich kaum an die Beherrschung der Dynamik einer Welle der Veränderung gewöhnt, wenn die nächste Welle schon erscheint und dieser eine weitere auf den Fuß folgt, die von der nächsten verfolgt wird. In der Zukunft werden wir mehr und mehr *im Wandel* arbeiten und immer weniger im Fluß handeln. Dies wird so lange währen, bis der Wandel selbst zu einem Fluß-Zustand wird.

An diesem Punkt wird die schnelle, globale Verbreitung der Veränderung wahrscheinlich zu einem unvergleichlichen Chaos führen. Eine so außergewöhnliche Entwicklung würde den ganzen Planeten für die Perturbation vorbereiten und eine weitgespannte Chance bedeuten, auf eine höhere Ebene der Verarbeitung und Komplexität überzugehen. Im Vorgriff auf diese Möglichkeit werden Delphine zunehmend von unseren neuen Einsichten auf Gebieten wie der Informationstheorie, der Quantenphysik, der Neurophysiologie und der allgemeinen Systemtheorie angezogen werden, die ihre Erkenntnis unterstützen, daß die Verarbeitung des „alten Gehirns" für die sich entwickelnde, sich ständig verändernde Umwelt einfach nicht mehr angemessen ist.

Weil die Natur bereits genügend Möglichkeiten geschaffen hat, die uns einen „Ausweg aus dem Fliegenglas" bietet, ist das eigentlich kein Dilemma, aber es liegt sicherlich eine Dichotomie vor. So umstritten es zuzeiten auch gewesen ist, erweist sich das BrainMap-Modell der Arbeitsweise des Gehirns, das von der Brain Technologies Corporation entwickelt wurde, mit den Studien, auf denen es beruht, für das Verständnis menschlicher Beschränkungen in sich schnell ändernden Zeiten als außerordentlich fruchtbar und erleuchtend.

Daraus folgt: Je spezialisierter die Gesellschaft wird, desto weniger Aufmerksamkeit widmet sie den Entdeckungen des Geistes, die intuitiv auf das Gehirn gerichtet und dort nur empfangen werden, wenn die Schalter auf „EIN" stehen. Die Spezialisierung neigt dazu, die Breitbandsuche abzuschalten und damit weitergehende Entdeckungen der allmächtigen, allgemeinen Prinzipien zu verhindern.
Buckminster Fuller, Synergetics

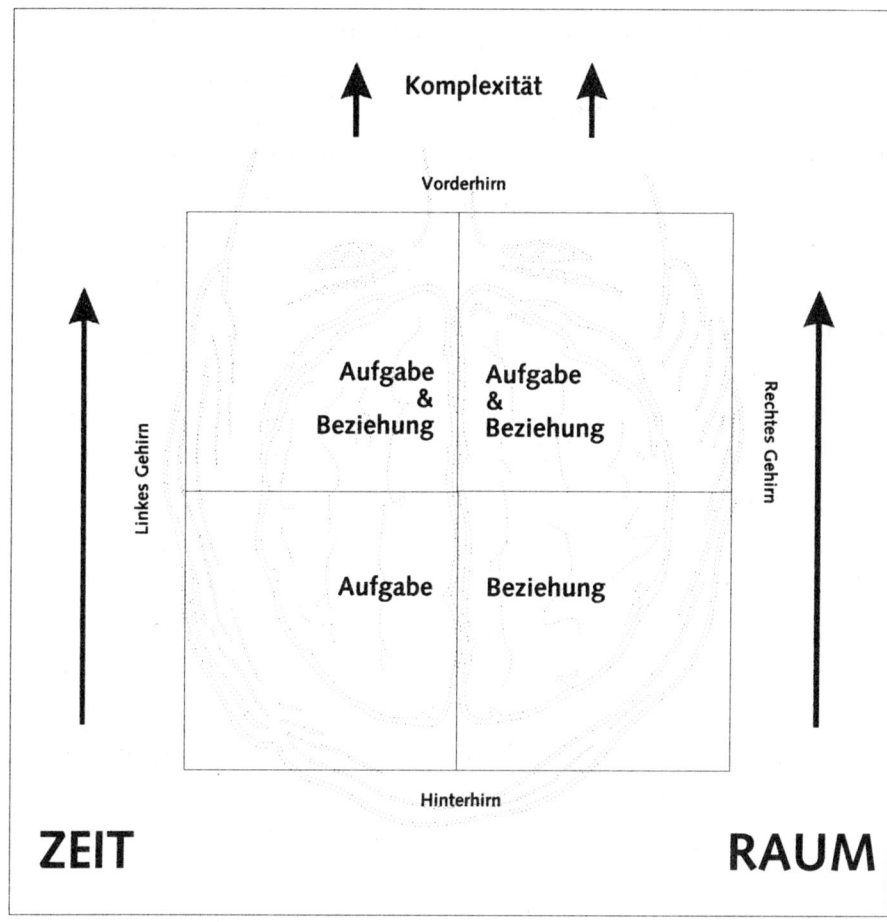

Abb. 8.5 Wie das Gehirn Aufgabe und Beziehung aufteilt

Letztendlich wird aus dem Wandel selbst ein Fluß.

Wir erkennen jetzt, daß es keine Rolle spielt, ob das Schwergewicht des Individuums, der Organisation oder der Kultur zur Karpfen-Hemisphäre oder zur Hai-Hemisphäre neigt: Wenn die lebenswichtigen, integrierenden Kräfte der Stirnlappen fehlen, kann die Funktions-"Hülle" des fraglichen Geistes nur eine bestimmte Erweiterung erfahren.

316

Wenn Sie sich an den Physikunterricht in der Schule erinnern, verstehen Sie, was wir mit der Aussage meinen, das Gehirn habe ein unerklärliches „Viskositäts"-Problem. Man kann sagen, eine Seite des Gehirns enthalte Wasser und die andere Öl. Natürlich können die beiden Flüssigkeiten nicht gut gemischt werden. Welchen Widerstand das Gehirn ihrer Vermischung in bestimmten Verarbeitungsmodi entgegensetzt, ist in Abbildung 8.5 dargestellt.

Menschen, deren BrainMap sie als ICH VERFOLGE ausweist, in der unteren linken Hemisphäre, haben bei der Ausführung einer Aufgabe einen starken Gegenwartsbezug. Für uns als Betrachter mögen Zeit und Raum „weitergehen", für eine Zeit aber erscheinen diese Eigenschaften für ICH VERFOLGE von außen betrachtet stillzustehen. (Einer unserer Kollegen vergleicht es mit der Beobachtung einer Katze, die sich an einen Vogel anschleicht.) Das Ziel von ICH VERFOLGE ist kurz gesagt, „es zu ergreifen."

Die Reaktion ICH BEWAHRE des „alten Gehirns" in der Karpfen-Hemisphäre, dem rechten Gehirn, ist, „es zu behalten." Menschen mit dem Testergebnis dieser Lebesführung gestalten starke Beziehungen und arbeiten auf traditionelle Weise. (Hier tut man wirklich das gleiche mit mehr Aufwand.)

Wenn wir die Verarbeitungsweisen der Stirnlappen mehr und mehr aktivieren, verändern wir leicht die Natur der Ergebnisse, die wir in beiden Hemisphären erzielen. Vorn in der Hai-Hemisphäre materialisieren sich die Eigenschaften von ICH KONTROLLIERE. Für Menschen, die diese Verarbeitungsweise bevorzugen, stellt sich die Frage: „Was fange ich damit an?" Und vorn in der Karpfen-Hemisphäre, im ICH-ERFORSCHE-Gewebe, stellt sich die zentrale Frage: „Wohin komme ich von hier aus?" In beiden Fällen gibt es eine Vermischung der Aufgabe und der Beziehung, jedoch mit sehr unterschiedlichen Ergebnissen.

Wenn die Leistung der Stirnlappen vermindert ist, gilt das auch für die Fähigkeit des Geistes zu wachsen.

317

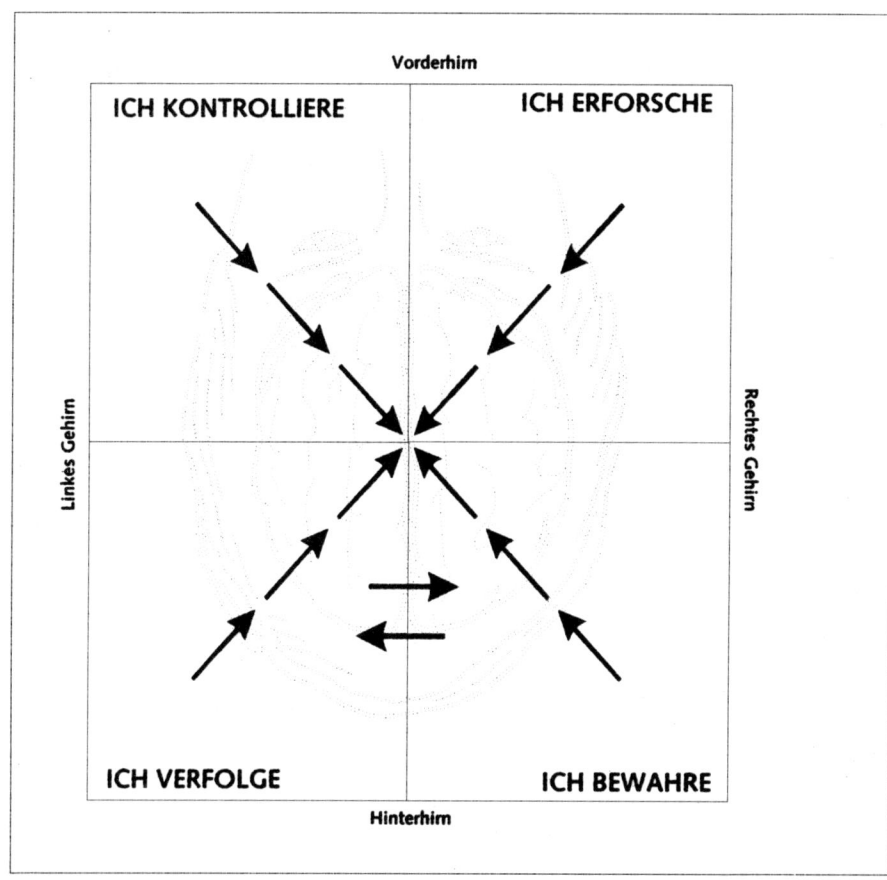

Abb. 8.6 Wie das Gehirn auf Umwelt-Streß reagiert

Unsere politischen, religiösen, geschäftlichen und Bildungs-Institutionen sorgen tendenziell dafür, daß Menschen Scheuklappen haben — sie sorgen für die Einengung des Geistes statt für seine Erweiterung.
Paul MacCready

Aus unseren theoretischen Überlegungen hat sich ein Konzept entwickelt, welches unser Verständnis davon erweitern kann, warum Karpfen und Haie der Vermischung von Öl und Wasser, von Aufgabe und Beziehung, so ungehemmt widerstehen und sich damit so unerträglichem Schmerz aussetzen.

Wenn die Veränderung schnell geschieht und das Rezept der Wahl heißt, etwas Neues zu tun und die Welt auf einer neuen Ebene der Komplexität zu integrieren, scheint das Gehirn *ohne* das kritische Element der Stirnlappen sich *immer* auf einen einfacheren, engeren Brennpunkt zurückzuziehen.

Wenn wir es nicht mit einem Delphin zu tun haben, der Selbst-Streß oder Austrittsstreß erzeugt und „aktualisiert", schaltet das menschliche Gehirn noch immer typischerweise auf Modi des Hinterhirns um. Es zieht sich darauf zurück, „das gleiche mit mehr Aufwand" zu tun. In Gruppen gibt es zwei wahrscheinliche Ergebnisse, wenn die Krise eintritt: (1) Das Gehirn der ganzen Gruppe wird eingesetzt. Gewöhnlich führt das zu Synergie. Oder (2) die Gruppe zieht sich auf ihren kleinsten gemeinsamen Nenner zurück. Es ist schmerzlich und bisweilen gar tragisch, daß wir am häufigsten die zweite statt der ersten Möglichkeit vorfinden. Die Neurochemie der organisierten Dummheit übernimmt und erzeugt den Wahnsinn des Mobs und den Wahnsinn des „gemeinen Volkes."

Abbildung 8.6 zeigt, daß das für alle Hirnquadranten gilt, die durch die Studien ermittelt wurden, welche der BrainMap zugrunde liegen: Dr. Paul D. MacLeans lebenslange Forschungen am Laboratory of Brain Evolution and Health am National Institute of Mental Health, die Arbeit des sowjetischen Neurophysiologen A. R. Luria und die Untersuchungen von Michael Gazzaniga, Jere Levy, Roger Sperry sowie den anderen Erforschern des „Split-Brain"-Phänomens, deren Zahl immer größer wird.

Der Reserve- oder Streß-Modus der Systeme ICH VERFOLGE und ICH BEWAHRE scheint das jeweils andere zu sein. Es gibt keine „Vorwärts"-Verlagerung hin zur Integration von Aufgabe und Beziehung, hin zur Erweiterung von Zeit und Raum.

Für die Systeme ICH KONTROLLIERE und ICH ERFOR-SCHE ist der Reserve-Modus entweder ICH VERFOLGE oder ICH BEWAHRE.

> Unter Streß zieht sich das Gehirn typischerweise darauf zurück, „das gleiche mit mehr Aufwand" zu tun.

Sie und ich würden nie stillhalten und unser Unternehmen in die Katastrophe schlittern lassen. Wir würden handeln. Die geringste Möglichkeit, daß unser Unternehmen in ein paar Jahren zusammenbrechen könnte, würde uns veranlassen, Grundannahmen neu zu bewerten, potentiell gefährliche Strategien aufzugeben und nach durchführbaren Alternativen zu suchen. Als Geschäftsleute lernen wir zu verstehen, daß wir Nutzen daraus ziehen, eine fehlgeleitete Verpflichtung zu erkennen und die Richtung zu ändern. Fehler können vergeben werden. Unverzeihlich ist, und das gilt für Staaten wie für Unternehmen, wenn man auf der Verliererstraße fortfährt, besonders wenn sich dieser Kurs als selbstmörderisch erweisen könnte.
Harold Willens, The Trimtab Factor

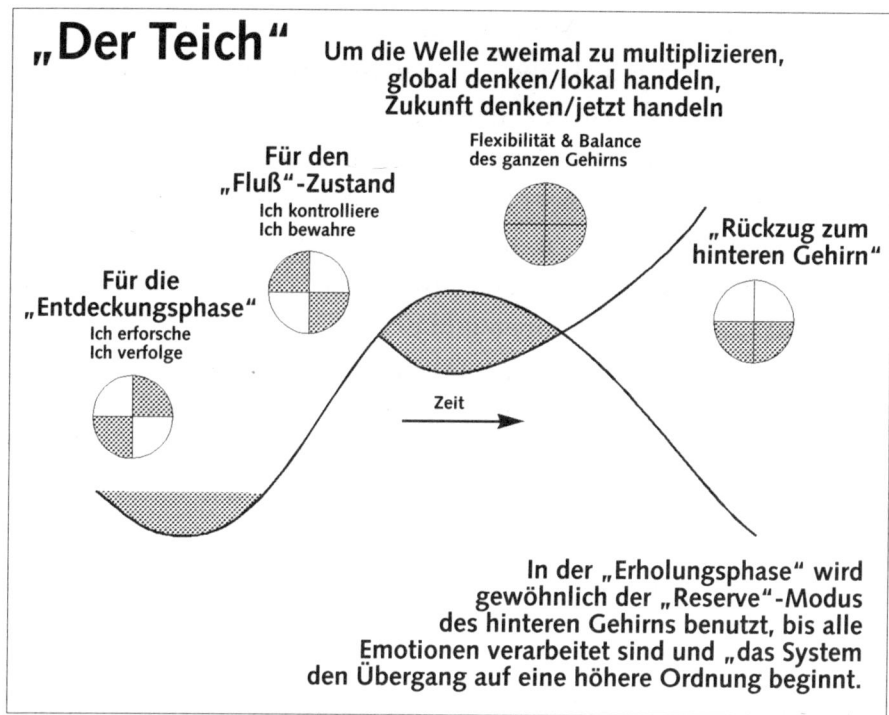

Abb. 8.7 Anwendung der „Ganzhirn"-Flexibilität

In allen Fällen geht es um entweder/oder. Es verhält sich wie Öl oder Wasser. Es ist entweder die Aufgabe oder die Beziehung.

Damit kommen wir zu einer der entscheidenden Einsichten: warum das DelphinSein auf eine so gewaltige Verlagerung in den Unternehmen und anderen Formen des menschlichen Bewußtseins hindeutet. Zum ersten Mal integrieren wir in einem einzigen Gehirn Aufgabe *und* Beziehung in einer zukunftsweisenden Vision einer größeren Raumzeit. Das Ergebnis ist mehr als nur ein verändertes BrainMap-Profil. Das Ergebnis ist eine echte Erweiterung der Raumzeit-Hülle, in der das Individuum arbeitet. Beim Delphin sind also nicht nur Elliott Jaques' „Zeithorizonte" erweitert, sondern die Verwendung des Raumes ist ebenfalls expandiert.

Man denke sich also eine sich ausdehnende Raumzeit-Blase, die von einem Gehirn/Geist-Mind eingenommen wird, das in der Lage ist, mit wachsender Flexibilität und größer werdender funktioneller Selektivität sowohl auf die Welle als auch auf seine Position auf ihr zu reagieren. Ein derartiges Konzept ist in Abbildung 8.7 dargestellt. In der „Entdeckungsphase", der Anfangsphase der Welle, können die Betriebssysteme ICH ERFORSCHE und ICH VERFOLGE dieses Gehirns den Schub und die Offenheit für die Vielfalt und die Möglichkeiten liefern, die notwendig sind, um den Startprozeß anzutreiben. Wenn man sich später fest und erfolgreich in einer neuen Weise des Vorgehens und Produzierens eingerichtet hat, sind die ruhigen Winde der Stabilität den kräftigen Böen der Experimentierphase vorzuziehen, und in diesem „Fluß"-Zustand sind die Betriebssysteme ICH KONTROLLIERE und ICH BE-WAHRE die bevorzugten. Noch später, wenn es an der Zeit ist, die Kraft der Welle zweimal zu multiplizieren, ist es notwendig, mit der Flexibilität und Ausgewogenheit des „Ganzhirns" zu arbeiten, von einer Rolle zur anderen zu wechseln, erst auf einer, dann auf einer anderen Position zu spielen, Funktionen und geistige Sichtweisen so schnell und häufig zu wechseln, wie ein Chamäleon seine Farbe wechselt. Eine derartige kognitive Virtuosität ist einfach nicht möglich, wenn das Gehirn einmal in den emotionalen Sumpf des „Erholungstales" gestolpert ist, wo wir häufig die eher manischen Eigenschaften des ICH-VERFOLGE-Systems oder die depressiven Eigenschaften des ICH-BEWAHRE-Systems vorfinden.

Eine erweiterte Raumzeit-Blase erfordert wachsende Freiheitsgrade, Querverbindungen und Toleranz für Instabilität, und zwar sowohl

Weil alles, was wir tun, und alles, was wir sind, in Gefahr ist und weil die Gefahr unmittelbar und gnadenlos ist, ist jeder Mensch der richtige Mensch zum Handeln und jeder Augenblick der richtige Augenblick für den Anfang, beginnend mit dem gegenwärtigen Augenblick.
Jonathan Schell, The Fate of the Earth (Dt.: Das Schicksal der Erde)

vom einzelnen als auch vom globalen Gehirn. Wir können das annehmen, weil es zunehmend Hinweise darauf gibt, daß Systeme, die auf höhere Ebenen der Komplexität wechseln, instabiler werden, mehr Querverbindungen entwickeln und mehr Freiheitsgrade erfordern.

Wenn daher immer mehr Menschen lernen zu lernen, lernen zu verbinden und lernen zu wählen, wie es der Zukunftsforscher Alvin Toffler so eloquent ausgedrückt hat, wird eine neue Welt möglich, weil eine neue Art des Denkens verwirklicht wurde.

Eine integrierte Art des Denkens, in ein- und demselben Gehirn.

Eine Vereinigung von Aufgabe und Beziehung.

Eine Ganzhirn-Integration, die das Vorderhirn wieder mit dem Hinterhirn vereinigt, das Karpfen-Gehirn mit dem Hai-Gehirn, das vordere linke mit dem unteren rechten Gehirn und so weiter. Wir werden nicht nur, wie Marshall McLuhan[3] angedeutet hat, global denken und lokal handeln müssen, wir werden auch in der Zukunft denken und in der Gegenwart handeln müssen.

Die Qualität der Integration des Gehirns ist der Schlüssel zum Delphin-Denken, und der Schlüssel für diese Integration ist das Vorderhirn. Ken Adams schreibt: „Das Vorderhirn ist der biokognitive Mechanismus für einen lebendigen Ausdruck der Relativität, während es die RaumZeit in einen WeltRaum integriert."

Ein WeltRaum. Werden wir das schaffen? Werden sich genug Gehirne in Delphine und darüber hinaus verwandeln, damit wir einen ganzen Planeten mit angemessener Sicherheit durch unsere schneller werdenden Wellen der Veränderung navigieren können? Wenn zu irgendeinem Zeitpunkt die bisher mit mindestens ebenso vielen Vor- wie Nachteilen entwickelte Symbiose von Gehirn und

Umwelt durch die endgültige Dummheit eines nuklearen Krieges oder ein anderes abscheulich katastrophales Endergebnis zusammenbricht, dann ist die ganze Spezies fähig, weit unter Null abzustürzen, trotz des Glaubens des pseudo-erleuchteten Karpfens an ein Happy End.

Wenn das allerdings nicht geschieht, können wir uns als mögliche Teilnehmer an einem der köstlich unpersönlichen Paradoxa des Universums wiederfinden. Es ist möglich, daß das gegenwärtige Chaos und der Aufruhr, dem unsere Organisationen und wir selbst gegenüberstehen, nur die Methode des kulturellen Geistes für seine eigene Perturbation ist. Und je mehr Fehler wir machen, desto schneller wird es geschehen.

Desto mehr Grund, anzufangen, eher wie ein Delphin als wie ein Hai oder ein Karpfen zu denken, und sei er auch pseudo-erleuchtet.

DelphinDenken bedeutet, den ChaosPilotenschein für 2001 zu erwerben.

Anmerkungen

EINLEITUNG

1. Anthony Rais, *Human Resource Planning*, Vol. 8, Nr. 4 (1985), S. 201 — 207.
2. Für dieses Zitat und mehrere andere Gedanken, die in diesem und anderen Kapiteln des Buches entwickelt werden, stehen wir in der Schuld von Dr. James F. Welles und seinem Buch *Understanding Stupiddity: An Analysis of the Premaladaptive Beliefs and Behavior of Institutions and Organizations* (Orient, N.Y.: Mount Pleasant Press, 1986).

Kapitel 1

1. Stewart Emery, *Actualizations: You Don't Have to Rehearse to Be Yourself* (Garden City, N.Y.: Doubleday & Company, 1977), S. 66
2. Anne Wilson Schaef und Diane Fassel, *The Addictive Organization* (New York, Harper & Row, 1988), S. 75 — 76
3. Emery, a.a.O., S. 70
4. Douglas K. Ramsey, *The Corporate Warriors: Six Classic Cases in American Business* (Boston: Houghton Mifflin Company, 1987), S. xvii
5. Robert Lawrence Kuhn, *Dealmaker: All the Negotiating Skills & Secrets You Need* (New York: John Wiley & Sons), s. 178
6. Alfie Kohn, *No Contest: The Case Against Competition* (Boston: Houghton Mifflin Company, 1986), S. 190
7. James P. Carse, *Finite and Infinite Games* (New York: The Free Press, 1986), S. 10
8. Carse, a.a.O., S. 190
9. Kohn, a.a.O., S. 67
10. Robert Axelrod, *The Evolution of Cooperation* (New York: Basic Books, 1984), S. 100
11. Martin Patchen, „Strategies for Eliciting Cooperation from an Adversary", *Journal of Conflict Resolution*, Vol. 31, Nr. 1 (1987), S. 164 — 185.
12. Die obigen drei Einträge sind die Titel der Kapitel 5 -7 von Robert J. Ringer: *Winning Through Intimidation* (New York: Fawcett, 1976), Inhaltsverzeichnis
13. Kohn entwickelt in *No Contest: The Case Against Competition* Argumente dafür, warum die vorigen vier Punkte nicht den Nutzen bringen, der ihnen oft zugeschrieben wird.

Kapitel 2

1. Sherry Turkle, *The Second Self: Computers and the Human Spirit* (New York: Simon & Schuster, 1984), S. 87

2. Jeremy Rifkin, *Time Wars: The Primary Conflict in Human History* (New York: Henry Holt and Company, 1987), S. 15

3. Siehe *The Tomorrow Makers: A Brave New World of Living Brain Machines* (New York: Macmillan Publishing Company, 1986) von Grant Fjermedal.

4. Stanley M. Davis, *Future Perfect* (Reading, Mass.: Addison-Wesley Publishing Company, 1987), S. 25

5. Michael Hutchison, *Megabrain* (New York: William Morrow & Company, 1986), S. 85

6. Hutchison, a.a.O., S. 67

Kapitel 3

1. George Ainsworth-Land, „The Dynamics of Creative Process — Key to the Enigmas of Physics", *Journal of Creative Behavior,* Vol. 15, Nr. 4 (1981), S. 241

2. James W. Botkin, Mahdi Elmandja und Mircea Malitza, *No Limits to Learning* (Elmsford, N.Y.: Pergamon Press, 1979), S. 10

3. Botkin, a.a.O., S. 11 — 12

4. Paul Watzlawick, John H. Weakland und Richard Fisch, *Change: Principles of Problem Formation and Problem Resolution* (New York: W. W. Norton & Company, 1974), S. 90 91

5. Matthew McKay, Martha Davis und Patrick Fanning, *Thoughts & Feelings: The Art of Cognitive Stress Intervention* (Richmond, Calif.: New Harbinger Publications, 1981), S. 184

6. McKay, Davis und Fanning, S. 198

7. Watzlawick, Weakland und Fisch, a.a.O., S. 95

8. Jay Haley, ed., *Advanced Techniques of Hypnosis and Therapy: Selected Papers of Milton H. Erickson* (New York: Grune & Stratton, 1967), S. 131

Kapitel 4

1. John Sculley, *Odyssey* (New York: Harper & Row, 1987), S. 79 — 80

2. Dr. George Edgin Pugh, *The Biological Origin of Human Values* (New York: Basic Books, 1977), S. 151 — 152

3. Harold Willens, *The Trimtab Factor: How Business Executives Can Help Solve the Nuclear Weapons Crisis* (New York: William Morrow & Company, 1984), S. 27

4. Jean Houston, *The Search for the Beloved* (Los Angeles: Jeremy P. Tarcher, 1987), S. 133

Kapitel 5

1. Elliott Jacques, „The Development of Intellectual Capability: A Discussion of Stratified Systems Theory", *The Journal of Applied Behavioral Science*, Vol. 22, Nr. 4 (1986), S. 364

2. A. R. Luria, *The Human Brain and Psychological Processes* (New York: Harper & Row, 1966), S. 531

3. David Loye, *The Sphinx and the Rainbow: Brain, Mind, and Future Vision* (Boulder, Colo.: Shambhala, 1983), S. 58

4. Jacques (ed.), *Levels of Abstraction in Logic and Human Action* (London: Heinemann, 1978), S. 258 — 261

5. Zitiert nach Lawrence LeShan, *The Medium, the Mystic, and the Physicist* (New York: Viking, 1974), S. 69

6. Jacques, *Levels of Abstraction in Logic and Human Action*, S. 14

7. Jacques, a.a.O., S. 253 — 261

Kapitel 6

1. Fjermedal, a.a.O, S. 201

2. James Gleick, *Chaos: Making a New Science* (New York: Viking, 1987), S. 174

3. Dieses Konzept wurde von Marshall Thurber entwickelt.

4. Carse, a.a.O., S. 18

5. Die Idee für diesen Begriff und andere, ihm ähnliche, die in Abbildung 6.7 erscheinen, wurde durch eine Zeichnung in *The Emotional Cycles of Change* (Atlants: Recourses, Inc.) ausgelöst.

6. Der Inhalt dieser Grafik basiert auf einer Idee von Ken Wilber.

Kapitel 8

1. Welles, a.a.O., S. 5

2. Robert E. Kelley, *The Gold-Collar Worker* (Reading, Mass.: Addison-Wesley Publishing Company, 1985), S. 182 — 183

3. Marshall McLuhan/ Bruce R.Powers: *Global Village: Das Weltdorf. Transformationen in Lebenswelt und Medienwelt im 21. Jahrhundert*. Mit einer Einleitung von Prof.Dr. Dieter Baacke (PAIDIA Verlag, Fulda 1992)

327

DELPHINSTRATEGIEN

TRAINING
SEMINARE
WEITERBILDUNG
COACHING
BERATUNG

INFORMATIONEN
ÜBER DEN
VERLAG

Eine DelphinBibliothek: Zum Lesen empfohlen

Axelrod, Robert. *The Evolution of Cooperation.* New York: Basic Books, 1984. (Dt. Die Evolution der Kooperation, München: Oldenbourg, 2. Aufl. 1991, ISBN 3-486-53991-4) Eine gute Studie darüber, wie sich Kooperation entwickelt, wenn die Kommunikation begrenzt ist.

Barrow, John D., und Frank J. Tipler. *The Anthropic Cosmological Principle.* New York: Oxford University Press, 1986. Beschreibt sehr detailliert — einschließlich der Mathematik und Physik — bedeutende teleologische Möglichkeiten über die Richtung und Bedeutung des Universums, den Platz des Menschen darin und unsere Rolle als Sammler von Informationen.

Bateson, Gregory. *Ökologie des Geistes. Anthropologische, psychologische, biologische und epistemologische Perspektiven.* Frankfurt: Suhrkamp 4.Aufl. 1983. (ISBN 3-518-07539-X) Dieses Buch soll nicht in zwei Zeilen beschrieben werden. Dazu kann man nur schreiben: LESEN SIE ES. SOFORT!

Beattie, Melody. *Codependent No More.* New York: Harper & Row, 1987. Bietet eine fundierte Zusammenfassung von vielen verschiedenartigen Verhaltensweisen des Mitabhängigen, die charakteristisch sind für die meisten, in Suchtsystemen lebenden Karpfen. Unglücklicherweise sind die Lösungen im wesentlichen immer noch Karpfen-Lösungen, da die Autorin einen Lösungsansatz der Anonymen Alkoholiker verwendet und so die Ansicht des Karpfens

329

stärkt, der Mitabhängige sei ein Opfer, das lebenslange Heilung benötigt.

Botkin, James W., Mahdi Elmandjra und Mireca Malitza. *No Limits to Learning: Bridging the Human Gap.* Elmsford, N.Y.: Pergamon Press, 1979. Obwohl einige in diesem Bericht an den Club of Rome vorhergesagte Trends nicht eingetreten sind, bildet das Buch gewichtige Gründe für den Wert des lebenslangen Lernens.

Capra, Fritjof. *The Turning Point: Science, Society and the Rising Culture.* New York: Simon & Schuster, 1982. Ein kurzer Überblick über die historische und kulturelle Entwicklung mit einer treffenden Diskussion gegenwärtiger Probleme und zukünftiger Entwicklungen sowie Bedürfnisse von einem Philosophen, der sich von der Physik abgewandt hat. (Im deutschen liegen in der Reihenfolge ihres Erscheinens folgende Titel von F.Capra vor: Das Tao der Physik, Bern:Scherz, 1984, ISBN 3-502-67092-7; Wendezeit, Bern:Scherz, 1983, ISBN 3-502-17104-1; Das neue Denken, Bern:Scherz, 1990, ISBN 3-502-19105-0)

Carse, James P. *Finite and Infinite Games.* New York: Free Press, 1986. (Dt.: Endliche und unendliche Spiele. Die Chancen des Lebens, Stuttgart: Klett-Cotta, 1987, ISBN 3-608-93366-2) Betont in kurzem, lesenswerten Stil die Notwendigkeit, durch eine flexible Lebensweise für Überraschungen offen zu bleiben.

Csikszentmihalyi, Mihaly. *Flow: Das Geheimnis des Glücks.* Stuttgart: Klett-Cotta, 1992, ISBN 3-608-95783-9

Csikszentmihalyi, Mihaly und Isabella S. *Die außergewöhnliche Erfahrung im Alltag. Die Psychologie der Flow-Erlebnisses.* Stuttgart: Klett-Cotta, 1991, ISBN 3-608-95729-4.

Davis, Stanley M. *Future Perfect.* Reading, Mass.: Addison Wesley, 1987. (Dt.: Vorgriff auf die Zukunft, Freiburg: Haufe, 1988, ISBN 3-448-01847-3) Ein geeignetes Lesewerk für Manager, die für seine Botschaft offen sind: In sich rasch ändernden Zeiten müssen Sie Ihre wertvolle Zeit damit verbringen, Ihre „perfekte Zukunft" zu schaffen und die Bemühungen bestärken, die Gegenwart in diese hineinzuziehen.

Dixon, Douglas. *After Man: A Zoology of the Future*. New York: St. Martin's Press, 1981. Eine faszinierende und phantasievolle Hypothese über den Charakter der Evolution des Lebens, in der die Menschheit aus der Welt geschafft wurde.

Emery, Stewart. *Actualizations: You Don't Have to Rehearse to Be Yourself*. Garden City, N.Y.: Doubleday & Company, 1977. Stellt das Glaubenssystem des Karpfens unbarmherzig ins Rampenlicht und betont die Notwendigkeit der persönlichen Verantwortung und der Kurskorrektur.

Foster, Richard N. *Innovation: The Attacker's Advantage*. New York. Summit Books, 1986. (Dt.: Innovation, Wiesbaden: Betriebswirtschaftl. Verlag Gabler, 1986, ISBN 3-409-13008-X) Ein treffendes Argument nach dem anderen und ein prägnantes Beispiel nach dem anderen sind Beweis für den Wert, der darin liegt, sich vorzeitig zu ändern.

Frankl, Victor. *Man's Search for Meaning*. Boston: Beacon, 1962. Ein Klassiker von einem Überlebenden des Holocaust, der ausdrucksvoll dafür argumentiert, warum Sie es schätzen können zu leben. (Das Gesamtwerk Viktor Frankls liegt deutsch vor und ist der Lektüre anempfohlen.)

Fuller, R. Buckminster. *Synergetics: Explorations in the Geometry of Thinking*. New York: Collier Books, 1982. Ein verständlicher Überblick darüber, wie die Natur Synergie nutzt, um mehr mit weniger zu tun, wie nur Bucky sich ihn vorstellen und beschreiben kann. (Buckminster Fuller ist bemerkenswerterweise im deutschen Sprachraum bisher kaum beachtet worden.)

331

Garfield, Charles. *Peak Performers: The New Heroes of American Business.* New York: William Morrow & Company, 1986. Obwohl sehr verallgemeinernd, eine gute Darstellung der Notwendigkeit, in der Gegenwart zu stehen und das Gleichgewicht zwischen Herausforderung und Beherrschung zu halten, wenn man „im Fluß" ist.

Gleick, James. *Chaos: Making a New Science,* New York: Viking, 1988 (Dt.: Chaos, die Ordnung des Universums, München: Droemer Knaur, 1988, ISBN 3-426-26335-1) Eines der besten Bücher der Postmoderne, in denen die Beschreibung der Wissenschaft an die Schwelle der klassischen Literatur herankommt. Es beschreibt die sich entwickelnde Wissenschaft des Chaos, indem es zuerst grundlegende Entdeckungen und führende Entdecker beschreibt, bevor es globalen Folgerungen dieses aufsehenerregenden neuen Weges, die Realität zu betrachten, zuwendet.

Graves, Clare W. *The Graves Technology.* Denton, Tex.: National Values Center, 1988. Eine Sammlung von Artikeln und Abdrucken von Vorträgen von oder über den Erfinder der an Skalen orientierten „biopsychosozialen" Theorie über menschliche Werte und Glaubenssätze.

Herrmann, Ned: *Kreativität und Kompetenz. Das einmalige Gehirn.* Fulda: PAIDIA, 1991. (ISBN 3-89459-008-4) Wer genauer über die Funktionen des Gehirns und den Zusammenhang mit den jeweils eigenen Denk-, Lern- und Verhaltensstilen Bescheid wissen will muß dieses Buch zur Hand nehmen: Es bietet einen guten Zugang, die eigenen kreativen Potentiale zu entwickeln. Und es bietet eine fundierte Analyse des eigenen Standortes, wie auch desjenigen von Teams und Organisationen.

Hofstadter, Douglas R.: *Gödel, Escher, Bach. Ein endloses geflochtenes Band.* Stuttgart: Klett-Cotta, 1986. (ISBN 3-608-

93037-X) Dieser unendlich auf sich verweisende Essay über Erkenntnis und Wahrnehmung ist eine Grundlage der KI-Diskussion.

Hutchison, Michael. *Megabrain: New Tools and Techniques for Brain Growth and Mind Expansion.* New York: Beech Tree Books, 1986. (Dt.: Megabrain, Basel: Sphinx, 2. Aufl. 1990, ISBN 3-85914-233-X) Eines der ersten Werke, das sich phantasievoll mit den Folgerungen aus der Theorie des Nobelpreisträgers Ilya Prigogine von den dissipativen Strukturen des menschlichen Gehirns auseinandersetzt.

James, Muriel und Dorothy Jongeward. *Born to Win.* New York: New American Library, 1971. (Dt.: Spontan leben, Reinbek: Rowohlt, 1986, ISBN 3-498-03311-5 und 3-499-18301-3) Ein „Oldie, aber ein guter", der eine großartige Einführung in das Drama-Dreieck und die damit verbundenen Spiele gibt.

Jaques, Elliott (Hrsg.) mit R. O. Gibson und D. J. Isaac. *Levels of Abstraction in Logic and Human Action.* London: Heinemann, 1978. Ein im wesentlichen technisches Werk, das die Forschung von Gibson und Isaac über die Diskontinuität in der psychologischen Entwicklung verbindet mit Jacques' Studien über die Niveaus der Abstraktion von geistigen Aktivitäten und bürokratischen Schichtungen aber eines, das in überzeugender Art und Weise zu der Idee beiträgt, daß eine sich ändernde Gesellschaft und die Organisation einen Wandel im Gehirn erforderlich macht.

Kelley, Robert E. *The Gold-Collar Worker: Harnessing the Brainpower of the New Work Force.* Reading, Mass.: Addison-Wesley Publishing Company, 1985. Kelleys Goldkragen-Arbeiter sind wie Delphine unübertrefflich in ihrem Beharren auf Ressourcen, Flexibilität, bedeutungsvoller Arbeit und Selbst-Management.

Kohn, Alfie. *No Contest: The Case Against Competition.* Boston: Houghton Mifflin Company, 1986. (Dt.: Mit vereinten

Kräften, Weinheim: Beltz, 1989, ISBN 3-407-85095-6) Ein gründlich erforschtes, gut dokumentiertes und verständliches Argument dafür, daß Konkurrenz keine der positiven Eigenschaften beinhaltet, die ihr zugeschrieben werden, und folglich schlecht angepaßtes Verhalten ist.

Kuhn, Robert Lawrence. *Dealmaker: All the Negotiating Skills and Secrets You Need.* New York: John Wiley & Sons, 1988. Ein kurzer Kurs in Hai-Verhalten.

Kuhn, Thomas E. *The Structure of Scientific Revolutions*, 2nd ed. Chicago: Universtity of Chicago Press, 1970. (Dt.: Die Struktur wissenschaftlicher Revolutionen, Frankfurt: Suhrkamp, 2. Aufl. 1976, ISBN 3-518-27625-5) Ein Markstein: ein Buch, das die Natur der Veränderung von Paradigmen darstellt.

Land, George T. Ainsworth. *Grow or Die.* New York: John Wiley & Sons, 1986. Eine Neubearbeitung von Lands ursprünglichem Werk, das die weit gefächerte Anwendung von Theorien von „unterbrochener Entwicklung" zur Entwicklung aller Systeme, einschließlich Gesellschaften und Organisationen, vorwegnimmt.

Laszlo, Ervin. *Evolution: The Grand Synthesis.* Boston: New Science Library, Shambhala, 1987. Erzählt, was geschieht, wenn Sie in die Wachstumskurve einsteigen.

Laszlo, Ervin. *Evolutionäres Management* Fulda: PAIDIA, 1992, ISBN 3-89459-020-3. Das Logbuch einer erfolgreichen Zukunftsgestaltung. Das Handbuch für eine erfolgreiche Managementpraxis auf der Schnittfläche zwischen Umwelt und Organisation. Auf der Grundlage der allgemeinen Evolutionstheorie von Prof. Ervin Laszlo und mit Beiträgen von Club-of-Rome-Mitglied und VW-Vorstand Daniel Goeudevert sowie James Ogilvy (Global Business Network). Unter Mitarbeit von Christopher Laszlo und Alfred von Liechtenstein.

Levy, Amir und Uri Merry. *Organizational Transformation: Approaches, Strategies, Theories.* New York: Praeger, 1986. Ein exzellenter Überblick über die „OD" Theorie und Vorgehensweisen vor der „DelphinStrategie".

Loye, David. *The Sphinx and the Rainbow.* Boulder, Colo.: Shambhala, 1983. (Dt.: Die Sphinx und der Regenbogen. Reinbek: Rowohlt, 1988, ISBN 3-499-17908-3) Erforscht und dokumentiert die Rolle des Vorderhirns beim Nachdenken über und Erhalten von Informationen über die Zukunft.

Lynch, Dudley. *Your High-Performance Business Brain: An Operator's Manual.* Englewood Cliffs, N.J.: Prentice Hall, 1985. Eine Reise durch zwei Jahrzehnte Gehirnforschung mit einem Blick auf Erkenntnisse, die für die Spieler in der Geschäftswelt nützlich sind.

Mandelbrot, Benoit B. *The Fractal Geometry of Nature.* New York: W. H. Freeman & Company, 1977. (Dt.: Die fraktale Geometrie der Natur, Basel: Birkhäuser, 1987, ISBN 3-7643-1771-X) Manchmal zum Verrücktwerden obskur, kann dieses Pionierwerk über Fraktale, ihren Sinn und ihre Anwendung immer noch Gefühle der Ehrfurcht hervorrufen, wenn der Erfinder des fraktalen Konzepts Sie mitnimmt zu einem Ausflug in oft exquisite zackige Ecken der Natur.

McLuhan, Marshall und Bruce R. Powers. *Global Village: Das Weltdorf. Lebenswelten und Medienwelten im 21. Jahrhundert.* Fulda: PAIDIA 1992. (ISBN 3-89459-010-6) Der Vordenker über die Medien und ihre Verbindung mit den menschlichen Sinnen legt in seinem letzten Buch eine grundlegende Analyse vor, wie der Mensch in seine von ihm erschaffende Welt der Sinne und des Sinns eingebunden ist. Es basiert auf den Erkenntnissen der neuen Gehirnforschung: Ein weitsichtiges Werk des großen Querdenkers.

Prigogine, Ilya und Isabelle Stenders. *Order Out of Chaos: Man's New Dialogue with Nature*. New York: Bantam Books, 1984. (Dt.: Dialog mit der Natur, München: Piper, 1990, ISBN 3-492-11181-5) Eine grundlegendes Buch in einer Ära, in der das menschliche Gehirn und menschliche Systeme mehr und mehr wie das „küssende Geschlecht" von dissipativen Strukturen in der Natur betrachtet werden.

Ringer, Robert J. *Winning Through Intimidation*. New York: Fawcett, 1976. (Dt.: Werde Nummer eins, München: mvg, 1990, ISBN 3-478-02515-X) Einer der ersten und besten Führer über Hai-infizierte Gewässer in der Geschäftswelt und wie man darin überlebt.

Sacks, Oliver: Inzwischen sind im Deutschen eine Reihe von Büchern des amerikanischen Psychiaters erschienen und haben nach der Verfilmung des Buches Awakening eine Bekanntheit erlangt. In unserem Zusammenhang wichtige Titel sind *Der Mann, der seine Frau mit einem Hut verwechselte* und *Der Tag, an dem mein Bein fortging* (Beide Rowohlt: ISBN 3-527-17602-0 und -3-527-06226-3).

Schaef, Anne Wilson und Diane Fassel. *The Addictive Organization*. San Francisco: Harper & Row, 1988. Obwohl diese Autoren dabei scheitern, als erste neue Lösungen vorzuschlagen, bringen sie eine lobenswerte Leistung bei der Identifizierung der süchtigen Natur und der Merkmale von Hai-Verhalten in Organisationen.

Stableford, Brian und David Langford. *The Third Millennium: A History of the World: A.D. 2000-3000*. New York: Alfred A. Knopf, 1985. Eine Phantasie der zukünftigen Geschichte und kulturellen Entwicklung, die die Räder der Imagination in Bewegung setzt.

Toffler, Alvin. *The Third Wave*. New York: William Morrow & Company, 1980. Ein entscheidendes Werk über die ersten zwei Wellen der Veränderung.

Watzlawick, Paul, John H. Weakland und Richard Fisch. *Change: Principles of Problem Formation and Problem Resolution.* New York: W. W. Norton and Company, 1974. (Dt.: Lösungen, Bern: Huber, 2. Aufl. 1979, ISBN 3-456-80038-X) Zündstoff dafür, was zu tun ist, wenn die Lösung zum Problem wird. Und die Antwort lautet, die Macht des Paradoxen anzapfen.

dies..: *The Situation is Hopeless, but Not Serious: The Pursuit of Unhappiness.* New York: W. W. Norton & Company, 1983. (Dt.: Anleitung zum Unglücklichsein, München: Piper, ISBN 3-492-02835-7 und Serie Piper 470) Eine lustige, informative und wirkungsvolle Anwendung paradoxen Denkens um zu zeigen, wie nicht funktionierende Glaubenssysteme nicht funktionierende Ergebnisse durch nicht funktionierendes Verhalten erzeugen. (Die Literatur von Watzlawick im Deutschen muß hier nicht weiter aufgeführt werden, sie liegt vollständig übersetzt vor.)

Welles, James F. *Understanding Stupiddity: An Analysis of the Premaladaptive Beliefs and Behavior of Institutions and Organizations.* Orient, N. Y.: Mount Pleasant Press, 1986. „Der komplette Führer" zur Dummheit in ihrer gängigen Form.

Willens, Harold. *The Trimtrab Factor: How Business Executives Can Help the Nuclear Weapons Crisis.* New York: William Morrow & Company, 1984. Leicht nachzuvollziehende Schaubilder zeigen die selbstzerstörerischen Konsequenzen dessen, wenn das gleiche immer härter verfolgt wird.

Wolf, Fred Alan. *Star Wave: Mind, Consciousness, and Quantum Physics.* New York: Macmillan Publishing Company, 1984. (Dt.: Körper, Geist und neue Physik, München: Piper, 1990, ISBN

3-502-67650-X) Ein gutes, den Horizont erweiterndes Buch, das Sie zum einen gegenüber den Argumenten der Newtonschen Paradigmen zum Thema Geist mißtrauisch bleiben läßt, zum anderen aber dazu neigen läßt, Wolfs empfohlenen Ersatz als fesselnd, wenn auch weit vom Ziel entfernt anzusehen.

DelphinLernmaterial

Das Herangehen des „Delphins" an das Management ist mehr als nur eine Strategie. Es ist auch eine Lehr- und Trainingstechnologie, die durch eine Reihe fortschrittlichster erzieherischer Methoden und Werkzeugen der Orientierung zugänglich ist, die von der Brain Technologies Corporation entwickelt wurden.

Ein begleitender Führer zum Selbststudium und zum Studium in Gruppen „*DolphinThink*™: *Mastering the Skills You Need to get Tough, Get Free, Get Focused and Get Going as a New Kind of Winner*" wurde von den Autoren der DELPHINSTRATEGIEN entwickelt. Diese Veröffentlichung bietet Übungen, Einzel- und Gruppenaktivitäten und zusätzliche Illustrationen sowie Beschreibungen, die ihnen helfen, bei sich selbst und mehr noch in Ihrem Unternehmen sowie ihrer Organisation Strukturen des DelphinDenkens zu entwickeln.

Das *m*Circle® Instrument wird oft als „DelphinInstrument" bezeichnet, weil die Idee für dieses selbst angewendete und selbstinterpretierte Instrument teilweise seinen Ursprung in der Fähigkeit

338

der Delphine hat, kreativ auf die sich ändernde Umgebung zu reagieren.

Die BrainMap®, die in Kapitel 7 und 8 erwähnt wird, und die Couples BrainMap® geben Ihnen Hinweise darauf, wie der Teil des Gehirns beschaffen ist, der dahingehend ausgebildet wurde, viele Möglichkeiten zur Reaktion auf neue Wahlmöglichkeiten und Gelegenheiten zu erkennen und vorzuschlagen. Sie werden ebenfalls selbst ausgewertet und selbst interpretiert.

MindMaker6®ist ein weiteres Lerninstrument, das Ihnen hilft, Ihre Werte und Glaubenssysteme unter Verwendung des vom Großen Attraktor hergestellten Modells, das wir in Kapitel 4 darstellten, einzuordnen.

Arbeitsanweisungen und audiovisuelle Hilfen (inklusive 35mm Diasserie, Overheadfolien und Skripten), die Ihnen helfen, diese Instrumente im Team oder im Management- oder Mitarbeiter-Training anzuwenden, sind ebenfalls erhältlich.

Die DelphinStrategien können in Seminaren, Weiterbildungen, Unternehmensentwickungen dann angewendet werden, wenn die entsprechenden Vereinbarungen mit Brain Technologies oder seinem deutschen Vertreter — dem Trainingsinstitut und Beratungsunternehmen „**DelphinStrategien**" getroffen wurde.

Für weitere Informationen über dieses Material und das Seminar, Beratung und ausführender Präsentationsservice der Autoren der DELPHINSTRATEGIEN nehmen Sie bitte mit dem PAIDIA Verlag, Postfach 423, 6400 Fulda Kontakt aufnehmen. Die Telefonnummer lautet 0661 / 77 0 97, die FAX-Nummer ist 0661 / 7 52 53. Der PAIDIA Verlag verfügt auch über eine Datenbank, die Ihnen Literaturzusammenstellungen und weitere Hinweise bietet.

Wir informieren Sie gerne.

Index

Das Programm der 90er Jahre

Ned Herrmann: Kreativität und Kompetenz. Das einmalige
Gehirn ISBN 3-89459-008-4
In der Weiterbildung bei General Electric entstand ein
Grundlagenwerk und Instrument zur Teamentwicklung
und Einschätzung der eigenen Kreativitätspotentiale auf
der Grundlage der neueren Gehirnforschung.
Das Herrmann-Dominanz-Instrument stellt unsere
bisherigen Lern-und Lehrmethoden grundsätzlich in
Frage und weist einen neuen Weg.

Ervin Laszlo: Evolutionäres Management. Globale
Handlungskonzepte;
ISBN 3-89459-020-3 ·
Das LOGBUCH für eine erfolgreiche Zukunftsgestaltung.
Das Handbuch für eine erfolgreiche Managementpraxis
auf der Schnittfläche Umwelt und Organisation. Auf der
Grundlage der allgemeinene Evolutionstheorie von Prof.
Laszlo mit Beiträgen von Daniel Goeudevert (CLUB OF
ROME und VW-Vorstand), James Ogilvy (Global Business
Network), Prinz Liechtenstein, Christopher Laszlo
(Lafarge Coppee USA). *Die Evolutionstheorie ist eine Art
des Denkens, das eher holisitisch und relational als linear
und mechanistisch ist.*

Marketing der Zukunft - Dokumentation der 23. DIMA
Wiesbaden 1991
ISBN 3-89459-023-8
Das Kompendium des Marketing - In 30 Beiträgen. Eine
beeindruckende Fülle von Fakten und Daten über
aktuelle Entwicklungen, Marketing in der EG, Ökologie,
Telemarketing, Datenschutz, Trends der 90er,
Nachwuchsförderung.

Kunden finden - Kunden binden - Dokumentation der 24.
DIMA 1992 - in Vorbereitung
ISBN 3-89459-024-6
Ökologie - Kreativität - Internationales Direktmarketing
- Europa - Neue Wege und Konzepte
Die Reihe wird fortgesetzt.

Detlef Lecke/Willy Praml: VerORTungen
ISBN 3-89459-017-3
Der Frankfurter Theatermacher Willy Praml und der
nordhessische Dorfentwicklungexperte Detlef Lecke
zeichnen in diesem Buch 20 Jahre kultureller
Dorfentwicklung nach. Theaterformen, Bewußtseins-
entwicklung, LandEntwicklung, SpurenSicherung und
DorfErneuerung sind die Stichworte, Niederbrechen,
Mellnau und weitere 20 Dörfer in Nordhessen sind die
Orte. Mit Beiträgen von Dieter Kramer u.a.

Bischof: Biophotonen. Es ist Licht in unseren Zellen
ISBN 3-89459-019-X
Es ist Licht in unseren Zellen. Die moderne Biophysik
zeigt mit dieser Entdeckung die biophysikalischen Grund-
lagen der Homöopathie und östlichen Medizin.
Anwendungsgebiete: Wasserqualität, Nahrungsmittelgüte,
Krebstherapie, angepaßte Landwirtschaft, sanfte Medizin,
neue Informationstheorie...

McLuhan: The Global Village - Das WeltDorf.
Transformationen in Lebenswelt und Medienwelt im 21.
Jahrhundert.
ISBN 3-89459-010-6
Der kanadische Medienwissenschaftler McLuhan hat
schon in den siebziger Jahren Aufsehen erregt. In seinem
letzten Text schafft er die Grundlage einer neuen Einsicht,
wie Medien in unserer Kultur auf dem Hintergrund der
Erkenntnisse der Gehirnforschung ein grundlegenden
Einfluß haben, den die Medienwissenschaften bisher noch
nicht in ihrem Blickfeld haben.

MultiMedia Handbuch
ISBN 3-89459-020-3
Das MultiMedia Handbuch umfaßt in ca. 50 Beiträgen die
wichtigen Entwicklungen dieser neuen
Technikentwicklung. Mit einer Untersuchung über
Nutzung und Einsatz von MultiMedia in 250 Unterneh-
men, der PrognosStudie, Beiträge aus den Häusern
Mercedes Benz, Telekom, Kawai, BMW, Volkswagen,
Siemens, Commodore, Philips, IBM, Apple, Amiga, das
Museumsnetzwerk usw.
in Vorbereitung: CD ROM zum Buch

ManagementTraining & Literatur

Der PAIDIA Verlag bietet Literatur und Seminarangebote mit einer Reihe fortschrittlicher Methoden und Werkzeugen. Die einzelnen Bausteine können Sie auch in ihre eigenen Trainings- und Weiterbildungsveranstaltungen eingliedern. Sie sind Grundlage einer jeden zukunftsoffenen Unternehmensentwicklung. *Wir informieren Sie gerne über die Angebote.*

Die Themen, die der PAIDIA Verlag vorlegt, sind die Themen der 90er Jahre:

Wirtschaftstheorie · Management · Neue Komplexitätswissenschaften · Chaosforschung · Allgemeine Evolutionstheorie · Physik · Natur&Geisteswissenschaften · Medizin · Biowissenschaften Gehirnforschung & Anwendungen · Lernen & Lehren · Weiterbildung Kreativität · Medien · Kommunikation Seminare und Training · Unternehmensberatung

PAIDIA Verlag GmbH
Claus-Peter Leonhardt
Von-Schildeck-Straße 6 ·
Postfach 423
D-6400 Fulda
Tel +49 661 7 70 97 ·
Fax +49 661 7 52 53